LORENZO CARCATERRA
Sleepers

Buch

Dies ist die Geschichte von vier Freunden und einer Jugend in Manhattan. Sie sind intelligent, für jeden Spaß zu haben, unzertrennlich und die Könige in ihrem Viertel. Doch eines Tages geht ein Jungenstreich entsetzlich schief, und schlagartig beginnt die Vertreibung aus dem Paradies: Als sie einen Hot-dog-Wagen die U-Bahn-Treppe runterrasen lassen, töten sie beinahe einen Menschen und werden für ein Jahr in das Erziehungsheim Wilkinson Home eingewiesen. Die teuflische Brutalität ihrer Aufseher verändert ihr Leben von Grund auf. Viele Jahre später haben sich ihre Wege getrennt: Einer der Jungen ist Anwalt geworden, einer Journalist, und zwei haben eine völlig andere Berufswahl getroffen: Profikiller. Allen gemeinsam aber ist die unauslöschliche Erinnerung an die Zeit voller Angst und Schrecken in Wilkinson Home, und übermächtig ist das Verlangen, sich zu rächen...

»Als ich daran ging, *Sleepers* zu schreiben, habe ich zwei lange Listen über meinen Schreibtisch gehängt. Auf der linken Seite waren alle Namen und Fakten minutiös festgehalten, rechts war alles kunstvoll versteckt.« Lorenzo Carcaterra hatte allen Grund, so vorsichtig zu verfahren, denn seine mitreißende und ergreifende Geschichte von vier Männern, die das Recht in ihre eigenen Hände nehmen, um sich an einem Peiniger aus ihrer Kindheit zu rächen, birgt ungeheuren Zündstoff: Schließlich leben heute einige der damals Beteiligten unerkannt in wichtigen Positionen als Stützen der Gesellschaft. In Amerika entwickelte sich eine hitzige Kontroverse um den Wahrheitsgehalt der Geschichte, doch über die Klasse des Buches war man sich immer einig: Es wurde hymnisch besprochen, war monatelang auf der amerikanischen Bestsellerliste und wurde mit der Starbesetzung Dustin Hoffmann, Robert DeNiro, Brad Pitt und Jason Parric verfilmt.

Autor

Loronzo Carcaterra lebt mit seiner Frau und seinen beiden Kindern in New York.

Außerdem von Lorenzo Carcaterra bei Goldmann:

Mein Vater, der Mörder (42401)

LORENZO CARCATERRA
SLEEPERS

ROMAN

Aus dem Amerikanischen
von Kristian Lutze

GOLDMANN

Die Originalausgabe erschien unter dem Titel »Sleepers«
bei Ballantine Books, New York

Umwelthinweis:
Alle bedruckten Materialien dieses Taschenbuches
sind chlorfrei und umweltschonend.
Das Papier enthält Recycling-Anteile.

Der Goldmann Verlag
ist ein Unternehmen der Verlagsgruppe Bertelsmann.

Genehmigte Ausgabe 2/97
© der Originalausgabe 1995 by Lorenzo Carcaterra
© der deutschsprachigen Ausgabe 1996
by Wilhelm Goldmann Verlag, München
Umschlaggestaltung: Design Team München
Umschlagmotiv: PolyGram FILM ENTERTAINMENT GMBH
Satz: Uhl + Massopust, Aalen
Druck: Elsnerdruck, Berlin
Verlagsnummer: 43830
Ge · Lektorat: Jochen Stremmel
Herstellung: sc
Made in Germany
ISBN 3-442-43830-6

5 7 9 10 8 6

Für alle Schläfer

Sleeper – Schläfer (umg.): 1. Killer von auswärts, der nach einem erledigten Auftrag über Nacht bleibt. 2. Jugendlicher, der zu mehr als neun Monaten Jugendstrafe in einer staatlichen Einrichtung verurteilt wurde.

Prolog

»Laßt uns ein Gebet sprechen
für einen Jungen,
der nicht so schnell rennen konnte wie ich.«

    Pat O'Brien zu den Dead End Kids
    in *Angels with Dirty Faces*
    (dt. Titel *Chikago*)

Winter 1993

Ich saß dem Mann gegenüber, der mich vor fast dreißig Jahren geschlagen, gequält und mißhandelt hatte. Ich hatte gedacht, er müsse über sechzig sein – so alt war er mir damals vorgekommen –, doch in Wirklichkeit war er erst Ende Vierzig, keine zehn Jahre älter als ich. Sein schütteres Haar war glatt nach hinten gekämmt, in seiner aschfahlen, zitternden rechten Hand hielt er eine Filterzigarette, mit der linken umklammerte er ein Glas Eiswasser. Er sah mich durch seine schwarze Hornbrille mit braunen feuchten Augen an, seine Nase lief, und die Haut um die Nasenwurzel war wund und rissig.

»Ich weiß nicht, was du hören willst«, sagte er mit einer Stimme, der die Kraft von früher fehlte. »Ich weiß nicht, wo ich anfangen soll.«

In meiner Erinnerung war er groß und kräftig, arrogant und jähzornig, freizügig Schläge verteilend unter seinen Schutzbefohlenen in dem Erziehungsheim, in dem ich als Dreizehnjähriger neun Monate verbracht habe. In Wirklichkeit war er schwach und ängstlich, kleine Tröpfchen von kaltem Schweiß bildeten sich oben auf seiner Stirn, als er jetzt vor mir saß.

»Ich muß meinen Job behalten«, bettelte er jämmerlich. »Ich kann es mir nicht leisten, ihn zu verlieren. Wenn einer von meinen Chefs es rausfindet, wenn *irgend jemand* es rausfindet, bin ich erledigt.«

Ich wollte aufspringen und ihn über Kaffee und Rauch hinweg packen und schlagen, bis er blutete. Statt dessen saß ich da und versuchte, mich an all das zu erinnern, was ich jahrelang mit aller Macht zu vergessen versucht hatte. Schmerzensschreie, die die stillen Nächte zerrissen, ein Ledergürtel auf weicher Haut, fauliger Atem im Nacken, lautes Gelächter gemischt mit unterdrückten Tränen.

So lange hatte ich auf diese Begegnung gewartet, so viel Zeit und Geld hatte ich darauf verwendet, den Mann zu finden, der die Antwort auf so viele meiner Fragen kannte. Doch jetzt, wo er vor mir saß, hatte ich ihm nichts zu sagen und nichts zu fragen. Ich hörte nur mit halbem Ohr zu, während er von zwei gescheiterten Ehen und einer geschäftlichen Pleite erzählte und davon, wie ihn das Böse, das er getan hatte, bis zum heutigen Tag verfolgte. Die Worte wirkten feige und hohl, und es drängte mich nicht, darauf zu reagieren.

Er und die Gruppe, zu der er gehörte, hatten die Zukunft von vier Jungen besudelt und irreparabel beschädigt. Einst hatte uns schon das Geräusch der Schritte dieses Mannes erstarren lassen. Sein leises und unheimliches Lachen hatte eine weitere Welle von Quälereien angekündigt. Als ich ihn jetzt mit zuckendem Mund und flatternden Händen vor mir sitzen sah, wünschte ich, ich hätte damals nicht so viel Angst vor ihm gehabt, sondern irgendwie den Mumm und die Courage aufgebracht, mich zu wehren. So viele Leben wären möglicherweise anders verlaufen, wenn ich es getan hätte.

»Ich hab das alles nicht so gemeint«, flüsterte er und beugte sich näher zu mir. »Keiner von uns hat das.«

»Es braucht dir nicht leid zu tun«, sagte ich. »Davon hab ich nichts.«

»Ich flehe dich an«, sagte er mit brechender Stimme. »Versuch mir zu vergeben. Bitte. Versuch's.«

»Lern damit zu leben«, erwiderte ich und stand auf.

»Das kann ich nicht«, sagte er. »Nicht mehr.«

»Dann stirb damit«, sagte ich und sah ihn scharf an. »Genau wie wir andern auch.«

Der gequälte Ausdruck der Ergebung in seinen Augen schnürte mir die Kehle zu und lichtete die jahrzehntelange Finsternis ein wenig.

Ich wünschte, meine Freunde hätten es sehen können.

Dies ist eine wahre Geschichte von Freundschaft, die dicker ist als Blut. Beim Erzählen habe ich viele Namen und fast alle Daten, Schauplätze und typische Charakteristika der Personen geändert, um die Identität der Beteiligten zu schützen. So habe ich beispielsweise den Schauplatz des Mordprozesses verlegt, der nicht in Manhattan stattfand. Außerdem habe ich die Adressen und Arbeitgeber der Personen geändert – und viele von ihnen besser aussehen lassen, als sie in Wirklichkeit waren. Es ist eine Geschichte, an der ich zwei Jahre geschrieben und ein Gutteil von zwei Jahrzehnten recherchiert habe. Sie hat in allen Protagonisten Erinnerungen wachgerufen, die wir lieber vergessen hätten. Bei der Rekonstruktion der Ereignisse haben mir viele Freunde und ein paar meiner Feinde geholfen, die dafür nicht mehr verlangt haben als völlige Anonymität. Auch wenn also ihre Taten im folgenden genau dokumentiert werden, bleiben die Namen der Helden und Schurken unbekannt.

Doch selbst wenn ihre wahre Identität verborgen bleibt, ist dies noch immer meine Geschichte und die der drei einzigen Freunde, die in meinem Leben wirklich wichtig waren.

Zwei von ihnen waren Killer und sind nicht älter als fünfunddreißig geworden. Der andere ist ein nicht praktizierender Anwalt, der mit dem Schmerz seiner Vergangenheit lebt und sich nicht traut, ihn loszulassen, sondern statt dessen Geborgenheit darin findet, sich ihrem Schrecken zu stellen.

Ich bin der einzige, der für sie sprechen kann und für die Kinder, die wir waren.

Erstes Buch

»Eins weiß ich jedenfalls –
so etwas wie einen bösen Jungen gibt es nicht.«

> Spencer Tracy als Pater Eddie Flanagan
> in *Boys's Town*

Sommer 1963

1

Am Labor-Day-Wochenende wurde auf den Straßen von Hell's Kitchen, dem Viertel mitten in Manhattan, in dem ich 1954 geboren wurde und bis 1969 gelebt habe, das alljährliche Seifenkistenrennen veranstaltet.

Die Vorbereitungen für das Rennen begannen in den letzten beiden Augustwochen, als meine drei besten Freunde und ich uns in unserem Klubraum in einem Keller in der hintersten Ecke einer heruntergekommenen Mietskaserne an der 49th Street verkrochen, um unseren Flitzer aus gesammeltem Holz und gestohlenen Teilen zu bauen, zu bemalen und ihm einen Namen zu geben. Am Morgen des Labor Day sollten sich ein Dutzend Mannschaften mit ihren Wagen an der Ecke 50th Street und 10th Avenue versammeln, jede auf das Preisgeld von 15 Dollar aus, das dem Sieger von einem lokalen Kredithai überreicht werden würde.

Ganz in der Tradition von Hell's Kitchen wurde das Rennen ohne Regeln durchgeführt.

Es dauerte nie länger als zwanzig Minuten und lief über vier Seitenstraßen und zwei Avenues, bevor es auf dem West Side Highway unweit der 12th Avenue in die Zielgerade ging. Jeder Seifenkiste war ein vier Mann starkes Team zugeordnet, einer im Wagen, drei auf der Straße. Die drei schoben so lange und fest sie konnten, während sie die Fausthiebe und Messerattacken der näher kommenden Verfolger abwehrten. Auf der Kuppe des Hügels auf der 50th Street hatte das Schieben ein Ende, und die restliche Strecke blieb dem Fahrer überlassen. Sieger wie Verlierer überquerten die Ziellinie meist zerkratzt und blutig, ihre Seifenkisten oft in Einzelteilen, die Hände der Fahrer von Seilen verbrannt. Nur wenige trugen Handschuhe oder Helme, und für Knie- und Ellenbogenschoner fehlte immer das Geld. Statt dessen befestigten wir Plastikflaschen voll Wasser an den Seiten unserer Renner, die schnellste und wirksamste Methode heiße Füße und qualmende Reifen abzukühlen.

Als Kleinster unseres Teams mußte ich immer fahren.

John Reilly und Tommy Marcano strichen mit Malen-nach-Zahlen-Pinseln schwarze Farbe auf dicke, dreckige Holzplanken.

John war elf Jahre alt, ein dunkelhaariger Charmeur mit dunklen Augen und der Schlagfertigkeit der Iren. Sein glattes Babygesicht war von einer fünfzehn Zentimeter langen Narbe über dem rechten Auge und einer kleineren halbmondförmigen Narbe am Kinn gezeichnet, beide das Resultat von Spielplatzstürzen und amateurhaft in der heimischen Küche genähten Wunden. Er schien ständig im Begriff zu grinsen und war immer der erste, der mit dem neuesten Witz von der Straße ankam. Er war ein schlechter Schüler, aber ein eifriger Leser, ein mittelmäßiger Sportler, der sich jedoch die Schlag- und Fangstatistiken selbst der obskursten Baseballspieler merken konnte. Er liebte Filme der Marx Brothers und von Abbott und Costello und sah sich jeden Western an, der in der Gegend lief. Wenn er in der richtigen Stimmung war, konnte er mit einem Gang wie Ralph Kramden von den *Honeymooners* und einem »Hallo, Kumpel« für jeden Händler des Viertels durch die Straßen von Hell's Kitchen schlendern. Manchmal wurden wir für seine Vorstellung alle mit einem Stück Obst belohnt. John wurde mit einem Loch im Herzen geboren und mußte regelmäßig ein Medikament nehmen, das seine Mutter sich oft nicht leisten konnte. Die Krankheit zusammen mit seiner zarten Gestalt verliehen ihm eine fast greifbare Aura der Verletzlichkeit.

Der ebenfalls elfjährige Tommy Marcano war rein äußerlich das absolute Gegenteil von Jonny. Er hatte das karottenrote Haar seiner irischen Mutter und die gesunde süditalienische Hautfarbe seines Vaters. Tommy war untersetzt mit schwabbeligen Hüften und

Oberschenkeln und liebte Sport, Actionfilme, Marvel-Comics und Abenteuerromane. Mehr als alles andere jedoch liebte Tommy das Essen – Frikadellen-Sandwiches, Brötchen mit Butter und Schokoriegel mit Kirschgeschmack. Er sammelte und tauschte Baseball-Karten, die er nach Jahren und Mannschaften geordnet in einem halben Dutzend mit Gummibändern verschlossenen Kinney-Schuhkartons aufbewahrte. Er hatte ein angeborenes Talent für Mathematik und baute mit Geschick und Geduld Modellschiffe und -flugzeuge aus Holzresten. Er war sensibel und fühlte mit den Zukurzgekommenen, immer feuerte er beim Sport die sicheren Verlierer an. Er lachte gern, doch man mußte ihm schon einen Stups geben, um ihn aus der Reserve zu locken. Wegen einer verpfuschten Operation, als er klein war, mußte er manchmal eine Schiene mit Klammer um sein rechtes Bein tragen. An diesen Tagen setzte er eine schwarze Augenklappe auf und band sich ein rotes Tuch um den Kopf.

Michael Sullivan, mit zwölf der älteste meiner Freunde, schlug mit stiller Konzentration Nägel in eine zersägte Dr.-Brown-Limonadenkiste.

Michael war der beste Schüler von uns, er war mit allen Wassern der Straße gewaschen, verfügte jedoch zugleich über angelesenes Wissen. Seine schwarzen irischen Augen bohrten Löcher in das, was sie sahen, doch sein breites Lächeln schwächte den strengen Eindruck wieder ab. Er trug sein dickes dunkles Haar an den Seiten kurz und oben lang. Man sah ihn nie ohne einen Kaugummi im Mund, und er las täglich sämtliche Boulevardblätter, womit er der einzige von uns war, der es über die Sportseite hinaus bis zur Titelseite schaffte. Außerdem trug er ständig ein Buch bei sich, meistens ein zerlesenes Taschenbuch, das in der Gesäßtasche seiner Jeans steckte. Während wir noch die Erzählungen von Alexandre Dumas, Jack London und Robert Louis Stevenson bevorzugten, war Michael schon zu den düsteren Gefilden von Edgar Allan Poe und den ritterlichen Romanzen von Sir Walter Scott vorgedrungen. Er stiftete die meisten unserer Streiche an und hatte einen bissigen Humor, abgeschwächt durch ein weises Gespür für Fairneß. Er war unser inoffizieller Anführer, eine Position, die er schätzte, ohne je damit zu prahlen, und die ihm die Pflicht auferlegte, unsere Sammlung von *Classics Illustrated Comics* zu hegen und zu pflegen.

Ich schmierte eifrig Fahrradfett auf die beiden Räder eines Kinderwagens, den ich verlassen an der 12th Avenue gefunden hatte.

»Dieses Jahr brauchen wir einen besseren Namen«, sagte ich. »Etwas, das den Leuten im Kopf hängenbleibt.«

»Wie hieß die Karre denn letztes Jahr?« fragte Tommy. »Ich hab's vergessen.«

»*Der Rote Korsar*«, erinnerte ich ihn. »Wie der Film.«

»Der tote Korsar wäre passender gewesen«, sagte Michael in Anspielung auf unser bescheidenes Abschneiden im letzten Rennen, wo wir als Vorletzte durchs Ziel gegangen waren.

»Laß uns unseren Wagen nach dem Graf von Monte Christo nennen«, schlug John vor.

»Nee«, sagte ich kopfschüttelnd. »Wir sollten ihn nach einem der Musketiere benennen.«

»Nach welchem?« fragte Tommy.

»D'Artagnan«, erwiderte ich sofort.

»Erstens ist er gar kein *richtiger* Musketier«, sagte Michael. »Er hängt nur immer mit den anderen rum.«

»Und er ist bloß so cool, weil er ständig drei Typen bei sich hat«, sagte Tommy zu mir. »Genau wie du. Allein wäre er nur eine Pflaume. Genau wie du. Außerdem wären wir die einzigen, deren Wagen unter dem Namen eines Franzosen startet.«

»Das sollte reichen, um von irgend jemandem eins auf die Schnauze zu kriegen«, bemerkte Michael.

»Nehmt den Grafen«, sagte John. »Er ist mein Held.«

»Wolf Larsen ist *mein* Held«, sagte Tommy. »Und ich schlage mich schließlich auch nicht, um *seinen* Namen auf die Karre zu kriegen.«

»Wolf Larsen aus dem *Seewolf*?« fragte ich. »Er ist dein *Held*?«

»Ja«, sagte Tommy. »Ich finde, er ist ein Typ, der sich echt nichts gefallen läßt.«

»Der Kerl ist ein absoluter Stinkstiefel«, entgegnete Michael ungläubig. »Er behandelt seine Leute wie Scheiße.«

»Komm schon, er hat ja keine Wahl«, beharrte Tommy. »Guck dir doch an, mit wem er's zu tun hat.«

»Stinkstiefel oder nicht«, sagte Michael. »Auf dem Wagen würde Wolfs Name wirklich besser aussehen.«

»Die werden denken, wir hätten die Scheißkarre nach unserm Köter benannt«, murmelte John.

»Wir *haben* doch gar keinen Hund«, sagte Tommy.

»Okay, also abgemacht«, erklärte ich. »Wir nennen den Wagen *Wolf*. Ich glaube, das wird uns Glück bringen.«

»Um Russels Mannschaft zu schlagen, brauchen wir mehr als Glück«, sagte John.

»Vielleicht verlieren wir das Rennen«, verkündete Michael. »Aber wir werden es nicht an Russell verlieren.«

»Er ist jedesmal bis zum Schluß dabei«, sagte ich.

»Wir versuchen jedesmal, ihn erst am Schluß aus dem Rennen zu werfen«, sagte Michael. »Das ist unser Fehler.«

»Bis dahin hält er ja auch immer Abstand«, sagte Tommy. »Er ist kein Idiot. Er weiß, was er zu tun hat.«

»Schon möglich«, sagte Michael. »Aber diesmal schmeißen wir ihn schon früh aus dem Rennen. Und wenn er erst mal draußen ist, kann uns niemand mehr aufhalten.«

»Wie früh?« fragte ich.

»Direkt nachdem Tony Lungs die Flagge gesenkt hat«, sagte Michael. »In der Nähe des Hügels.«

»Und wie?«

»Mach dir keine Sorgen«, sagte Michael. »Ich habe einen Plan.«

»Ich mache mir *immer* Sorgen, wenn du das sagst«, sagte ich.

»Entspann dich«, sagte Tommy und setzte die letzten Pinselstriche auf das Holz. »Was soll schon groß passieren?«

Ein Dutzend Seifenkisten standen startbereit in Viererreihen. Ich wartete hinter den wackeligen Rädern von *Wolf* auf der Startlinie neben Russell Topez' Wagen *Devil's Pain*. Die drückende Septemberhitze hatte mehr Zuschauer nach draußen gelockt als sonst, in zwei Reihen standen sie hinter einer Barriere falsch geparkter

Autos. Männer mit dicken Armen und weißen T-Shirts hatten Kinder auf den Schultern, Frauen und Freundinnen neben sich und rote Kühltaschen mit Bier und Softdrinks vor sich. Die Fenster der Mietskasernen standen weit offen, alte Frauen lehnten hinaus, die kurzen, kräftigen Arme auf gefaltete Handtücher gebettet, während ihnen Ventilatoren die warme Luft in den Rücken bliesen.

Ich blickte zu Russell und lächelte, so freundlich ich konnte.

»Hey, Russell«, sagte ich.

»Friß Scheiße, Schmalzlocke«, erwiderte er.

Über Russell oder die drei anderen Jungen, die ständig in seiner Begleitung waren und sich alle so mürrisch gaben wie ihr Anführer, war nur wenig bekannt. Wir wußten, daß er auf die St.-Agnes-Schule an der West 46th Street ging und deswegen Knickerbocker trug. Das allein reichte schon, seine Laune dauerhaft zu verderben. Er lebte bei Pflegeeltern in der West 52nd Street in einem Gebäude, das von einem deutschen Schäferhund bewacht wurde. Außer ihm lebten noch zwei weitere Pflegekinder in der Familie, ein kleinerer Junge und ein älteres Mädchen, zu denen Russell genauso gemein war wie zu allen anderen.

Er las gerne. Ich sah ihn oft im Hinterzimmer der öffentlichen Bibliothek an der West 50th Street sitzen, den Kopf in dicken Büchern über Piraten auf hoher See vergraben. Er verdiente sich sein Taschengeld mit Basketballspielen auf Spielplätzen und trat nie ohne eine brennende Zigarette auf. Er hatte keine Freundin, trug immer eine braune Lederweste und haßte Baseball.

Ich konnte nicht umhin, Russells Karre anzustarren. Sie war aus frischem Holz und mit Ausnahme des Namens, der in Schablonenschrift auf beide Seiten geschrieben war, unbemalt. Die Hinterräder waren dick und neu und die Bremsen aus echtem Gummi und nicht aus Tafelschwämmen, wie wir sie benutzten. Sein Sitz war gepolstert, die Seiten seiner Kiste waren glatt geschliffen. Er trug schwarze Handschuhe und einen Helm der Chicago Bears. Seine drei Mannschaftskollegen trugen Jogginghosen und Turnschuhe und hatten sich Tücher um den Kopf gebunden. Auch sie trugen Handschuhe.

»Bist du ein Bears-Fan?« fragte ich ihn, während ich darauf wartete, daß die Startflagge gesenkt wurde.

»Nein, Arschgesicht«, erwiderte Russell, »bin ich nicht.«

Russell war pummelig mit einem runden Gesicht, weichen Händen mit Wurstfingern und einem geübten höhnischen Grinsen. Eine kleine Narbe zierte seine rechte Stirn, und er lächelte nie, nicht einmal, wenn er gewann.

»Sie haben einen prima Trainer«, sagte ich. »Mein Dad sagt, er ist der beste Football-Trainer aller Zeiten.«

»Das interessiert mich einen Scheißdreck«, lautete Russells wie immer freundliche Antwort.

»Was ist los?« fragte Michael und beugte sich vor.

»Wir haben uns nur gegenseitig Glück gewünscht«, erklärte ich.

»Vergiß es«, sagte Michael mit gedämpfter Stimme. »Du weißt, was du zu tun hast?«

»Nein«, sagte ich.

»Denk immer nur dran, daß du ihm am Hügel nicht ausweichst«, sagte Michael. »Halte direkt auf ihn zu. Das wird ihn aus der Bahn werfen.«

»Und wenn nicht?«

»Dann bist du auf dich gestellt«, sagte Michael.

Tony Lungs, der Kredithai unseres Viertels und Sponsor dieses jährlichen Ereignisses, trat vor, blickte zu den Wagen und wischte sich mit der Startflagge über die Stirn. Er trug schwarzweißkarierte Shorts, schwarze Slipper ohne Socken und kein Hemd. Die Falten seiner Wampe hingen über die gürtellosen Schlaufen seiner schrillen Hose. Er fuhr sich mit der Hand über die Glatze und ließ seinen Blick über die Menge wandern: »Was meint ihr, wollen wir das Ding starten?«

Tony hob seinen rechten Arm mit der Startflagge so hoch, daß jeder ihn sehen konnte. Die Menge war begierig darauf, daß es losging, und begann zu johlen und zu applaudieren. Ich schob unsere Karre ein paar Zentimeter nach vorn, so daß zwischen mir und Russell nur ein Ellenbogen breit Platz blieb.

»Denk dran«, flüsterte Michael. »Am Hügel gibst du ihm Saures. Der Rest ist dann reines Wettrennen.«

Tony Lungs drehte seinen Kopf von rechts nach links, um sich zu vergewissern, daß alle Wagen die ordnungsgemäße Startposition eingenommen hatten.

»Auf die Plätze!« rief er. »Fertig! Und denkt dran, jeder Wichser, der mir über die Zehen fährt, kriegt einen Tritt in den Arsch. Und los!«

Ich fuhr über die Startflagge, als Tommy, Michael und John unsere Karre die Straße hinaufschoben.

»Wie funktionieren die Pedale?« fragte Tommy mit vor Anstrengung rotem Gesicht.

»Gut«, sagte ich.

»Paß auf«, sagte John mit einem Blick auf die anderen Wagen. »Ich habe schon drei Gummiband-Pistolen gesehen, und du *weißt*, was Russell irgendwo in petto hat.«

»Keine Sorge«, sagte Michael. »Wir müssen es nur bis zum Hügel schaffen.«

Das Johlen der Menge schwoll an, als die Karren an Fat Manchos Candy Store vorbeikamen, wo sämtliche Wetten getätigt wurden. Die Bewohner von Hell's Kitchen wetteten auf alles, und das Seifenkistenrennen machte da keine Ausnahme. Für die Arbeiter des Viertels war Wetten eine ebenso althergebrachte Tradition wie der Gottesdienstbesuch am Sonntagmorgen, die Boxkämpfe am Freitagabend und Jungfrauen-Hochzeiten das ganze Jahr über.

Auf der großen Tafel vor Fat Manchos Laden wurde *Devil's Pain* mit einer Quote von 3:1 als Favorit geführt, *Wolf*, unser Wagen lag mit 5:1 an zweiter Stelle. Freddie Radmanns *Eagle's Anger* war mit 35:1 weit abgeschlagen. Das lag vor allem daran, daß Radman in den drei Jahren, in denen er sich die Mühe gemacht hatte teilzunehmen, jedesmal auf halber Strecke aufgegeben, seinen Wagen stehengelassen und sich verdrückt hatte. »Wenn du auf Radman wettest, verschwendest du nur deine Zeit«, sagte Fat Mancho. »Da kannst du dein Geld genausogut verbrennen.«

Wir kamen zu der Kuppe des Hügels, Tommy, Michael und John atemlos und verschwitzt vom Schieben. Wir waren in der Mitte des Feldes, Russell noch immer links, eine puertorikanische Mannschaft aus Chelsea mit einem violetten Wagen rechts von uns.

»Schneller«, rief ich den anderen zu. »Wir kommen nicht schnell genug hin.«

»Ganz ruhig«, sagte Michael. »Wir sind voll im Plan.«

»Wenn wir noch schneller laufen, krieg ich einen Herzinfarkt«, murmelte John zwischen pfeifenden Atemzügen.

Die Bremspolster neben meinen Füßen schlugen gegen die Seiten der Karre, und eines der Vorderräder fing an zu eiern.

»Ich weiß nicht, ob die Bremsen das durchhalten«, sagte ich.

»Denk nicht ans Bremsen«, zischte Michael. »Denk ans Gasgeben.«

»Und wie soll ich anhalten?« fragte ich mit einem Hauch von Panik in der Stimme.

»Du wirst schon irgendwo gegen fahren«, sagte Michael. »Mach dir keine Sorgen.«

»Das liebe ich an dir, Mikey«, sagte ich zu ihm. »Du denkst immer an alles.«

An der Kuppe des Hügels war ich dann wirklich auf mich gestellt, keinen halben Meter von Russells Wagen entfernt. Wir sahen uns kurz an, er hatte noch immer ein höhnisches Grinsen im Gesicht. Ich schob mich neben ihn, bis meine Räder am Rumpf seiner Karre entlangschrammten, und versuchte, ihn an den Bordstein zu drängen.

»Laß das, Mann«, rief Russell. »Du wirst ein Rad verlieren.«

Ein Wagen mit einem pockennarbigen Rotschopf mit Rennfahrerbrille stieß mich von hinten an und schob mich noch näher an Russell heran. Meine Hände waren wund und meine Beine steif. Wir rasten bergab, die Wagen ineinander verkeilt, während meine Hoffnungen, Russell aus dem Rennen kicken zu können, mit jeder eirigen Umdrehung meines Vorderrads schwanden.

Am südlichen Ende der 11th Avenue, ein paar Meter von der mit

Zuschauern bevölkerten Mobil-Tankstelle entfernt, gab das Vorderrad schließlich nach und löste sich von der Achse. Der Wagen neigte sich zur Seite und verlor an Tempo, kleine Funken stoben vom Bürgersteig hoch.

»Auf dich wartet ein Rollstuhl«, brüllte Russell mir mit grimmiger Verachtung und ohne jede Spur von Mitleid zu, als er an mir vorbeiraste.

Ich schoß direkt auf einen befestigten Mittelstreifen zu, doch die Schwammbremse, die ich jetzt mit den Füßen bearbeitete, war ebenso nutzlos wie die restliche Karre. Die verbliebenen Wagen rasten weiter die Straße hinunter Richtung 12th Avenue. Die Haut an meinen Händen war aufgerissen, Blut quoll zwischen meinen Fingern hervor. Die Seile so fest wie möglich gepackt, benutzte ich mein Körpergewicht, um den Fahrbahnteiler zu umfahren.

Die Karre verlor an Tempo, doch ich hatte immer noch genug Schwung, um größeren Schaden anzurichten. Meine Arme wurden schlaff und konnten die Seile nicht mehr halten. Ich ließ sie los und drückte mich an die Seite der Dr.-Brown-Kiste. Die Karre schlingerte heftig nach rechts und links, holperte über die 11th Avenue vorbei an einem in zweiter Reihe geparkten Kombi, sprang über den Bordstein und krachte gegen einen Briefkasten an der Straßenecke.

Ich stieg aus, trat wütend gegen die Kiste und hockte mich auf die Stoßstange eines geparkten Chevy. Ich hielt mein Gesicht in die Sonne, stützte meine Ellenbogen auf den Kofferraum und wartete, bis Michael, Thomas und John zu Fuß den Hügel hinabgekommen waren.

»Alles okay?« wollte John mit Blick auf meine heftig blutenden Hände wissen.

»Was ist passiert?« fragte Michael. »Wir haben gesehen, wie du dich mit Russell verkeilt hast, aber dann haben wir dich in der Menge aus den Augen verloren.«

»Um Russells Wagen umzustoßen, hätte man einen Bulldozer gebraucht«, sagte ich.

»Nächstes Mal müssen wir besseres Holz klauen«, sagte

Tommy. »Und vielleicht auch einen besseren Satz Räder organisieren.«

»Tut mir leid«, sagte ich. »Ich dachte, wir würden besser abschneiden.«

»Das ist schon in Ordnung«, sagte Michael. »War nicht deine Schuld. Du bist eben ein beschissener Fahrer.«

»Mikey hat recht«, sagte John. »Du bist nicht gerade ein Andretti am Steuer.«

»Erstens habe ich kein Steuer«, erwiderte ich. »Und zweitens hat Andretti Bremsen.«

»Kleinigkeiten«, sagte Michael traurig. »Du läßt dich von Kleinigkeiten beeindrucken.«

»Ich hasse euch«, sagte ich.

»Nächstes Jahr besorgen wir dir einen Fallschirm.« John klopfte mir auf die Schulter. »Dann legst du bestimmt einen besseren Abgang hin.«

»Und Handschuhe«, ergänzte Tommy. »Schwarze. Wie die echten Rennfahrer sie haben.«

»Ich hasse euch *wirklich*.«

Gemeinsam gingen wir zurück zu Fat Manchos Candy Store an der 10th Avenue, um Eis und saubere Lumpen für meine blutigen Hände zu besorgen.

2

Meine drei Freunde und ich waren unzertrennlich, und wir waren glücklich und zufrieden mit dem Leben in der geschlossenen Welt von Hell's Kitchen. Die Straßen der West Side von Manhattan waren unser privater Spielplatz, ein Königreich aus Zement, in dem wir uns als absolute Herrscher fühlen konnten. Es gab keine Ausgangssperren und Beschränkungen, wir durften tun und lassen, was wir wollten. Solange wir uns in den Grenzen unseres Viertels bewegten.

Hell's Kitchen war ein Bezirk, wo jeder alles über jeden wußte und man sich auf jeden verlassen konnte. Geheimnisse lebten und starben auf den Straßen zwischen der West 35th und der West 56th Street, die auf einer Seite durch den Hudson River, auf der andern durch den Theatre District rund um den Broadway begrenzt wurden. Es war ein Gebiet, das aus einer prekären Mischung von irischen, italienischen, puertorikanischen und osteuropäischen Arbeitern bevölkert wurde, harte Männer, die ein hartes Leben führten, oft genug, weil sie es so wollten.

Wir bewohnten lange schlauchartige Wohnungen in Mietskasernen aus rotem Backstein. Die Durchschnittsmiete für die typischen sechs Zimmer betrug 38 Dollar im Monat, zuzüglich Strom und Gas, und war in bar zu entrichten. Nur wenige Mütter arbeiteten, und die meisten hatten Probleme mit den Männern, die sie geheiratet hatten. Häusliche Gewalt war ein gängiges Familiengewerbe. Trotzdem gab es keine Scheidungen und kaum Trennungen, denn Hell's Kitchen war ein Ort, an dem die Kirche so mächtig war wie die Forderungen der Ehemänner. Damit eine Ehe endete, mußte im Normalfall jemand sterben.

Wir hatten keinerlei Kontrolle über die alltägliche Gewalt, die sich hinter unseren Wohnungstüren abspielte.

Wir sahen, wie unsere Mütter geschlagen wurden, und konnten kaum etwas anderes tun, als ihre Wunden zu pflegen. Wir sahen, wie unsere Väter anderen Frauen den Hof machten und uns manchmal sogar als Alibi mitschleiften. Und wenn ihre Wut sich dann gegen uns richtete, waren sie genauso brutal. Es gab viele Tage, an denen meine Freunde und ich uns gegenseitig unsere Blutergüsse, Striemen und genähten Platzwunden zeigten und mit den Schlägen prahlten, die wir am Abend zuvor eingesteckt hatten.

Viele Männer tranken, und der Alkohol fachte ihre gewaltsamen Neigungen weiter an. Viele waren auch heftige Spieler, deren gewerkschaftliche Lohnschecks zu einem großen Teil in den Taschen der Buchmacher landete. Und das fehlende Haushaltsgeld lud die ohnehin gespannte häusliche Atmosphäre weiter auf.

Doch trotz dieser Härten des Lebens bot Hell's Kitchen den Kindern, die auf der Straße aufwuchsen, eine Geborgenheit, wie man sie in kaum einem anderen Viertel findet. Unsere täglichen Eskapaden umfaßten eine endlose Folge von Abenteuern und

Spielen, denen nur unsere Phantasie und unsere körperliche Kraft Grenzen setzten. Es gab nichts, was wir nicht versuchen konnten, keine Barrikaden, die unserer Suche nach Spaß im Weg standen. Auch wenn wir Zeuge vieler Grausamkeiten wurden, war unser Leben doch voller Freude. Genug Freude, um uns gegen den Wahnsinn um uns herum abzuschirmen.

In den Sommermonaten genossen meine Freunde und ich die ganze Skala der Freizeitbeschäftigungen, die eine Großstadt Anfang der 60er Jahre zu bieten hatte; Schlagballspiele zwischen Kanaldeckeln mit abgesägten Besenstielen als Schlägern und geparkten Autos als Auslinien; Kronkorkenturniere, bei denen ein mit geschmolzenem Wachs gefüllter Korken mit der Hand in eines von achtzehn numerierten Kreidekästchen geschlagen wurde; Reiterkämpfe, Brennball, Schlaghockey und Penny-Schnippen. Und abends duschten wir in abgeschnittenen T-Shirts und kurzen Hosen die Hitze des Tages im kalten Schauer eines offenen Feuerhydranten ab.

Im Herbst prägten Rollhockey- und Footballspiele zwischen Mülleimern das Straßenbild, während wir uns im Winter aus Pappkartons und Holzkisten Schlitten bauten, mit denen wir die vereisten Hügel der 11th und 12th Avenue hinunterrodelten.

Das ganze Jahr über sammelten und horteten wir Baseballkarten und Comichefte, und montags und freitags abends gingen wir die beiden langen Blocks bis zum alten Madison Square Garden an der 8th Avenue hinunter, um uns in so viele Box- und Catchveranstaltungen zu schmuggeln, wie wir nur konnten, wobei wir naiv davon ausgingen, daß beide Sportarten sich auf demselben professionellen Niveau bewegten: Für uns standen Bruno Sammartino und Sonny Liston auf einer Stufe.

Wir scheuchten die Tauben über die Dächer und sprangen von den Piers an der 12th Avenue in den Hudson River, wobei wir die Anlegestellen aus verrostetem Eisen als Sprungbretter benutzten. Wir hörten im Kofferradio die Musik von Sam Cooke, Bobby Darin und Frankie Valli and the Four Seasons und versuchten spätabends an einer Straßenecke ihren Sound zu imitieren. Wir fingen an von Mädchen zu träumen und zu reden, unsere Hormone angefacht durch billige Pornohefte, die uns von den älteren Jungen weitervererbt wurden. Einmal die Woche gingen wir ins Kino, außerdem sahen wir uns, hereingelassen von Nachbarinnen, die als Kartenabreißerinnen in den Broadway-Theatern arbeiteten, den zweiten Akt der Mittwochsmatineen an, wann immer wir Lust dazu hatten. In diesen plüschigen, dunklen Sälen lachten wir, in der letzten Reihe stehend oder auf den obersten Stufen des Rangs hockend, über die frühen Komödien von Neil Simon, waren bewegt von der Wahrheit von *A View from the Bridge* oder bewunderten einfach nur die Darsteller von *My Fair Lady*. Das einzige Musical, das wir mieden, war *West Side Story*, weil wir uns von der unzutreffenden Darstellung dessen, was wir für unser Leben hielten, beleidigt fühlten.

Außerdem herrschte zwischen uns vieren ein permanenter Wettbewerb, wem der beste und kühnste Streich gelang.

Tommy hatte seinen stärksten Moment, als er während einer Samstagnachmittagsmesse zu Ehren einer in den Ruhestand tretenden Nonne eine Einkaufstüte mit Mäusen losließ, deren Anblick die fast zwei Dutzend teilnehmenden Nonnen zum Eingangsportal der Sacred-Heart-Kirche stürzen ließ.

Michael landete einen Haupttreffer, als er ein paar ältere Jungen dazu überreden konnte, ihm zu helfen, das Wohnzimmermobiliar zweier Nachbarn zu vertauschen, die seit Jahrzehnten miteinander verfeindet waren.

John kletterte an einem heißen Sommernachmittag drei Stockwerke einer Feuertreppe hinauf, um die volle Wäscheleine von Mrs. Evelyn McWilliams zu erreichen, der geizigsten Frau des Viertels. Mit nacktem Oberkörper nach unten hängend, die Beine um die dünnen eisernen Sprossen geschlungen, nahm er ihre Wäsche von der Leine, faltete sie, so ordentlich er konnte, in einen leeren Weinkarton, den er dann bei den Schwestern des Klosters von Sacred Heart als Spende für die Bedürftigen abgab.

Sehr lange Zeit reichten meine Streiche nicht an diejenigen heran, die meine Freunde scheinbar mit Leichtigkeit vollbrachten. Doch zwei Wochen nach Schulbeginn 1963 fand ich im Flur der Schule die Klapper einer Nonne und war bereit für die erste Liga.

Die Mädchen saßen auf der linken Seite, die Jungen auf der rechten Seite der Kirche und lauschten gemeinsam einer Reihe alberner Vorträge über das Sakrament der Kommunion. Drei Nonnen in Tracht saßen hinter den vier Reihen mit Mädchen, während hinter den Jungen nur ein Priester saß, Pater Carillo. Es war früher Nachmittag, und die Lichter der großen Kirche brannten noch nicht, so daß nur einige Votivkerzen ihre Schatten über die Wandskulpturen warfen, die den Kreuzweg Christi darstellten.

Ich saß in der letzten Reihe der Jungen, den linken Arm über die Bankreihe gelegt, die rechte Hand in der Jackentasche, wo sie die gefundene Klapper umklammerte. Für eine Nonne war eine Klapper so etwas wie eine Startpistole oder die Trillerpfeife eines Polizisten. In der Kirche wurde sie verwendet, um den Mädchen das Zeichen zu geben, wann sie aufstehen, sich setzen, sich hinknien oder die Knie beugen sollten, je nachdem, wie oft die Klapper betätigt wurde. In den Händen einer Nonne war eine Klapper ein Werkzeug der Disziplin. In meiner Tasche war sie Auslöser eines allgemeinen Chaos.

Ich wartete, bis der weißhaarige Priester mit den gebeugten Schultern am Altar die Hände faltete und den Kopf zum stillen Gebet senkte. Dann drückte ich zweimal auf die Klapper, für die Mädchen das Zeichen aufzustehen. Schwester Timothy Morris, eine übergewichtige Nonne mit teerfleckigen Fingern und einem schrägen Lächeln schoß wie vom Blitz getroffen von ihrem Platz hoch. Sie klackte rasch einmal, worauf die verwirrten Mädchen sich wieder setzten. Ich klackte viermal und ließ die Knie beugen. Schwester Timothy klackte die Mädchen zurück in Position und warf einen haßerfüllten Blick auf die Bankreihen der Jungen.

Ich betätigte die Klapper dreimal und sah zu, wie die Mädchen sich hinstellten. Der Priester am Altar kürzte sein Gebet ab und beobachtete gelassen den Aufruhr vor ihm, während er dem Echo der sich duellierenden Klappern lauschte, das von den Wänden der Kirche widerhallte. Die Jungen hielten, sich das Grinsen und Kichern verkneifend, den Blick starr auf den Altar gerichtet. Schwester Timothy klackte die Mädchen mit sichtbar roten Wangen und geschürzten Lippen wieder auf ihre Plätze.

Pater Carillo rutschte in meine Bankreihe und faßte meinen linken Ellenbogen.

»Gib mir die Klapper«, sagte er, ohne den Kopf zu wenden.

»Welche Klapper?« fragte ich und sah ihn ebenfalls nicht an.

»*Sofort*«, sagte Carillo.

Ich zog meine Hand aus der Jackentasche, schob die Klapper über meine Knie und steckte sie verstohlen Pater Carillo zu. Fast ohne sich zu bewegen, nahm er sie an sich, wobei wir beide einen raschen Blick zu Schwester Timothy warfen in der Hoffnung, daß sie die Übergabe nicht bemerkt hatte.

Der Priester breitete die Arme aus und forderte alle Anwesenden auf, sich zu erheben. Schwester Timothy betätigte ihre Klapper dreimal und beobachtete, wie die Mädchen unisono aufstanden, bevor sie den beiden Nonnen zu ihrer Linken befriedigt zunickte.

»Lasset uns beten«, sagte der Priester.

Und dann drückte Pater Carillo, den Rücken gerade, den Blick auf den Altar gerichtet, mit vollkommen unbeteiligter Miene einmal sanft auf die Klapper.

Die Mädchen nahmen wieder Platz, und auch Schwester Timothy ließ sich auf die Bank fallen. Der Priester am Altar senkte den Blick und schüttelte den Kopf. Ich sah Pater Bobby Carillo mit offenem Mund und aufgerissenen Augen an, unfähig, mein Erstaunen zu verbergen.

»Nonnen sind so leichte Opfer«, flüsterte Pater Bobby Carillo und blinzelte mir lächelnd zu.

Hell's Kitchen war ein Viertel mit einem festen Verhaltenskodex und ungeschriebenen Regeln, die auch mit Gewalt durchgesetzt werden konnten. Es gab eine strenge Hierarchie, die von den örtlichen Mitgliedern des irischen und italienischen Mobs über lose angegliederte puertorikanische Buchmacher und Kredithaie bis zu kleinen organisierten Banden reichte, die angeheuert wurden, eine Vielzahl von Aufträgen zu erledigen, vom Schuldeneintreiben bis zum Transport von Diebesgut. Meine Freunde und ich standen auf der untersten Stufe der Leiter, wir waren frei, durch die Straßen zu ziehen und unsere Spiele zu spielen, wir mußten uns dabei nur an die Regeln halten. Gelegentlich wurden wir für einfachste Botengänge rekrutiert, bei denen es meistens darum ging, Geld irgendwo abzuholen oder abzugeben.

Verbrechen gegen Bewohner des Viertels waren nicht erlaubt, und bei den seltenen Gelegenheiten, wo sie trotzdem vorkamen, wurden sie hart bestraft, in einigen Fällen sogar endgültig. Man hatte den Alten zu helfen und ihnen keinen Schaden zuzufügen. Das Viertel sollte unterstützt, nicht ausgeraubt werden. Die Banden durften niemanden rekrutieren, der sich ihnen nicht anschließen wollte. Drogenkonsum wurde mißbilligt, Süchtige als Versager geächtet, die zu meiden waren.

Trotz der oft gewalttätigen Methoden seiner Bewohner war Hell's Kitchen eines der sichersten Viertel von New York. Fremde gingen ohne Angst durch die Straßen, junge Paare schlenderten entspannt über die Piers der West Side, alte Männer gingen mit ihren Enkeln im De-Witt-Clinton-Park spazieren, ohne sich besorgt umzusehen.

Es war ein Ort der Unschuld, der durch Korruption regiert wurde. Es gab keine Schüsse aus fahrenden Wagen, und Morde passierten nie grundlos. Die Männer, die in Hell's Kitchen Waffen trugen, waren sich ihrer Macht nur zu bewußt. Crack war noch nicht erfunden, und es fehlte das Geld, den regelmäßigen Konsum von Kokain zu finanzieren. Während meiner Kindheit war die angesagte Droge Heroin, und es gab kaum mehr als eine Handvoll Süchtiger, und die waren meist jung und sanftmütig und bestritten ihre Sucht von Bettelei und kleinen Diebstählen. Sie kauften ihre Drogen außerhalb von Hell's Kitchen, weil Dealer im Viertel unerwünscht waren. Diejenigen, die die entsprechenden Warnungen für das Geschwafel feister alter Männer hielten, bezahlten mit ihrem Leben.

Eines der deutlichsten Bilder meiner Kindheit ist ein regnerischer Abend, an dem ich an der Hand meines Vaters unter einer Straßenlaterne stand und zum aufgequollenen Gesicht eines toten Mannes aufblickte, der, die Hände gefesselt, mit einem Strick aufgeknüpft worden war. Es war ein Dealer aus einem Uptown-Viertel, der Heroin nach Hell's Kitchen geschafft hatte. Ein Päckchen davon hatte den zwölfjährigen Sohn eines puertorikanischen Verkäufers der Zahlenlotterie getötet.

Es war das letzte Päckchen, das der Dealer verkauft hatte.

Freundschaften waren so wichtig wie die Loyalität zum Viertel. Freunde gaben einem eine Identität und ein Gefühl der Zugehörigkeit. Sie waren eine Gruppe, der man trauen konnte über die engen Grenzen der eigenen Familie hinaus. Das häusliche Leben der meisten Kinder in Hell's Kitchen war entbehrungsreich und voller Kampf. Es blieb wenig Zeit für ein Familienleben, für das Umhegen der Jüngsten und für ihre kindlichen Freuden. Die mußte man anderswo finden, meistens auf der Straße in der Gesellschaft von Freunden. Mit ihnen konnte man lachen, sich blöde Witze erzählen, Schimpfwörter und Bücher austauschen oder über Sport und Filme reden. Mit ihnen konnte man sogar seine geheimsten Sünden teilen und es wagen, von so wichtigen Themen wie dem Händchenhalten mit einem Mädchen zu sprechen.

Das Leben in Hell's Kitchen war hart. Leben ohne Freunde war härter. Die meisten Kinder hatten das Glück, zumindest einen zu treffen, auf den sie zählen konnten. Ich fand drei. Sie waren alle drei älter, wahrscheinlich klüger und bestimmt gewitzter als ich. Ich habe keine Erinnerung an meine frühen Jahre, in denen sie nicht vorkommen. Sie waren Teil jedes glücklichen Augenblicks, den ich genossen habe.

Ich war nicht hart genug drauf, Mitglied in einer Gang zu werden, und teilte auch nicht ihre Vorliebe für ständige Konfrontation. Andererseits war ich zu redselig und extrovertiert, um ein Einzelgänger zu werden. Ich lebte und überlebte in einer Welt von Erwachsenen, doch meine Sorgen waren die eines heranwachsenden Jungen – ich wußte mehr über die Three Stooges oder sogar Shemp als über Straßenbanden. Ich interessierte mich mehr für einen bevorstehenden Transfer der Yankees als für eine Schießerei drei Häuser weiter. Ich fragte mich, warum James Cagney aufgehört hatte, Filme zu machen, und ob es einen besseren Polizisten im Land gab als Jack Webb im *Dragnet*. In unserem Viertel gab es keine Junior League, trotzdem trainierte ich, einen Ball aufgeschnitten so zu werfen wie Whitey Ford. Umgeben von Wohnungen, in denen es keine Bücher gab, fraß ich mich durch das Werk jedes Abenteuerschriftstellers, den die örtliche Bibliothek auf Lager hatte. Wie die meisten Jungen meines Alters schuf ich mir eine eigene Welt und bevölkerte sie mit Leuten, denen ich in Büchern, im Sport, in Filmen und im Fernsehen begegnet war, bis diese Welt für mich zu einem Ort wurde, in dem die fiktiven Figuren für mich genauso real waren wie die Menschen, die ich jeden Tag sah. Es war eine Welt, in der Platz war für die, die empfanden wie ich, die Disney haßten und Red Skelton liebten, die einen Good-Humor-Schokoriegel einem Mister-Softee-Eishörnchen vorzogen, die zum Zirkus der Ringling Brothers gingen und hofften, daß der blöde Junge, der aus der Kanone geschossen wurde, das Netz *verfehlen* würde, und die sich fragten, warum die Bullen in unserem Viertel nicht mehr wie Lee Marvin in *Dezernat M* sein konnten.

Es war eine Welt, gemacht für mich und meine drei Freunde.

Freunde wurden wir bei einem Mittagessen.

Eines Nachmittags verbreitete sich die Neuigkeit, daß drei Profi-Catcher – Klondike Bill, Bo Bo Brazil und Haystack Calhoun – im Holiday Inn in der 61st Street aßen. Ich rannte dorthin und traf Michael, John und Thomas, die durch die Frontscheibe des Restaurants drei großen Männern dabei zusahen, wie sie dicke Sandwiches und Pastetenstücke verschlangen. Ich kannte die drei aus der Schule und von der Straße, war jedoch immer zu schüchtern gewesen, sie anzusprechen. Der Anblick der Catcher ließ mich derlei Sorgen vergessen.

»Sie hören nicht mal auf zu kauen«, sagte John verwundert.

»So große Typen müssen überhaupt nicht kauen«, erklärte Tommy ihm.

»Haystack ißt vier Steaks zum Abendessen«, sagte ich, mich an

Michael vorbeidrängend, um einen besseren Blick zu bekommen. »*Jeden* Abend.«

»Erzähl uns mal was Neues«, murmelte Michael, den Blick unverwandt auf die Catcher geheftet.

»Ich werde reingehen und mich zu ihnen setzen«, erklärte ich lässig. »Ihr könnt ja mitkommen, wenn ihr wollt.«

»Kennst du sie?« fragte John.

»Noch nicht«, sagte ich.

Zu viert betraten wir das Restaurant und näherten uns dem Tisch der Catcher. Sie waren über leeren Tellern und Gläsern ins Gespräch vertieft. Als sie uns sahen, wandten sie den Kopf.

»Habt ihr Jungs euch verlaufen?« fragte Haystack Calhoun. Seine Haare und sein Bart waren lang und zerzaust, und er trug eine Latzhose, die groß genug war, einen Eßtisch zu bedecken. In den Artikeln der Catcher-Magazine wurde sein Gewicht mit 280 Kilo angegeben, und ich war erstaunt, daß ein so großer Mann sich überhaupt an den Tisch eines Restaurants zwängen konnte.

»Nein«, sagte ich.

»Was wollt ihr dann?« fragte Klondike Bill. Seine Haare und sein Bart waren dichter und dunkler als Calhouns, und er war nur etwa halb so schwer, womit er noch immer der zweitgrößte Mensch war, den ich je gesehen hatte.

»Ich habe euch schon oft kämpfen gesehen«, sagte ich. »Das haben wir alle«, sagte ich und wies auf die drei hinter mir.

»Haltet ihr auch zu uns?« fragte Bo Bo Brazil.

Er war muskulöser als seine Begleiter, an das Fenster gelehnt wirkte er mit seinem schwarz glänzenden kahlen Schädel und seinen leuchtenden Augen wie aus Stein gehauen. Bo Bos berüchtigtster Trick war der knochenzermalmende Co-Co-Stoß, mit dem er einen Gegner angeblich lähmen konnte.

»Nein«, sagte ich.

»Warum nicht?« wollte Calhoun wissen.

»Weil ihr normalerweise gegen die Guten kämpft«, sagte ich und spürte, wie meine Handflächen feucht wurden.

Haystack Calhoun nahm eine große Hand vom Tisch und legte

sie auf meine Schulter und um meinen Hals. Ihr schieres Gewicht ließ meine Knie weich werden. Er atmete in heftigen Stößen durch den Mund. »Sehen das deine Freunde auch so?«

»Ja«, sagte ich, ohne ihnen Gelegenheit zu einer Antwort zu lassen. »Wir halten alle gegen euch.«

Haystack Calhoun stieß ein lautes Lachen aus, das Fett seines Körpers zuckte, während er mit der freien Hand auf die Tischplatte schlug. Klondike Bill und Bo Bo Brazil stimmten rasch ein.

»Holt euch einen Stuhl, Jungs«, sagte Calhoun und griff nach einem Glas Wasser, um sein Lachen herunterzuspülen. »Setzt euch zu uns.«

Wir verbrachten mehr als eine Stunde in ihrer Gesellschaft, um den Tisch gedrängt, eingeladen zu Cherry-Pie und Schoko-Shakes, und lauschten ihren Geschichten aus der Welt des Catchens. Wir hatten nicht den Eindruck, daß sie viel Geld verdienten, und nach ihren zernarbten Gesichtern und ihren Blumenkohlohren zu urteilen, war es kein leichtes Leben. Doch ihre Geschichten über das Leben auf der Tour durch die Arenen des Landes, wo die Leute bezahlten, um Abend für Abend zu jubeln und johlen, waren von ansteckender Begeisterung. Für unsere jungen Ohren klang das Leben eines Catchers viel verlockender, als abzuhauen, um sich dem Zirkus anzuschließen.

»Habt ihr Jungs Tickets für heute abend?« fragte Haystack und machte der Kellnerin ein Zeichen.

»Nein, Sir«, sagte John, die letzten Krümel seines Pies zusammenkratzend.

»Dann seht zu, daß ihr um sieben an der Kasse seid«, sagte Calhoun und zwängte sich langsam von seiner Bank. »Um halb acht sitzt ihr dann direkt am Ring.«

Wir schüttelten ihnen die Hand, wobei unsere in ihren völlig verschwanden, und blickten ehrfurchtsvoll auf, während sie auf uns herablächelten und uns über die Köpfe strichen.

»Und enttäuscht uns nicht«, warnte Klondike Bill uns auf dem Weg nach draußen. »Wir wollen euch heute abend laut und deutlich buhen hören.«

»Wir lassen euch nicht im Stich«, sagte Tommy.

»Wir schmeißen mit Sachen nach euch, wenn ihr wollt«, sagte John.

Wir standen neben dem Tisch und sahen zu, wie sie das Restaurant verließen und auf die 10th Avenue traten, drei große Männer, die mit kleinen Schritten auf den Madison Square Garden und das weiße Scheinwerferlicht einer randvollen Arena zustrebten.

Ich war drei Jahre jünger als meine Freunde, doch sie behandelten mich wie ihresgleichen. Wir hatten ansonsten so viel gemeinsam, daß ich akzeptiert wurde, ohne daß mein Alter je zum Thema wurde. Ein sicheres Zeichen meiner Aufnahme in ihren Kreis war der Spitzname, den sie mir nicht einmal eine Woche nach unserem ersten Treffen gaben. Sie nannten mich Shakespeare, weil ich immer ein Buch dabei hatte.

Jeder von uns war das einzige Kind einer kaputten Ehe.

Mein Vater Mario arbeitete als Metzger, ein Handwerk, das er im Gefängnis gelernt hatte, als er sechs von fünf bis fünfzehn Jahren absaß, zu denen man ihn wegen Totschlags verurteilt hatte. Das Opfer war seine erste Frau. Die Schlachten zwischen meinem Vater und meiner Mutter Raffaela, einer stillen, zornigen Frau, die sich im Gebet vergrub, waren im ganzen Viertel berüchtigt. Mein Vater war ein Schwindler, der das wenige, das er verdiente, verspielte, und es schaffte, das, was er nicht hatte, auszugeben. Trotzdem hatte er immer Zeit und Geld, mir und meinen Freunden ein Eis oder eine Limo zu spendieren, wenn er uns auf der Straße traf. Er war ein Mann, der sich in der Gesellschaft von Kindern offenbar wohler fühlte als unter Erwachsenen. Als ich aufwuchs, hatte ich aus Gründen, die ich nie in Worte fassen könnte, Angst, daß mein Vater verschwinden würde. Daß er eines Tages gehen und nie wiederkommen könnte, eine Furcht, die durch seine periodischen Trennungen von meiner Mutter genährt wurde, als ich manchmal wochenlang nichts von ihm hörte.

Michael war mit zwölf Jahren der älteste meiner Freunde. Sein Vater Devlin Sullivan war ein Bauarbeiter und hatte im Koreakrieg gekämpft, womit er sich eine Stahlplatte im Schädel verdient hatte. Mr. Sullivan war immer wütend und hatte ständig Durst. Groß, stramm und von Berufs wegen kräftig hielt er seine Frau auf Distanz und lebte oft wochenlang mit verschiedenen Geliebten, die ihm das Geld aus der Tasche zogen und ihn dann vor die Tür setzten. Michaels Mutter Anna nahm ihn jedesmal wieder auf und vergab ihm alle seine Sünden. Michael sprach nie von seinem Vater, nicht so, wie ich von meinem Vater sprach, und die wenigen Male, die ich sie zusammen sah, wirkte er verlegen.

Die Ehe seiner Eltern hatte in Michael ein Mißtrauen gegenüber den hochgehaltenen Traditionen des Viertels wie Ehe, Familie und Kirche geweckt. Er war der Realist unter uns, argwöhnisch gegenüber den Absichten anderer, und er traute Leuten nicht über den Weg, die er nicht kannte. Michael sorgte dafür, daß wir mit beiden Beinen fest auf der Erde blieben.

Seine strenge Art wurde durch ein ausgeprägtes Ehrgefühl ausgeglichen. Er hätte nie etwas getan, was uns in Verlegenheit gebracht hätte, und verlangte umgekehrt dasselbe. Wenn er jemanden für schwächer hielt, spielte er ihm nie irgendwelche Streiche, und er stand stets zur Verteidigung derer bereit, die sich seiner Ansicht nach nicht wehren konnten. Dieser strenge Kodex spiegelte sich auch in den Büchern und Broadwaystücken wider, die er las und sich ansah. Das einzige Mal, daß ich ihn den Tränen nahe gesehen habe, war gegen Ende einer Aufführung von *Camelot*, in der ihn Lancelots Verrat tief berührt hatte. Sein Liebling unter den drei Musketieren war der kompliziertere Aramis, und wenn wir Fernsehserien oder Filme nachspielten, wählte Michael für sich immer die Rolle des Anführers, sei es Vic Morrows Figur in *Combat* oder Eliot Ness in *Die Unbestechlichen*.

Es war schwieriger, Michael zum Lachen zu bringen als die anderen. Er war der große Bruder und hatte als solcher eine gewisse Reife zu beweisen. Er war der erste von uns, der eine feste Freundin hatte, Carol Martinez, ein halb irisches, halb puertorikanisches Mädchen aus der 49th Street, und der letzte aus unserer Truppe, der das Motorradfahren lernte. Als er noch jünger war, wurde er wegen der zahllosen Sommersprossen in seinem Gesicht und auf seinen Händen manchmal »Spots« gerufen, aber nicht oft, weil er den Spitznamen haßte und seine Sommersprossen mit der Pubertät zu verblassen begannen.

Michael war es auch, der die älteren, aggressiveren Jungen des Viertels oft nur mit einem Blick oder einer Geste in Schach hielt. Diese Fähigkeit untermauerte seine Position als unser Anführer, einen Titel, den er annahm, ohne sich je darauf zu beziehen. Es war schlicht seine Rolle, sein Platz.

In den Jahren, die wir als Kinder gemeinsam verbrachten, war Tommy Marcanos Vater in Attica im Norden des Staates New York, wo er eine siebenjährige Haftstrafe wegen bewaffneten Raubes absaß. Billy Marcano war ein Berufsverbrecher, der seine Frau Marie aus allen geschäftlichen Angelegenheiten heraushielt. Wie die meisten Mütter des Viertels war Marie eine sehr fromme Frau, die in ihrer Freizeit den Priestern und Nonnen der Gemeinde half. In der Zeit, die ihr Mann im Gefängnis verbrachte, blieb sie ihm eine treue Ehefrau und hatte einen festen Job als Telefonistin bei einem illegalen Wettbüro.

Tommy vermißte seinen Vater sehr und schrieb ihm jede Nacht vor dem Schlafengehen einen Brief. In seiner Gesäßtasche trug er stets ein zerknittertes Bild von sich und seinem Vater, das er mehrmals am Tag betrachtete. Wenn Michael der Kopf der Truppe war, dann war Tommy die Seele. Er war von einer sanften Güte, teilte bereitwillig alles, was er hatte, und war nie neidisch auf das Geschenk oder das Glück eines anderen. Sein Straßenname war Butter, weil er sie auf alles strich, was er aß. Am glücklichsten wirkte er, wenn er in einer Hand ein frisches Brötchen, in der anderen eine Tasse heißen Kakao hielt. Er war schüchtern und scheute jede Aufmerksamkeit, doch er spielte mit Begeisterung *the dozens*, ein Spiel, in dem es darum ging, seinen Gegner mit Beleidigungen und Schimpfwörtern zu übertreffen.

Ich kann nicht an Tommy denken, ohne ein Lächeln in seinem Gesicht zu sehen, ein Blitzen in seinen Augen, jederzeit bereit loszulachen, selbst wenn der Lacher auf seine Kosten ging. Nur wenn ich mit meinem Vater zusammen war, sah ich manchmal eine Spur von Traurigkeit in seinem Gesicht, so daß ich mich bemühte, ihn bei allen unseren gemeinsamen Unternehmungen einzuplanen. Mein Vater, der genausoviel aß wie Tommy, war meistens einverstanden. Und dann kehrte auch Tommys Lächeln immer schnell zurück.

Während Michael älter wirkte, als er war, schien Tommy jünger als seine elf Jahre. Er war umgänglich, stets bemüht zu gefallen, wie ein kleiner Junge. Er hatte eine flinke Zunge, war selten um eine Replik verlegen und vergaß nie einen Witz. Seine Streiche waren noch von einer gewissen Unschuld geprägt. Tommy hätte nie Anführer der Gruppe sein wollen, diese Verantwortung hätte ihn nur belastet. Es lag mehr in seinem Wesen, mitzumachen, zuzusehen, zuzuhören und immer zu lachen.

Außerdem hatte er ein angeborenes handwerkliches Geschick. Manchmal bastelte er an einem weggeworfenen Stück Holz oder einem alten Rohr herum, bis daraus ein Zug oder eine behelfsmäßige Flöte geworden war. Er behielt seine Kunstwerke nie für sich und nahm, wenn er sie weggab, auch nie Geld dafür. Viele seiner Bastelarbeiten schickte er seinem Vater ins Gefängnis. Ob er sie erhalten hatte, erfuhr er nie, und er fragte auch nie danach.

John Reilly wurde von seiner Mutter großgezogen, einer attraktiven Frau, die kaum je für etwas anderes Zeit hatte als für die Kirche, ihre Arbeit als Platzanweiserin in einem Theater am Broadway und ihre Freunde. Johns Vater war ein kleiner Ganove, der weniger als eine Woche nach der Geburt seines Sohnes bei einem vereitelten bewaffneten Raubüberfall auf einen Lkw in New Jersey erschossen worden war. John wußte nichts von dem Mann. »Es gab keine Fotos«, erzählte er mir einmal. »Kein Hochzeitsbild, keine Schnappschüsse bei der Marine. Kein Mensch hat je über ihn geredet oder auch nur seinen Namen erwähnt. Es ist, als hätte er nie existiert.«

John lernte Disziplin von der Hand der diversen Verehrer seiner Mutter, einer endlosen Folge von Männern, die nur eine Art kannten, mit einem Jungen umzugehen. Er sprach nur selten über die Prügel, die er bezog, aber wir wußten es auch so.

Obwohl er nur vier Monate jünger war als Michael, war John der kleinste der Gruppe und hatte wegen seiner Faszination für den *Graf von Monte Christo,* was auch mein Lieblingsbuch war, den Spitznamen der Graf. Er liebte Komödien und konnte stundenlang darüber streiten, ob die Three Stooges begabte Komiker oder nur Trottel waren, die sich gegenseitig verprügelten.

Er war das Herz unserer Truppe, ein Unschuldsengel umgeben von Gewalt, die er nicht verhindern konnte. Er sah von uns allen am besten aus und schaffte es oft, sich mit einem Lächeln oder einem Augenzwinkern aus einer mißlichen Lage zu befreien. Er liebte es zu zeichnen und skizzierte mit einem dunklen Bleistift Segelboote und Kreuzfahrtschiffe auf kleinen Papierfetzen. Er verbrachte lange Nachmittage an den Piers, fütterte die Tauben, sah zu, wie die Wellen gegen die Kaimauer plätscherten und malte bunte Bilder von im Hafen liegenden Ozeandampfern, deren Decks er mit vertrauten Gesichtern aus unserem Viertel bevölkerte.

Er war ein geborener Parodist, konnte als John Wayne Pizza bestellen, in der Bibliothek wie James Cagney nach einem Buch fragen und auf dem Schulhof im Tonfall von Humphrey Bogart mit einem Mädchen reden. Und jedesmal erntete er das erwünschte Lächeln, womit seine Mission erfüllt war und er zufrieden von dannen ziehen konnte. Nie wollte er jemanden verletzen, Verletzungen gab es in seinem Alltag genug. Mehr als sonst jemand von uns brauchte John immer das Lächeln seines Gegenübers.

Beieinander fanden wir vier den Trost und die Geborgenheit, die wir sonst nirgendwo finden konnten. Wir vertrauten einander, und nie hätte einer den anderen verraten. Wir hatten sonst nichts – kein Geld, keine Fahrräder, keine Zeltlager im Sommer und keinen Urlaub. Nichts außer uns.

Für uns war das alles, was zählte.

3

Die katholische Kirche spielte eine große Rolle in unserem Leben. Sacred Heart war das Zentrum des Viertels, eine Art neutraler Treffpunkt, ein friedlicher Zufluchtsort, wo Probleme besprochen und Emotionen beruhigt werden konnten. Die Priester und Nonnen waren in der Gegend präsent und nötigten uns, wenn schon nicht immer Respekt, dann doch zumindest Aufmerksamkeit ab.

Meine Freunde und ich besuchten die Sacred Heart Grammar School, ein großes rotes Backsteingebäude direkt gegenüber von P. S. 111. Unsere Eltern zahlten einen monatlichen Pflichtbeitrag von zwei Dollar und schickten uns jeden Morgen in unseren Schuluniformen los, rotbraune Hosen für die Jungen, Röcke für die Mädchen, weiße Hemden und rote Krawatten zum Anklippen.

Die Schule hatte reichlich Probleme, wovon fehlende Lehrmittel noch das geringste war. Die meisten von uns stammten aus gewalttätigen Elternhäusern und neigten daher selbst zur Gewalt, so daß Schulhofschlägereien an der Tagesordnung waren. Oft ging es um eine vermeintliche Kränkung oder die Verletzung eines ungeschriebenen Verhaltenskodexes. Alle Schüler waren in Cliquen unterteilt, die sich meistens nach ethnischer Abstammung bildeten, was die Spannungen in einer ohnehin angespannten Situation noch vergrößerte.

Neben den vielfältigen ethnischen Gruppierungen mußten sich die Lehrer noch mit Sprachbarrieren und den Problemen überfüllter Klassenzimmer herumschlagen. Nach der siebten Klasse wurden die Schüler nach Geschlechtern getrennt, wobei die Nonnen die Mädchen unterrichteten, während die Priester und Brüder sich um die Jungen kümmerten. Jeder Lehrer hatte es mit einer Klasse von durchschnittlich zweiunddreißig Schülern zu tun, von denen mehr als die Hälfte zu Hause kein Englisch sprachen. Außerdem mußten viele Kinder nach der Schule jobben, um ihre Familien zu unterstützen, Zeit, die für Schulaufgaben fehlte.

Nur wenige der Lehrer waren so engagiert, über den Drei-Uhr-

Gong hinaus zu arbeiten. Doch wie an allen Schulen gab es einige wenige, die sich Zeit nahmen, sich auch nach Unterrichtsschluß um ihre Schüler zu kümmern, ihnen Nachhilfe zu geben, ihre Interessen zu fördern und ihnen Ziele aufzuzeigen, die über die Grenzen des Viertels hinauswiesen.

Bruder Nick Kappas leistete geduldig etliche Überstunden, um mir die Grundzüge der englischen Sprache beizubringen, die ich zu Hause, wo nur Italienisch gesprochen wurde, nicht gelernt hatte. Ein anderer, Pater Jerry Martin, ein schwarzer Priester aus dem tiefen Süden, öffnete mir die Augen für den Haß und die Vorurteile, die jenseits von Hell's Kitchen existierten. Und Pater Andrew Nealon, ein älterer Priester mit einem starken Bostoner Akzent, förderte mein Interesse an amerikanischer Geschichte. Und dann war da noch Pater Robert Carillo, mein Kumpan aus der Episode mit der Klapper, das einzige Mitglied des örtlichen Klerus, das in Hell's Kitchen geboren und aufgewachsen war.

Pater Bobby, wie ihn die Kinder aus dem Viertel nannten, war Mitte Dreißig, groß und kräftig, mit dunklem, lockigem Haar, einem glatten Gesicht und dem Körperbau eines Sportlers. Er spielte in der Sonntagsmesse die Orgel, beaufsichtigte die Meßdiener, unterrichtete die neunte Klasse und spielte jeden Tag auf dem Schulhof zwei Stunden Basketball. Die meisten Priester zogen es vor, von der Kanzel zu predigen; Pater Bobby sprach einen lieber persönlich im Gerempel und Geschubse eines Spiels an. Er war der einzige Priester, der uns anstachelte, uns zu verbessern, und stets bereit war zu helfen, wenn ein Problem auftauchte.

Pater Bobby machte mich und meine Freunde auch mit Autoren wie Sir Arthur Conan Doyle, Victor Hugo und Stephen Crane bekannt, was unsere Leidenschaft für das geschriebene Wort nur intensivierte. Er wählte Geschichten von Autoren aus, mit denen wir uns seiner Ansicht nach identifizieren konnten, und die uns helfen konnten, für kurze Zeit dem Krieg zu entfliehen, der jede Nacht in unseren Wohnungen tobte.

Durch ihn lernte ich Bücher wie *Les Misérables*, *A Tree Grows in Brooklyn* und *A Bell for Adano* kennen, und er lehrte mich, daß sie ein nächtliches Licht sein konnten, das den häuslichen Terror fernhielt. Das war nicht schwer für ihn, weil er genauso aufgewachsen war wie wir. Er wußte, was es hieß, unter einer Decke aus Furcht Schlaf zu finden. Andere Gottesmänner waren weniger einfühlsam. Viele taten es unseren Eltern nach und setzten ihre Vorstellungen von Disziplin gewaltsam durch. 1960 galt körperliche Züchtigung innerhalb des katholischen Schulsystems noch als etwas völlig Normales und Akzeptables. Unsere Eltern gaben den Priestern im großen und ganzen freie Hand, mit uns umzugehen, wie sie es für richtig hielten. Die Mehrzahl der Priester und Brüder bewahrte in den obersten Schubladen ihrer Schreibtische dicke Lederriemen auf, und auch Faustschläge und schallende Ohrfeigen waren durchaus an der Tagesordnung.

Niemand griff häufiger auf diese Demonstration seiner Macht zurück als Bruder Gregory Reynolds, ein kahlköpfiger Mann mittleren Alters mit hängenden Wangen und einem runden Bierbauch. Er hielt den Ledergürtel stets in der Hand, wenn er durch die Bankreihen ging, und schlug bei der kleinsten Provokation zu. Nicht gemachte Hausaufgaben wurden mit vier harten Schlägen auf jede Hand geahndet, Verspätungen mit zweien. Jederzeit konnte ein Lächeln, ein Grinsen oder ein Blick in die falsche Richtung seinen Zorn entzünden, und ehe man sich versah, hatte man den Gürtel im Gesicht oder auf der Hand.

Bruder Reynolds war ein wütender Mann, und seine Verbitterung wurde durch das Trinken und die Erinnerung an einen seelsorgerischen Hausbesuch, bei dem er versagt hatte, noch angefacht. Jeder von uns bekam irgendwann seinen Gürtel zu spüren. Meine Freunde und ich gingen mit ihm um wie mit all unseren Problemen, mit Humor, Streichen und dummen Sprüchen. Wenn wir sie nicht schlagen konnten, konnten wir genausogut einfach über sie lachen. Es läßt sich mit Sicherheit behaupten, daß auf Bruder Reynolds' Kopf mehr mit Wasser gefüllte Luftballons landeten, mehr Pizzen an seine Haustür geliefert wurden und mehr Schals, Handschuhe und Hüte aus seinem Büro verschwanden als aus dem irgendeines anderen Geistlichen in der Geschichte von Hell's Kitchen. Er hatte mich und meine Freunde immer im Verdacht, doch er konnte nie etwas beweisen.

Eines Tages jedoch lieferte ich ihm alle Beweise, die er je brauchen würde.

Ich langweilte mich in der Mitte einer scheinbar nie enden wollenden Mathematikstunde. Um mir die Zeit zu vertreiben, griff ich hinter mich und formte aus dem Schnee auf dem Fenstersims einen matschigen Ball. Ich saß in der letzten Reihe neben dem Schrank für unsere Sachen. Ich wettete mit einem pickelgesichtigen Puertorikaner namens Hector Mandano um eine saure Gurke, daß ich den Schneeball von meinem Platz aus so werfen könnte, daß er in einem Bogen durch das vordere linke Fenster wieder hinausfliegen würde. Damals standen die Fenster bei jedem Wetter offen, da die Lehrer meinten, frische Luft würde die Schüler wachhalten. Wir beschwerten uns nie, vor allem in den kälteren Monaten nicht, wenn die Heizung so weit aufgedreht war, daß selbst die robustesten Schüler in Schweiß gebadet waren.

Bruder Reynolds hatte mir den Rücken zugewandt und schrieb eine Reihe mathematischer Probleme an die Tafel. Er stand ein paar Schritte rechts von dem offenen Fenster. Da ich absolut davon überzeugt war, einen angeschnittenen Ball werfen zu können, und für eine saure Gurke praktisch alles tun würde, warf ich die Schneekugel, überzeugt, daß sie ihr Ziel finden würde.

Whitey Ford wäre nicht zufrieden gewesen mit meinem Wurf. Der Schneeball hatte nicht nur *keinen* Schnitt, er wurde auch immer schneller und sauste wie ein Geschoß auf Bruder Reynolds' Hinterkopf zu. Er landete mit einem Platschen, das ich bisher nur aus Zeichentrickfilmen kannte. Der ganzen Klasse stockte der Atem. Meine einzige Überlebenshoffnung war, daß ich hart genug getroffen hatte, um eine Blutung zu verursachen.

Doch dem war nicht so.

Bruder Reynolds stürmte den Gang zwischen den Pulten hinunter wie ein entsprungener Bulle, den Ledergürtel erhoben und nach allen Seiten Schläge an Unschuldige verteilend, während er direkt auf mich, den Schuldigen, zukam. Er ging mit einer Mischung aus Wut und Verlegenheit auf mich los, schlug mich auf Hände, Kopf und Körper, prügelte auf mich ein, bis er erschöpft auf die Knie sank. Doch egal, was er auch tat, er konnte die Flut des Gelächters um ihn herum nicht eindämmen, das mittlerweile so laut geworden war, daß es jeden Schmerz überwog, den ich fühlen mochte.

Das Bild von Bruder Gregory Reynolds, wie er sich den Schnee aus dem Nacken schüttelt, das Gesicht feuerrot mit vor Zorn hervorquellenden Augen, der ganze Körper so verkrampft vor Wut, daß er kein einziges Wort herausbrachte, werde ich nie vergessen, genausowenig wie das Lachen, das das Klassenzimmer an jenem trüben Tag erfüllte.

Knapp zwei Jahre nach dem Zwischenfall starb Bruder Reynolds an einer Herzschwäche und zuviel Alkohol. Während bei der Totenwache ein Strom von Trauernden an seinem offenen, von Kränzen und Blumen umstellten Sarg vorüberzog, brachte irgend jemand in den hinteren Reihen noch einmal die Geschichte mit dem Schneeball auf.

Und das Gelächter begann von neuem.

4

Die Kirche von Sacred Heart war still, Deckenlampen schienen auf lange Holzbänke. Sieben Frauen und drei Männer saßen, die Hände zum Gebet gefaltet, in den letzten Reihen, und warteten darauf, mit einem Priester zu sprechen.

Meine Freunde und ich verbrachten viel Zeit in dieser kleinen, gedrungenen Kirche mit dem großen Marmoraltar in der Mitte. Wir waren alle Meßdiener mit regelmäßigem Sonntags- und manchmal auch Wochentagsdienst. Außerdem erwartete man von uns, daß wir zu Beerdigungen dunkle Weihrauchwolken über den Särgen der Toten des Viertels aufsteigen ließen. Die Totenmessen waren am beliebtesten, weil es drei Dollar dafür gab, und wenn man hinreichend trauervoll aussah, konnte man noch ein wenig mehr einstecken.

Zusätzlich zu unserem Dienst besuchten wir einmal pro Woche die Messe oder auch öfter, wenn Pater Bobby jemanden brauchte, der die älteren Gemeindemitglieder an Wochentagen zur Abendmesse brachte. Manchmal ging ich auch einfach so hin und saß stundenlang da, allein oder mit einem meiner Freunde. Ich mochte den Geruch und das Gefühl der leeren Kirche, die bunten Glasfenster und Standbilder der Heiligen. Ich ging weniger zum Beten als vielmehr zur Entspannung dorthin, und um die Welt draußen zu vergessen. Jonny und ich gingen öfter als die anderen. Wir waren die beiden einzigen unserer Gruppe, die darüber nachdachten, Priester zu werden, eine Vorstellung, die wir anziehend fanden, weil es ein Freifahrtschein aus unserem Viertel war. Eine katholische Version der Lotterie. Wir waren noch viel zu jung, um uns über das Zölibat Gedanken zu machen, sondern verbrachten die meiste Zeit damit, uns vorzustellen, wie wir mit einem Priesterkragen aussehen würden.

John und ich waren fasziniert von der Macht, die ein Priester hatte. Er konnte Messen lesen, die Sakramente verteilen, Babys taufen, Trauungen vornehmen und vor allem in einem dunklen Kabäuschen sitzen und zuhören, wie andere ihre Sünden gestanden. Für uns war das Sakrament der Beichte wie die Erlaubnis, eine geheime Welt von Verrat und Betrug zu betreten, in der die Menschen ihre dunklen Taten und niederträchtigen Indiskretionen offen zugaben, von einem Mantel der Frömmigkeit und Vertraulichkeit geschützt. Die Beichte war besser als jedes Buch, das wir in die Finger bekommen, oder jeder Film, den wir sehen konnten, weil die Sünden echt waren, begangen von Menschen, die wir tatsächlich *kannten*.

In Sacred Heart gab es zwei Beichtstühle mit schweren violetten Vorhängen auf jeder Seite der Kirche, an der Wand bei den hinteren Bankreihen. Die schwere Holztür in der Mitte des Beichtstuhls war von innen verschließbar. Zwei dünne Drahtgitter hinter einer aufschiebbaren Holzluke erlaubten dem Priester, den Sünden seiner Gemeinde im Sitzen zuzuhören, wenn er sich wachhalten konnte. Jeden Samstagnachmittag von drei bis fünf strebten eine Handvoll Gemeindemitglieder in diese Beichtstühle, um jede Affäre, jeden Fluch und jeden Verstoß gegen die Gebote, den sie die Woche über begangen hatten, zu beichten. Und an solchen Tagen gab es in Hell's Kitchen keinen besseren Aufenthaltsort.

John und ich saßen jeden Samstagnachmittag in der Kirche. Wir wußten, daß Pater Tim McAndrew, alt, müde und schwerhörig wie er war, immer die erste Stunde in einem der vorderen Beichtstühle übernahm. Pater McAndrew hatte die Vorliebe, harte Strafen selbst für das kleinste Vergehen zu verhängen, egal ob er die Beichte verstanden oder es sich nur eingebildet hatte. Besonders hart war er zu Kindern und verheirateten Frauen. Selbstbefleckung brachte einem ein Dutzend Gegrüßet-seist-du-Marias und ein halbes Dutzend Vaterunser ein.

Manchmal und immer auf mein Drängen schlichen sich John und ich in den Beichstuhl neben dem von McAndrew, verschlossen die Tür und hörten Sünden, von denen wir bis dahin nur gelesen hatten. Wir hatten keine Ahnung, was die Strafe sein würde, wenn wir erwischt wurden, doch es konnte unmöglich den Spaß überwiegen, dem Sündenfall unserer Nachbarn zu lauschen.

Ich saß in dem zweiten Beichtstuhl auf die schmale Holzbank gedrückt, den Rücken an die kühle Mauer gelehnt. Der Graf, John Reilly, hockte neben mir.

»Mann, wenn sie uns erwischen, enden wir auf dem Scheiterhaufen«, flüsterte er.

»Was, wenn unsere Mütter hier sind?« fragte ich. »Was, wenn wir *ihre* Beichte hören?«

»Und was, wenn wir noch was Schlimmeres hören?« fragte John.

»Was zum Beispiel?« Etwas noch Schlimmeres konnte ich mir nicht vorstellen.

»Einen Mord zum Beispiel«, sagte John. »Was, wenn jemand einen Mord gesteht?«

»Ganz ruhig«, sagte ich so überzeugend wie möglich. »Wir müssen uns nur zurücklehnen, zuhören und aufpassen, daß wir nicht lachen.«

Um zehn nach drei erhoben sich zwei Frauen aus der letzten Bankreihe und strebten dem ersten Beichtstuhl zu, bereit, ihre Sünden einem Mann zu beichten, der sie nicht hören konnte. Sie gingen jede auf eine Seite, öffneten die Vorhänge, knieten nieder und warteten, daß sich die kleine Holzluke öffnete.

Wenig später rührte sich auch in unserem Beichtstuhl etwas.

»Aufgepaßt, jetzt geht's los«, sagte ich.

»Gott steh uns bei«, sagte John und bekreuzigte sich. »Gott steh uns bei.«

Zu unserer Rechten hörten wir das leise Husten eines Mannes, während er sich hinkniete und seine Ellenbogen auf den kleinen Sims auf seiner Seite des Beichtstuhls legte. Er kaute einen Kaugummi und atmete schnaufend, während er darauf wartete, daß sich die Luke öffnete.

»Kennen wir ihn?« fragte John.

»Still!«

Auf der anderen Seite hörte man eine Frau niesen, während sie in ihrer Handtasche nach einem Taschentuch suchte.

»Welche Seite?« fragte John.

»Den Typ«, sagte ich und schob die Luke zu meiner Rechten auf. Die wulstigen Lippen des Mannes, seine Nase und sein stoppeliges Kinn waren direkt vor uns, nur durch das Drahtgitter von uns getrennt. Sein schwerer Atem wärmte den kleinen Holzverschlag.

»Vergib mir, Vater, denn ich habe gesündigt«, sagte er, die Hände zum Gebet gefaltet. »Zwei Jahre habe ich nicht mehr gebeichtet.«

John klammerte sich an meine Schulter, und ich versuchte, gegen das Zittern in meinen Knien anzukämpfen. Keiner von uns sagte ein Wort.

»Ich habe schlimme Dinge getan, Vater«, sagte der Mann. »Und es tut mir leid. Ich spiele und habe mein ganzes Geld für die Miete beim Pferderennen verloren. Ich belüge meine Frau und schlage sie manchmal, die Kinder auch. Es ist schlimm, Vater. Ich muß aus diesem Loch raus. Was kann ich nur tun?«

»Bete«, sagte ich mit meiner tiefsten Stimme.

»Ich *habe* gebetet«, sagte der Mann. »Es hat nicht geholfen. Ich schulde den Kredithaien Geld. Viel Geld. Vater, du mußt mir helfen. Dies ist doch der Ort, an den man sich um Hilfe wenden kann, stimmt's? Ich weiß sonst nicht mehr wohin. Das ist alles.«

John und ich hielten den Atem an und schwiegen.

»Vater, bist du da?« sagte der Mann.

»Ja«, sagte ich.

»Und«, fragte der Mann. »Was soll es sein?«

»Drei Gegrüßet-seist-du-Marias«, sagte ich. »Ein Vaterunser. Und möge der Herr dich segnen.«

»Drei Gegrüßet-seist-du-Marias!« sagte der Mann. »Was zum Teufel soll das bringen?«

»Es ist für deine Seele«, sagte ich.

»Scheiß auf meine Seele«, rief der Mann laut. »Und scheiß auch auf dich, du mieser Schmarotzer.«

Er stand auf, riß die Vorhänge auf und stürmte nach draußen. Sein Ausbruch erregte die Aufmerksamkeit der Wartenden.

»Das ist doch prima gelaufen«, sagte ich zu John, der meine Schulter endlich wieder losgelassen hatte.

»Bitte, nicht die Frau«, sagte John. »Ich flehe dich an. Laß uns einfach hier abhauen.«

»Und wie?« fragte ich.

»Bitte, nicht noch einen«, sagte John. »Laß sie zu dem anderen Beichtstuhl gehen. Laß sie denken, hier wär niemand.«

»Nur noch einen«, sagte ich.

»Nein«, sagte John. »Ich hab zuviel Angst.«

»Nur noch einen«, bettelte ich.

»Nein.«

»Nur noch einen.«

»Einen«, sagte John. »Und dann sind wir hier weg.«

»Abgemacht«, sagte ich.

»Schwörst du es?«

»In einer Kirche kann man nicht schwören«, sagte ich.

Die Stimme der Frau war sanft und leise, kaum mehr als ein Flüstern. Ein Schleier bedeckte ihr Gesicht, sie hatte die Hände wie zum Schutz gegen die Dunkelheit um den Körper geschlungen und kratzte mit ihren Fingernägeln über das Holz.

»Vergib mir, Vater«, begann sie. »Seit meiner letzten Beichte sind sechs Wochen vergangen.«

Wir wußten beide, wer sie war, und hatten sie mehr als einmal durch die Straßen von Hell's Kitchen gehen sehen, Arm in Arm mit ihrer letzten Eroberung. Sie war eine Frau, über die unsere Väter grinsten und die wir laut Anweisung unserer Mütter ignorieren sollten.

»Ich bin nicht glücklich mit meinem Leben, Vater«, sagte sie. »Manchmal möchte ich morgens nicht mehr aufwachen.«

»Warum?« fragte ich, meine Stimme durch den Rücken von Johns Hemd gedämpft.

»Es ist falsch«, sagte sie. »Alles, was ich tue, ist falsch, und ich weiß nicht, wie ich aufhören soll.«

»Du mußt beten«, sagte ich.

»Das tue ich, Vater«, erwiderte sie. »Glaub mir, das tue ich. Jeden Tag. Es hat nichts genützt.«

»Das wird es«, sagte ich.

»Ich schlafe mit verheirateten Männern«, sagte die Frau. »Männern mit Familie. Am Morgen sage ich mir jedesmal, das war das letzte Mal. Aber das ist es nie.«

»Eines Tages wird es das letzte Mal sein«, sagte ich und beobachtete, wie sich ihre Hände um die Perlen eines Rosenkranzes legten.

»Es muß aber bald sein«, sagte die Frau und kämpfte mit den Tränen. »Ich bin schwanger.«

John sah mich an, beide Hände auf den Mund gepreßt.

»Wer ist der Vater?« fragte ich.

»Such dir einen aus«, sagte die Frau. Ihr Sarkasmus konnte die Trauer in ihrer Stimme nicht überdecken.

»Was willst du tun?«

»Ich weiß, was ich *deiner* Meinung nach tun soll«, sagte die Frau. »Und ich weiß, was ich tun *sollte*. Ich weiß nur noch nicht, was ich tun werde.«

»Du hast Zeit«, sagte ich, während mir der Schweiß hinablief.

»Ich habe alles mögliche«, sagte die Frau. »Aber Zeit habe ich bestimmt nicht.«

Sie bekreuzigte sich, rollte den Rosenkranz zusammen und steckte ihn in die Tasche ihres Kleides. Sie strich sich das Haar aus dem Gesicht und griff nach der Handtasche neben ihren Knien.

»Ich muß los«, sagte sie und fügte zu unserem großen Entsetzen hinzu: »Nett, daß ihr zugehört habt, Jungs. Danke, und ich bin sicher, daß ihr es für euch behalten werdet.«

Sie klopfte mit zwei Fingern gegen den Draht, winkte und verließ den Beichtstuhl.

»Sie hat es gewußt«, sagte John.

»Ja«, sagte ich. »Sie hat es gewußt.«

»Warum hat sie uns dann all das erzählt?«

»Ich nehme an, irgend jemandem mußte sie es erzählen.«

John stand auf und schob sich an der Wand entlang, wobei er versehentlich die Luke des Beichtstuhls aufschob. Auf der anderen Seite kniete, durch das Gitter verdeckt, ein Mann.

»Vergib mir, Vater, denn ich habe gesündigt«, sagte er mit sonorer Baritonstimme.

»Na und?« sagte John. »Meinst du, daß du deswegen etwas Besonderes wärst?«

John öffnete die Mitteltür, und wir verließen beide den Beichtstuhl, den Kopf gesenkt, die Hände zum Gebet gefaltet.

5

Wir verbrachten soviel Zeit wie möglich außerhalb unserer Wohnungen. John und Tommy – der Graf und Butter – hatten zu Hause keinen Fernseher. Michael – Spots – durfte nicht fernsehen, wenn er alleine war, was meistens der Fall war. Meine Eltern sahen sich gerade das *9 Million Dollar Movie* auf Channel 9 an. Die Radios in unseren Wohnungen waren meist auf Sender eingestellt, die hauptsächlich Nachrichten aus den alten Heimatstädten Neapel oder Belfast brachten. Also bestand unsere tägliche Unterhaltung vor allem aus Lesen.

Wir arbeiteten uns jeden Tag von hinten nach vorne durch die *Daily News*, beginnend mit den Sportseiten, auf denen wir uns von Dick Young und Gene Ward durch die Baseballkriege führen ließen, dann weiter zu spektakulären Verbrechen auf der Titelseite, wobei wir alles, was dazwischen stand, überblätterten. Die *Post* kauften wir nie, weil wir von unseren Vätern vor ihren kommunistischen Tendenzen gewarnt worden waren, und eine Ausgabe der *New York Times* konnte man in Hell's Kitchen schlechterdings nicht *auftreiben*. Wir lasen und diskutierten die Artikel, schimpften auf Autoren, die es wagten, einen unserer Lieblingsspieler zu kritisieren oder sich am Schicksal eines Verbrechers zu ergötzen, der unserer Meinung nach von den Bullen reingelegt worden war.

Wir sparten unser Geld, bestellten *Classic Illustrated*-Comics und warteten geduldig auf unser Päckchen in der Post. Comichefte, die wir uns nicht kaufen konnten, stahlen wir in CandyStores außerhalb unseres Viertels. Wir hatten eine gemeinsame Sammlung, deren Schätze – *The Flash, Aquaman, Batman, Superman, Sgt. Rock, The Green Lantern* – wir in großen Kartons in unserem Kellerclubraum aufbewahrten, jeder Karton einzeln beschriftet und mit Plastikstreifen geschützt.

Im Sommer sammelten wir Baseballkarten, die wir dann das ganze Jahr über tauschten. Auch diese Karten wurden geordnet, beschriftet und nach Mannschaften in Schuhkartons abgelegt. Die harten Kaugummis, die man mit jedem Päckchen Karten bekam, wurden bis zu den sommerlichen Kronkorkenwettbewerben aufbewahrt, wo sie mit Kerzenwachs vermischt in die Kronkorken von 7-up-Flaschen gefüllt wurden, die wir für das beliebte Kästchenspiel brauchten.

Bücher besaß keiner von uns, genausowenig wie unsere Eltern. Sie waren in Hell's Kitchen ein Luxus, den sich nur wenige leisten konnten oder wollten. Die meisten Männer konnten gerade genug lesen, um die Einlaufwetten in der Zeitung zu entziffern, und die Lektüre der Frauen beschränkte sich auf Gebetbücher und Skandalblätter. Wenn man beim Lesen gesehen wurde, nahmen die Leute an, man hätte nichts Besseres zu tun, und man galt schnell als faul. Für mich und meine Freunde war es eine verdammt gute Sache, daß es eine Bibliothek gab.

Die öffentliche Bibliothek von Hell's Kitchen war in einem grauen Betonkasten untergebracht, der zwischen ein Wohnhaus und einen Candy Store geklemmt war. Der Lesesaal für Kinder hatte ein Fenster zur 10th Avenue und war immer voll. Die Erwachsenenabteilung lag nach hinten, und war ruhig und leer genug, um darin eine Leiche zu verstecken. Die Bibliothek war gut ausgestattet, hatte reichlich Personal, und das halbe Dutzend Bibliothekare und Bibliothekarinnen war an die wilden Umgangsformen ihrer Kundschaft gewöhnt. Pünktlich um neun wurden täglich außer sonntags die großen schwarzen Türen geöffnet.

In dieser Bibliothek lasen meine Freunde und ich an Winternachmittagen nach der Schule so manches Buch. Außerdem inszenierten wir auch manchen Aufruhr. Wir lachten, wenn wir leise sein sollten, und brachten Essen mit, was ebenfalls nicht erlaubt war. Manchmal schliefen wir auch auf unseren Plätzen, vor allem, wenn die Nacht zuvor hart gewesen war. Neben der Kirche und unserem Zuhause war die Bibliothek der einzige Ort, wo nichts gestohlen werden durfte. Ich kann mich jedenfalls nicht erinnern, daß in meiner Zeit dort je ein Buch abhanden gekommen wäre.

Wir kamen dorthin, um unsere Ruhe zu haben. In unserem Leben gab es so viel Gebrüll und Geschrei, daß wir vielleicht verrückt geworden wären, wenn wir dort nicht eine Art Zufluchtsstätte gehabt hätten. Eine Menge Menschen aus unserem Viertel *sind* verrückt geworden. Aber wir nicht. Wir hatten die Bibliothek. Sie war, wie unser Zuhause hätte sein sollen, aber nie war. Und weil es für uns so etwas wie ein Zuhause war, lasen wir natürlich nicht nur. Wir ließen auch die Puppen tanzen.

Ich saß an einem hellen Holztisch im hinteren Raum der Bibliothek und las in einer gebundenen Ausgabe von *Der Graf von Monte Christo*, vertieft in den mentalen Kampf, den Edmond Dantes in seiner einsamen Gefängniszelle führte.

»Komm, Shakes«, sagte John und stupste mich mit dem Ellenbogen an. »Mach es.«

»Heute nicht«, sagte ich und legte das Buch vorsichtig auf den Tisch, um die Seite nicht zu verschlagen. »Morgen, *vielleicht.*«

»Warum nicht heute?« wollte Tommy vom anderen Ende des Tisches wissen.

»Ich hab einfach keine Lust«, sagte ich. »Ich will lesen.«

»*Lesen* kannst du immer«, sagte John.

»Ich kann auch *immer* ein Regalbrett voll Bücher zusammenkrachen lassen.«

»Ich wette mit dir um zwei Flash-Comichefte, daß du es heute nicht kannst«, sagte John.

»Ich lege noch zwei *Green Lanterns* oben drauf«, sagte Michael und hob den Blick von einer Ausgabe des *National Geographic*, die er auf den Knien ausgebreitet hatte.

»Die neuen?« fragte ich.

»Ich hab sie erst neulich gekriegt.«

Ich wies mit dem Kopf auf Tommy. »Was ist mit dir?«

»Was ist mit mir?« wollte er wissen.

»Was hast du?«

»Gar nichts«, sagte Tommy. »Ich will nur sehen, wie du es machst.«

»Und?« sagte Michael. »Was ist jetzt?«

»Sucht euch ein Buch aus«, seufzte ich.

Wenig später hatte ich, eine Ausgabe von *Moby Dick* in der Hand, das oberste Brett des Belletristikregals erklommen. John und Tommy waren am Ende des Ganges postiert, um nach den Bibliothekarinnen Ausschau zu halten. Unter mir stand Michael und stützte die Holzleiter mit beiden Händen.

»Laß dir Zeit«, sagte er. »Die sind alle in der Kaffeepause.«

Auf dem Regalbrett standen fünfundzwanzig Bücher nach Autoren geordnet. Ich schob das Dutzend zu meiner Linken zu einer Seite des Bretts, den Rest zur anderen und stellte sie so auf, daß sie sich, ein Buch auf das Gewicht des anderen gestützt, alle zur Mitte hin neigten. Dann schob ich *Moby Dick* dazwischen, so daß der Band die Buchreihen links und rechts davon abstützte. Zufrieden betrachtete ich mein Werk und stieg die Leiter wieder hinunter.

»Meinst du, es funktioniert?« fragte Michael.

»Es ist ein todsicherer Trick«, sagte ich.

»Wen sollen wir rufen?« fragte Tommy, der hinter mir aufgetaucht war. »Zum Ausprobieren, meine ich.«

»Wie wär's mit der Kalinsky?« schlug John vor und stellte einen Fuß auf die unterste Sprosse der Leiter. »Keiner kann sie leiden.«

»Fast keiner«, sagte Michael. »Also, halten wir die Kalinsky da raus.«

»Tut mir leid, Mikey«, sagte John. »Das mit ihr und deinem Vater hatte ich ganz vergessen.«

»Nehmt einfach eine andere«, sagte Michael.

»Wie wär's mit Miss Pippin?« fragte ich. »Hat der Vater von irgend jemand gerade was mit ihr?«

Tommy stand am Tresen in der Mitte des großen Raumes und wartete geduldig, während Miss Pippin, eine große, ständig besorgt aussehende Blondine, einen Packen Kinderbücher auf einem Aktenschrank ablegte.

»Hallo«, sagte sie und drehte sich zu Tommy um. »Kann ich dir helfen?«

»Ich kann ein Buch nicht finden«, sagte Tommy.

»Weißt du denn den Namen des Buches?« fragte sie und setzte die Brille auf, die an einer Kette um ihren Hals hing. »Oder wer es geschrieben hat?«

»Es heißt *Moby Dick*«, sagte Tommy schüchtern. »Geschrieben hat es, glaube ich, ein Typ namens Herman.«

»Da hast du zur Hälfte recht«, sagte Miss Pippin. »Es ist von Herman Melville. Das sollte nicht allzu schwer zu finden sein.«

»Das ist ja super«, sagte Tommy nickend und schlug mit der Handfläche auf den Tresen. »Wußten Sie, daß es einen Film davon gibt?«

»Nein«, erwiderte Miss Pippin. »Nein, das wußte ich nicht. Aber das Buch ist viel besser.«

»Woher wissen Sie das?« fragte Tommy. »Wenn Sie den Film nicht gesehen haben.«

»Ich *weiß* es«, sagte Miss Pippin und trat hinter ihrem Tresen hervor. »Komm mit, wir holen dir dein Buch.«

»Sofort«, sagte Tommy.

Miss Pippin stützte ihre Hände auf die Kante der Trittleiter und ließ ihren Blick von links nach rechts über die Buchrücken wandern. Wir saßen an einem Tisch in ihrem Rücken, nur Michael sah sie direkt an. John und ich saßen einander gegenüber und riskierten hin und wieder einen Seitenblick auf Miss Pippins Profil. Wir hatten uns hinter großen Bildbänden verschanzt, über die wir nur ab und zu hinweglinsten, so daß lediglich unsere Augen zu sehen waren.

»Na, da kannst du aber nicht sehr lange gesucht haben«, sagte Miss Pippin zu Tommy. »Da ist es. Gleich da oben.«

»Wo?« sagte Tommy. »Ich sehe es nicht.«

»Gleich dort«, sagte Miss Pippin und wies mit einem Finger mit spitzem Nagel auf das Buch. »Im obersten Regal.«

»Tut mir leid, Miss Pippin«, sagte Tommy. »Ich kann es nicht sehen. Ich habe meine Brille in der Schule vergessen.«

»Seit wann trägst du eine Brille?« fragte Miss Pippin. »Ich habe dich noch nie mit Brille gesehen.«

»Ich hab sie auch gerade erst bekommen«, sagte Tommy.

»Also gut, also gut, ich hol dir dein Buch«, sagte Miss Pippin. »Aber das nächste Mal gibst du die Suche nicht so schnell auf. Nimm dir die Zeit, das, was du lesen willst, auch zu finden.«

»Mach ich«, sagte Tommy. »Ganz bestimmt.«

Miss Pippin begann die Leiter hinaufzusteigen, während sie mit einer Hand fortwährend ihren langen Faltenrock glattstrich. Tommy starrte nach oben, begierig, einen Blick auf ihre Oberschenkel zu erhaschen. Michael drehte sich zu mir um und zwinkerte. John hielt sich das Buch, das er angeblich las, vors Gesicht und versuchte tapfer, ein Kichern zu unterdrücken.

»Reiß dich zusammen«, flüsterte ich.

»Sie ist fast oben«, sagte Michael noch leiser. »Nur noch ein paar Sprossen.«

»Nicht hochgucken, bis es passiert«, sagte ich.

Tommy wandte den Kopf ab, als er sah, wie sich Miss Pippins Finger um den Buchrücken von *Moby Dick* legten. Sie zupfte leicht an dem Buch und zog es heraus. Es fiel in ihre Hand, während gleichzeitig alle anderen Bücher auf dem Brett, ihrer Stütze beraubt, in ihre Richtung purzelten.

Die ersten beiden landeten auf ihrem Kopf, so daß sich ihr rotes Haarband löste und ihre Brille zu Boden fiel. Dann regneten die anderen Bücher auf sie herab. Sie verlor ihren Halt auf der Leiter und taumelte zu Boden, als sie von einem aufgeschlagenen Buch am Kinn getroffen wurde.

»O Scheiße«, brüllte Tommy. »Sie fällt.«

Miss Pippin landete auf dem Rücken, die Augen geschlossen, die Beine in einem seltsamen Winkel gespreizt. Sie lag völlig still, nur gelegentlich drang ein Stöhnen aus ihrem Mund, während sie mit der rechten Hand noch immer die Ausgabe von *Moby Dick* umklammert hielt.

»Meinst du, sie ist tot?« fragte John und erhob sich mit offenem Mund, den Blick starr auf Miss Pippin gerichtet, vom Tisch. »Sie kann doch nicht tot sein.«

»Laß uns hier abhauen«, sagte Tommy, sich aus der Gruppe lösend, die sich um die reglose Bibliothekarin gebildet hatte. »Laß uns auf der Stelle hier abhauen.«

»Nicht, solange wir nicht wissen, ob sie in Ordnung ist«, sagte Michael.

Eine alte Frau, die ihre Arme um Miss Pippins Kopf gelegt hatte, rief nach Riechsalz. Zwei andere Frauen eilten mit kleinen Pappbechern voll Wasser aus dem Trinkbrunnen hinzu. Ein Hausmeister, der in einer Ecke auf den Stiel eines Mops gelehnt stand, murmelte, man sollte einen Krankenwagen rufen.

Wir standen ein gutes Stück von der Menge entfernt und spürten die argwöhnischen Blicke in unsere Richtung. John war am nervösesten, Sorgenfalten durchzogen sein Gesicht. Tommy hatte sein T-Shirt durchgeschwitzt, und sein Atem ging stoßweise. Michael hatte die Arme vor der Brust verschränkt und erwiderte die finsteren Blicke mit einem trotzigen Starren, das seine Angst überdecken sollte.

Ich stand neben ihm und war mir der Tatsache bewußt, daß was immer Miss Pippin zugestoßen war, meine Schuld war. Ich hatte den Trick mit dem eingeklemmten Buch schon ein dutzendmal vorgeführt, jedesmal unter großem Gelächter. Und jetzt war zum ersten Mal etwas Schlimmes passiert, und das Gefühl, das ich dabei empfand, gefiel mir gar nicht.

Mit sichtlicher Erleichterung beobachtete ich, wie Miss Pippin von drei Kolleginnen gestützt auf die Füße kam. Sie stand unsicher an das Regal gelehnt, auf dem das Malheur passiert war, um sie herum lagen Dutzende von Büchern auf dem Boden verstreut.

»Sieht so aus, als ob sie wieder wird«, sagte Michael zu mir.

»Dann laß uns gehen«, sagte ich.

»Eine Minute noch«, sagte Tommy. »Ich hab vorher noch was zu erledigen.«

»Laß es sein«, sagte John. »Sonst kommen sie ganz bestimmt dahinter.«

Doch Tommy ignorierte seine Bitte, drängte sich durch die kleine Ansammlung um Miss Pippin und suchte unter den um sie verstreuten Büchern, bis er die Ausgabe von *Moby Dick* entdeckt hatte. Er hob sie auf und wandte sich dann der noch immer benommenen Miss Pippin zu.

»Danke, daß Sie das Buch für mich gefunden haben«, sagte er zu ihr. »Ich wollte aber nicht, daß Sie sich solche Umstände machen.«

»Gern geschehen«, sagte sie und sah Tommy nach, der sich umdrehte und, *Moby Dick* gegen seinen Oberschenkel klopfend, die Bibliothek verließ.

Ich stand im Eingang des Gebäudes neben Mimi's Pizzeria und versuchte, ein italienisches Eis zu lutschen, ohne mein neues weißes T-Shirt zu bekleckern.

»Weißt du, was du mit diesem Mist deinem Körper antust?« fragte Pater Bobby, der, eine Zigarette im Mundwinkel, neben mir aufgetaucht war. »Hast du eine Ahnung?«

»Besser als rauchen«, sagte ich. »Und auch billiger.«

»Mag sein«, sagte er, warf die Zigarette aufs Pflaster und trat sie mit dem Absatz aus. »Und was gibt's Neues? Irgendwas gehört?«

»Nichts«, sagte ich. »Alles ruhig. Nichts los außer Schule.«

Pater Bobby trug ein Yankee-T-Shirt unter einem blauen Anorak, eine graue Jogginghose, weiße Socken und flache Flyers. Offenbar kam er gerade von seinem zweistündigen Basketballspiel. Sein Gesicht war gerötet, sein Haar nach hinten gekämmt und noch immer schweißnaß. Da er in der Gegend aufgewachsen war, kannte er so ziemlich alle Regeln und wußte, wie man am besten dagegen verstoßen konnte. Alles, woran wir möglicherweise *gedacht* hatten, hatte er schon Jahre zuvor ausprobiert. Er hielt uns nie Predigten, weil er wußte, daß er damit in unserer Clique nicht weiterkommen würde. Doch er wußte, daß wir ihn mochten und respektierten, und daß uns daran lag, was er dachte. Auf den Straßen von Hell's Kitchen gab es so viele Möglichkeiten zu fallen, und Pater Bobby versuchte dort zu sein, um uns aufzufangen.

»Was ist denn mit der Sache, die neulich in der Bibliothek passiert ist?« sagte er.

»Sie meinen Miss Pippin?« fragte ich und steckte den Rest von meinem Eis in den Mund.

Pater Bobby nickte.

»Das war ziemlich übel«, sagte ich. »Die ganzen Bücher, die auf sie gefallen sind. Es war echt unheimlich.«

»Ich hörte schon, daß du auch da warst«, sagte er. »Und die anderen auch. Auf der Suche nach guter Lektüre, nehme ich an.«

»So ungefähr«, sagte ich.

»Seltsame Geschichte«, sagte er und beugte sich noch näher. »Ich meine, ein ganzer Stapel Bücher fällt jemandem einfach so auf den Kopf. Wie, meinst du, kann so was passieren?«

»Vermutlich ein Unfall«, sagte ich.

»Das muß es sein«, erwiderte er. »Was sonst?«

Ich wischte mir Hände und Mund mit der sauberen Ecke einer gefalteten Serviette ab und sagte nichts.

Pater Bobby nahm die Hände aus der Tasche und hielt zwischen seinem rechten Daumen und Zeigefinger ein Päckchen Juicy Fruit. Er hatte ein Grinsen im Gesicht.

»Es gibt einen Namen dafür«, sagte er und bot mir einen Kaugummi an.

»Für was?« fragte ich, sein Angebot mit einem knappen Kopfschütteln ablehnend.

»Für den Regaltrick, den du mit deinen Kumpels abgezogen hast. Er heißt Buchstütze. Ich hab ihn in deinem Alter auch ausprobiert, obwohl ich es nie geschafft habe, ein ganzes Regalbrett abzuräumen. Ihr müßt ziemlich gut darin sein.«

»Pater«, sagte ich, »ich weiß nicht, wovon Sie reden.«

»Vielleicht irre ich mich ja auch«, sagte er, noch immer lächelnd. »Vielleicht bin ich da einer Fehlinformation aufgesessen.«

»Hört sich ganz so an«, sagte ich, mein Gewicht verlagernd. »Na ja, ich muß jetzt los.«

»Ich seh dich dann heute abend«, sagte Pater Bobby, drehte sich um und ging auf die Straßenecke zu.

»Was ist denn heute abend?« fragte ich.

»Ich werde ein paar Bücher und Zeitschriften in der Gemeinde verteilen«, sagte er. »Für die Alten und Behinderten, weißt du. Leute, die nicht mehr aus eigener Kraft vor die Tür kommen. Ich habe deine Mutter getroffen. Sie hat gesagt, du würdest bestimmt gern helfen.«

»Das kann ich mir vorstellen.«

»Sie möchte, daß du auch mal ein Priester wirst, weißt du das?« sagte er und schob sich einen Streifen Juicy Fruit zwischen die Zähne.

»Wollen Sie das auch?« fragte ich.

»Ich will nur, daß du keinen Ärger kriegst, Shakes«, sagte Pater Bobby. »Das ist mein einziger Wunsch. Für dich und deine Freunde.«

»Sonst nichts?«

»Sonst nichts«, sagte Pater Bobby. »Das schwöre ich.«

»Priester sollten nicht schwören«, sagte ich.

»Und Jungs sollten keine Bücher auf Bibliothekarinnen fallen lassen«, erwiderte er, winkte mir zu und bog an der Ecke Richtung Kirche ab.

Sommer 1964

6

Wir hatten vier Handtücher auf die heiße schwarze Teerpappe auf dem Dach gelegt. An einem schiefergrauen Schornstein lehnte eine Kühlbox mit Eisstücken und einem Sechserpack 7-Up. Aus einem Kofferradio plätscherte die leise tiefe Stimme von Diana Ross. Wäscheleinen, die kreuz und quer über die Dächer verliefen und vom Gewicht der Wäsche durchhingen, spendeten den einzigen Schatten.

»Noch heißer kann es nicht werden«, sagte John, die Augen geschlossen, das Gesicht in der Sonne, den Oberkörper krebsrot.

»Laßt uns schwimmen gehen«, schlug ich vor. Ich saß neben ihm und hatte der sengenden Sonne den Rücken zugewandt.

»Wir sind doch erst gerade gekommen«, sagte Michael, legte sich auf das Handtuch, das der Dachkante am nächsten war, und ließ einen Eiswürfel auf seiner Brust schmelzen.

»Na und?« sagte ich.

»Ich bin auf Shakes' Seite.« Tommy stand von seinem Handtuch auf, um sich in den Schatten der Wäscheleine zu flüchten. »Hier oben brate ich wie ein Spiegelei. Wir könnten uns Butterhörnchen und noch was zu trinken besorgen und zu den Docks runtergehen.«

»Ich hab noch immer einen Sonnenbrand«, sagte Michael.

»Und Mrs. Hudson ist noch nicht von der Arbeit heimgekommen«, sagte John. »*Keiner* geht, ohne sie gesehen zu haben.«

Mrs. Hudson war Teilzeitsekretärin bei einem Reisebüro in Midtown Manhattan. Im Sommer trug sie hohe Absätze und kurze Röcke und das ganze Jahr über keinen BH. Sie war mit dem Fahrer eines Pepsi-Cola-Lasters verheiratet, der sich zwei große

Falken auf beide Schultern hatte tätowieren lassen. Sie hatte eine braune Katze namens Ginger und einen Sittich mit gestutzten Flügeln, der auf einer Stange bei ihrem Wohnzimmerfenster saß und auf den Straßenverkehr drei Stockwerke tiefer schimpfte.

Jeden Tag um Viertel nach drei hatte sie Feierabend und ging direkt in ihre Wohnung. In den heißesten Monaten des Jahres zog sie sich dort alle Kleider aus und setzte sich in Erwartung einer kühlen Brise ans offene Fenster. Wenn sie gut gelaunt war, sah sie zum gegenüberliegenden Dach hoch, lächelte und winkte uns zu.

Mrs. Hudson war für jeden von uns die erste nackte Frau, die er je gesehen hatte.

Meistens ging sie durchs Schlafzimmer ins Bad, wo sie sich im Waschbecken die Haare wusch, bevor sie an das offene Fenster zurückkehrte und ihr dunkelbraunes Haar in der warmen Sonne ausbrüstete.

Während sie bürstete, konzentrierten wir uns auf ihre Brüste. Sie waren wahrscheinlich von durchschnittlicher Größe, aber unseren jugendlichen Augen kamen sie riesig vor. Und aus welchen Gründen auch immer, Mrs. Hudson schien dieses sommerliche Ritual genauso zu genießen wie wir.

»Da kommt sie!« rief Tommy. »Pünktlich auf die Minute.«

Sekunden später hockten wir alle vier an der Dachkante. Mrs. Hudson kam in einem schwarzen Träger-Top und einem schwarzen, geschlitzten Rock die 51st Street hinunter. Dazu trug sie weiße Pumps, deren Absätze sie etliche Zentimeter größer machten.

»Ich kann nicht glauben, daß ihr Mann sie so aus dem Haus läßt«, sagte ich.

»Ich kann nicht glauben, daß ihr Mann sie so aus dem Haus läßt«, sagte John.

»Meinst du, sie macht mit anderen rum?« fragte Tommy.

»Das will ich hoffen«, sagte Michael. »Ich hoffe, daß sie eines Tages mit mir rummacht.«

»Als ob du dann wüßtest, was du zu tun hast«, sagte ich.

»Was gibt es da zu wissen?« gab Michael zurück.

»Es ist wie in dem alten Lied«, sagte John. Ein Lächeln legte sich auf sein Gesicht, und seine Augen fixierten Mrs. Hudson, als er mit hoher Stimme zu singen begann: »My body lies over the ocean. My body lies over the sea. My father lied over my mother. And that's how I came to be.«

»Shakes ist bloß nervös, weil er es noch nie mit einer gemacht hat«, sagte Tommy.

Ich sah ihn ungläubig an. »Was? Du vielleicht?«

»Kennst du Katie Riggio?« fragte Tommy.

»Die mit den eisernen Zähnen?«

»Das ist eine Klammer, du Idiot«, sagte Tommy. »Jedenfalls habe ich es letzten Monat sozusagen mit ihr gemacht.«

»Wo?« fragte ich.

»Ist doch egal, wo«, sagte Michael, seinen Blick von Miss Hudson abwendend. »Wie?«

»Wir haben uns einen Film angesehen«, sagte Tommy errötend. Es tat ihm schon leid, daß er den Abend und das Mädchen überhaupt erwähnt hatte.

»Welchen Film?«

»Das hab ich vergessen«, sagte Tommy. »Irgendwas mit James Coburn.«

»Der ist ziemlich cool«, sagte ich. »Hast du mal *Die Glorreichen Sieben* gesehen?«

»Vergiß James Coburn«, sagte Michael. »Komm zur Sache, Mann.«

»Nach dem Film haben wir einen Spaziergang gemacht.« Tommy drehte sein Gesicht in die Sonne. »Dann habe ich ihr ein Eis gekauft.«

»Du hast ihr ein Eis *gekauft*«, sagte John mit großen Augen. »Dann *mußt* du verliebt sein.«

»Wißt ihr, es war nett«, sagte Tommy. »Einfach nur so zu schlendern und ihre Hand zu halten.«

»Wann hat sie ihr Höschen fallen lassen?« unterbrach Michael ihn.

»Bei ihrer Tante im Hausflur.«

»Im Stehen?« fragte ich.

»An die Wand gelehnt«, sagte Tommy.

»Und was hast du gemacht?« fragte ich und sah Mrs. Hudson mit wippenden Brüsten am Fenster auftauchen.

»Ich hab sie befingert«, sagte Tommy.

»Wie hat es sich angefühlt?« fragte John.

»Als ob ich die Hand in einen Doughnut mit Zuckerguß gesteckt hätte.«

»Du hast vielleicht ein Schwein«, sagte Michael.

»Wie es sich wohl anfühlt, seine Finger in Mrs. Hudson zu stecken«, sagte ich.

»Wahrscheinlich, als ob man die Hand in eine ganze Doughnut-Fabrik steckt«, sagte John.

Unser lautes Lachen erregte Mrs. Hudsons Aufmerksamkeit. Sie richtete sich auf, streckte sich und lächelte.

»Vielleicht werden wir es irgendwann wissen«, sagte ich.

»Vielleicht werden wir es alle irgendwann wissen«, wiederholte Michael.

»Dafür lohnt es sich zu leben«, sagte Tommy.

»Bestimmt«, sagte John. »Ganz bestimmt.«

Innerhalb der dünnen Wände einer Mietskaserne gibt es nur wenig Geheimnisse.

Manche Nacht verbrachten wir an die Decke starrend und dem leidenschaftlichen Stöhnen lauschend, das aus einem Hinterzimmer oder der Wohnung gegenüber zu uns drang. Unsere Eltern führten ihr Sexualleben genauso offen, wie sie ihre gewaltsamen Streitigkeiten austrugen. Wir lebten in einer bäuerlichen Festung, aufgezogen auf fremdem Boden und ohne körperliche Hemmungen. Unsere Familien waren in aller Regel nicht sehr liberal, und Gespräche über Sex machten sie verlegen. Aber auf eine direkte Frage erhielten wir stets eine direkte Antwort.

Die Wohnungen waren so beengt, daß es schwer war, ein paar private Augenblicke zu erleben. Im Sommer wurde jedes verfügbare Fenster weit aufgerissen, und Dutzende von Stimmen hallten in den Hinterhöfen wieder. In den schäbigen Gebäuden zogen sich die Männer bis auf Unterwäsche und Socken aus, und die Frauen liefen in BH, Slip und Pantoffeln durch die Wohnungen, weil die Bequemlichkeit das Schamgefühl überwog.

Im Winter war das Gegenteil der Fall.

Die Räume wurden so bitterkalt, der Mangel an Wärme so betäubend, daß man wenig anderes tun konnte, als sich unter möglichst vielen Decken zusammenzukuscheln. Wir schliefen im Sitzen auf Stühlen vor dem Gasofen, den wir die ganze Nacht brennen ließen, die bestrumpften Füße in die offene Ofentür gelegt. Alleine war man nie.

Auf der Straße war Sex ein heißes Thema. Die älteren Jungen berichteten in anschaulichen Details über die Mädchen, die sie verführt hatten, und zwinkerten dabei vielsagend. Und in der Schule wurden regelmäßig aus Pornoheften herausgerissene Fotos von nackten Frauen herumgereicht.

Michael war der sexuell Erfahrendste aus unserer Clique, was bedeutete, daß er schon mehr als einmal ein Mädchen geküßt hatte. Als Ältester von uns war er auch der einzige, der zu Partys eingeladen wurde, zu denen mehr Mädchen als Jungen kamen. Diese Partys endeten unweigerlich mit langsamen Spaziergängen durch Treppenhäuser zu dem, was allgemein als der Teerstrand bekannt war. Dort auf den Dächern von Hell's Kitchen haben viele Jungen des Viertels ihre Unschuld in den Armen einer älteren, ein wenig erfahreneren jungen Frau verloren.

Auch wenn wir an vielen solchen Partys teilnahmen, waren wir von ernsthaften sexuellen Abenteuern doch noch ein paar Jahre entfernt. Wenn eine ältere Frau – und das hieß jede, die älter war als wir – uns zulächelte, war der Abend für uns ein Erfolg. Wenn wir dann noch ohne Prügel von ihrem Freund, der sie dabei erwischt hatte, nach Hause gingen, kamen wir uns so lässig vor wie Steve McQueen.

Unsere romantischen Eskapaden suchten wir anderswo, häufig in Gesellschaft der zwölfjährigen Carol Martinez, die ebensosehr Michaels feste Freundin wie unser aller Kumpel war. Carol war ein typisches Hell's-Kitchen-Halbblut. Das Temperament und ihren aparten dunklen Teint hatte sie von ihrem puertorikanischen Vater geerbt, während ihr sarkastischer Humor und ihre spitze Zunge von einer willensstarken irischen Mutter stammten, die im Kindbett gestorben war. Carol las Bücher, arbeitete nach der Schule in einer Bäckerei und blieb im großen und ganzen für sich.

Sie ignorierte die Bitten der Mädchenbanden, sich ihnen anzuschließen, trug nie eine Waffe, liebte Western genauso wie schmalzige Liebesgeschichten und ging nur zur Kirche, wenn die Nonnen sie dazu zwangen. Mit Ausnahme ihres Vaters stand Carol niemandem aus ihrer Familie besonders nahe und wirkte, wenn es Ferien gab, immer besonders traurig. Die Mütter des Viertels mochten sie, die Väter drehten sich nach ihr um, und die Jungen hielten Abstand.

Bis auf uns. In unserer Gesellschaft fühlte sie sich immer wohl. Sie behauptete sich gegen Michaels stille Autorität, wußte um meine Kindlichkeit und Tommys Empfindsamkeit, und umsorgte Johns diverse Krankheiten wie eine Krankenschwester. John hatte Asthma und geriet in beengten Räumen, oder wenn er sich einer Situation nicht gewachsen fühlte, leicht in Panik, so etwa, wenn wir weit vom Ufer entfernt im Fluß schwammen. Außerdem hatte er Verdauungsstörungen und durfte keine Milchprodukte essen. Er litt unter Kopfschmerzen, die manchmal so heftig waren, daß ihm schwindelig wurde. Auch wenn John nie über seine gesundheitlichen Probleme klagte, darunter auch eine leichte Herzschwäche, wußten wir davon und nahmen Rücksicht darauf, wenn wir einen Streich oder einen Ausflug planten.

Während also andere Kids aus Hell's Kitchen auf Dächern, in am Pier geparkten Autos oder auf dem Rang eines Kinos den Sex entdeckten, suchten wir an traditionelleren Orten eher ein Gefühl von Romantik. Manchmal fuhren wir heimlich hinten auf den Pferdekutschen im Central Park mit, wobei wir nacheinander Carols Hand halten durften, während der Fahrer seine Runde vorbei an Wohn- und Bürohäusern drehte. Wir tranken heißen Kakao und sahen älteren Paaren beim Eislaufen unter dem Weihnachtsbaum im Rockefeller Center zu. Wir spazierten spät in der Nacht durch den De-Witt-Clinton-Park, unsere Schatten vom Vollmond erleuchtet, aßen Eis und erzählten Carol alberne Witze in der

Hoffnung, sie zum Lachen zu bringen. Wenn sie lachte, mußte sie dieses Lachen mit einem Kuß bezahlen. Sie war ein strenges Publikum, außer John erzählte einen seiner Witze. Dann lachte Carol immer.

Wir gingen in den Zirkus, starrten hoch oben von unseren billigen Plätzen auf die langen Beine und festen Brüste der Frauen, die die Elefanten ritten, und fragten uns, ob sie sich von nahem genau so weich und sexy anfühlen würden, wie sie von weitem aussahen. Carol behauptete, daß die Frauen in der Nähe viel älter und in etwa so attraktiv aussähen wie unsere Mütter, doch wir beachteten sie nicht.

Dann gab es noch Holiday on Ice.

Einmal im Jahr kam die Show in den Madison Square Garden, und die Schlittschuhläuferinnen hatten Garderoben mit Blick auf die 51st Street. Die Fenster waren dick, und man konnte nur schwer hindurchsehen, weil sie zum Schutz gegen Eindringlinge mit Maschendraht vergittert waren. Doch wir wollten gar nicht ein*dringen*, sondern nur hinein*schauen*.

Zwei Abende, bevor die Show in die Stadt kam, bohrten wir mit einem Knarrenschraubenzieher, den Michael aus dem Werkzeugkasten seines Vaters ausgeliehen hatte, vier kleine Löcher in eines der Parterrefenster, während Carol widerwillig Wache stand.

Wenn sich zur Premiere vor dem Garden zahllose Familien anstellten, um die Eisrevue zu sehen, standen meine Freunde und ich draußen vor dem Fenster, spähten jeder mit offenem Mund durch eines der gebohrten Löcher und beobachteten mit überhitzter Phantasie zwei Dutzend schöne, fast nackte Frauen, die in ihre Eislaufkostüme schlüpften.

»So ähnlich«, sagte Tommy mit Überzeugung, »muß es im Himmel sein.«

»Im Himmel würden sie dich reinlassen«, sagte Michael.

»Oder dir zumindest einen Stuhl anbieten«, sagte John.

In den drei Wochen, in denen die Show in der Stadt gastierte, ließen meine Freunde und ich keine Gelegenheit aus, unsere Eisprinzessinnen zu sehen.

7

Im Heimzahlen hatten wir eine gute Ausbildung genossen.

Hell's Kitchen bot Förderkurse darin an, geschehenes Unrecht wiedergutzumachen. Jede Form des Verrats mußte geahndet werden. Unser Ansehen im Viertel hing davon ab, wie rasch und in welcher Art diese Vergeltungsmaßnahmen vollzogen wurden. Gab es keine Reaktion, galt der Geschädigte als Feigling, ein Stigma, das so schwer auf ihm lastete wie ein scharlachroter Buchstabe auf der Stirn. Männer, Frauen und Kinder wurden aus einer Reihe von Motiven, die alle etwas mit dem schlichten Akt der Vergeltung zu tun hatten, angeschossen, niedergestochen und manchmal sogar getötet.

Das Viertel hatte eine lange und stolze kriminelle Vergangenheit.

Es war der Geburtsort von einigen der berüchtigtsten Gangs Amerikas – unter ihnen die Gophers, die Gorillas und die Parlos Mob Boys. Es war auch die Heimat von Battle Annie Walsh, einer kettenrauchenden, jähzornigen Frau, die eine Bande von weiblichen Knochenbrechern anführte. Walsh und ihre Damen wurden von den Vermietern in Downtown-Manhattan engagiert, um überfällige Mieten zu kassieren. An anderen Tagen zogen sie einfach nur so durch die Straßen und schlugen jeden zusammen, der ihre perverse Aufmerkamkeit erregte. In den Boulevard-Blättern wurde Annies Truppe »Battle Row Ladies' Social and Athletic Club« genannt. Die Leute aus dem Viertel waren weniger freundlich.

Außerdem stammten drei der verrufensten Männer des frühen zwanzigsten Jahrhunderts aus Hell's Kitchen – Cotton-Club-Besitzer Owney »Killer« Maddan, Baby-Killer Vencent »Mad Dog« Coll und Monk Eastman, ein Pistolenheld, der unser Viertel als gesuchter Verbrecher verließ und als dekorierter Kriegsheld aus dem Ersten Weltkrieg zurückkehrte.

Es gab früher einmal eine Zeit, da war Hell's Kitchen eine der friedlicheren Gegenden Manhattans, bekannt für seinen landschaftlichen Reiz mit weiten Wiesen, herrschaftlichen Häusern und gepflasterten Straßen. Ein Großteil des Viertels war Farmland. Es war *der* Ort für die reichen Bewohner von Greenwich Village, einen faulen Tag am Wasser zu verbringen, unter den Sternen zu picknicken und den Schiffen nachzusehen, die den Hudson hinuntersegelten. Damals hatte die Gegend viele Namen, aber eine Hölle wurde sie nicht genannt.

Die Mietskasernen und Schlachthöfe kamen erst nach dem Bürgerkrieg. Um die Jahrhundertwende folgten die Gangs und brachten die Zwillingsdämonen Schiebung und Korruption mit. Im Laufe der Jahre wurden es immer mehr Banden, und die Gewalt breitete sich aus. Aufstände waren an der Tagesordnung. Wohnungstüren wurden voller Angst verriegelt, und das Geschepper der neu erbauten Hochbahn half, selbst die lautesten Schüsse zu übertönen. Die Gegend, für die John Jacob Astor 1803 noch einen Kaufpreis von 25 000 Dollar gezahlt hatte, war spätestens in den 1860ern ein finsteres und verrufenes Viertel geworden, das jeder bis auf die Verzweifelten mied.

Aus den Trümmern jedes neuen Jahrzehnts stieg ein Führer auf, dessen Vergangenheit so schillernd war wie sein Name.

Es gab Dutch Heinrich, Boss der Hell's Kitchen Gang und Vorläufer des berühmten Bankräubers Willie Sutton. Dutch triefte vor Charme und Aufrichtigkeit und benutzte nie eine Waffe. Er beraubte nur Firmen, von denen er wußte, daß sie große Summen Geld und Wertpapiere transportierten. 1872 erleichterte er die Union Trust Company nur mit seinem Talent für Bluff und Schmeichelei um 99 000 Dollar.

»One Lung« Curran galt, obwohl er an Tuberkulose litt und alle fünfzehn Minuten dicke Blutklumpen hustete, als einer der größten Schläger, die je die Straßen von Hell's Kitchen unsicher gemacht haben. Dr. Thomas »Lookup« Evans war ein Ex-Sträfling, der zum Engelmacher wurde und sich jeder schwangeren Nutte annahm. Er beging Selbstmord, angeblich nachdem einer seiner Abtreibungsversuche mit dem Tod der Frau endete.

Martin »Bully« Morrison war der erste selbsternannte König von Hell's Kitchen. Zusammen mit seinen beiden Söhnen Jock und Bull machte er Beute bei den Katholiken des Viertels und stahl alles vom Taschengeld bis zu den Abendmahlskelchen aus ihren Kirchen, aus denen sie dann gierig eimerweise Bier tranken.

Als Owney Madden seinen kriminellen Thron bestieg, wurde in den Straßen eine Art grobe Ordnung wiederhergestellt. Während Maddens Herrschaft, die sich über die 20er und 30er Jahre unseres Jahrhunderts erstreckte, lebten mehr als 300000 Menschen in der Gegend, hauptsächlich frisch eingetroffene deutsche und irische Imigranten. Die Mehrzahl von ihnen fand Arbeit in den explosiv expandierenden Docks, wo sie die endlose Folge von Schiffen be- und entluden, die den Hafen nährten. Andere arbeiteten in den Schlachthöfen, die das Viertel noch immer säumten, und töteten für einen geringen Lohn und ein wöchentliches Zweipfundpaket Fleisch Rinder, Ziegen und Schweine. Wieder andere eröffneten Saloons und Diners, die den Arbeitern und ihren Familien als Tränke und Treffpunkt dienten.

Ein Anteil aus jedem Geschäft wanderte in Maddens Taschen, wofür er im Gegenzug Regeln einführte, die das Viertel sicher machten. Er half mit, es in einen Ort zu verwandeln, wo Familien leben konnten, ein Ort, der für jeden außer für Fremde sicher war.

Nachdem Maddens Zeit abgelaufen war, übernahm Johnny »Cockeye« Dunn das Regiment. Unter seiner Führung florierte die Schattenwirtschaft von Hell's Kitchen mit gestohlenen Waren aus allen Teilen der Stadt. Man konnte bestes Fleisch und frischen Fisch zu Sonderpreisen bekommen. Jacketts und Hosen von der Stange hingen, das Preisschild noch sichtbar, in offenen Lastern, die in den Lagerhäusern Wohlgesonnener geparkt waren. Spießgesellen Dunns wie Big John Savona nahmen Bestellungen für Lederschuhe und -gürtel entgegen, die an jedem letzten Donnerstag des Monats persönlich zugestellt wurden.

In Hell's Kitchen konnte man immer Arbeit bekommen, und das Alter des Bewerbers spielte nie eine ernsthafte Rolle. Die besser bezahlten Jobs waren illegal. In einem Viertel, in dem die Väter ständig mit der Miete oder den Raten für einen Kredithai im Rückstand waren, versuchten die Kinder, das leichte, schnelle Geld zu machen, indem sie Papiertüten bei Polizeiwachen abgaben oder am Ende des Tages Lose für die Zahlenlotterie einsammelten.

Kleindiebstähle hatten unter der Jugend von Hell's Kitchen ebenfalls historische Wurzeln. Um die Jahrhundertwende schickten die Eltern ihre Kinder los, bei den nahe gelegenen Güterbahnhöfen und Docks Kohle und Holz zu klauen. Matrosen auf Landurlaub die Brieftaschen zu stehlen, war eine Gewohnheit, die von Generation zu Generation weitergereicht wurde. Und bis in die Mitte der 50er Jahre war es üblich, auf den besseren Märkten auf der anderen Seite der Stadt Lebensmittel mitgehen zu lassen.

Korruption war ein Lebensprinzip von Hell's Kitchen, und keine Profession blieb unbehelligt. Es gab drei im Viertel niedergelassene Ärzte, die regelmäßig Hausbesuche machten. Die Gebühren, je nach Arzt fünf bis zehn Dollar, wurden bar bezahlt. Der anschließend ausgefüllte Antrag für die Krankenkasse, der sowohl vom Arzt als auch von unseren Eltern unterschrieben wurde, gab das Honorar jedoch mit dreißig Dollar an. Wenn der Scheck von der Krankenkasse eintraf, bekam der Arzt seinen Anteil, natürlich wieder in bar. Dieselbe Praxis galt in leicht abgeänderter Form auch für die Apotheker und Zahnärzte des Viertels.

»Der Doktor ist mindestens einmal die Woche zu uns gekommen«, erzählte Tommy mir einmal. »Egal ob ich krank war oder nicht. Er kam vorbei, saß am Küchentisch, trank eine Tasse Kaffee, aß ein Stück Kuchen und versuchte herauszufinden, was mir fehlte. Oft untersuchte er mich nicht mal. Es war ein großartiges System. Meine Mutter kaufte von ihrem Teil des Versicherungsgeldes Lebensmittel, und der Doktor mit seinem im Laufe der Jahre ein Haus. Da fragt man sich doch, warum sie die Hausbesuche aufgegeben haben.«

Von frühster Jugend an wurde einem Bewohner von Hell's Kitchen eingeschärft, daß es verkehrt war, jemanden aus dem Viertel zu bestehlen. Auch die Kirche galt als unantastbar. Überfälle auf den Straßen kamen selten vor, und der Preis für einen Angriff auf ältere Leute war hoch. Es gab eine Geschichte über einen harten Burschen, der eine alte Frau ausgeraubt hatte. Er hatte sie nicht geschlagen, er hatte ihr nur die Handtasche mit acht Dollar abgenommen. Die Nachricht machte die Runde, und der Täter wurde gefunden. Ihm wurden beide Arme und Beine gebrochen und zwei Finger jeder Hand abgenommen. Wenn die Kids danach alte Frauen auf der Straße sahen, *gaben* sie ihnen Geld. Auf diesen Straßen gab es Regeln. Strenge Regeln.

Als meine Freunde und ich jung waren, wurde Hell's Kitchen von einem Mann namens King Benny regiert.

In seiner Jugend war King Benny ein Killer für Charles »Lucky« Luciano und angeblich einer der Schützen gewesen, die in der Nacht des 8. Februar 1932 »Mad Dog« Coll auf der West 23rd Street mit Maschinenpistolen niedergemäht hatten. King Benny schmuggelte schwarz gebrannten Schnaps mit »Dutch« Schulz, war zusammen mit »Tough Tony« Anastasia Besitzer einiger Clubs und besaß eine Reihe von Miethäusern auf der West 49th Street, die alle auf seine Mutter eingetragen waren. Er war groß, deutlich über eins achtzig, mit dichtem dunklen Haar und scheinbar unbeweglichen Augen. Er war mit einer Frau verheiratet, die nicht im Viertel wohnte, und hatte keine eigenen Kinder.

»Als ich ihn zum ersten Mal getroffen habe, war er vierzehn«, erzählte mein Vater mir eines Abends. »Damals hat er noch nicht viel hergemacht. Hat in Straßenschlägereien ständig Prügel bezogen. Dann hat ihn eines Tages ein etwa fünfundzwanzigjähriger Ire aus wer weiß was für Gründen genommen und eine Treppe runtergeworfen. Bei dem Sturz hat sich King Benny sämtliche Schneidezähne ausgeschlagen. Er hat acht Jahre gewartet, es diesem Iren heimzuzahlen. Er hat ihn in einem städtischen Bad überrascht, wo der Typ in der Wanne lag. King Benny sieht in den Spiegel, nimmt seine Vorderzähne heraus und legt sie aufs Waschbecken. Sieht den Typ in der Wanne an und sagt: ›Wenn ich in den Spiegel gucke, sehe ich dein Gesicht.‹ King Benny zieht eine Pistole und schießt dem Typen zweimal in jedes Bein und sagt dann zu ihm: ›Wenn du jetzt badest, siehst du meins.‹ Danach ist ihm nie wieder jemand dumm gekommen.«

Der große Raum lag im Dunkel. Drei Männer in schwarzen Jacketts und schwarzen Sporthemden saßen an einem Tisch am offenen Fenster, spielten *sette bello* und rauchten filterlose Zigaretten. Die Jukebox hinter ihnen spielte italienische Liebeslieder. Keiner der Männer sagte ein Wort.

Auf der anderen Seite des Raumes stand ein großer, dünner Mann hinter einer halbmondförmigen Bar und blätterte durch eine Pferdesportzeitung. Zu seiner Linken stand eine große weiße Tasse mit Espresso, zu seiner Rechten tickte ein Kenmore-Wecker. Er trug ein schwarzes Hemd, einen schwarzen Pullover, schwarze Hosen und Schuhe und einen großen ovalen Ring am Ringfinger der linken Hand. Er war glatt rasiert, das Haar mit Pomade nach hinten gekämmt. Er kaute einen Kaugummi, während ein Zahnstocher aus Holz in seinem Mundwinkel hing.

Ich drehte den Knauf der alten Holztür und stieß sie auf. Hinter mir fielen schmale Streifen der Nachmittagssonne in den Raum. Niemand blickte auf, als ich auf King Benny zuging.

»Kann ich Sie einen Augenblick sprechen?« fragte ich, als ich ihm, meinen Rücken den drei Kartenspielern zugewandt, vor der Bar gegenüberstand.

King Benny blickte von seiner Zeitung auf und nickte. Er griff nach seinem Kaffee und trank einen kleinen Schluck, ohne den Blick von mir zu wenden.

»Ich würde gern für Sie arbeiten«, sagte ich. »Ihnen helfen oder Sachen für Sie erledigen.«

King Benny stellte die Tasse wieder auf der Bar ab und wischte sich mit zwei Fingern über die Unterlippe. Seine Augen bewegten sich nicht.

»Ich würde Ihnen bestimmt eine große Hilfe sein«, sagte ich. »Darauf können Sie sich verlassen.«

Einer der Kartenspieler schob seinen Stuhl zurück und kam auf mich zu.

»Du bist doch der Metzgersjunge, hab ich recht?« fragte er. Er hatte einen grauen Dreitagebart und seine Zähne waren braun und schmutzig.

»Ja«, sagte ich.

»Und was für eine Art Arbeit suchst du?« fragte er und neigte den Kopf in King Bennys Richtung.

»Egal«, sagte ich. »Alles.«

»Ich glaube nicht, daß wir was für dich haben, Kleiner«, sagte er. »Jemand muß dir 'nen Bären aufgebunden haben.«

»Mir hat niemand 'nen Bären aufgebunden«, sagte ich. »Jeder sagt, daß man hierherkommen muß, wenn man einen Job haben will.«

»Wer ist denn jeder?« fragte der Mann.

»Die Leute aus dem Viertel«, sagte ich.

»Ach so«, sagte der Mann. »Die. Na, dann sag mir mal, was die, zum Teufel, für 'ne Ahnung haben?«

»Sie wissen, daß ihr Typen Jobs habt«, sagte ich und wandte den Blick von dem alten Mann wieder zu King Benny.

»Klugscheißer«, sagte der alte Mann, wandte sich ab und ging wieder zu seinem Stuhl und seinem Spiel zurück.

King Benny und ich sahen uns an, während der Kaffee in seiner Tasse kalt wurde.

»Tut mir leid, daß ich Ihre Zeit in Anspruch genommen habe«, erklärte ich ihm, wandte mich ab und ging Richtung Tür.

Ich packte den Knauf und öffnete die Tür. Rauchschwaden trieben nach draußen, als ein frischer Luftzug durch den Raum wehte.

»Augenblick mal«, sagte King Benny schließlich.

»Ja?« sagte ich und drehte mich um.

»Komm morgen wieder«, sagte King Benny. »Wenn du Arbeit haben willst.«

»Wann morgen?«

»Jederzeit«, sagte King Benny, wandte sich wieder seinen Einlaufwetten zu und griff nach dem kalten Kaffee.

Mein erster Job für King Benny brachte 25 Dollar die Woche und kostete mich bloß vierzig Minuten meiner Zeit. Zweimal die Woche, Montag morgens vor und Freitag nachmittags nach der Schule ging ich zu dem großen Raum an der 12th Avenue, von dem aus King Benny seine Geschäfte führte. Dort gab mir einer der drei

Männer eine verknitterte Papiertüte, die ich bei einer der beiden Polizeiwachen in der Nähe abgeben sollte.

Es war eine perfekte Methode, Zahlungen zu erledigen. Selbst wenn wir mit dem Schmiergeld erwischt wurden, konnte das Gesetz nichts dagegen tun. Niemand wanderte ins Gefängnis, bloß weil er jemandem eine Papiertüte übergab, ein Kind schon gar nicht.

Kurz nachdem ich angefangen hatte, für King Benny zu arbeiten, ging ich, eine Papiertüte voller Geld unter den rechten Arm geklemmt, die 10th Avenue hinunter. Es war ein warmer, wolkenloser Frühlingsnachmittag, die drohenden Regenwolken hatten sich mit dem Mittagsverkehr aufgelöst. An der Ecke 48th Street blieb ich stehen, um zwei Staub und Abgase spuckende Lastwagen vorbeidonnern zu lassen.

Die beiden Männer hinter mir bemerkte ich nicht.

Der Kleinere der beiden trug braune Hosen und eine braune Windjacke. Er beugte sich vor, packte meinen Ellenbogen und zog mich an sich. Der zweite Mann war größer und kräftiger. Er faßte meinen anderen Arm.

»Geh weiter«, sagte er. »Ein Mucks, und du bist tot.«

»Wohin gehen wir?« fragte ich in dem Versuch, meine Panik zu überspielen.

»Halt die Klappe«, sagte der Kleinere.

Wir hatten die Richtung gewechselt und gingen jetzt die 47th Street zum Flußufer hinunter, vorbei an einer Autowaschanlage und einer rund um die Uhr geöffneten Tankstelle. Beim Gehen packte der Kleinere meinen Arm fester, und ich spürte seinen schlechten Atem im Nacken.

»Wir sind da«, sagte er. »Los, hier rein. Und keine Zicken.«

»Ihr Typen müßt verrückt sein«, sagte ich. »Wißt ihr eigentlich, wessen Geld das ist?«

»Ja, wissen wir«, sagte der große Mann. »Und wir machen uns schon vor Angst in die Hose.«

Er entriß mir die Papiertüte und stieß mich durch den Eingang eines Wohnhauses. Der Flur war eng und dunkel, die blutroten

Wände fühlten sich kalt an. Eine 40-Watt-Birne tauchte Flur und Treppenhaus in dämmriges Licht. Vor der Tür des Hausmeisters im Erdgeschoß standen drei Mülltonnen mit fest geschlossenem Deckel. Am anderen Ende des Flurs ging quietschend eine Holztür auf, die in einen vollgestellten Hinterhof führte.

Ich war auf den Knien und beobachtete, wie die beiden Männer das Geld aus der Papiertüte zählten. Als sie mich bemerkten, hörten sie auf.

»Das ist aber eine Menge Geld für ein Kind«, sagte der Große lächelnd. »Ich weiß nicht, ob ich einem Jungen wie dir so viel Geld anvertrauen würde. Was passiert, wenn du es verlierst?«

»Es ist bloß Geld«, sagte ich und sah mich nach der Tür zum Hinterhof um.

»Was kriegst du dafür?« fragte der Kleine. »Was ist dein Anteil?«

»Ich krieg keinen Anteil«, sagte ich.

»Dann bist du nicht annähernd so clever, wie du denkst«, sagte der Kleine.

»Das sagen viele«, erwiderte ich, während ich aufstand und mir die Hände an den Hosenbeinen abwischte.

Der große Mann rollte das Geld zu zwei Bündeln zusammen, streifte ein Gummiband darüber und stopfte sie in die Tüte. Dann knüllte er die Tüte wieder zusammen und steckte sie in die Brusttasche seiner Jacke. Der Kleine hatte mir den Rücken zugewandt und beobachtete durch die offene Haustür den Verkehr.

Dann ging die Tür des Hausmeisters auf.

In der Tür stand ein alter Mann in Unterhemd und braunen Cordhosen. Er starrte die drei Fremden in seinem Hausflur an.

»Was machen Sie da?« fragte er mit einem heiseren italienischen Akzent. »Antworten Sie. Was machen Sie da?«

»Ganz ruhig«, sagte der Große gepreßt und kontrolliert. »Wir wollten gerade gehen. Wenn Sie nichts dagegen haben.«

»Was macht ihr mit dem Jungen?« fragte der alte Mann, kam aus der Tür und trat mit herabhängenden Armen auf mich zu.

»Sie haben mir mein Geld abgenommen«, sagte ich zu ihm. »Sie sind mir nachgegangen und haben mir mein Geld abgenommen.«

»Habt ihr sein Geld gestohlen?« fragte der alte Mann herausfordernd.

»Der Kleine macht sich nur wichtig«, sagte der Große. »Hören Sie nicht auf ihn.«

»Es ist in der Tüte«, sagte ich. »Das Geld, das sie mir abgenommen haben, ist in der Tüte.«

Der Blick des Hausmeisters wanderte zu der Papiertüte, die der Große in seine Jackentasche gestopft hatte.

»Zeig mir die Tüte«, sagte der alte Mann.

»Leck mich«, sagte der Große.

Mit festem Blick griff sich der alte Mann gelassen ans Kreuz. Als er die Hand wieder hervorzog, hielt sie eine Pistole, Kaliber 38, deren silbriger Lauf auf die Brust des Großen gerichtet war.

»Zeig mir die Tüte«, sagte der alte Mann noch einmal.

Der Große zog die Tüte aus seiner Tasche und gab sie dem alten Mann, wobei er sich bemühte, keine hektischen Bewegungen zu machen. Der alte Mann warf mir die Tüte zu.

»Verschwinde«, sagte er. »Nimm die Hintertür.«

»Was ist mit denen?« fragte ich.

»Kümmert's dich?«

»Nein«, sagte ich.

»Dann geh.«

Ich drehte mich um, klemmte die Tüte unter den Arm und rannte aus dem Haus. Ich sprang über den niedrigen Zaun hinter dem Haus, folgte einer kurzen Gasse und landete auf der 11th Avenue.

Dabei sah ich mich nicht um, nicht einmal, als ich die vier Schüsse hörte.

»Ich brauche Begleitung«, sagte ich zu King Benny. »Was, wenn der alte Typ nicht aufgetaucht wäre?«

»Er ist aber aufgetaucht«, sagte ein Mann links von King Benny. »Und er hat sich darum gekümmert.«

»Vielleicht landen wir das nächste Mal nicht im verkehrten Haus«, sagte ich, das Gesicht schweißnaß.

»Es gibt kein nächstes Mal«, sagte der Mann und zündete sich eine Zigarre an.

»Vielleicht ist der Job doch eine Nummer zu groß für dich«, sagte ein anderer von King Bennys Leuten. »Es ist nicht so leicht, wie du denkst.«

»Ich schaffe das schon«, beharrte ich.

»Dann gibt's ja auch kein Problem«, sagte der Mann hinter mir.

King Benny wedelte mit der Hand die Rauchfahnen aus seinem Blickfeld. Sein Blick war kühl und fest, sein schwarzes Jackett und die Hose waren elegant und maßgeschneidert, um das linke Handgelenk trug er eine Mickey-Mouse-Uhr mit großem Zifferblatt.

»Was brauchst du?« fragte er mich, fast ohne die Lippen zu bewegen.

»Meine Freunde«, sagte ich.

»Deine Freunde?« fragte der Mann hinter mir lachend. »Was glaubst du, was das hier ist? Ein *Sommerzeltlager*?«

»Es würde Sie nichts zusätzlich kosten«, sagte ich. »Sie können mir das Geld abziehen.«

»Wer sind diese Freunde?« fragte King Benny.

»Sie sind aus dem Viertel.« Ich sah ihn direkt an. »Sie kennen ihre Familien, genauso wie Sie meine kennen.«

Der Typ hinter mir warf die Hände in die Luft. »Wir können uns doch nicht auf Kids verlassen.«

»Auf diese Kids können Sie sich verlassen«, sagte ich.

Wieder wedelte King Benny mit einer Hand den Zigarrenqualm beiseite, schob seinen Stuhl zurück und stand auf.

»Hol deine Freunde«, sagte er, drehte sich um und ging quer durch den Raum. »Und Tony«, fuhr er fort, ohne sich umzudrehen, die Schultern gerade, die Schritte gemessen, sein beschädigtes rechtes Bein leicht über den Boden nachziehend.

»Ja, King?« fragte der Mann mit der Zigarre im Mund.

»Rauch hier drinnen nie wieder«, sagte King Benny.

8

Fat Mancho war der fieseste Mann in Hell's Kitchen und wir liebten ihn dafür. Er besaß einen Süßwarenladen zwischen zwei Wohnhäusern in der Mitte der 50th Street. Seine Frau, eine mürrische Person mit einer dünnen Narbe auf der rechten Wange, lebte im ersten Stock eines der beiden Häuser. Seine Geliebte, die älter aussah als seine Frau, lebte im ersten Stock des anderen. Beide Frauen erhielten aufgrund einer vorgetäuschten Behinderung monatliche Sozialhilfeschecks, die beide an Fat Mancho überschrieben wurden.

Im Hinterzimmer seines Candy Store betrieb Fat Mancho seine Zahlenlotterie, wobei er 25 Cent jedes gewetteten Dollars für sich behielt. Der Laden gehörte auf dem Papier Fat Manchos Mutter, die angeblich in Puerto Rico lebte und noch nie in Hell's Kitchen gesehen worden war. Fat Mancho, der selber Sozialhilfe kassierte, besaß auch noch Anteile an einem Parkplatz an der 54th Street in der Nähe des Theatre Districts. Fat Mancho war erst Mitte Dreißig, doch wegen seines massigen Körpers und seines ständig unrasierten Gesichts sah er mindestens zehn Jahre älter aus. Er beschimpfte jeden, den er sah, vertraute nur einer Handvoll Leute und hatte es sich zum Ziel gesetzt, alles zu wissen, was auf den Straßen seines Viertels passierte. Fat Mancho lebte den amerikanischen Traum, ohne je einen Tag dafür arbeiten zu müssen.

In Hell's Kitchen wurde der schnelle und einfache Weg bevorzugt.

Wir standen vor Fat Manchos Candy Store und warteten darauf, den Hydranten aufzudrehen. Ich hatte den schweren Schraubenschlüssel hinten in die Jeans gesteckt und mit einem aus der Hose hängenden T-Shirt verdeckt. John stand neben mir, eine leere Dose Chock-Full-O'Nuts-Kaffee in der Hand, aus der er Deckel und Boden herausgetrennt hatte. Hinter uns stritten sich zwei puertorikanische Alkies mit Fat Mancho über den Preis einer Dose Colt .45 Malt-Liquor.

Auch wenn man mit Fug und Recht behaupten konnte, daß Fat Mancho praktisch niemanden leiden konnte, tolerierte er uns aus irgendeinem Grund. Wir waren für ihn harmlose Straßenratten, die nur ihren Spaß im Kopf hatten. Er alberte gerne mit uns herum, machte sich über alles, was wir anstellten, lustig und beschimpfte uns nach Lust und Laune. Wir kannten ihn schon unser ganzes Leben lang und hatten das Gefühl, daß er uns vertraute. Wir hätten nie versucht, ihn zu bestehlen oder in irgendeiner Weise zu betrügen. Wir haben ihn nie um Geld angeschnorrt oder vor seinem Laden Ärger angefangen. Er mochte unsere Gesellschaft, es gefiel ihm, wenn wir es ihm mit gleicher Münze heimzahlten. Und wenn wir seine Sprüche ausnahmsweise einmal überbieten konnten, leuchteten seine Augen vergnügt. Wir hatten immer den Eindruck, daß Fat Mancho eigentlich ein gutes Herz hatte und Kinder mochte. Er wollte bloß nicht, daß jemand das wußte.

»Was ist das überhaupt für ein Zeug?« fragte John und zeigte auf die Colt–.45-Dosen.

»Bier mit Pisse gemischt«, erklärte Tommy ihm, einen Fuß auf den Feuerhydranten vor dem Haus gestützt.

»Dann haben die Säufer recht«, meinte John. »Das *ist* zu teuer.«

»Wann drehst du die Pumpe auf?« fragte Tommy.

»Die Bullen kommen noch mal auf Streife durch«, sagte Michael, der hinter ihm stand. »Danach.«

»Hey, Mancho«, rief John in den Laden.

»Was?« fragte Fat Man.

»Kann ich mal dein Klo benutzen?« fragte John.

»Leck mich am Arsch, kleiner Scheißer«, sagte Fat Mancho lachend. So etwas fand er besonders lustig. »Mach in die Hosen.«

»Ist das ein Nein?« fragte John mich.

»Ich glaube schon«, gab ich schulterzuckend zurück.

»Hey, Mancho«, sagte Tommy. »Nun sei doch nicht so. Er muß wirklich mal.«

»Leck mich«, sagte Mancho und amüsierte sich prächtig.

»Das reicht«, sagte Tommy. »Wir werden nie wieder was in deinem Laden kaufen.«

»Bringt euch doch um«, sagte Fat Mancho.

»Komm«, sagte ich zu John. »Du kannst bei mir gehen. Ich muß sowieso noch was holen.«

»Sicher?«

»Entweder das oder du pißt gegen Fat Manchos Wagen«, sagte ich.

»Wo parkt der denn?« fragte John.

»Komm, wir gehn«, sagte ich.

Tagsüber waren die Wohnungstüren in Hell's Kitchen nie abgeschlossen, und unsere bildete keine Ausnahme. John und ich rannten die Treppe hoch und scheuchten Mrs. Alettis schwarze streunende Katze vor uns her. Wir flitzten an der großen Topfpflanze vor Mrs. Blakes Tür vorbei und stürzten auf unsere Wohnungstür zu. Ich öffnete sie und ging in die Küche, John direkt hinter mir. Das Bad war links, gleich neben dem Küchentisch, an der Tür, die aus Gründen, die nur der Vormieter kannte, von außen verriegelt wurde, hing ein Kalender des Heiligen Vaters. Aus einem der hinteren Zimmer hörte ich meine Mutter italienische Schlager pfeifen. Auf dem Ofen stand eine frische Kanne Espresso, auf dem Tisch zwei Tassen und eine Zuckerdose.

»Ich hab schon gedacht, ich schaff es nicht mehr«, sagte Tom und griff nach der Klinke der Badezimmertür.

»Beeil dich«, sagte ich. »Bevor du auf den Fußboden pinkelst.«

Die Tür ging auf, und sowohl John als auch ich erstarrten zu Eissäulen.

Auf der Schüssel saß in vollem weißen Ornat Schwester Carolyn Saunders, meine ehemalige Lehrerin und eine Freundin meiner Mutter. Sie starrte genauso reglos zurück.

In einer Hand hielt sie ein paar Blatt Klopapier.

»Heilige Scheiße!« sagte John.

»O mein Gott!« sagte Schwester Carolyn.

Sekunden später waren wir wieder auf der Straße, wobei John bei den letzten Schritten fast gestolpert wäre, so eilig hatte er es, aus dem Haus zu kommen. Michael und Tommy schnippten Pennies gegen eine Backsteinmauer.

»Das ging aber schnell«, sagte Michael. »Wie hast du das gemacht? Schon im Hausflur angefangen?«

»Ich bin tot«, sagte ich. »Tot und begraben.«

Tommy sah uns verwirrt an. »Weil John in deinem Haus gepinkelt hat?«

»Wir haben eine Nonne gesehen.« Tommy stand, die Hände auf die Knie gestützt, vorgebeugt und versuchte zu Atem zu kommen.

»Wo?« fragte Michael. »Im Hausflur?«

»Auf der Schüssel!« sagte John. »Sie saß auf Shakes' Klo und hat gepißt!«

»Ohne Scheiß?« sagte Tommy. »Bei Nonnen denkt man nie, daß sie so was auch machen.«

»Welche Nonne?« fragte Michael.

»Schwester Carolyn«, erwiderte ich, und die Erinnerung ließ mich erneut zittern.

»Gute Wahl«, sagte Tommy. »Sie ist echt süß.«

»Hast du ihre Möse gesehen?« fragte Michael.

»Eine Nonnenmöse!« sagte John. »Dafür werden wir wie zwei vertrocknete Äste brennen, Shakes!«

»Bleib locker«, sagte Michael. »Es wird überhaupt nichts passieren.«

»Was macht dich da so sicher?« fragte ich.

»Sie ist eine Nonne, stimmt's? Also wird sie es niemandem erzählen. Wenn es jemand erfährt, kriegt sie mehr Ärger als du.«

»Schon möglich«, klagte John. »Aber wir hätten trotzdem nicht sehen dürfen, was wir gesehen haben.«

»Willst du mich verarschen?« sagte Tommy. »Besser als eine Nonnenmöse geht doch gar nicht.«

»Ich habe nur Haut gesehen«, sagte John. »Ich schwöre es. Weiße Kleider und weiße Haut. Sonst nichts.«

»Hat sie irgendwas gesagt?« fragte Tommy.

»Frag sie doch selbst«, sagte Michael, über Johns Schulter blickend. »Da kommt sie gerade.«

»Mein Herz bleibt stehen«, sagte John mit brechender Stimme und kalkweißem Gesicht.

»Sie kommt direkt auf uns zu«, sagte ich und wandte den Kopf in Schwester Carolyns Richtung. Sie kam die Treppe vor unserem Haus herunter und sah sich nach links und rechts um, bevor sie die Straße überquerte und den gegenüberliegenden Bürgersteig ansteuerte, wo wir standen.

»Was will denn die Nonne hier, verdammt noch mal?« sagte Fat Mancho, schlürfte an einem Yoo-Hoo und kratzte seinen Dreitagebart.

»Sei still, Fat Man«, sagte Michael.

»Friß meine Rute«, sagte Fat Mancho und ging hinter seinen Bodega-Tresen.

»Hallo, Jungs«, sagte Schwester Carolyn ruhig und mit sanfter Stimme.

Sie war jung und hatte ein faltenloses Gesicht. Sie war ein Stadtkind aus Boston und hatte drei Jahre bei den Armen in Lateinamerika gearbeitet, bevor sie nach Sacred Heart versetzt worden war. Carolyn war bei den Schülern beliebt und den Eltern geachtet und schien sich im Gegensatz zu anderen Nonnen der Gemeinde unter den Menschen von Hell's Kitchen wohl zu fühlen. Obwohl sie kein Italienisch sprach und meine Mutter kaum ein Wort Englisch, hatten sie eine feste Freundschaft geschlossen und trafen sich durchschnittlich dreimal die Woche. Sie kannte die Art Ehe, die meine Mutter führte, und war stets rasch zur Stelle, wenn mein Vater mal wieder zugeschlagen hatte.

»Hallo, Schwester«, sagte Michael beiläufig. »Was gibt's Neues?«

Schwester Carolyn lächelte und legte eine Hand auf Johns Schulter. Nur die schiere Angst ließ John stillstehen.

»Die Toilette ist jetzt frei, wenn du sie noch immer benutzen mußt«, sagte sie leise zu ihm.

»Danke«, murmelte John.

»Es tut uns sehr leid«, sagte ich.

»Ich weiß«, sagte sie. »Vergeßt es. Ich habe es auch schon vergessen.«

»Danke, Schwester«, sagte ich.

»Ich seh euch dann alle in der Kirche«, sagte sie und wandte sich zum Gehen.

»Jede Wette«, sagte Tommy.

»Was für eine Puppe«, sagte John und sah ihr nach, wie sie mit wehendem weißem Rock die Straße hinunter zum Kloster in der 51st Street ging.

»Und auch kein übler Arsch«, sagte Michael und blinzelte mir zu.

»Was wißt ihr schon von einem Arsch, Scheiße noch mal«, sagte Fat Mancho hinter seinem Tresen.

»Ich geh jetzt pinkeln«, sagte John und rannte wieder über die Straße. »Ich kann es jetzt nicht mehr zurückhalten.«

»Paß auf«, sagte Tommy zu mir. »Diesmal überrascht er deine Mutter beim Kacken.«

»Wenn das passiert«, meinte Michael, »kann er auch gleich aus dem Fenster springen.«

»Er kann sowieso aus dem Fenster springen«, sagte Fat Mancho. »Das nutzlose Stück Dreck.«

»Geh und wasch dir den Mund mit Scheiße aus, Fat Man«, sagte Tommy.

»Zündet euch doch selbst an«, gab Fat Mancho zurück. »Alle miteinander. Brennt, bis ihr tot seit.«

Wir blickten zu ihm hinüber und lachten, bevor wir den Feuerhydranten ansteuerten, um uns nach der Hitze des Tages eine nasse Abkühlung zu holen.

9

Pater Robert Carillo war der Sohn eines Hafenarbeiters, der sich auf dem Barhocker einer Hinterhofkaschemme ebenso wohl fühlte wie während des Hochamts vor dem Altar. Er war in Hell's Kitchen aufgewachsen und hatte selbst mit dem Leben eines Kleinkriminellen geliebäugelt, bevor er seine religiöse Berufung gefunden hatte. Drei Wochen vor seinem sechzehnten Geburtstag verließ er das Viertel, um ein Priesterseminar im Mittleren Westen zu besuchen. Als er zehn Jahre später zurückkehrte, bat er darum, in der Gemeinde von Sacred Heart Dienst tun zu dürfen.

Für uns war er kein bißchen wie ein Priester. Nachdem er am Nachmittag sein Basketballspiel hinter sich gebracht oder im Viertel ein paar Arme verdreht hatte, um Geld für neue Sportgeräte zu sammeln, nahm er gerne noch ein Stück Pizza auf die Hand. Er war ein Freund, ein Freund, der zufällig Priester war.

Pater Bobby verfügte genau wie wir über eine umfangreiche Sammlung von Comicheften und Baseballkarten, war begeisterter Boxfan und bevorzugte James Cagney vor allen anderen Schauspielern. Er hatte ein kleines Büro hinter der Kirche, angefüllt mit Büchern und alten Bluesplatten. In der Mitte der Wand hing ein riesiges Bild von Jack London auf einer Schneeverwehung. Wenn ich je versucht war, etwas aus Pater Bobbys Büro zu stehlen, dann dieses Bild.

Trotz der kriminellen Neigungen der Bewohner des Viertels übte die Kirche beträchtlichen Einfluß aus, und ihre Führer waren präsente Mitglieder der Gemeinde. Priester warben ganz offen für die Priesterlaufbahn, indem sie das klerikale Leben als einen Ausweg aus Hell's Kitchen darstellten. Und Nonnen nahmen Mädchen beiseite, um mit ihnen in drastischen Worten über Sexualität und Gewalt zu sprechen.

Die Priester, Nonnen und Mönche des Viertels wußten, daß sie in einer gewalttätigen Gemeinde Dienst taten und waren da, um unsere seelischen Wunden zu pflegen. Sie hörten den geschlagenen Frauen zu, die bei ihnen Trost suchten, und sprachen verängstigten Kindern Mut zu. Sie halfen, wo und wann sie konnten, stets darauf bedacht, sich nicht außerhalb der etablierten gesellschaftlichen Ordnung zu stellen, und sich immer der Tatsache bewußt, daß es eine Reihe von Situationen gab, über die sie keine Kontrolle hatten.

Der Klerus kannte die Regeln von Hell's Kitchen. Seine Angehörigen wußten, daß einige Leute gegen das Gesetz verstoßen mußten, um ihre Familien zu ernähren. Sie wußten, daß die Kleidung, die die meisten von uns trugen, und das Fleisch, das wir aßen, gestohlen war. Und sie wußten, daß sie sich nicht auf einen Konflikt mit jemandem wie King Benny einlassen durften. Aber wo sie konnten, halfen sie uns. Wenn sonst nichts, boten sie uns zumindest einen Ruheraum, heißen Kaffee und einen Ort, an dem man sich aussprechen konnte, wann man es brauchte. Und mehr verlangten die meisten Bewohner des Viertels nicht von einer Religion.

Pater Bobby kümmerte sich ganz besonders um uns, und soweit wir überhaupt in der Lage waren, einen Außenstehenden zu lieben, liebten wir ihn dafür.

Er kannte die Probleme, die meine Mutter und mein Vater hatten, wußte von den Schlägen, die sie von ihm bezog, und den Schulden, die er machte. Er versuchte, mir einen Ausgleich zu bieten, indem er mit mir über Baseball und Bücher sprach und mich vor dem schnellen Geld und dem leichten Leben warnte, mit dem King Benny und seine Männer lockten.

Er verstand Michaels instinktiven Argwohn gegen jeden Außenstehenden selbst aus dem Viertel. Er sah in Michael einen Jungen, dem man wenig Grund gegeben hatte, irgend jemandem zu vertrauen. Er spürte die Einsamkeit hinter seinen rauhen Sprüchen und die Angst hinter seinem großtuerischen Gehabe. Pater Bobby wußte, daß Michael ein Junge war, der sich nur nach einem Vater sehnte, der mehr tat, als seinen einzigen Sohn ständig zu schlagen. Er ließ Michael seine Distanz, und wenn er ein Buch fand, von dem er glaubte, daß Michael es mögen würde, legte er es einfach auf sein Pult, anstatt es ihm nach der Schule persönlich zu überreichen. Er unterstützte seinen Drang nach Unabhängigkeit, anstatt ihn zu bekämpfen.

Er alberte mit John herum und ließ sich auf dessen humorvolles Spiel mit Beleidigungen und schlagfertigen Erwiderungen ein. Er tauschte Comichefte mit ihm, gab einige wertvolle *Flash*-Ausgaben für ein paar mittelmäßige *Fantastic Four*-Hefte und tat so, als würde er das schadenfrohe Grinsen nach Abschluß des Handels nicht bemerken. Zu Johns zehntem Geburtstag schenkte er ihm eine illustrierte Klassikerausgabe von *Der Graf von Monte Christo,* ein Geschenk, das John zu Tränen rührte.

Er ermutigte Johns stille Sehnsucht, Künstler zu werden, indem er ihm unter der Hand schier endlose Vorräte an Papier und Bleistiften zukommen ließ. Im Gegenzug schenkte John Pater Bobby die Originalillustrationen einer Comicserie, an der er arbeitete. John war auch sein Lieblingsmeßdiener, und Pater Bobby bemühte sich, die Messe so oft wie möglich mit ihm zusammen abzuhalten, auch wenn er ihn dafür vorzeitig aus dem Unterricht holen mußte.

»John wäre ein guter Priester geworden«, erklärte Pater Bobby mir später einmal. »Er war voller Güte. Er sorgte sich um andere Menschen. Doch wie ihr alle hatte er ein Talent, zum schlimmstmöglichen Zeitpunkt am falschen Platz zu sein. Eine Menge Menschen haben dieses Talent auch und überleben trotzdem. John konnte das nicht.«

Doch von uns allen stand Tommy Pater Bobby am nächsten.

Butter konnte es nie verwinden, daß sein Vater im Gefängnis saß, und auch wenn er nie darüber sprach, wußten wir, daß es an seinem ansonsten fröhlichen Wesen nagte. Pater Bobby bemühte sich, diese Lücke zu füllen, indem er an Frühlingsabenden Basketball einer gegen einen mit ihm spielte, ihn im Winter mit in James-Bond-Filme nahm und ihm half, den Taubenschlag zu versorgen, den Tommy sich auf dem Dach seines Hauses hielt. Und er sorgte dafür, daß Tommy am Vatertag nie alleine war.

Pater Bobby hatte die Seele eines Priesters, aber die Instinkte eines erstklassigen Detektivs. Er war mit wachsamen Augen im Viertel präsent, der erste, der mit uns Klassenausflüge unternahm, und der erste, der unsere anderweitigen Verwicklungen kritisierte. Er wußte, daß meine Freunde und ich für King Benny arbeiteten, und es gefiel ihm nicht. Doch er verstand, daß wir das Haushaltsgeld brauchten. Als Junge hatte Pater Bobby selbst zum Einkommen seiner Familie beigetragen, indem er Botengänge für »Lucky« Jack und die Anastasia-Familie erledigt hatte.

Das Taschengeld machte ihm weniger Sorgen. Ihm ging es vielmehr um den nächsten Schritt, bei dem man uns auffordern würde, selbst eine Waffe in die Hand zu nehmen. Er wollte nicht, daß uns das passierte. Er wollte den Schaden verhindern, noch bevor er geschehen war. Bevor wir zu viele Dinge gesehen hatten, die wir lieber nicht sehen sollten. Unglücklicherweise gab es Dinge, die nicht einmal Pater Bobby verhindern konnte.

Die Aula der Schule war bis zum Bersten mit Luftballons und Klapptischen mit Bierkrügen und Schalen voller Brezeln gefüllt. Spruchbänder aus Papier, auf denen dem Brautpaar Glück gewünscht wurde, schmückten die Wände. Ein kahlköpfiger Discjockey in einem zerknitterten Smoking stand auf der großen Bühne und widmete sich einer großen Stereo-Anlage mit vier Lautsprechern und drei Stapeln Schallplatten.

Es war ein Hochzeitsempfang, zu dem alle aus dem Viertel eingeladen waren.

Die Braut, ein großes dunkelhaariges Mädchen von der 52nd Street, war im fünften Monat schwanger und schloß sich die meiste Zeit in einer Toilette im Treppenhaus ein. Der Bräutigam, ein Automechaniker von Mobil mit schlechten Zähnen und einem schwarzen Bart, trank Whiskey mit einem Bier zum Runterspülen und kaute Erdnüsse aus einer Papiertüte. Er wußte, daß man sich erzählte, das Kind, das seine Frau im Bauch trug, sei von einem anderen.

Es war ein regnerischer Abend, doch die großen Ventilatoren konnten nichts gegen die Hitze im Saal ausrichten.

»Kennt ihr einen von beiden?« fragte Tommy und nestelte an seinem gestärkten Kragen und der fest gebundenen Krawatte.

»Den Typ«, sagte ich, an einer Flasche Pepsi nuckelnd. »Du kennst ihn auch. Von der Tankstelle. Er läßt uns immer aus seinem Wasserschlauch trinken.«

»Man ist bloß nicht gewohnt, ihn ohne Schmiere im Gesicht zu sehen«, sagte Michael und füllte die Taschen seines blauen Blazers mit Salzbrezeln auf.

»Meinst du, es ist sein Kind?« fragte Tommy.

»Es könnte von jedem sein«, sagte Michael. »Sie ist schließlich nicht direkt schüchtern.«

»Warum heiratet er sie?« fragte ich. »Ich meine, wenn *ihr* alle über sie Bescheid wißt, wie kommt es, daß er keine Ahnung hat?«

»Vielleicht ist es ja doch sein Kind«, sagte Tommy. »Vielleicht hat sie ihm erzählt, es wäre seins. Man weiß es nicht.«

»So ist es, Tommy«, sagte Carol Martinez. »Du *weißt* es *nicht*.«

Sie trug ein blaues Rüschenkleid mit einer kleinen weißen Blume an der Hüfte, dazu Söckchen und ihre glänzenden, neuen Buster Browns. Ihr Haar hatte sie zu einem Pferdeschwanz gebunden.

»Hier scheint ja wirklich jeder zu sein«, sagte John, als er sie sah.

»Ich bin eine Freundin von Connie«, sagte Carol.

»Wer ist Connie?« fragte John.

»Die Braut, du Arschgesicht«, sagte Michael und führte Carol auf die Tanzfläche.

Die drei Männer kamen herein, als Braut und Bräutigam gerade anfingen, die dreistöckige Hochzeitstorte anzuschneiden. Sie blieben, den Rücken zur Eingangstür, am Rand stehen und hielten Budweiser-Flaschen mit langen Hälsen in der Hand. Einer hatte eine Zigarette im Mundwinkel hängen.

Wir standen neben dem Discjockey im Schatten, Michael und Carol hielten Händchen, Tommy und John tranken heimlich Bier. Ich hatte die Sam-Cooke-Single »Twstin' the Night Away« in der Hand, die als nächstes auf der Wunschliste stand.

»Kennst du die?« fragte Michael und legte den Arm um Carols Schulter.

»Den mit der Zigarette«, sagte ich. »Ich hab ihn schon ein paarmal bei King Benny gesehen.«

»Was macht er für ihn?«

»Er hat sich immer als Killer ausgegeben«, sagte ich. »Ich weiß nicht. Könnte reine Angabe sein.«

»Warum ist er hier?« fragte Tommy.

»Vielleicht mag er Hochzeiten«, sagte John.

Die drei Männer gingen in die Mitte des Raumes, den Blick auf den Bräutigam gerichtet, der gerade ein Stück Hochzeitstorte aß und Sekt aus dem Stöckelschuh seiner Frau trank. Direkt vor dem

Tisch des Brautpaares blieben sie stehen und stellten ihr Bier auf einen Stapel Pappteller.

»Was wollt ihr?« fragte der Bräutigam und wischte sich mit der Hand über die Lippen.

»Wir wollten alles Gute wünschen«, sagte der Mann in der Mitte. »Dir und dem Mädchen.«

»Das habt ihr gerade getan«, sagte der Bräutigam. »Vielleicht solltet ihr jetzt gehen.«

»Keine Torte?« fragte der Mann in der Mitte.

Die Menge um den Tisch war verstummt.

»Kommt, Jungs«, sagte ein Mann mittleren Alters lallend. Die Vorderseite seines Hemds war mit Bier getränkt. »Auf einer Hochzeit fängt man doch keinen Streit an.«

Die Männer starrten ihn schweigend an.

»Vielleicht hat dein Freund recht«, sagte der Mann. »Vielleicht ist eine Hochzeit wirklich nicht der richtige Ort für das, was wir zu erledigen haben. Laß uns rausgehen.«

»Ich will nicht rausgehen«, sagte der Bräutigam.

»Hast du das Geld?«

»Nein«, sagte der Bräutigam. »So viel Geld hab ich nicht. Das habe ich euch doch schon gesagt. Das braucht eine Weile.«

»Wenn du das Geld nicht hast«, sagte der Mann und wies mit dem Kopf auf die Braut, »kennst du die Abmachung.«

Sie hatte sich nicht gerührt, seit die Männer an ihren Tisch getreten waren. Sie hielt den Pappteller mit der Torte in der einen, ein leeres Sektglas in der anderen Hand, ihr stark geschminktes Gesicht war rot angelaufen.

»Ich gebe sie nicht auf«, sagte der Bräutigam mit fester Stimme. »Ich werde sie nie aufgeben.«

Der Mann in der Mitte schwieg einen Moment, bevor er knapp nickte und sagte: »Dann genieße den Rest des Abends.«

Die drei Männer wandten sich von dem Bräutigam ab, verschwanden in der Menge und bahnten sich einen Weg zur Hintertür und hinaus auf die dunkle Straße.

Wir saßen gegen die schmalen Sprossen der Feuertreppe zum ersten Stock gedrückt und starrten auf die Hinterhofgasse hinab. An einer Mauer lehnten vier Mülltonnen und die leere Verpackung eines Eisschranks; über der Hintertür der Aula brannte eine matte 40-Watt-Birne. Der Regen hatte zugenommen, vom Hudson River bewegte ein stetiger Wind frisch gewaschene Laken über den Schmutz und die leeren Dosen auf dem Hof.

Michael war absolut sicher, daß irgend etwas passieren würde, und hatte für uns den strategisch günstigsten Beobachtungsplatz ausgesucht.

Wir sahen, wie Braut und Bräutigam in der engen Tür standen, die Arme umeinander geschlungen und sich, beide betrunken, umarmten und küßten. Das helle Licht aus der Aula zwang uns, ein Stück zurückzuweichen.

Der Bräutigam faßte die Hand seiner Frau und betrat, eine halbvolle Flasche Pils in der freien Hand, die Gasse Richtung 51st Street. Sie blieben stehen und winkten einigen Freunden zu, die sich in der Tür drängten, die Männer betrunken, die Frauen angesichts des Regens zitternd.

»Und laßt kein Bier übrig«, rief der Bräutigam. »Es ist alles bezahlt.«

»Darauf kannst du dich verlassen«, brüllte einer der Betrunkenen zurück.

»Auf Wiedersehen«, sagte die Braut, noch immer winkend. »Und vielen Dank für alles.«

»Komm, wir gehen«, sagte der Bräutigam zu seiner frisch Angetrauten. »Heute ist unsere Hochzeitsnacht.« Ein breites Grinsen legte sich über sein Gesicht.

Die erste Kugel kam aus dem Dunkel und traf ihn direkt über der Schnalle seines braunen Gürtels. Mit überraschter Miene sank er auf die Knie. Die Braut kreischte laut auf, hielt die Hände vor die Brust und riß die Augen auf, während ihr Mann direkt neben ihr blutete. Die Gruppe in der Tür stand wie erstarrt da.

Der zweite Schuß wurde vom Ende der Gasse abgefeuert und traf den Bräutigam im Hals, so daß er mit dem Gesicht auf das Pflaster schlug.

»Hilfe!« schrie die Braut. »Mein Gott, Hilfe! Er wird sterben! Bitte helft mir, *bitte*!«

Niemand rührte sich. Niemand sagte ein Wort. Die Gesichter an der Tür hatten sich ein Stück in den Schatten zurückgezogen, mehr darum besorgt, aus dem Schußfeld des Schützen zu treten, als einem gefallenen Freund zu Hilfe zu eilen.

In der Ferne heulten Sirenen.

Die Braut war auf die Knie gesunken, die Vorderseite ihres Hochzeitskleids blutbefleckt, und weinte um ihren sterbenden Mann. Ein Priester rannte durch die Gasse auf das junge Paar zu. Eine ältere Frau kam mit einem Handtuch voll Eis aus der Aula, die Seiten ihres Kleides klatschnaß. Zwei junge Männer traten, von den Schüssen schlagartig ernüchtert, aus der Tür und starrten auf die Blutlache.

»Laßt uns hier abhauen«, sagte John leise.

»Soviel zum Heiraten«, sagte ich ebenso leise.

Michael, Tommy und Carol sagten nichts. Aber ich wußte, was sie dachten. Es war, was wir alle dachten.

Die Straße hatte gewonnen. Die Straße würde immer gewinnen.

Herbst 1965

10

Meine Freunde und ich waren verbunden durch gegenseitiges Vertrauen.

Unsere Loyalität stand nie in Frage. Wir brauchten einander, redeten uns in Probleme hinein und wieder heraus und dienten uns gegenseitig als Puffer gegen die Gewalt, mit der wir täglich konfrontiert wurden. Unsere Freundschaft war eine Überlebensstrategie.

Jeder von uns wollte ein besseres Leben, doch wir wußten nicht, wie wir es erreichen sollten. Wir hatten jedoch gelernt, unsere Hoffnungen an schlichte Ziele zu knüpfen. In müßigen Augenblicken träumten wir nie davon, große Firmen zu leiten, das Heilmittel gegen eine Krankheit zu entdecken oder in ein hohes Amt gewählt zu werden.

Unsere Phantasien orientierten sich an den Büchern, die wir wieder und wieder lasen, und den Filmen, die wir zigmal sahen, bis sich selbst der langweiligste Dialog in unsere Erinnerung eingebrannt hatte. Geschichten von Liebe und Abenteuer, von tollkühnen Fluchten und dem noch großartigeren Geschmack von Freiheit. Geschichten, die den Armen Sieg und Ruhm verhießen und es ihnen erlaubten, sich im Abglanz der Rache zu sonnen.

Und um diese Träume zu schauen, mußten wir den Kokon von Hell's Kitchen nie verlassen.

Wir lebten in jedem gelesenen Buch und jedem gesehenen Film. Wir waren Cagney in *Chikago* und Gable in *Lockruf der Wildnis*. Auf der Straße waren wir *Ivanhoe*, in unserem Klubraum die Ritter der Tafelrunde.

Nur in solchen Momenten phantasievollen und freien Spiels konnten wir den Luxus einer unbeschwerten Kindheit genießen. In Gegenwart von Außenstehenden mußten wir uns abgebrüht geben und älter, als wir waren. Zu Hause mußten wir auf der Hut sein, weil wir nie wußten, wann der nächste Gewaltausbruch drohte. Doch wenn wir alleine waren, konnten wir sein, was wir wirklich waren – Kinder.

Wir malten uns nie aus, wie wir als Erwachsene weit weg von Hell's Kitchen leben würden. Unser Leben war von unserer Geburt an vorgezeichnet. Wir würden versuchen, die High-School abzuschließen, uns in ein Mädchen aus dem Viertel verlieben, einen Job als Arbeiter annehmen und für eine akzeptable Miete in einer Mietskaserne des Viertels wohnen. Wir empfanden diese Aussicht nicht als beengend, sondern hielten sie für einen dramatischen Schritt in die richtige Richtung. Unsere Väter waren Männer mit einer üblen Vergangenheit und einem Vorstrafenregister. Das würden wir nicht sein.

Ich liebte meine Eltern. Ich respektierte King Benny. Doch meine Freunde bedeuteten mir mehr als irgendein Erwachsener. Sie waren mein Lebensblut und meine Stärke. Unsere schlichten Träume wuchsen auf gemeinsamem Boden.

Wir glaubten, daß wir unser Leben lang Freunde bleiben würden.

»Es ist ganz einfach«, sagte Michael.

»Du sagst immer, es ist ganz einfach«, entgegnete Tommy. »Und wenn wir dann da sind, ist es doch nicht so einfach.«

»Es ist ein neuer Laden«, erklärte Michael. »Keiner kennt uns. Wir gehen rein, nehmen uns, was wir brauchen, und gehen wieder raus.«

»Was haben sie denn so?« wollte John wissen.

»Mindestens fünfzig verschiedene Titel«, sagte Michael. »*Flash, Green Lantern, Aquaman*, alles, was du willst. Es wartet nur auf uns.«

»Wie viele Leute arbeiten in dem Laden?« fragte ich.

»Normalerweise zwei«, sagte Michael. »Nie mehr als drei.«
»Wann?«
»Nachmittags ist die beste Zeit.«
»Bist du sicher?«
»Haltet euch nur an den Plan«, sagte Michael und sah uns an. »Es klappt sicher, wenn wir uns an den Plan halten.«

Meine Freunde und ich stahlen mehr zum Spaß als aus Profitgier. Wir nahmen uns das, was wir unseres Erachtens brauchten und uns nicht leisten konnten. Wir bettelten unsere Eltern nie um Geld an, liehen uns nichts und trugen keine Waffen.

In Candy Stores stahlen wir Comichefte, in Spielzeugläden Spiele und im Supermarkt Kaugummi. Und wir waren gut. Die wenigen Male, die wir erwischt wurden, schafften wir es, uns entweder mit Worten, Tränen oder Fäusten aus der Klemme zu befreien. Außerdem wußten wir, daß *keiner* ein Kind ins Gefängnis stecken würde, weil es seine Sammlung von *Classic Illustrated-Comics* hatte vervollständigen wollen.

Unseren Eltern verschwiegen wir unsere Eskapaden. Obwohl die meisten selbst mit irgendwelchen kleineren Gaunereien beschäftigt waren, wäre niemand begeistert gewesen zu erfahren, daß die eigenen Kinder so schnell in ihre Fußstapfen traten. Trotzdem galt das Gebot »Du sollst nicht stehlen« in Hell's Kitchen nicht viel. Das Viertel war ein Übungsplatz für junge Verbrecher, und das war es schon immer gewesen.

Um die Jahrhundertwende nannte man diese Kinderdiebe Straßenspatzen. Viele waren Waisen, alle verzweifelt. Banden von Taschendieben trieben sich in den Straßen herum und hielten Ausschau nach einem Opfer mit einem Wochenlohn in der Brieftasche. Einige Kinder waren sogar so kühn, sich als Killer anheuern zu lassen und bereit, für einen Lohn von drei Dollar zu töten. Wenn sie erwischt wurden, war die Strafe ungeachtet der Schwere ihres Vergehens hart. Das Strafvollzugssystem des Staates New York hatte wenig Geduld mit Straßengaunern jeden Alters, und sie wurden oft zu langjährigen Haftstrafen in irgendwelchen Höllenlöchern im Norden des Staates verurteilt. Die Straßenkinder nahmen diese

Urteile an, weil sie sich nicht dagegen wehren konnten. Wenn sie ihre Zeit hinter Gittern überlebten, kehrten sie, geschult von älteren Gesetzesbrechern, gefährlicher zurück, als sie hineingekommen waren. Und wenn jemand in Haft starb, war er nur ein weiterer Name in einem überfüllten Register.

Anfang dieses Jahrhunderts wurde die Russell-Sage-Stiftung gegründet, um die Lebensbedingungen von Kindern in Hell's Kitchen zu studieren und festzustellen, ob diese Bedingungen Kriminalität begünstigten. Nach Monaten inmitten von Elend und schreiender Verzweiflung verließen die Sozialarbeiter das Viertel mit einem verhärteten Blick auf die Realität. In einem Bericht, den Richard O'Connors in seiner 1958 erschienenen, ausgezeichneten Geschichte von Hell's Kitchen zitiert, wurde die Misere eines dort aufgewachsenen Kindes wie folgt zusammengefaßt: »Das Viertel ist wie ein Spinnennetz. Wenige, die sich darin verfangen, entrinnen ihm je wieder. Hin und wieder kommt ein Junge aufs Land oder eine Familie zieht in die Bronx. Doch normalerweise finden die, die dort leben, keinen Weg hinaus... Die Lebensphilosophie eines jungen Menschen von der West Side Manhattans ist praktisch und nicht spekulativ. Sonst könnte er nicht übersehen, daß die Welt – von der Mutter, die ihn aus der überfüllten Wohnung schiebt, bis hin zu den Erwachsenen auf den Straßen, seinem Spielplatz, auf dem er die meiste Zeit verbringt – ihn immer gleich sieht... Alles, was er tut, scheint gegen ein Gesetz zu verstoßen. Wenn er Ball spielt, gefährdet er fremdes Eigentum. Wenn er Murmeln oder Penny-Schnippen spielt, behindert er die freie Benutzung des Bürgersteigs. Straßenschlägereien sind Körperverletzung, und ein Junge, der sich keines dieser Vergehen schuldig macht, hält sich wahrscheinlich unberechtigt irgendwo auf. Mit anderen Worten, er macht die Erfahrung, daß fremdes Eigentum oder seine Vertreter ein großes Hindernis darstellen, das seinem Vergnügen auf der Straße im Wege steht.«

In den Jahrzehnten seit dem Bericht der Russell-Sage-Kommission hatte sich Hell's Kitchen äußerlich stark verändert. Die Hochbahn war verschwunden und mit ihr die Güterwaggons, die mit

Vieh beladen in Richtung Chikago an unseren Fenstern vorbeiratterten. Die Kühe wurden noch immer per Bahn zum Schlachten abtransportiert, nur daß die Züge jetzt ebenerdig fuhren. Die Straßen waren nicht mehr mit Müll übersät, sondern angesichts der herrschenden Armut sauber und gepflegt. Es gab keine Graffiti, und die Fassaden der Läden und Hauseingänge wurden von den Hausmeistern regelmäßig abgeschrubbt.

Das Gesetz schrieb vor, daß die Wohnungen alle drei Jahre gestrichen werden mußten, jedes Zimmer im selben Weiß. Das war nicht nur die billigste Farbe; viele glaubten auch, daß die dicke Ölmischung die Eier der Kakerlaken vernichtete und Ratten fernhielt. Für neue Mieter waren die ersten drei Monate mietfrei, ein Angebot der Vermieter, um Interessenten für die unattraktiven Wohnungen anzulocken. Daher war es nicht ungewöhnlich, daß eine Familie drei- oder viermal im Jahr umzog, manchmal auf ein und derselben Straße, um keine Miete bezahlen zu müssen.

Ein Telefon in der Wohnung konnte sich kaum jemand leisten, also standen öffentliche Telefone vor den Candy Stores und Bars. Wenn jemand ein eigenes Telefon hatte, war er wahrscheinlich entweder Buchmacher oder Kredithai. Sonst hatte keiner soviel Geld oder mußte sooft telefonieren.

Das Leben in Hell's Kitchen hatte eine Ordnung, die von Verbrechen, Mord und alltäglichem Wahnsinn unbeeinträchtigt blieb. Trotz der Bandenkämpfe, Auftragsmorde und häuslichen Auseinandersetzungen herrschte auf den Straßen und in unseren Wohnungen ein Gefühl von Sicherheit. Gewalt hatte auch etwas Tröstliches und wurde als Teil des Alltags hingenommen, ein tödliches Vermächtnis, das von einer Generation zur nächsten weitergereicht wurde.

Das Geld war knapp, doch es gab bestimmte Grenzen, die wir nie überschritten hätten. »Wir haben uns an die Regeln des Viertels gehalten«, sagte Tommy später einmal nachts zu mir. »Wir haben keine Drogen genommen, haben keinen Schnaps angerührt und keine Waffen getragen. Wir haben uns eh nicht für das Zeug interessiert. Wir brauchten keine Waffe, um ein Comicheft oder etwas zu essen zu klauen. Wir waren schlauer als die Typen mit den bewaffneten Überfällen. Vielleicht hatten wir nicht genausoviel Geld in der Tasche wie sie, aber wir mußten uns auch nicht jedesmal in einen Hinterhof verdrücken, wenn ein Streifenwagen vorbeikam.«

Trotzdem waren wir Diebe, und unsere Arbeit für King Benny machte uns immer kühner.

Wenn man Zeit in der Gegenwart von Mafiosis verbrachte, die auf ein Leben als Berufsverbrecher schworen, verspürt man den Drang, seine kriminellen Muskeln spielen zu lassen. Wo wir einst damit zufrieden gewesen waren, einen Laden mit einer Handvoll *Green Hornets*-Heften zu verlassen, mußten wir jetzt ganze Regalbretter von *Sgt. Rock* bis zu den *Fantastic Four* leer räumen.

Im Viertel wurden wir mit jedem kleinen Job, den wir durchzogen, aufmerksamer beobachtet. Alteingesessene Gauner, die ihren Nachwuchs so aktiv rekrutierten wie Headhunter aus der Hochfinanz, warfen einen Blick in unsere Richtung, ein anerkennendes Nicken für die neue Generation. Wir waren das Versprechen für die Zukunft, ungeschliffene Grünschnäbel, die eines Tages das Viertel zusammenhalten, die Deals aushandeln und den illegalen Verkehr in Gang halten würden.

Es gab viele Wege, die ein junger Mann auf den Straßen von Hell's Kitchen einschlagen konnte. Keiner von ihnen versprach große Belohnungen. Die meisten endeten in einer Sackgasse.

Berufsverbrecher war einfach eine Option unter anderen.

Michael betrat den Candy Store als erster.

Kurz darauf folgte ich. Tommy und John – Butter und der Graf – warteten draußen in der Nähe der Eingangstür. Der Eingang war eng und verschlungen, ein Süßigkeitenregal aus Holz verlief über die ganze Länge des Tresens. In dem Laden arbeiteten zwei Männer mittleren Alters, die beide rauchten. In einer Ecke surrte ein kleiner elektrischer Ventilator mit Wimpeln.

Michael ging zu dem Regal mit den Comicheften, nahm ein *Batman*-Album heraus und gab es mir.

»Hast du das schon gelesen?« fragte er.

»Nein«, sagte ich und sah mich über die Schulter nach den beiden Männern um, die Süßigkeitenkartons aufschnitten. »Es ist neu.«

»Willst du es haben?«

»Heute nicht«, sagte ich.

»Was ist los, Shakes?« fragte Michael und stellte *Batman* wieder ins Regal.

»Wir sollten es lieber bleiben lassen«, sagte ich, meine Stimme zu einem Flüstern senkend.

»Warum?«

»Ich hab einfach ein komisches Gefühl.«

»Jetzt sind wir schon *hier*«, sagte Michael.

»Und wir können auch *gleich* wieder gehen.«

»Jetzt kneif bloß nicht, Shakes. Wir schaffen das schon. Du und ich.«

»Es fühlt sich anders an diesmal«, sagte ich.

»Es fühlt sich jedesmal anders an«, sagte Michael.

»Bist du sicher?« fragte ich.

»Na klar«, sagte Michael.

Ich zögerte, bevor ich nickend mein Einverständnis gab. »Also los«, sagte ich.

Michael zog drei Comicalben aus einem der oberen Regalbretter, wobei er sich der Tatsache, daß die beiden Männer in seine Richtung starrten vollauf bewußt war. Ich nahm vier *Sgt. Rock*-Hefte von einem der unteren Regale, klemmte sie unter meinen rechten Arm und folgte Michael den Gang hinunter. Hinter mir hob einer der Männer die Klappe zum Ladentresen und kam auf uns zu. Er war groß und dünn, ein dichter, dunkler Haarkranz krönte seinen Kopf, und unter seinem linken Auge hatte er eine große runde Narbe. In einer Hand hielt er ein kurzes Eisenrohr.

Tommy und John betraten, wie geplant, rangelnd und schubsend den Laden. Der Mann hinter dem Tresen starrte sie zwischen zwei Zügen an seiner frischen Zigarette finster an.

»Kein Ärger. Ich will keinen Ärger hier drin«, sagte er mit einem starken ausländischen Akzent, die Zigarette zwischen seinen gelben Zähnen eingeklemmt.

»Ich will gar keinen Ärger«, sagte John zu ihm und schubste Tommy gegen das Zeitungsregal. »Ich will Bonbons.«

»Das war das letzte Mal, daß du mich geschubst hast«, sagte Tommy, griff eine Zeitung und warf sie nach John.

»Aufhören!« brüllte der Mann hinter dem Tresen. »Raus. Wenn ihr euch schlagen wollt, geht raus.«

Der dünne Mann, der uns zugewandt stand, drehte sich um und bewegte sich auf Tommy und John im vorderen Teil des Ladens zu. Er ging langsam und schlug mit dem Rohr auf seine Handfläche.

»Raus, ihr Scheißer«, sagte der Mann und stieß John gegen die Schulter. »Los, raus!«

John drehte sich um und sah den Ladenbesitzer an. Wütend stieß er ihn mit beiden Händen zurück.

»Fassen Sie mich nicht an«, sagte er, während der Mann nach hinten taumelte und das Rohr fallen ließ, das auf einem Stapel alter Ausgaben der *New York Post* landete.

Danach gerieten die Dinge rasch außer Kontrolle. Der Mann sprang auf, das Gesicht schamrot, stürzte auf John zu, packte ihn an der Brust und warf ihn zu Boden. Er hockte sich rittlings auf ihn, hielt mit einer Hand seinen Kopf und ballte die andere zur Faust.

Tommy kam von hinten dazu. Er schlang einen Arm um den Hals des Mannes und drückte ihm sein Knie ins Kreuz.

Michael und ich kamen in den vorderen Teil des Ladens, die Jacken mit Dutzenden von Comicheften gepolstert. Dabei behielten wir den Mann hinter dem Tresen im Auge, gespannt, ob er reagieren würde. Doch er sah gar nicht in unsere Richtung, sondern war wie erstarrt von dem Anblick seines Partners im Gerangel mit zwei Jungen.

John befreite seinen Arm und landete zwei kurze Treffer in den Magen des auf ihm Sitzenden. Tommy trommelte auf den Kopf des Mannes ein, bis sein Ohr und seine Schläfe rot waren. Der Mann rollte von John herunter und stieß gegen das Süßigkeitenregal. Sein Arm baumelte frei, Zentimeter von dem Rohr entfernt, daß er kurz zuvor hatte fallen lassen.

»Hier kommen wir *nie* wieder hin«, brüllte John, mittlerweile wieder auf den Beinen, den Mann hinter dem Tresen an. Er streckte den Arm aus, griff eine Ausgabe der *Daily News* und warf sie seinem gestürzten Gegner auf den Kopf.

Michael und ich drückten uns an Tommy, John und den beiden Männern vorbei und verließen, unsere Diebesbeute unter der Jacke, den Laden. John folgte uns nach draußen, und damit war Tommy mit den beiden Männern allein.

Bevor wir wußten, wie uns geschah, hatte der Mann auf dem Boden das Eisenrohr gepackt und rappelte sich, den Mund wutverzerrt, mit fuchtelnden Armen auf.

»Ich bring dich um, du Schwein!« brüllte er. »Ich bring dich um!«

Die Schläge hagelten in rascher Folge.

Der erste glitt von Tommys Schulter ab, der zweite traf ihn direkt über dem rechten Auge, so daß er zu bluten begann. Der dritte landete auf Tommys Handgelenk, und der Knochen gab sofort nach.

Mit vor Schmerz weichen Knien schleppte sich Tommy aus dem Laden. Ein vierter Schlag traf ihn im Nacken, so daß er krachend gegen die Tür und weiter auf die Straße taumelte. Mit leblosem Blick und starrem Körper landete er auf dem Pflaster.

John war als erster bei ihm. »Ich glaube, er hat ihn umgebracht«, sagte er und starrte zu mir und Michael hoch.

»Dann muß er uns auch umbringen«, sagte Michael.

»Ich nicht mit euch kämpfen«, sagte der Mann mit dem Rohr, dessen Wut langsam verebbte, und ließ den Arm sinken. »Ich kein Problem mit euch. Kein Problem!«

»Doch, das hast du«, sagte Michael, als er sich nach vorn drängte. »Du hast jetzt *nur* noch ein Problem mit mir.«

Er öffnete seine Jeansjacke und griff mit der Hand in eines der Ärmelfutter. Er zog vier gefaltete Comichefte hervor und warf sie auf den Boden. Dann zerrte er noch vier Hefte aus dem anderen Ärmel. Als er mit beiden Händen hinten in seine Jeans griff und drei weitere hervorzog und sie fallen ließ, stieg der Mann über Tommys Körper hinweg und kam auf ihn zu.

»Ich bring euch alle um«, sagte er mit zusammengebissenen Zähnen.

»Das mußt du auch«, sagte Michael und ballte, eine Armlänge von dem Rohr entfernt, seine Faust.

Ich weiß noch, wie ich gesagt habe: »Das ist schlimm. Das ist echt schlimm.«

Der Mann machte einen Satz nach vorn, schwang sein Rohr und verfehlte Michaels Kopf nur um Zentimeter.

Ich sah, daß John seine Arme um Tommy gelegt hatte, Schweißperlen standen auf seiner Stirn, die von tiefen Sorgenfalten gezeichnet war. Als sich eine Menschenmenge um uns bildete, sah ich in die Gesichter um mich herum. Die meisten Männer rauchten und starrten gebannt auf die Szene, einige gaben Michael Tips.

Auf den Straßen von Hell's Kitchen unterband niemand einen Kampf, ganz egal, wer die Gegner waren oder welche Waffen sie benutzten. Ein Straßenkampf war ein geachtetes Ritual, und niemand wagte es, einzuschreiten.

Die Leute gingen aus einer Reihe von Gründen aufeinander los, von ungezahlten Mieten bis zu Dreiecksgeschichten mit einem unglücklichen Ende, doch meistens war es einfach die schnellste und leichteste Art, einen Disput zu regeln.

Von bedeutenden Straßenschlägereien wurde in demselben nostalgischen Tonfall gesprochen, in dem man sich an alte Boxer erinnert. Je mehr Straßenschlägereien jemand absolviert hatte, desto geachteter war er.

Mit Ausnahme eines Mordes gab es nichts, womit man seine Männlichkeit besser beweisen konnte.

Michael schwang eine kurze Rechte und stöhnte laut auf, als sie den Kopf des Mannes verfehlte. Auch eine kurz hinterher geschlagene Linke traf ihr Ziel nicht. Unter seinen Achselhöhlen und auf dem Rücken seiner Jacke hatten sich große Schweißflecken gebildet. Als die Menge näher drängte, bewegte sich der Mann nach vorn, um die Lücke zwischen sich und Michael zu schließen. Er machte drei kurze Schritte vorwärts, hielt das blitzende Rohr niedrig, blinzelte in die tiefstehende Sonne und starrte in Michaels Gesicht.

Er schwang das Rohr kurz, schnell und hart und landete einen Treffer gegen Michaels Hüfte. Ein zweiter Schlag erwischte ihn seitlich im Gesicht. Ein weiterer schneller Schlag streifte Michaels Oberkiefer und ließ ihn rückwärts taumeln. Er streckte haltsuchend die Hände aus und fiel, einen Feuerhydranten nur knapp verfehlend, zu Boden.

Der Mann trat mit erhobenem Rohr über Michael.

»Du mich nie wieder bestehlen«, sagte er so laut, daß die Umstehenden es hören konnten. »*Keiner* mich bestehlen.«

Michael umarmte mit benommenem Blick den Hydranten, Blut tropfte von seinen Lippen. John stand neben Tommy, sein Gesicht eine einzige Maske der Angst. Butter lehnte noch immer an der Ladenfassade. Tränen strömten über seine Wangen.

Ich konnte mich nicht bewegen. Ich stand zitternd mit flauem Magen in der Nachmittagssonne, die Beine schwer und taub, und starrte auf den zusammengeschlagenen Körper meines besten Freundes.

Die Menge spürte das nahende Ende und schloß den Kreis noch enger, damit niemand die Chance zur schnellen Flucht hatte.

Die Straße wollte jemanden sterben sehen.

»Laß das Rohr fallen!«

Die Stimme kam aus dem Schatten.

Sie klang selbstbewußt, und die Androhung von Gewalt schwang in ihr mit. Der Mann mit dem Rohr wich zwei Schritte zurück, als er sie hörte, und sein Macho-Gehabe zeigte Risse von Panik. Ich wandte den Kopf und sah King Benny dort stehen, eine Tasse Espresso in der Hand, eine Ausgabe von *Il Progresso* in der anderen. Er wurde von zwei schwarz gekleideten Männern flankiert, beide mit einer Waffe an der Seite.

»Hast du nicht gehört?« fragte King Benny.

»Doch«, sagte der Mann mit brechender Stimme. »Ich hören.«

»Dann mach auch«, sagte King Benny.

Das Rohr fiel zu Boden, ein lautes Geräusch, das kurz nachhallte.

»Willst du das zu Ende bringen?« fragte King Benny und blickte auf Michael herab.

»Ja«, sagte Michael und zog sich an dem Hydranten hoch. »Das will ich.«

»Dann beeil dich«, sagte King Benny. »Es ist schon spät.«

Michael rappelte sich auf seine zittrigen Beine hoch. Er drehte sich um und sah seinen Gegner an. »Los, schlag zu«, sagte er zu ihm.

»Nein«, sagte der Mann, ohne den Blick von King Benny zu wenden.

Michael stürzte sich auf den Mann, und beide gingen mit rudernden Armen und Beinen zu Boden. Michael landete zwei harte Kopftreffer, bevor er dem Mann seinen Ellenbogen unter die Nase rammte.

Der Mann holte aus und verfehlte, ein kraftloser Schlag mehr aus Frustration denn aus Wut. Michael konterte mit zwei weiteren Schlägen ins Gesicht des Mannes, so daß er zu bluten begann. Die Männer in der Menge pfiffen und klatschten bei jedem Treffer.

»Jetzt macht der Junge ihn fertig«, sagte ein fetter Mann in einem ölverschmierten Arbeitshemd. »Noch ein paar, und der Mistkerl ist endgültig erledigt.«

»Schade, daß er kein Messer hat«, sagte ein Kleiner und zündete sich eine Pfeife an. »Der könnte ihn garantiert abstechen.«

Michael landete drei weitere Treffer direkt ins Gesicht des Mannes. Er kniete sich hin und schlug einen Knöchel gegen den Hals des Mannes. Mit zwei weiteren Schlägen und einem kurzen Tritt gegen die Brust war die Sache beendet.

Michael stieg über den Mann hinweg, ohne das Drängen der Menge zu beachten, seinen Widersacher ganz fertigzumachen, und ging zu den auf dem Bürgersteig verstreuten Comicheften. Er bückte sich, hob jedes einzelne auf und kam dorthin zurück, wo er den Mann hatte liegenlassen. Er trat über ihn, starrte eine Weile auf ihn herab und ließ dann die Comichefte auf sein Gesicht und seine Brust fallen.

»Du kannst deine Comichefte behalten«, sagte er. »Ich will sie nicht mehr.«

11

Als wir älter wurden, nahm die Gewalt um uns herum noch zu. Sobald man als Junge ein zweistelliges Alter erreicht hatte, war man für die älteren Jungs des Viertels nicht mehr nur ein Ärgernis, man war eine potentielle Bedrohung. Die geringfügigsten Auseinandersetzungen konnten zu größeren Schlägereien eskalieren.

Außerdem hatten wir jetzt das Alter erreicht, in dem uns Fremde als leichtes Opfer erkannten.

Puertorikaner, die aus San Juan Hill im Norden Manhattans in unsere Gegend kamen, überfielen bisweilen einen Jungen, nahmen ihm das Geld ab und verschwanden wieder nach Hause. Schwarze aus Inwood in der Nähe von Washington Heights, überschritten die 9th Avenue, die ausgewiesene Trennlinie zwischen den Rassen. Sie zogen in Trupps zu sechst oder mehr herum, schlugen zu und waren wieder verschwunden, bevor man Vergeltung organisieren konnte.

Eine Reihe der Straßengangs im Viertel versuchten erfolglos, uns anzuwerben. Die Aussicht, Bandenmitglied zu werden, schien uns nie besonders attraktiv, genausowenig wie die Vorstellung, einen Anteil unserer Einnahmen an den Anführer der Meute abzutreten, der wir uns anschlossen.

Außerdem waren wir nicht besonders scharf auf den Initiationsritus, den man bei den meisten Banden durchlaufen mußte: heißes Eisen über den Arm reiben, bis die Haut sich in Fetzen löste; sich seltsame und nicht zu entfernende Tätowierungen einbrennen lassen; den härtesten Burschen einer rivalisierenden Bande zu einem Kampf provozieren, und *wenn* man ihn schlug, war man dabei. Wenn man verlor, war man vergessen. Das war nichts für uns. Wir standen zu denen, denen wir vertrauten, und hielten uns gegenseitig den Rücken frei. Genau wie in den Western, die wir so liebten.

Die schlimmsten Prügel, die ich je in Hell's Kitchen bezog, bekam ich nicht von meinem Vater oder einem anderen Mann oder

Jungen, sondern von Janet Rivera, der Anführerin der Tornadoes.

Die Mädchenbanden von Hell's Kitchen waren in vielerlei Hinsicht schon immer am brutalsten gewesen. Im Gegensatz zu ihren männlichen Kollegen griffen die Mädchen oft ohne Warnung oder Grund an. Außerdem waren sie die aggressiveren Kriminellen, die mutwillig Passanten auflauerten und Häuser auf ihre Tauglichkeit für Überfälle im Hausflur ausbaldowerten. Sie gehörten zu keiner Fraktion des organisierten Verbrechens, sondern arbeiteten unabhängig für den, der jeweils den besten Preis zahlte.

In den 60er Jahren konnten diese Gangs ihre Ahnenreihe bereits bis zu den Lady Gophers zurückverfolgen, die das Hafengebiet von Manhattan um die Jahrhundertwende terrorisiert hatten. Die Lady Gophers hinterließen stets eine ganz besondere Visitenkarte: amputierte Hände und Finger ihrer Opfer. Ein paar Jahre später raubten und schlugen sich Sadie the Cat und ihre Truppe nach Belieben durch unsere Straßen. Gallus Meg nahm es mit jedem Mann auf, der ihr in die Quere kam, und prahlte bis zu ihrem Tod damit, nie einen Faustkampf verloren zu haben. Und Hellcat Maggie hatte angeblich an einer Ecke der 10th Avenue den vier härtesten Mitgliedern der Pug Uglies Gang Respekt eingebleut und dann ein fünftes mit in ihr Bett genommen.

Eine Reihe von Bandenführerinnen, die die Zeit der Straßenkämpfe überlebt hatten, eröffneten in späteren Jahren Saloons und arbeiteten häufig als Rausschmeißerin im eigenen Laden.

»Sie haben einem Hochachtung abgenötigt, diese Frauen«, hat einer von King Bennys Hinterzimmerganoven mir einmal erklärt. »Sie haben sich nichts gefallen lassen und sind keinem Kampf aus dem Weg gegangen. Außerdem wußten sie, wie man ein Geschäft führt, haben mit allem, was sie angefaßt haben, Profit gemacht. Sie waren hart und gemein und haben in allem, was sie taten, immer darauf geachtet, besser zu sein als ein Mann. Sie haben mit schmutzigen Tricks gekämpft, bis zum Vollrausch getrunken und geschlafen, mit wem sie wollten. Es hat eine Zeit gegeben, als sie in

Hell's Kitchen das Sagen hatten, und sie haben ihre Sache gut gemacht.«

Das die Zeiten überdauernde Bild einer Streetgang aus Hell's Kitchen um die Mitte des zwanzigsten Jahrhunderts stammt aus dem Musical *West Side Story*. Auch wenn Leonard Bernsteins Meisterwerk Spuren der Wahrheit enthält – die Rassenspannungen, Lokalkolorit, die Angst, sich auf verbotenem Terrain zu verlieben, die Unfähigkeit, die sozialen Schranken zu überwinden – reichte das den Zynikern des Viertels längst nicht aus.

West Side Story war der meistgehaßte Film in Hell's Kitchen.

»Das war ein Scheißfilm«, nörgelte etwa Fat Mano. »Typen, die rumtanzen wie Idioten, Mädchen, die auf Leben und Tod zu ihren Kerlen stehen und Bullen, so blöd wie Fliegen. Alles Scheiße. Die Banden haben wie Weicheier ausgesehen. Alle haben wie Weicheier ausgesehen. Im wirklichen Leben haben sich die Weicheier nicht lange gehalten. In Hell's Kitchen haben sie die Weicheier längst *begraben*.«

Janet Rivera stand vor dem Denkmal am Eingang des De-Witt-Clinton-Parks und knackte eine Dose Rheingold. Sie war mit drei Freundinnen unterwegs, alles Mitglieder ihrer Straßengang. Eine von ihnen, Vickie Gonzalez, hatte ein Schnappmesser in der Gesäßtasche ihrer Levi's stecken. Janet schwenkte ihr Bier und beobachtete, wie ich mit John den Park betrat.

»Hey!« brüllte sie. »Bewegt eure Ärsche hier rüber, damit ich sie mir ansehen kann.«

»Was jetzt«, murmelte John.

»Die tönen nur rum«, sagte ich. »Wir haben schließlich keinen Streit.«

»Dafür haben wir keine Zeit«, sagte John.

»Mal sehen, was sie wollen«, sagte ich.

»Los«, sagte Rivera. »Trödelt nicht rum.«

»Sie ist ein verdammt häßliches Mädchen«, meinte John, als wir auf das Denkmal zugingen. »In ihrer Familie müssen sie Häßlichkeitspillen nehmen.«

»Ihr Wichser geht einfach so durch den Park, als ob er euch gehört«, sagte Rivera und zeigte mit dem Bier in der Hand auf uns. »Wohin, verdammt noch mal, glaubt ihr, daß ihr geht?«

»Wir wollten ein bißchen Baseball spielen«, sagte ich. »Ich kann mir nicht vorstellen, daß das ein Problem ist.«

»Da liegst du aber falsch«, sagte Rivera. »Das ist ein verdammt großes Scheißproblem.«

»Klär uns auf, Schöne«, sagte John.

Wir wußten, was das Problem war. Vor zwei Wochen war Michael, als er Tommy zur Hilfe eilte, in eine Schlägerei mit einem puertorikanischen Jungen namens Rapo geraten, der irgendwo jenseits der 60th Street auf der Westside lebte. Er hatte den Kampf gewonnen und Rapo gezwungen, Hell's Kitchen splitterfasernackt zu verlassen. Unglücklicherweise war Rapo Janet Riveras Cousin, und sie wollte Rache an uns nehmen.

Vickie Gonzales steckte eine Hand in die Tasche mit dem Messer. Die beiden anderen streiften Schlagringe über. Janet Rivera warf ihre Bierdose hinter sich auf den Rasen. Keine von ihnen sah glücklich aus. Was sie glücklich machen würde, wären John und ich in demselben Zustand, in dem Michael ihren Cousin zurückgelassen hatte – geschlagen, gezeichnet und nackt. Von uns beiden war keiner besonders erpicht darauf, was uns nur eine Wahl ließ, die jeder abgebrühte, mit allen Wassern der Straße gewaschene harte Bursche aus Hell's Kitchen genauso getroffen hätte. Wir beschlossen abzuhauen.

»Durch den Zaun«, rief ich John zu, als wir losrannten. »Richtung Candy Store.«

»Wenn die uns schnappen, sind wir tot«, sagte John. »Das häßliche Weib will mich umbringen. Das weiß ich.«

»Sie sind *alle* häßlich«, sagte ich und sah mich um. »Und was noch schlimmer ist, sie sind auch alle schnell.«

Wir schlüpften durch ein kreisrundes Loch in dem Zaun, der die Spielfelder zur 11th Avenue hin begrenzte, rannten quer über das Wurfmal und zur anderen Seite wieder hinaus, vorbei an der kleinen Station der Parkwächter und dem Wasserspielplatz. Als wir im Zickzack um die niedrigen, schwarzen Stangen liefen, geriet ich auf einer sandigen Stelle ins Straucheln und schlug mit der Hüfte auf eine Zementkante.

John blieb stehen, als er mich stürzen sah.

»Steh auf, Shakes«, drängte er. »Sie sind direkt hinter uns.«

»Ich kann nicht«, sagte ich.

»Du mußt«, sagte John.

Der Schmerz pulste in kurzen, heftigen Stößen durch meinen ganzen Körper.

»Lauf weiter«, sagte ich. »Hol Butter und Mikey.«

»Ich kann dich doch hier nicht allein lassen«, sagte John.

»In fünf Minuten seid ihr zurück«, sagte ich sehr viel mutiger, als ich mich fühlte. »Was können sie mir in fünf Minuten schon groß tun?«

Meine Hüfte haltend, blieb ich auf dem Boden liegen und sah John nach, der die Hügel des De-Witt-Clinton-Parks hinunterlief.

Es war nicht die Angst vor den Schlägen, die mich lähmte. Es war die Angst, von einer Mädchengang verprügelt zu werden. Als ich so dalag und Rivera und ihre Truppe näher kommen sah, stellte ich mir den Spott und Hohn vor, den ich von Fremden wie Freunden zu ertragen hätte. Eine Menge Jungen aus Hell's Kitchen kamen mit Schnittwunden und Prellungen nach Hause, die Rivera und ihre Tornados ihnen verpaßt hatten. Doch keiner gab es zu, zumindest öffentlich nicht, und ich wollte nicht der erste sein.

Janet Rivera stand grinsend über mir, so daß ich eine dünne Reihe abgebrochener Zähne erkennen konnte. »Ich wußte, daß ein kleiner Scheißer wie du mich nicht abhängen kann.«

»Ich hätte dich abgehängt«, sagte ich. »Ich habe nur eine Pause gemacht, damit du wieder aufholen kannst.«

Rivera ging zu Gonzales und legte eine Hand auf ihre Schulter.

»Ich *hasse* Clowns«, sagte sie. »Weil sie nicht komisch sind, verstehst du? Sie *denken* nur, sie sind komisch.«

»Was sie mit Rapo gemacht haben, ist auch nicht komisch«, fuhr sie fort und putzte sich die Ferse ihres Turnschuhs an meinem Bein ab. »Aber ich wette, sie haben gelacht.«

»Gib mir deinen Gürtel«, sagte Rivera. »Wir werden diesem Clown eine Lektion erteilen.«

Der Park war leer bis auf einen alten Säufer, der unter einem Stapel Zeitungen auf einer Bank schlief. Mein Gesicht und meine Arme waren schweißnaß, mein rechtes Bein zuckte vor Anspannung. Eines meiner Schuhbänder hatte sich gelöst, und ich konnte nicht ohne Schmerzen atmen.

Gonzalez trat über mich, ließ ihr Messer aufschnappen, beugte sich herunter, packte den Kragen meines weißen Hemdes und zerschnitt es bis zum Bund meiner Hose.

»Das ist für Rapo«, sagte Rivera und schwang den Gürtel über ihre Schulter.

»Tu ihm weh«, sagte Gonzales. »Tu ihm richtig weh.«

Riveras Schläge trafen mich im Gesicht und am Hals, der Schmerz ließ mir Tränen in die Augen treten. Dann schlug sie tiefer, so daß Brust und Bauch die volle Wucht der Schläge abbekamen. Meine Brust war knallrot und brannte heftiger als jeder Schmerz, den ich bis dahin gekannt hatte, während das Leder weiter erbarmungslos auf meine Haut klatschte.

Rivera plazierte einen letzten Schlag und hielt inne.

»Willst du auch mal?« sagte sie zu Gonzales.

»Er ist nicht genug Mann für meine Peitsche«, sagte Gonzales und sah mich lächelnd an.

»Danke«, murmelte ich.

Der erste Stein landete direkt vor Riveras Füßen. Der zweite traf sie oberhalb der Hüfte. Gonzalez drehte sich um und wurde am Arm getroffen. Die beiden Mädchen, die mich festgehalten hatten, ließen mich los und zogen sich zurück.

»Wir gehen«, sagte eine von ihnen. »Das reicht.«

Ich blickte an Gonzales vorbei zu dem Zaun hinter dem Wasserspielplatz und sah Michael und John hinüberklettern. Tommy stand auf der anderen Seite und warf Steine in unsere Richtung.

Gonzalez starrte mit haßerfülltem Blick auf mich herab. Sie atmete tief ein, beugte sich zu mir herunter und spuckte mir ihren Kaugummi über mein rechtes Auge. Dann machte sie zwei Schritte zurück und trat mir zweimal in den Unterleib, wobei die harten Gummikappen ihrer Turnschuhe ihr Ziel zweimal fanden.

»Bis dann, du Wichser«, sagte sie. »Wir sehen uns.«

Als John und Michael bei mir ankamen, halfen sie mir auf.
Langsam trottete ich auf den Eingang an der 52nd Street zu. Meine Brust brannte innerlich wie äußerlich. Doch mehr als alles andere fühlte ich mich gedemütigt.

»Ich will nicht, daß es irgend jemand erfährt«, sagte ich.

»Vielleicht steht es morgen in der Zeitung«, feixte John. »Schließlich wird nicht jeden Tag einer von King Benny's Jungs von ein paar Mädchen verprügelt.«

»Es wäre besser gewesen, sie hätten mich umgebracht«, sagte ich.

»Da hast du recht«, stimmte Tommy mir zu. »Das wäre viel leichter zu erklären gewesen.«

»Das ist nur wieder ein Beweis für das, was wir sowieso schon wußten«, sagte Michael.

»Was?«

»Du bist ein lausiger Kämpfer.«

»Ich hab gehört, daß sie Typen zwingen, mit ihnen zu bumsen«, sagte John. »Ich meine, mit Gewalt.«

»Jetzt tut es mir fast leid, daß wir vorbeigekommen sind«, sagte Michael. »Vielleicht wärst du so endlich mal zum Vögeln gekommen.«

»Ich glaube, ich werde ohnmächtig«, sagte ich.

»Häßlicher Sex ist besser als gar kein Sex«, sagte John.

»Wenn irgend jemand euch fragt, dann sagt, eine Gang aus Inwood sei vorbeigekommen und hätte mich zusammengeschlagen«, sagte ich.

»Welche Gang?« fragte Tommy.

»Die Cougars«, erwiderte ich. »Das sind ziemlich harte Jungs.«

»Wie wär's mit der Gang von der Blindenschule?« sagte John. »Du kannst sagen, sie wären auf der Straße mit dir zusammengestoßen und du hättest keine andere Wahl gehabt, als dich mit ihnen zu prügeln.«

»Sie waren zu acht, und du warst allein«, sagte Tommy. »Du hattest keine Chance.«

»Und Hunde hatten sie auch«, sagte John. »Du hattest wirklich keine Chance.«

»Ich weiß nur, daß der Graf von Monte Christo nie von einem Mädchen verprügelt worden ist«, sagte Michael.

»Er hatte Glück«, erwiderte ich seufzend. »Er kannte Janet Rivera nicht.«

Sommer 1966

12

Sport spielte in unserem Leben eine ebenso große Rolle wie Bücher und Filme. Meine Freunde und ich verfolgten jeden Profisport mit religiösem Eifer und jugendlicher Leidenschaft, mit Ausnahme von Golf, was wir für albern hielten, und Tennis, von dem wir glaubten, es würde nur in England gespielt.

Wir waren fanatische Anhänger der New York Rangers. Unser Lieblingsspieler war Earl Ingerfield, der verdammt flink auf den Kufen war und häufig extra vor der Tür der Umkleidekabine stehenblieb, um mit uns zu reden. Jede Saison schenkte er uns neue Eishockeyschläger, die wir in den Straßenspielen auf dem asphaltierten Schulhof der Printing High-School benutzten. Eine zusammengedrückte Dose oder eine Rolle schwarzes Klebeband diente als Puck, statt Schlittschuhen trugen wir Turnschuhe, und unser Netz war eine Mauer.

Wir liebten Boxkämpfe, weil wir die Eleganz der Boxer erkannten und in der Brutalität des Sports einen gewissen Trost fanden. Der Mittelgewichtler Joey Archer war ein Lokalmatador, der die meisten seiner Kämpfe im Madison Square Garden gewann. Doch wir fanden seinen Stil öde und schwerfällig verglichen mit der inneren Kraft und dem Tempo eines Dick Tiger, eines tapferen Kämpfers aus Nigeria, der im Laufe der Jahre den Titel sowohl im Mittelgewicht wie im Halbschwergewicht errang. Später starb Tiger viel zu jung als verarmter Mann, der hatte mitansehen müssen, wie seine Heimat sich in das kriegszerfressene Biafra verwandelte, dessen neue Führer ihm sein Vermögen raubten.

Im Herbst gingen wir zum Sechstagerennen oder hörten im

Kofferradio italienische oder irische Fußballspiele. Von dem Basketballteam der Knicks hielten wir nicht sehr viel, und die Footballmannschaft der Giants fanden wir kaum zum Aushalten. Pferderennen verfolgten wir mehr aus Gewohnheit als aus Interesse, denn in Hell's Kitchen galt die Rennbahn als heiliger Boden, und der Großteil der Wetten wurde für eines der täglichen neun Rennen abgeschlossen, die auf der Bahn gelaufen wurden, die gerade Saison hatte.

Doch unser Lieblingssport war Baseball.

An Sommernachmittagen schnippten wir mit anderen Kids Baseball-Sammelkarten an die Häuserwände, immer darauf bedacht, mit einem Packen neuer und wertvoller Stücke nach Hause zu gehen. Wir lernten Statistiken ehemaliger und aktiver Spieler auswendig und konnten noch die banalsten Zahlen herunterleiern. Wir verfolgten die täglichen Heldentaten unserer geliebten New York Yankees, als gehörten sie zur Familie. Wir zuckten innerlich zusammen, wenn Tom Tresh einen schlechten Tag an der Home plate hatte, Clete Boyer sich an der dritten *base* einen seiner seltenen Schnitzer erlaubte oder Al Downing einen weiteren langen Homerun zuließ. Die Yankee-Mannschaft jener Jahre war nie wirklich gut, aber sie waren noch immer die Yankees. *Unsere* Yankees. Sie waren Verlierer, aber sie *benahmen* sich wie Gewinner. Genau wie wir. Und deshalb verehrten wir sie auch so.

Wir saßen mit Schuhkartons voller Baseballkarten auf der Treppe vor unserem Haus. Es war die letzte Augustwoche 1966, und die New York Yankees waren zum ersten Mal in unserem Leben Schlußlicht der Tabelle.

»Herbe Niederlage«, sagte Tommy, die Ergebnisse in der *Daily News* studierend. »Jetzt schlagen uns sogar schon die *Indians*.«

»Es gibt immer noch die Mets«, sagte John.

»Nur Schwachköpfe halten zu den Mets«, erwiderte Tommy.

»Was hat Mantle gestern gemacht?« fragte Michael.

»Hat nicht gespielt«, erklärte Tommy ihm.

»Er ist verletzt«, fügte ich hinzu. »Schon wieder.«

»Gegen wen spielen sie heute abend?« fragte Michael.

»Gegen die Orioles«, sagte Tommy. »Mit Stottlemyre als Werfer.«

»Wollen wir hingehen?« fragte Michael.

»Wozu?« gab ich mürrisch zurück.

»Wir würden gute Plätze kriegen«, sagte Michael.

»Vielleicht legen sie eine Serie hin«, sagte Tommy. »Gewinnen ungefähr fünfundzwanzig Spiele hintereinander und kriegen wieder Anschluß an die Spitze.«

»Vielleicht wachst du auf und siehst plötzlich gut aus«, sagte John.

»Dieses Jahr will nicht mal jemand ihre Karten tauschen«, sagte ich und hielt den anderen eine Handvoll Yankee-Baseball-Karten hin.

»Ich habe drei Frank Robinsons und zwei Boog Powells«, sagte John, durch seinen Schuhkarton kramend. »Wen hast du?«

»Wen willst du denn?« fragte Tommy.

»Tommy Davis«, sagte John. »Ich geb dir einen Powell für einen Davis.«

»Ich hab Davis«, sagte ich.

»Willst du tauschen?« fragte John.

»Ich weiß nicht, ob ich eins zu eins tauschen will«, sagte ich. »Davis ist gut.«

»Und Powell ist ein Krüppel, oder was?« sagte John.

»Mach es«, sagte Michael.

»Eins zu eins?« sagte ich.

»Klingt wie ein guter Tausch«, sagte Michael.

»Wie wär's, wenn du noch einen Werfer dazulegst?« fragte ich John. »Irgendeinen Werfer, wer ist mir egal.«

»Warum?« fragte John.

»Damit ich einen Anreiz habe«, sagte ich.

»Vergiß es«, sagte John. »Powell für Davis. Sonst nichts.«

»Ich hab einen Boog Powell«, schaltete Tommy sich ein. »Er ist nur vom letzten Jahr.«

»Macht nichts«, sagte ich.

»Willst du jetzt mit *ihm* tauschen?« fragte John.

»Nur wenn er mir gibt, was ich haben will«, sagte ich. »Powell und einen Werfer für Davis.«

»Diego Segui«, sagte John. »Ich geb dir Diego Segui und Boog Powell für Tommy Davis.«

»Ist das dein bestes Angebot?« fragte ich.

»Das ist mein *einziges* Angebot«, sagte John.

»Abgemacht«, sagte ich und tauschte die Karten mit John.

»Wieder angeschissen«, sagte Michael zu Tommy.

»Von wegen«, kicherte Tommy. »Ich *hab* gar keinen Boog Powell.«

»Du hast *gelogen*?« fragte John.

»Ich habe *geblufft*«, erwiderte Tommy.

»Warum?« fragte ich.

»Um den Handel in Gang zu bringen«, erklärte Tommy, »sonst hättet ihr beide noch den ganzen Tag hier rumgemogelt.«

»Weißt du was, Butter, du bist gar nicht so dumm, wie du aussiehst«, sagte Michael.

»Nein«, sagte John. »Aber er ist so *häßlich*, wie er aussieht. Als ob man mit diesem Typ mit den Glocken rumhängen würde.«

»Welcher Typ mit den Glocken?« fragte Tommy.

»Der Glöckner von Notre Dame«, übersetzte ich.

John nickte. »Genau der.«

»Los«, sagte Michael. »Packt die Karten weg, wir gehen schwimmen.«

»Wo?« fragte ich. »Beim Wasserspielplatz?«

»Nein«, sagte Michael. »Im Fluß. Wenn wir Glück haben, fangen wir ein paar Aale.«

»Warum ist das ein *Glück*?« fragte Tommy.

»Weil Mr. Mangnone dir drei Dollar für jeden Aal gibt, den du ihm in seinen Laden bringst«, sagte ich. »Tot oder lebendig.«

»Was macht er denn damit?« fragte John.

»Er ißt sie«, erwiderte ich.

»Du willst mich verarschen.«

»Mit deinem Arsch will ich nichts zu tun haben«, sagte ich.

»Echt?« fragte John.

»Zuerst tut er sie in heißes Wasser, um den ganzen Mist rauszukochen. Dann gart er sie in Essig und Öl und einer Menge Gewürze. Schmeckt ziemlich gut.«

»Du hast schon mal Aal gegessen?« fragte John mit angeekelter Miene. »Freiwillig? Ich meine, ohne daß dir jemand eine Pistole an den Kopf gehalten hat oder so?«

»Das ist noch gar nichts«, sagte Michael. »Erzähl ihnen, was ihr Karsamstag eßt.«

»Lammkopf«, sagte ich.

»Das glaub ich nicht«, sagte Tommy.

»Den ganzen Kopf?« fragte John.

»Bis auf die Augen«, sagte ich. »Die geben wir Oma.«

»O Gott«, sagte John. »Warum?«

»Sie vermischt sie mit Öl und Wasser«, sagte ich. »Meine Mutter sagt, es ist gut gegen Kopfschmerzen.«

»Wie Aspirin?«

»So ähnlich«, sagte ich.

»Du lebst wie ein Scheißhöhlenmensch, Shakes«, sagte John.

»Wie heißt noch diese Blume, die du so gerne ißt?« fragte Tommy.

»Welche Blume?«

»Die, die uns deine Mutter mal gemacht hat«, sagte Tommy. »Mit den ganzen Blättern.«

»Artischocke?«

»Genau, das ist sie«, sagte Tommy.

»Das ist keine Blume, du Schwachkopf«, sagte ich.

»Für mich sah es aber so aus«, erwiderte Tommy.

»Lammkopf und Blumen«, sagte John. »Ein Festessen.«

»Die Iren haben keine Ahnung vom Essen«, sagte ich.

»Da hast du allerdings recht«, stimmte Tommy mir zu.

»Leck mich«, sagte John und faßte sich in den Schritt.

»Was nennen die Iren ein siebengängiges Menü?« fragte ich.

»Was?«

»Ein Sechserpack Bier und eine gekochte Kartoffel«, sagte ich, ein beliebtes Spiel in Hell's Kitchen eröffnend, *the dozens,* bei dem es um möglichst grobe Beleidigungen möglichst vieler nationaler Minderheiten ging.

»Woran kann man bei einer italienischen Hochzeit die Braut erkennen?« fragte John.

»Woran?«

»Das ist die mit den Zöpfen in den Achselhöhlen«, sagte John.

»Was ist irisches Vorspiel?« fragte Tommy, während er aufstand und die Stufen hinunterging.

»Was?«

»Mach dich bereit, Bridget«, sagte Tommy.

»Wie viele Iren braucht man, um eine Glühbirne auszuwechseln?« fragte ich.

»Wie viele?«

»Vier«, sagte ich. »Einen, um die Birne zu halten, und drei, um die Leiter zu drehen.«

»Ich geh schwimmen«, sagte Michael.

»Wir kommen mit«, sagte ich und folgte ihm zu den Piers an der 12th Avenue.

»Wie nennt man den Kommandant von einem italienischen U-Boot?« fragte John hinter uns.

»Angsthase der Meere«, erwiderte ich.

»Wie viele davon gibt es?« fragte Michael.

»Ungefähr hundert«, sagte ich.

»Ich wette, du kennst jeden einzelnen«, sagte Michael zu mir.

»So ziemlich.«

»Und du willst sie heute alle zum besten geben?«

»Das ist die Idee«, sagte ich.

»Ich weiß gar nicht, warum ich mich mit euch abgebe«, sagte Michael.

»Du bist einsam«, sagte ich.

»Du bist häßlich«, sagte John.

»Du hast sonst keine Freunde«, sagte Tommy.

»Das muß es sein«, sagte Michael.

»Meinst du, das Wasser ist zu kalt?« fragte Tommy.

»Das Wasser ist immer kalt«, sagte John. »Es ist, als ob man zwischen Eisstücken schwimmen würde.«

»Die Kälte macht mir nichts aus«, sagte ich. »Aber der andere Kram.«

»Die ganze Scheiße, die am Ufer rumschwimmt«, sagte John. »Habt ihr je daran gedacht, aus wessem Klo das gespült wurde?«

»Nein«, sagte Michael. »Ich nicht.«

»Und die Ratten«, sagte Tommy. »Einmal bin ich getaucht, und plötzlich schwimmt neben mir dieses fette häßliche Biest.«

»Da kann man ja das Kotzen kriegen«, sagte ich.

»Guter Platz dafür«, sagte John.

»Schwächlinge«, sagte Michael und machte eine wegwerfende Handbewegung in unsere Richtung.

»Oh, tut mir leid, wie konnte ich das vergessen«, sagte John. »Unser Freund *Tarzan* hier liebt es. Es gibt ihm das Gefühl, ein Mann zu sein.«

»Ich *liebe* es nicht«, sagte Michael. »Aber es ist das einzige Wasser, das wir haben, und euer Genörgel treibt die Ratten auch nicht nach Jersey.«

»Mikey hat recht«, sagte ich. »Wo kann man sonst hingehen und so viel Aale fangen, wie man will?«

»Und sogar noch ein Arschloch finden, das sie kauft«, sagte John.

»Tot oder lebendig«, sagte Tommy.

»Was wollen wir mit dem Geld machen?« fragte John.

»Wie wär's mit was zu essen bei Ho-Ho und hinterher Kino?« sagte Michael.

»Das Beacon?« fragte Tommy.

»Da läuft im Moment nichts Gutes«, sagte ich.

»Was denn?« fragte Michael.

»Ich weiß nicht mehr«, sagte ich. »Irgendwas Französisches.«

»Und was läuft im Loew's?« fragte Tommy.

»*Von Ryan's Express*«, sagte ich. »Der beste Kriegsfilm aller Zeiten.«

»Den haben wir doch schon viermal gesehen«, stöhnte John.

»Da müssen wir aber einen Haufen Aale zusammenkriegen«, sagte ich. »Wenn wir ins Kino und zum Chinesen wollen.«

»Was ist los mit dir, Shakes?« fragte Michael. »Fürs Kino brauchen wir doch kein Geld.«

»Ohne mich«, sagte John.

»Warum?« fragte ich.

»Ich muß nach Hause«, sagte John.

»Streß?« fragte Michael.

»Noch nicht.« John zuckte die Schultern. »Aber bestimmt bald. Meine Mutter hat einen neuen Freund, und er versucht, mich rumzukommandieren.«

»Brauchst du uns?« fragte Tommy.

»Wenn ich euch brauchen würde, hätte ich *wirklich* Streß«, sagte John.

»Das ist kein Witz«, sagte Michael auf einmal ernst und leise. »Außer uns kannst du keinem vertrauen.«

»Ich weiß«, sagte John. »Aber mit dem Typen komm ich schon klar.«

»Dann laß uns schwimmen gehen«, sagte ich, »und hinterher bringen wir John nach Hause.«

»In Ordnung?« fragte Michael John.

»Von mir aus.«

Tommy und John gingen vor und lasen sich beim Gehen die Zahlen auf der Rückseite der Baseballkarten vor. Ich blieb mit Michael ein Stück zurück.

»Ist das wirklich dein Ernst?« fragte ich. »Daß wir uns nur auf uns verlassen können?«

»Was denkst du denn?« fragte Michael.

»Ich glaube, ja«, sagte ich.

»Warum fragst du dann?«

»Ich wollte nur sichergehen.«

»Gut, dann bist du jetzt sicher.«

»Was ist mit Johnny und Butter?«

»Was ist mit ihnen?«

»Glaubst du, daß sie das auch so sehen?«

»Ich glaube, das tun wir alle«, sagte Michael.

»Glaubst du, daß das immer so sein wird?«

»Es ist jetzt so«, sagte Michael.

»Ich will, daß es länger dauert als nur jetzt«, sagte ich.

»Vielleicht tut es das«, sagte Michael. »Wenn du nicht anfängst zu denken wie King Benny.«

»*Keiner* denkt wie King Benny«, sagte ich.

»Freunde sind wie Schulden«, imitierte Michael King Bennys monotonen Tonfall. »Schlechte Idee.«

»Das kommt nur davon, daß alle seine Freunde versucht haben, ihn umzubringen«, sagte ich.

»Eines Tages erwischen sie ihn trotzdem«, sagte Michael. »Und es wird kein Freund sein.«

»Da irrst du dich«, sagte ich. »Typen wie King Benny werden nie erwischt.«

»Warum?«

»Sie lassen andere für sich in den Knast gehen«, sagte ich. »Die kommen selbst immer ungeschoren davon.«

»Ja, aber wir sind nicht wie King Benny«, sagte Michael. »Wir kommen nicht überall ungeschoren davon. Einen von uns könnte es erwischen. Deswegen müssen wir zusammenhalten.«

»Hey, beißen Aale eigentlich?« fragte John, als wir uns dem Pier 82 näherten und auf das trübe Wasser hinabblickten, das in öligen Wellen gegen das Dock plätscherte.

»Sie saugen«, erklärte ich ihm.

»Wie deine Mutter«, sagte Tommy.

»Nur daß Aale es umsonst machen«, fügte John hinzu.

Michael zog Hemd und Schuhe aus. »Los kommt, wir springen.«

»Wer als letzter im Wasser ist, trägt die Aale«, rief ich und sprang mit Anlauf in den Fluß.

»Wer als erster drin ist, tötet sie hinterher«, rief John mir nach und zog sich bis auf die Unterwäsche aus.

Butter stand nackt auf einer der verrosteten Anlegestellen, seinen Körper der Sonne zugewandt. »Soll ich hier pinkeln oder warten, bis ich drinnen bin?« sagte er zu Michael.

»Teil es mit den Fischen«, sagte Michael, rannte zu Butter und stieß ihn mit den Schultern ins Wasser.

»Los, Mikey«, sagte ich. »Wir haben nur noch eine Stunde, bis die Flut kommt.«

Michael sprang rückwärts in den Fluß, blieb, so lange er konnte, unter Wasser und tauchte ein paar Meter links von uns wieder auf.

»Da unten sind Tonnen von Aalen«, sagte er. »Wir könnten heute eine Menge Geld verdienen.«

»Oder wir könnten lebendig von den Flußratten gefressen werden«, sagte Tommy.

»Immer noch besser als ein Spiel der Yankees«, sagte John.

Ich weiß noch, daß es ein perfekter Nachmittag war. Wir verbrachten den Rest des Tages im Wasser, jagten einen kleinen Schwarm Aale und wichen den Ratten aus, während unser Kreischen und Lachen von den eisernen Schatten des verlassenen Piers widerhallte.

Unser Familienleben hielten wir von unserem Leben auf der Straße getrennt.

Wir wußten, daß es hinter unseren Wohnungstüren Probleme gab, doch wir begriffen auch, daß unsere Lage sich nicht dadurch verbessern ließ, daß wir darüber redeten. Wir mußten uns nie zum Spielen ober Übernachten mit einem Freund verabreden. Unsere Eltern pflegten praktisch keinen Bekanntenkreis und versuchten auch nicht, Freundschaften zu schließen.

»Unsere Wohnungen waren Kriegsgebiete«, beschrieb Michael es später einmal. »Doch es war ein Krieg, in dem wir besser jeder für sich gekämpft haben. Wir wußten, was los war, wir sahen die blauen Flecken und Striemen. Wir hörten, was geredet wurde. Wir hatten nur beschlossen, es für uns zu behalten. Zu Hause war der einzige Ort, wo wir uns gegenseitig nicht helfen konnten. Nichts, was wir hätten tun können, hätte irgendwas geändert. Also ignorierten wir es bis auf einen gelegentlichen Witz oder eine Bemerkung und grübelten nicht länger darüber nach. Doch in gewisser Weise schmiedeten unsere Probleme unseren Kreis nur noch enger zusammen.«

In Hell's Kitchen gab es keine Pfadfinder, aber es gab einen Polizeisportverein auf der 10th Avenue, dessen Anlagen wir umsonst benutzen durften. Dort boxten meine Freunde und ich, droschen auf diverse Sandsäcke ein und sahen zu, wie die älteren Jungen zur Vorbereitung auf ihre Dreirundenkämpfe im Rahmen des *Daily*

News-Turnier um den Goldenen Handschuh Seilchen sprangen und Sparringskämpfe austrugen.

Einmal pro Woche gingen wir auf einer Bahn an der Ecke 8th Avenue und 54th Street Bowling spielen, was von der Sacred-Heart-Gemeinde bezahlt wurde, außerdem nahmen wir an Hockeyturnieren teil, die von der De-Witt-Clinton-Park-Association organisiert wurden. Vor Fat Manchos Laden würfelten wir um zehn Cent pro Wurf und forderten jeden Vorbeikommenden zum Penny-Schnippen auf. All das taten wir mit elterlichem Wissen. Im Grunde gaben uns unsere Eltern praktisch uneingeschränkt grünes Licht, solange wir keinen Ärger bekamen und sie soweit wie möglich aus unseren Angelegenheiten heraushielten.

Es gab keine Ausgangssperren, die man hätte beachten müssen, und es bestand auch nicht die Gefahr, daß wir auf dem Bürgersteig von einem Fremden entführt oder willkürlich von einem vorbeifahrenden Wagen aus erschossen wurden. Unsere Eltern wußten, daß wir, solange wir uns in den Grenzen von Hell's Kitchen aufhielten, vor größerem Schaden als Straßenschlägereien oder Sportverletzungen sicher waren.

Überall waren Augen. Hell's Kitchen war wie ein jähzorniges Mayberry. Das ganze Viertel war wie ein einziger großer Babysitter. Ein riesiger, sehr gemeiner Babysitter.

Die knappe Zeit, die Erwachsene und Kinder gemeinsam verbrachten, spielte sich in den Saloons und Diners des Viertels ab. Die Osteuropäer und ihre Familien bevölkerten die Diners, während die Iren eher die Saloons frequentierten. Die Italiener und Puertorikaner wechselten von einem zum anderen.

In der Frühzeit von Hell's Kitchen waren die 11th und die 12th Avenue von Diners und Imbißbuden gesäumt, in denen sich Hafenarbeiter nach Viertageschichten, Matrosen auf Landurlaub, Paare bei ihrer ersten Verabredung und Mütter mit lärmenden Kindern um die Tische drückten. Einem dieser Diners, das The Kitchen hieß und von einer deutschen Familie namens Heil betrieben wurde, verdankte das Viertel angeblich seinen Namen.

Ursprünglich gehörten die Saloons den Gangs und wurden von den meisten Familien gemieden.

Als der Einfluß der Gangs nachließ, wurden die Saloons wieder zu dem, was sie für viele in der alten Heimat gewesen waren – ein Treffpunkt, wo man Geschichten austauschen, die horrenden Schulden vergessen, gemeinsam lachen und vor allem trinken konnte. An einem Samstagnachmittag waren Familien, die in den Saloons von Hell's Kitchen tranken, lachten, alte Lieder sangen und sich an Freunde und Verwandte an fernen Küsten erinnerten, kein ungewöhnlicher Anblick.

Es war eine Trinkkultur, die sich nach ethnischen Vorlieben organisierte: Die Iren tranken kräftigen Whiskey, die Italiener heimischen Wein und die Puertorikaner kaltes Bier.

Drogen gehörten noch nicht zu unserer Welt.

So sehr unsere Eltern auch dem Alkohol zugetan waren, bei Drogen waren sie unnachgiebig und vertrauten auf King Benny, der über die größten Augen und Ohren im Viertel verfügte, sie von unseren Straßen fernzuhalten.

King Benny ging nach Bedarf diplomatisch vor, wenn nötig, auch mit Gewalt. Er verdiente sein Geld mit den altmodischen Unternehmungen des organisierten Verbrechens – politische Schiebereien, Kredite mit Wucherzinsen, LKW-Überfälle, Hehlerei und Prostitution. Diese Vergehen wurden von einer dank wöchentlicher Schmiergelder wohlgesonnenen Polizei stillschweigend geduldet und durch ein dem Verbrechen verfallenen Viertel unterstützt. King Benny regierte mit eiserner Faust und schlug mit tödlicher Entschlossenheit zu, wenn jemand sein Territorium bedrohte. Während seiner Regentschaft haben viele versucht, sein Geschäft zu übernehmen, und eine Menge haben es mit dem Leben bezahlt.

Er war denen, die er mochte, gefällig und ignorierte die finanziellen Bitten derjenigen, die ihm lästig waren. Er hörte sich die Probleme der Leute an und gab ihnen Rat, wie sie diese Probleme lösen konnten. Er war ein Beichtvater ohne Gewissen. Er traf seine Entscheidungen nie überstürzt, und sie waren immer endgültig. In Hell's Kitchen wurde sein Wort geachtet wie das Gesetz.

Es war das einzige Gesetz, das nie gebrochen wurde.

King Benny mischte die Karten. Zu seiner Linken stand eine große Tasse Espresso, sein Gesicht war durch die heruntergelassene Jalousie von der einfallenden Sonne geschützt. Ich saß ihm an einem kleinen runden Tisch gegenüber, die Brust in Höhe der Tischkante, die Hände gefaltet, eine Flasche 7-Up neben mir, und wartete darauf, daß das Spiel begann. Ich war elf Jahre alt.

»Bist du sicher, daß du gegen mich spielen willst?« fragte King Benny.

»Warum nicht?«

»Ich mogle.«

»Ich auch«, sagte ich.

»Gut«, sagte er und eröffnete das Spiel.

Wir spielten *sette bello*, eine Art italienisches Blackjack, um niedrige Einsätze, ein Penny pro Sieg, fünf Cent für eine »schöne Sieben« mit zwei Karten. Wir saßen in der Mitte von King Bennys Club, um uns herum standen drei leere Tische, die Tür hinter uns war abgeschlossen. Schwere, weiße Staubpartikel kräuselten sich zu den hängenden Deckenlampen, so daß sich das Licht in ihnen brach. Eine Jukebox spielte Sinatra und »High Hopes«.

»Hungrig?« fragte Benny und gab mir zwei Karten.

»Nein«, sagte ich. »Danke.«

»Sicher?«

»Ganz sicher«, sagte ich.

»Und?« sagte er und wies mit dem Kopf auf meine Karten.

»Noch eine.«

King Benny deckte die oberste Karte des Stapels auf, ohne den Blick von mir zu wenden.

»Du bist drüber«, sagte er. »Du schuldest mir einen Penny.«

»Doppelt oder nichts«, erklärte ich ihm.

»Eine beschissene Wette«, sagte er, teilte neue Karten aus und nippte an seinem Kaffee.

Ich verlor die ersten zehn Spiele, King Benny sammelte meine Pennies und stapelte sie neben seiner Tasse. Er hielt das Kartenspiel in der rechten Hand und teilte aus, den Blick stets auf mich und nie auf den Tisch gerichtet. Nach jedem Spiel mischte er die Karten, und wenn das Telefon klingelte, ignorierte er es.

»Sie haben immer eine Sechs«, sagte ich. »Wie kommt das?«
»Ich hab eben Glück«, sagte er.
»Haben Sie Brezeln?« fragte ich.
»Hinter der Bar«, sagte er. »Bedien dich.«
»Wollen Sie auch was?«
»Wie spät ist es?« fragte er.
»Viertel vor fünf«, sagte ich mit einem Blick auf meine Timex, ein Geschenk von ihm, garantiert aus einem Bruch.
»Zu früh für mich«, sagte er.

King Benny aß nie vor sieben und schlief nur zwei Stunden pro Nacht. Er hatte immer tausend Dollar in Zwanzig- und Eindollarscheinen in der Hosentasche, trug nie eine Waffe und hatte angeblich einen Bruder im Gefängnis, der wegen Doppelmordes zu lebenslänglich verurteilt worden war.

Ich setzte mich wieder und bediente mich aus einer Tüte Salzbrezeln. Er nippte an seinem Kaffee, mischte die Karten und lehnte sich in seinen Stuhl zurück.

»Ich höre, du hast Probleme zu Hause«, sagte er.
»Es ist nichts.«
»Wenn es nichts wäre«, sagte er, »hätte ich nicht davon gehört.«
»Mein Vater hat Schulden«, gab ich zu.
»Bei wem diesmal?«
»Bei dem Griechen«, sagte ich. »Er ist sechs Monate mit den Zahlungen im Rückstand.«
»Wieviel?«
»Dreitausend«, sagte ich. »Das war der Stand gestern. Es wird jeden Tag mehr.«
»Ja«, sagte King Benny. »Das tut es.«
»Der Grieche hat gestern ein paar Typen vorbeigeschickt«, sagte ich. »Um ihm ein bißchen angst zu machen.«
»Hat es funktioniert?«
»Angst oder nicht«, sagte ich, »er hat das Geld nicht und kann es auch von niemand anderem kriegen.«
»Nein«, sagte King Benny. »Das kann er nicht.«
»Er versteckt sich«, sagte ich. »Bis sich der Sturm gelegt hat oder er ein großes Ding landet.«

»Typen wie dein Vater landen nie ein großes Ding«, sagte King Benny. »Sie sorgen nur dafür, daß Typen wie ich im Geschäft bleiben.«

»Werden sie ihn umbringen?«

»Nein«, sagte er. »Er wird sich nur wünschen, sie hätten es getan.«

»Ich habe sechzig Dollar gespart«, erklärte ich ihm. »Meine Mutter kann noch mal vierzig aufbringen. Das sollte doch irgendwie weiterhelfen.«

»Vergiß es«, sagte King Benny.

»Ich kann es nicht vergessen«, sagte ich. »Er ist mein Vater.«

King Benny schüttelte den Kopf. »Die Schuld ist beglichen.«

»Wer hat sie beglichen?«

»Du. Heute morgen. Der Grieche hat sich einen Umschlag mit drei Riesen und einer Notiz von mir abgeholt. Er und dein Vater sind quitt.«

Ich zeigte keine echte Regung. Das war nicht erlaubt. Ich sagte nur: »Ich kann es Ihnen nicht gleich zurückzahlen.«

»Du mußt es mir überhaupt nicht zurückzahlen«, erklärte er mir.

»Warum haben Sie das getan?« fragte ich. »Sie konnten meinen Vater doch noch nie leiden.«

»Das kann ich noch immer nicht«, sagte er. »Ob er lebt oder stirbt, ist mir völlig egal.«

»Danke«, sagte ich. »Vielen Dank.«

Ich nahm einen Schluck von meinem 7-Up.

»Nimm dich in acht vor Männern wie deinem Vater«, sagte King Benny. »Sie reiten sich immer tiefer in die Scheiße. Und ziehen andere mit sich.«

»Er gibt sich Mühe«, sagte er. «Es holt ihn nur immer wieder ein.«

»Es gibt andere Methoden«, sagte er. »Bessere Methoden. Ich möchte, daß du das weißt, wenn du von diesem Tisch aufstehst.«

»Er will nur Geld machen«, sagte ich. »Genau wie jeder hier.«

»Sie sind auf das schnelle Geld aus«, sagte King Benny. »Alle miteinander. Und weißt du was?«

»Was?«

»So etwas gibt es nicht«, sagte er.

»Weiß mein Vater davon?« fragte ich. »Von der Zahlung.«

»Noch nicht.«

»Darf ich es ihm erzählen?«

»Sobald du ihn siehst«, sagte er.

Der Raum wurde dunkler, die Schatten der Sonne wichen der ersten Dämmerung. King Bennys Kaffeetasse war leer, und meine Limo warm. Die Jukebox hatte Sinatra aufgegeben und spielte jetzt »Don't Be That Way« von Benny Goodman. In der Ecke zischte trotz der Hitze draußen ein alter Heizkörper.

»Er ist in einem Kellerapartment auf der 47th Street«, sagte King Benny. »In der Nähe der 9th Avenue.«

»Ich weiß.«

»Er ist nicht allein«, sagte er.

»Das weiß ich auch«, sagte ich.

»Willst du noch was essen, bevor du gehst?« fragte er.

»Was gibt's denn?«

»Pasta mit Schnecken«, sagte King Benny.

»Vielleicht lieber nicht«, sagte ich.

»Es ist gut für dich«, sagte King Benny.

»Ich sollte jetzt gehen.«

»Nur noch eins«, sagte King Benny. »Bevor du gehst.«

»Was?«

»Die Sache mit dem Griechen«, sagte King Benny. »Das bleibt unter uns.«

»Er wird mich fragen, woher ich das Geld hatte.«

»Lüg ihn an«, sagte King Benny.

»Das kann ich nicht«, sagte ich.

»Er lügt *dich* auch an.« King Benny schob seinen Stuhl zurück und stand, die Tasse in beiden Händen, auf. »Dauernd.«

»Das ist was anderes.«

»Wieso?« King Benny ging mit leerer Miene zur Bar.

»Er ist mein Vater«, sagte ich.

»Glaubst du, das kümmert ihn?«

»Egal«, sagte ich. »*Mich* kümmert es.«

King Benny nickte, drehte sich um und ging, sein rechtes Bein über den Boden schleifend, zur Bar.

»Bis morgen dann«, sagte er ruhig.

»Nur wenn ich geben darf«, sagte ich.

»Wir ziehen Karten«, sagte er und spülte seine Tasse in dem Waschbecken unter dem Tresen aus.

»Dann gewinnen Sie«, sagte ich. »Sie gewinnen immer.«

»Man soll nie einem Dieb vertrauen«, sagte er und trocknete sich die Hände ab. »Oder einem Lügner.«

»Und was sind Sie?«

»Beides«, sagte King Benny.

Er faltete das Handtuch einmal und legte es auf die Bar. Dann ging er zu der kleinen Holztür am Ende des Flurs, öffnete sie, ging in die Küche und schloß leise die Tür hinter sich.

Winter 1966

13

Die Pizzeria war leer bis auf uns vier und Joey Retard. Wir saßen an einem der hinteren Tische, Joey Retard stand am Tresen und würzte ein Stück heiße Pizza mit schwarzem Pfeffer. Mimi bediente Öfen und Kasse, sein weißes Hemd und seine Arbeitshose waren mit roter Sauce bekleckert.

»Ich krieg noch ein Stück«, sagte ich und wischte mir den Mund mit einer Serviette ab.

»Bring mir eine Limo mit«, sagte Tommy. »Orange mit viel Eis.«

»Hast du im Krieg beide Beine verloren?« sagte ich.

»Geld hab ich auch keins«, sagte Tommy.

»Willst du auch was?« fragte ich Michael.

»Die Hälfte von Tommys Limo«, sagte er.

John und ich gingen zum Tresen und stellten uns neben Joey Retard. Joey war vierzehn mit einem ehrlichen Gesicht und einem bereitwilligen Lächeln. Er war immer gut gekleidet und zu jedem im Viertel freundlich. Er hatte eine ruhige Art, sprach langsam und geriet bei komplizierten Sätzen ins Stottern. Seine Augen waren dunkel wie Oliven.

Joey war von einem kinderlosen irischen Ehepaar aus einem Waisenhaus auf der West Side adoptiert worden. Er ging auf eine Sonderschule in der 9th Avenue und verdiente sich sein Taschengeld, indem er für King Benny Autos wusch. Er war Mädchen gegenüber schüchtern, liebte Pizza mit einer Extraportion Käse, billige Horrorfilme und Baseballspiele auf der Straße. Jedes Halloween ging er als Stooge Villa aus *Dick Tracy*.

»Wie geht's?« fragte John ihn.

»Gut«, sagte Joey. »Mir geht's gut.«

»Willst du irgendwas?« fragte ich. »John gibt einen aus.«

»Wo hast du denn das gehört?« fragte John.

»Nein«, sagte Joey. »Danke.«

John bestellte, und ich fragte Joey nach der Schule.

»Ich mag sie«, sagte er.

»Und ich muß wirklich bezahlen?« fragte John mich, als Mimi die Pizza aus dem Ofen nahm.

»Hast du Geld?«

»Ich verweigere die Aussage«, sagte John.

»Ich zahle morgen«, sagte ich und nahm einen Pappteller mit einem Stück Pizza.

»Versprochen?« sagte John und zog zwei verknitterte Geldscheine aus seiner Jeansjacke.

»Versprochen«, sagte ich und nahm meine Pizza.

»Du kannst das Wechselgeld nehmen«, sagte John, klopfte Joey auf die Schulter und nahm das zweite Stück Pizza.

»Kann ich es behalten?« fragte Joey.

»Mach einen drauf«, sagte John.

Joey war gerade bei seinem zweiten Stück Pizza, als der kräftige Mann zur Tür hereinkam.

Er stand, die Hände in den Taschen, am Tresen, bestellte eine große Cola und beobachtete, wie Joey seine Pizza mit Pfeffer einpuderte.

»Das ist aber nicht besonders schlau«, sagte er und nahm einen Schluck von seiner Cola. »Das schmeckt bestimmt wie Scheiße.«

»Ich mag Pfeffer«, sagte Joey und streute noch ein bißchen mehr auf die Kruste. »Ich mag Pfeffer sehr.«

»Das reicht«, sagte der Mann und griff nach dem Pfefferstreuer.

»Nein!« rief Joey und umklammerte den Pfefferstreuer. »Das ist meine Pizza.«

»Gib mir den Pfeffer, du verdammter Schwachkopf«, sagte der Mann und packte Joeys Hand, bis dieser den Pfefferstreuer losließ.

»Meine Pizza!« sagte Joey mit vor Anstrengung brechender Stimme, und seine Augenlider klappten auf und zu.

»Da ist deine Scheißpizza«, sagte der Mann und zeigte auf den Tresen. »Kein Mensch hat sie angerührt.«

»Ich will Pfeffer!« sagte Joey mit herabhängenden Armen, die Worte einzeln hervorstoßend. »Ich will Pfeffer!«

Der kräftige Mann lächelte.

Er sah Mimi an, der wie erstarrt hinter dem Tresen stand und zwinkerte ihm zu, während er den Deckel des Pfefferstreuers abschraubte.

»Du willst Pfeffer, du Idiot?« sagte er.

Joey starrte den kräftigen Mann am ganzen Körper zitternd an, in seinen Augen standen Tränen.

»Hier«, sagte der Mann und kippte den Inhalt des Pfefferstreuers über Joeys Pizza. »Hier ist dein Scheißpfeffer.«

Joey fing an zu weinen, tiefe Schluchzer drangen aus seiner Brust, und seine Hände klopften gegen seine Schenkel.

»Was ist denn jetzt wieder, du Spasti?« fragte der Mann.

Joey antwortete nicht. Tränen strömten über seine Wangen und Lippen, Rotz lief ihm aus der Nase.

»Mach, daß du wegkommst«, sagte der kräftige Mann. »Ihr Scheißspastis schlagt mir auf den Magen.«

Joey rührte sich nicht.

»Los«, sagte der Mann. »Bevor ich dich so windelweich prügele, daß du richtig heulen mußt.«

Michael trat an Joey vorbei neben den Mann an den Tresen. Er griff nach dem Salzstreuer, drehte den Deckel ab und goß den Inhalt in die Cola des Mannes.

»Sie können jetzt gehen«, sagte Michael zu ihm und rührte die Cola mit den Fingern um. »Sie und Joey sind jetzt quitt.«

»Ein frecher kleiner Wichser«, sagte der Mann. »Quatscht mich von der Seite an.«

»Ein Pimmel mit Lippen«, sagte Michael. »Quatscht mich von der Seite an.«

Tommy legte einen Arm um Joey und führte ihn vom Tresen weg. John lauerte, die Hände in den Taschen, hinter dem Mann. Ich stand ihm mit verschränkten Armen gegenüber und wartete, daß er sich rührte.

»Vier freche kleine Wichser«, sagte der kräftige Mann. »Und ein heulender Spasti.«

»Das sind wir«, sagte Michael.

Der kräftige Mann hob den Arm und schlug Michael mit der flachen Hand ins Gesicht. Seine Finger hinterließen rote Abdrücke auf Michaels Wangen, und der Schlag hallte so laut wider, daß es mir den Rücken herunterlief.

Michael starrte den Mann an und lächelte.

»Der erste Schlag sollte immer der beste sein«, sagte er. »Und dein erster war Scheiße.«

»Ich zeig dir meinen besten, du kleiner Wichser«, sagte der Mann und holte weit aus. »Dann kannst du deine Scheißzähne vom Fußboden aufsammeln.«

Michael duckte sich, um dem Schlag auszuweichen, und warf seinen Körper gegen den Bauch des kräftigen Mannes. Tommy und John fielen ihn von hinten an und zogen an seinem Hals und seinen Haaren. Ich griff das Stück Pizza mit dem Pfeffer und rieb es in seine Augen.

»Nicht hier drinnen!« kreischte Mimi.

John biß dem Mann ins Ohr, bis es anfing zu bluten. Tommy fing an, auf seine Nieren einzutrommeln. Ich griff nach einem Paprikastreuer und rammte ihm das Ding ins Gesicht.

»Meine Augen!« brüllte der Mann und versuchte, uns abzuschütteln. »Meine verdammten Augen.«

Michael nahm einen Barhocker und begann damit dem Mann gegen die Schienbeine zu schlagen. John hatte eine Strähne seines dichten Haares gepackt und rammte seinen Kopf gegen den Türrahmen. Ich schlug weiter mit dem Paprikastreuer auf ihn ein, bis er auf seinem Nasenbein zerbrach. Blut und Glassplitter tropften an seinem Gesicht herunter.

Der Schmerz ließ den Mann in die Knie gehen, während er mit einer Hand nach dem Tresen griff.

»Komm nie wieder hierher«, sagte Michael und trat in den Körper ein. »Hast du mich verstanden? *Nie wieder.*«

Mimi kam hinter seinem Tresen hervor, faßte Michael an der Hüfte und zerrte ihn weg.

»Du willst ihn doch nicht umbringen«, sagte er.

»Sei dir da mal nicht zu sicher«, erwiderte Michael.

Unser Alltag drehte sich darum, uns selbst und unser Gebiet zu schützen. Der Kreis um das abgeschottete Leben in Hell's Kitchen zog sich enger, als wir älter wurden. Fremde, die noch nie willkommen gewesen waren, waren auch für uns jetzt Eindringlinge, die auf Ärger aus waren. Meine Freunde und ich konnten es uns nicht mehr leisten, andere für uns kämpfen zu lassen.

Es war Zeit für uns, die nächste Stufe zu erklimmen, und wie immer wurden wir von Michael angeführt.

Ereignisse außerhalb unserer kleinen Welt bedeuteten uns wenig. In einer Gesellschaft, die sich praktisch stündlich radikal veränderte, konzentrierten wir uns auf die Konstanten in unserem engen, geregelten Lebensraum.

Es waren die 60er Jahre, und wir sahen die fragmentierten abendlichen Bilder auf unseren Fernsehschirmen mit Skepsis, weil wir den Akteuren nicht trauten und überall Betrug witterten. Wir hatten gelernt, die Welt so zu sehen. Im Leben, so hatte man uns erklärt, ging es darum, vor allem seine eigenen Interessen im Auge zu behalten, und dabei verschwendete man keine Zeit außerhalb des Viertels.

Die jungen Demonstranten, die wir im Fernsehen sahen, sprachen davon, wie sie unser Leben verändern und die Welt richten wollten. Doch wir wußten, daß ihnen Leute wie wir egal waren. Während sie ihre Parolen skandierten, gingen meine Freunde und ich zu Trauergottesdiensten für junge Männer aus Hell's Kitchen, die in Leichensäcken aus Vietnam zurückgekommen waren. Dieser Krieg berührte die wütenden jungen Gesichter nicht, die wir im Fernseher sahen, sie waren durch Geld und ihren gutbürgerlichen Stand davor geschützt. Sie standen draußen und krakeelten über einen Krieg, in dem sie nie kämpfen würden. Für mich und meine Freunde zogen sie den ältesten Trick der Welt ab, und das machten sie perfekt.

Die Bürgerrechte beherrschten die täglichen Schlachten, doch auf unseren Straßen war das ein bedeutungsloses Thema. Dort lieferten sich Banden von unterschiedlicher ethnischer Herkunft und

Hautfarbe wöchentlich ihre Scharmützel. Eine wachsende Armee von Feministinnen zog durchs Land und verlangte Gleichheit, während unsere Mütter weiter Männer bekochten und umsorgten, die sie physisch und psychisch mißhandelten.

Bald würden Studenten auf dem Campus der Kent State University erschossen werden, genau wie Martin Luther King jr. und Senator Robert F. Kennedy. Gouverneur George Wallace würde von einer Kugel in die Wirbelsäule getroffen werden.

Ganze Viertel amerikanischer Großstädte würden niederbrennen.

Der Sommer der Liebe würde erblühen.

Drogen würden sich über die Junkies hinaus verbreiten.

Das Land saß auf einem schnell tickenden Zeitzünder, der jederzeit eine Explosion auslösen konnte.

Für mich und meine Freunde waren diese Ereignisse ohne Belang. Sie hätten sich genausogut in einem anderen Land oder einem anderen Jahrhundert ereignen können. Der Lockruf einer neuen Generation, deren Fundamente auf Frieden, Liebe und Harmonie gebaut sein würden, rauschte schlicht über uns hinweg.

Wir waren mit anderen Dingen beschäftigt.

In der Woche, als die Studenten der Kent State University niedergeschossen wurden, wurde Tommys Vater im Gefängnis in Attica in die Brust gestochen und mußte drei Monate lang künstlich beatmet werden.

In jenem Sommer starb Michaels Mutter an Krebs, und ein Onkel von Carol Martinez wurde vor einer Bar in der 11th Avenue erschossen.

Während Tausende von aufgebrachten Demonstranten nach Washington, D. C. strömten, saßen wir mit Pater Bobby in einem Krankenhausflur und beteten, daß John sich wieder von seiner perforierten Lunge erholen würde, das Geschenk eines übereifrigen Freundes seiner Mutter. Der Mann hatte zuviel getrunken, John hatte darüber mehr Bemerkungen gemacht, als klug gewesen wäre, und dafür schwere Prügel bezogen. Außerdem erlitt er einen Asthma-Anfall und hatte Glück, diese Nacht überhaupt überlebt zu haben.

Das einzige, was im Leben leicht zu haben war, war der Tod. Das war eine der ersten Lektionen, die man in Hell's Kitchen lernte. Wir lagen an einem späten Winternachmittag im letzten Inning eines Schlagballspiels gegen Hector Garcia und drei seiner Freunde mit 7:5 zurück.

Tommy stand, den abgesägten Besenstiel in der Hand, am Schlagmal und sah sich einem dünnen, narbengesichtigen Puertorikaner gegenüber, der den Ball mit einem gemeinen Effet warf. Wir standen auf der Mitte der 50th Street und blickten zu den Piers hinunter, die Foullinien wurden von einem gelben Umzugslaster zu unserer Linken und einem Penner rechts von uns markiert, der einen gestohlenen Einkaufswagen von A & P durchwühlte.

Ich stand kurz hinter Tommy breitbeinig über einem Kanaldeckel und fing die Würfe des Puertorikaners ab. Michael und John saßen auf der Kühlerhaube von Fat Manchos schwarzem Chevrolet und warteten, bis sie mit dem Schlagen dran waren.

»Wir brauchen einen Treffer«, erklärte ich Tommy.

»Vielen Dank, Casey Stengel«, sagte Tommy und spuckte über den Kanaldeckel.

»Guck dir an, wie der Ball von ihm sich dreht«, sagte John, während er beobachtete, wie ein Wurf an Tommys erhobenen Schlägern vorbeisegelte. »Er ist super.«

»Vielleicht sind wir einfach nur schlecht«, bemerkte Michael.

»*So* gut ist er auch nicht«, sagte ich laut genug, daß der Werfer es hören konnte. »Wir lassen ihn aussehen wie Sandy Koufax.«

»Neben euch Arschgesichtern sieht jeder aus wie Sandy Koufax«, sagte der Puertorikaner breit grinsend und wischte sich, den Ball in der Hand, mit dem Oberarm übers Gesicht.

»Noch ein Fan«, sagte John und zwinkerte dem Werfer zu. »Wir haben überall welche.«

Tommy traf den dritten Wurf, und der Ball flog in einem hohen Bogen gerade die Straße hinunter. Hector, der so weit im Außenfeld spielte, daß er dem Straßenverkehr ausweichen mußte, machte zwei Schritte und fing den Ball sicher auf. Tommy warf mir den Besenstiel zu und ging, den Kopf gesenkt, die Arme verschränkt, zu Fat Manchos Wagen.

»Ein paar Zentimeter weiter, und er hätte gesessen«, sagte Michael.

»Wenn ihr Scheißer aufhören wollt, meinetwegen«, sagte der Werfer noch immer grinsend.

»Wie sagt man ›Leck mich‹ auf Spanisch?« fragte John ihn.

»Los, Shakes«, sagte Michael, als ich mich zum Schlagen bereit machte. »Stopf ihm das Maul.«

»Schwing den Schläger, du Versager«, sagte der Werfer zu mir. »Ich kann ein bißchen Abkühlung gebrauchen.«

»Du kannst mir einen abkauen, du dürrer Schlappschwanz«, brüllte Fat Mancho, der mit einer Dose Rheingold in einer braunen Papiertüte in der Hand an sein Ladenfenster gelehnt stand. »Nie im Leben schlägt eine kleine Memme wie du meine Jungs.«

»Bist du der Cheerleader«, sagte der Werfer. »Wo sind denn deine Pom-Poms?«

»Die ziehst du dir gleich aus dem Arsch«, sagte Fat Mancho. »Wenn du nicht bald diesen Scheißball wirfst.«

Ich schlug zu und verfehlte seinen ersten Wurf. Der Ball segelte rechts unten an mir vorbei.

»Abwarten, Shakes«, sagte Michael. »Du kannst ihn treffen. Nimm dir Zeit.«

Ich sah den beiden nächsten Würfen nach, ohne den Besenstiel von meiner Schulter zu nehmen.

»Willst du überhaupt noch versuchen, irgendwas zu treffen, Idiot?« fragte der Werfer. »Oder siehst du mir nur gerne beim Werfen zu?«

»Mach langsam, Shakes«, sagte Michael. »Schlag erst, wenn du willst.«

Ich ließ einen weiteren Wurf vorbeisegeln, lehnte den Besenstiel gegen mein Bein und wischte mir beide Hände an meiner Jeans ab. Ein paar alte Männer waren mit einem Kasten Bier vor Fat Manchos Laden stehengeblieben, brennende Zigaretten im Mundwinkel, die Reißverschlüsse ihrer Jacken gegen den Wind bis zum Hals hochgezogen.

»Der nächste Ball ist deiner, Shakes«, sagte Michael.

»Woher weißt du das?«

»Er wird keine Würfe mehr verplempern«, sagte Michael. »Guck dir an, wie sauer er wird. Er wird dir einen fetten Ball servieren. Er denkt sich, daß ihn schon irgend jemand fängt.«

»Vielleicht hat er ja recht«, sagte ich.

Doch das hatte er nicht. Ich traf den Ball hart und schlug ihn knapp über den Kopf des Werfers hinweg die Linie entlang, wo er, nachdem er zweimal aufgesprungen war, von einem Teenager mit kahlrasiertem Schädel aufgehalten wurde.

»Ein lockerer Zweier, du Wichser«, kreischte John, klatschte in die Hände und trat mit den Füßen gegen den Kotflügel von Fat Manchos Wagen.

»Wenn du noch mal gegen meinen Wagen trittst, du kleiner Scheißer«, sagte Fat Mancho, »reiß ich dir die Beine mit den Zähnen raus.«

»Du kannst ja das hier mit den Zähnen rausreißen«, sagte John zu ihm und faßte sich in den Schritt.

»Das reicht doch nicht mal als Sonnenschutz für eine Fliege«, erwiderte Fat Mancho und nahm einen großen Schluck aus seiner Bierdose.

John hob den Besenstiel auf und machte sich zum Schlagen bereit. Er baute sich breitbeinig auf, reckte die Schultern und hielt den Besenstiel direkt über sein rechtes Ohr. Der erste Wurf kam flach, schnell und hart auf die andere Seite des Kanaldeckels. John holte aus und traf, der Ball titschte an dem Werfer vorbei zu einem Eimer.

»Die machen dich fertig, du untalentierter Scheißer«, brüllte Fat Mancho dem Werfer zu.

»Ich spiel nur mit ihnen, Fat Man«, sagte der Werfer. »Das ist alles.«

»Leck mich«, sagte Fat Mancho und knackte eine frische Dose Bier.

»Er gehört ganz allein dir«, sagte ich zu Michael und übergab ihm das mit Klebeband umwickelte Ende des Besenstiels. »Zeit, Fat Mancho stolz zu machen.«

Um ein Schlagballspiel zu gewinnen, schlug man den Ball am besten hart und weit. Ein Schläger hatte drei Versuche. Freigänge zur ersten *base* gab es nicht, wie wir überhaupt ohne Laufmale spielten, weil die Straße schon voll genug war. Also entschied die Länge des Schlages über die Punktzahl. Alles jenseits des ersten Kanaldeckels war ein Einer, zwei Kanaldeckel weit war ein Zweier, jenseits der Wendemarke ein Dreier, und ein Homerun landete irgendwo im Verkehr auf der 12th Avenue. Michael war der einzige aus unserer Mannschaft, der manchmal Homeruns schlug.

Michael klopfte mit dem Besenstiel gegen den Kanaldeckel und machte drei kräftige Übungsschwünge. Er ging in die Knie, hob den Besenstiel in Augenhöhe und fixierte, jetzt ohne zu lächeln, den Werfer.

»Du bist der, den ich wollte«, sagte der Werfer zu Michael und rollte die Holzkugel über seinen Oberschenkel.

»Gut, denn ich bin der, den du kriegst«, erwiderte Michael.

»Los, Davey«, rief eine junge Frau im Rollstuhl dem Werfer zu. »Wirf den Stümper raus. Der kann nichts.«

Michael wandte sich nach links und starrte die Frau an. Sie hatte ihr Haar zu einem Knoten nach hinten gebunden, ihr Gesicht war gebräunt und faltenlos, ihre Arme hingen schlaff nach unten. Hinter ihr stand eine übergewichtige alte Dame, die Ellenbogen auf die Griffe des Rollstuhls gestützt, eine filterlose Zigarette im Mund. Die junge Frau kaute Kaugummi, ihre beiden Beine waren an den Knien amputiert, das tote Fleisch halb von einer A & S-Shorts verdeckt.

»Wer ist das?« fragte Michael.

»Seine Schwester«, sagte ich und wies mit dem Kopf auf den puertorikanischen Werfer. »Die Alte ist seine Mutter.«

»Los, Mikey«, rief John. »Gib dem Stümper eins auf den Arsch.«

»Was ist mit ihr passiert?« fragte Michael.

»Weiß ich nicht genau«, sagte ich. »Irgendein Krebs. Es hat sie an den Beinen erwischt.«

»Wirf die Penner raus«, rief die junge Frau. »Sie können dir nichts anhaben, Davey. Sie können dir nichts anhaben.«

»Verschluck deine Zunge, Krüppel«, rief Fat Mancho ihr über die Straße zu.

Michael machte sich, die Beine gestreckt, zu seinem ersten Schlag bereit, während er aus den Augenwinkeln die Frau im Rollstuhl beobachtete. Er machte einen schlechten Schlag nach einem guten Ball.

»Ganz ruhig, Mikey«, ermahnte ich ihn, hinter ihm stehend. Diesen Gesichtsausdruck hatte ich noch nie bei ihm gesehen. »Laß dir Zeit. Keine Eile.«

»Sie sieht wirklich gut aus«, sagte Michael und trat von dem Kanaldeckel zurück.

»Was glotzt du denn so, du kleiner Schwanz?« rief die Frau im Rollstuhl ihm zu.

»Und so charmant«, sagte ich.

Auch den zweiten Ball versuchte Michael zu früh zu nehmen. Der Besenstiel berührte seine Schulter, als ich den Ball auffing.

»Wach auf, Mikey«, rief John. »Schlag deinen Ball.«

»Du kannst ihn treffen, Mikey«, schrie Tommy. »Du kannst ihn treffen, Mikey.«

»Dieser dürre irische Mistkerl«, sagte Fat Mancho. »Was, zum Teufel, macht er?«

»Vergiß das Mädchen, Mikey«, flehte ich ihn an. »Denk lieber an ihren Bruder.«

Doch er konnte sie nicht vergessen.

Michael schlug zu und verfehlte auch den dritten Wurf.

Er ließ den Besenstiel auf den Kanaldeckel fallen und ging, die Hände in den Taschen, zum Kofferraum von Fat Manchos Wagen, während er weiter die Frau im Rollstuhl beobachtete, ohne sich um das Gestöhne der Leute um ihn herum zu kümmern.

Der Werfer riß die Faust in die Luft, winkte seinen Mannschaftskameraden zu und warf seiner Schwester über die Straße Kußhände zu.

»Ich hab dir doch gesagt, er ist keinen Dreck wert«, sagte die Frau im Rollstuhl.

»Du hättest ihr auch einfach über die Straße helfen können«, sagte ich zu Michael, während ich Tommy bei einigen Übungsschwüngen zusah. »Oder ihr vielleicht ein Eis kaufen. Du mußtest nicht gleich das Spiel vermasseln.«

»Es ist ja noch nicht vorbei«, sagte Michael. »Tommy kann es noch gewinnen.«

»Tommy macht beim Schlagen die Augen zu«, sagte ich. »Du hättest das Spiel gewinnen können, und das hast du nicht getan.«

»Sag bloß, du hättest nicht dasselbe getan?« sagte Michael.

»Glaubst du, daß es sie einen Scheißdreck kümmert?« fragte ich.

»Nein«, sagte Michael. »Ich weiß, daß es das nicht tut.«

»Und?«

»Und gar nichts«, sagte Michael.

»Jetzt sind wir schon die Scheißheilsarmee«, sagte ich und wandte mich ab. Fat Mancho stand hinter mir und starrte uns beide an.

»Hast du dich eigentlich je gefragt, warum es keine Heils-*Marine* gibt?« fragte John.

Ich wußte nicht, warum er getan hatte, was er getan hatte. Nein, das stimmt nicht genau. Ich *wußte*, warum er es getan hatte, ich *verstand* es nur nicht.

»Der Scheißer ist so blöd, daß man ihn begießen müßte«, sagte Fat Mancho und beobachtete Tommy am Schlagmal.

Tommy schlug nach dem ersten Ball, den er sah, und schickte ihn direkt zum Werfer zurück, der ihn mit der flachen Hand auffing, bevor er sich umdrehte und ihn über das Dach eines Lagerhauses warf.

»Das Spiel ist aus, ihr Versager«, sagte der Werfer. »Spuckt die Kohle aus. Ein Dollar von jedem.«

»Du hast sie geschlagen, Baby«, rief die Frau im Rollstuhl und schob sich näher zu ihrem Bruder.

Michael sammelte das Geld ein, faltete die Scheine zusammen und gab sie dem Puertorikaner. »Gutes Spiel«, sagte er und starrte die Schwester des Werfers in dem Rollstuhl an.

»Leck mich am Arsch«, sagte der Werfer.

Fünf Minuten später standen wir vor Fat Manchos Laden, tranken Pepsi aus Flaschen und sahen dem Werfer nach, der seine Schwester zur 11th Avenue schob.

»Er ist nicht besser als ihr«, sagte Fat Mancho.

»Heute schon«, sagte ich.

»Ihr Scheißer habt ihn gewinnen lassen«, sagte Fat Mancho. »Nur weil der Ire hier eine Schwäche für Krüppel hat.«

»Halt dich da raus«, sagte Michael. »Das geht dich nichts an.«

»Ihr Jungs seid weich«, sagte Fat Mancho. »Wie labberiges Brot. So was rächt sich irgendwann. Und dann tut es weh. Sehr weh.«

»Quatsch keine Opern, Fat Man«, sagte John. »Was passiert, ist allein unsere Sache.«

»Ihr müßt hart *bleiben*, um hart zu sein«, sagte Fat Mancho. »Die Typen wittern es, wenn ihr schwach werdet. Die vernaschen euch wie Salat.«

»Brot und Salat«, sagte Tommy. »Du kannst wohl nur ans Essen denken, was?«

»Ich mach keine Witze«, sagte Fat Mancho. »Das ist mein Ernst. Wenn man hart sein will, darf man nicht damit spielen.«

»Immer locker«, sagte ich. »Es war bloß ein Schlagballspiel.«

»Weich zu werden, wird schnell zur Gewohnheit«, sagte Fat Mancho. »Die wird man verdammt schwer wieder los. Man muß hart bleiben. Und sein Leben danach ausrichten. Für kleine Scheißer wie euch ist es die einzige Möglichkeit.«

»Das ist ja, als ob man mit Konfuzius rumhängen würde«, sagte John.

»Mach dich ruhig lustig, Schlappschwanz«, sagte Fat Mancho. »Das geht mir am Arsch vorbei. Es ist nur ein kostenloser Rat, von mir an euch. Nehmt ihn an oder laßt es bleiben.«

»Vielen Dank, Fat Man«, sagte Michael. »Wir werden darüber nachdenken.«

»Tut das, Ire«, sagte Fat Mancho. »Tut das, verdammt.«

In Wahrheit waren wir alle ein wenig überrascht von Michaels Benehmen. Es war untypisch für ihn, Verwundbarkeit zu zeigen, vor allem gegenüber jemandem, den er nicht kannte. Es war auch nicht seine Art, um irgend jemandes willen zu verlieren. Das war etwas, was John und Tommy, ohne zu zögern, getan hätten, und ich vielleicht auch, wenn ich ein wenig darüber nachgedacht hätte. Doch daß Michael so etwas tat, ließ uns alle innehalten. Wir sahen ihn immer als den Stärksten von uns, denjenigen, der am wenigsten bereit war, nachzugeben.

Keiner von uns verlor gerne, und doch hatten wir gerade verloren, ohne genau zu wissen, warum. Michael spürte unser Unbehagen, sagte jedoch nichts. Für ihn war es mehr als richtig gewesen, dieses Spiel zu verlieren und einem Mädchen im Rollstuhl ein Gefühl des Triumphes zu gönnen. Es war auch mehr als mutig gewesen. Es war das *einzige* gewesen, das er tun konnte.

Sommer 1967

14

An dem Tag, der unser Leben für immer veränderte, stiegen die Temperaturen auf über 35 Grad. Es war der Hochsommer, in dem die Stimmung des Landes in Dunkelheit versank. Rassenunruhen hatten bereits 127 Städte der Vereinigten Staaten erschüttert, 77 Menschen das Leben gekostet und mehr als 4000 Verletzte gefordert. Doch keine Seite schien gewillt, den Kampf aufzugeben.

Mit dem Aufruhr kam die Veränderung.

Thurgood Marshall wurde von Präsident Johnson zum Richter am Obersten Bundesgerichtshof ernannt, nachdem Richter Thomas C. Clark zurückgetreten war. Im Gegenzug wurde Ramsey Clark, der Sohn des Richters im Ruhestand, zum Generalstaatsanwalt berufen.

Im Nahen Osten tobte der Sechstagekrieg.

The New York World-Journal & Tribune machte dicht, und die erste Ausgabe des *Rolling Stone* erschien. *Bonnie and Clyde* ließ die Menschen in Scharen ins Kino strömen, und *Rosemary's Baby* hielt seine Leser die ganze Nacht wach. Die Beatles sangen »All You Need Is Love«, während die »Ode to Billy Joe«, die rund um die Uhr im Radio gespielt wurde, etwas anderes nahelegte. Mickey Mantle hinkte dem Ende seiner Baseballkarriere entgegen und schlug seinen 500. Homerun, während Muhammad Ali im Zenit seines Könnens der Titel des Boxweltmeisters im Schwergewicht aberkannt wurde, weil er sich weigerte, in Vietnam zu kämpfen.

Wir hatten den Vormittag im kühlen Schatten eines Billard-Salons im ersten Stock eines Gebäudes an der West 53rd Street verbracht, wo wir einem Typ mit kantigem Gesicht in T-Shirt und zerrissenen Jeans zusahen, wie er ein Dutzend Spiele gegen vier verschiedene Gegner abräumte. Dabei rauchte er zwei Schachteln Camels und trank ein Pint Four Roses.

»Ich wette, der Typ könnte sogar Ralph Kramden schlagen«, sagte Tommy, während er beobachtete, wie der Mann die Sechserkugel in einem Seitenloch versenkte.

»Ralph Kramden spielt kein Pool-Billard«, sagte ich. »Er fährt einen Bus.«

»Nicht in *The Honeymooners*«, sagte Tommy. »In dem anderen Film.«

»Meinst du *Haie der Großstadt*?« fragte Michael.

»Der, wo sie dem schnellen Eddie die Daumen brechen«, sagte John.

»Um zu verstehen, wie deine Gehirnwindungen funktionieren, braucht man einen Kompaß«, sagte ich zu Tommy.

»War es nicht Kramden?« fragte Tommy.

»Laß uns hier abhauen«, sagte Michael und sah sich in dem verrauchten Raum um. »Wir fangen schon an zu stinken wie dieser Laden.«

Als wir den Billard-Salon verließen, waren wir in Gedanken schon ganz mit dem Mittagessen beschäftigt. Die späte Vormittagssonne brannte auf unsere Schultern. An der 11th Avenue rannten wir über eine rote Ampel, wichen einem Schulbus und zwei Taxis aus, bevor wir vor dem Friseurladen des alten Pippilo wieder in ein gemächlicheres Tempo verfielen. An der Ecke 51st Street und 10th Avenue bogen wir, auf der leeren Straße nebeneinander gehend, links ab.

Gemeinsam hatten wir etwas weniger als zwei Dollar in den Taschen.

»Sollen wir Pizza holen?« fragte John. »Wir können Mimi sagen, daß wir ihm den Rest später geben.«

»Bei Mimi muß man sogar das *Wasser* bezahlen«, sagte Tommy. »Der nimmt garantiert keine Schuldscheine.«

»Wir können uns auch zu Hause was holen«, sagte ich. »Reste.«

»Die einzigen Reste bei uns zu Hause sind dreckige Teller«, sagte John.

»Und eine Woche altes Brot«, sagte Tommy.

»Wie wär's mit ein paar Hot dogs?« fragte Michael. »Es ist schon Wochen her, seit wir den Wagen zuletzt überfallen haben.«

»Ich weiß nicht, Mikey«, sagte Tommy. »Der Typ ist nicht wie die anderen. Der flippt ziemlich aus, wenn man ihn beklaut.«

»Tommy hat recht«, sagte ich. »Letzte Woche hat er Ramos und zwei von seinen Freunden bis runter zu den Piers gejagt. Einen hat er mit dem Messer fast erwischt.«

»Für einen Hot dog lohnt es sich nicht zu bluten«, sagte John.

»Wir können Hot dogs essen oder Luft«, sagte Michael. »Ihr habt die Wahl.

»Luft ist wahrscheinlich sicherer«, sagte Tommy.

»Vielleicht schmeckt sie sogar besser«, sagte John.

»Wer ist dran?« fragte ich.

»Du«, sagte Michael.

»Meinst du, er erkennt mich?« fragte ich.

»Hoffentlich«, sagte Tommy. »Ich hab echt Hunger.«

Der Trick war einfach, und wir hatten ihn schon ein dutzendmal mit fast allen Straßenhändlern durchgezogen. Wir hatten ihn einer Truppe Iren abgeguckt, die ihn jeden Sommer benutzte, um umsonst puertorikanisches Eis zu ergattern.

Ich sollte zu dem Hot-dog-Wagen gehen und bestellen, was ich wollte. Der Verkäufer würde mir meinen Hot dog geben, und ich würde weglaufen, ohne zu bezahlen. Damit blieben dem Hot-dog-Verkäufer zwei Möglichkeiten, und keine war besonders attraktiv. Er konnte auf dem Posten bleiben, und den Verlust abschreiben. Oder er konnte mir hinterher rennen, was ihn wiederum zwang, seinen Wagen zu verlassen, so daß sich meine Freunde in seiner Abwesenheit bedienen konnten.

Der Hot-dog-Verkäufer an dieser Ecke war groß und schlank, Mitte Zwanzig, mit dichtem dunklen Haar und einer runden Knollennase. Er war neu in Hell's Kitchen, und sein Englisch war so erbärmlich wie seine Kleidung, ein zerrissenes blaues Hemd und Jeans mit ausgefransten Taschen. Außerdem besaß er eine Trainingsjacke der Yankees und eine schmutzige Kappe, die er an kälteren Tagen trug.

Er stand an der Ecke 51st Street und 10th Avenue, halb im Schatten eines rot-gelben Sonnenschirms, und verkaufte kalte Getränke, Hot dogs und Würstchen an Passanten – lokale Händler, Hafenarbeiter, LKW-Fahrer und Schulkinder. Sieben Tage die Woche stand er vom frühen Morgen bis zum späten Abend da und ging einem Gewerbe nach, das unseren Spott herausforderte.

Wir sahen den Verkäufer nie als Menschen, nicht wie die anderen Männer aus dem Viertel, und er war uns zu gleichgültig, um ihm in irgendeiner Weise Respekt zu erweisen. Wir bemerkten kaum, wie hart er für seine paar Dollar arbeitete. Wir wußten nichts von der jungen Frau und den beiden Kindern, die er in Griechenland zurückgelassen hatte, und von seiner Hoffnung, ihnen in einem neuen Land ein neues Leben aufzubauen. Wir beachteten seine anstrengenden Zwölfstundentage nicht, die er damit verbrachte, Brötchen aufzuschneiden, zwischen Kälteeinbrüchen und Hitzewellen durch Eisstücke zu wühlen und die ganze Zeit mit den Füßen auf den harten Boden zu trampeln, damit das Blut in Bewegung blieb.

Nie sahen wir sein winziges, stickiges Zimmer im dritten Stock eines Gebäudes, das zu Fuß vierzig Minuten von seinem Arbeitsplatz entfernt lag und dessen einzige Annehmlichkeit in einer zerfledderten Sammlung aus Fotos von zu Hause bestand, die neben einer durchgelegenen Matratze primitiv an der Wand befestigt waren. Genausowenig wie den alten Ofen, auf dem sich leere Campbell-Dosen mit Schweinefleisch und Bohnen stapelten, oder die zerknitterten Schachteln griechischer Zigaretten in dem Mülleimer in der Ecke, die ihm seine Frau als einzigen Luxus für den Aufenthalt in der neuen Welt geschenkt hatte.

All das sahen wir nicht.

Wir sahen nur ein freies Mittagessen.

»Senf und Zwiebeln«, sagte ich, dem argwöhnischen Blick des Verkäufers ausweichend. »Nichts zu trinken.«

Er nickte mißtrauisch, während er die Straße hinter mir nach verborgenen Schatten absuchte.

»Ich kenne dich«, sagte er, und es klang eher wie eine Anklage als wie eine Frage.

Ich zuckte die Schultern und lächelte.

»Kann ich zwei Servietten haben?« fragte ich und griff nach dem Hot dog. »Zwiebeln machen immer so eine Schmiererei.«

Der Verkäufer zog eine zweite Serviette aus dem Spender und wickelte sie um das Brötchen. Er zögerte einen Moment mit ausgestrecktem Arm, unsere Blicke trafen sich. Wir spürten beide, daß ein Unrecht geschehen würde, obwohl wir keine Ahnung hatten, wie schwer es am Ende wiegen würde. Er trat von einem Fuß auf den anderen und gab mir den Hot dog. Ich nahm ihn und rannte los.

Ich flitzte an Tommy Mugs Reinigung und Armonds Schusterladen vorbei. Nach Monaten der Frustration brach die Wut des Verkäufers durch, eine gezackte Holzgabel in der Hand setzte er mir nach.

Im Laufen glitten mir rote Zwiebelringe von meinem Hot dog und bekleckerten mein Gesicht und mein weißes T-Shirt. Ich rannte am P.-A.-L.-Eingang vorbei auf die Ecke der 50th Street zu.

Er war dicht hinter mir, seine Arme und Beine bewegten sich in einem eigenen Rhythmus der Wut, während er die Gabel noch immer gepackt hielt und in kontrollierten Stößen atmete.

»Gib mir mein Geld, du Dieb!« rief er mir nach. »Gib mir *sofort* mein Geld!«

Michael, John und Tommy standen an den Wagen gelehnt in der Sonne und verputzten gerade ihren zweiten Hot dog.

»Wie lange, meinst du, ist er weg?« fragte John und wischte sich braunen Senf von der Unterlippe.

»Shakes oder der Hot-dog-Typ?« fragte Michael.

»Wenn du einen hast, hast du den anderen auch«, sagte Tommy. »Der Typ sah sauer genug aus, jemanden umzubringen.«

»Er muß ihn erst mal erwischen, um ihn umzubringen«, sagte John. »Mach dir keine Sorgen.«

»Diese Dinger sind schwerer, als sie aussehen«, sagte Michael, der aufgestanden war und die Griffe der Holzkarre gepackt hatte.

»Der ganze schwere Mist ist unten drunter«, sagte Tommy, »wo es keiner sehen kann.«

»Was für schwerer Mist?« fragte John.

»Die Gastanks«, sagte Tommy. »Um das Essen warmzuhalten. Oder hast du vielleicht gedacht, die Sonne würde das Wasser zum Kochen bringen.«

»Glaubt ihr, wir können ihn schieben?« fragte Michael. »Zu dritt?«

»Wohin?« fragte John.

»Ein paar Straßenecken weiter«, erwiderte Michael. »Wär doch 'ne nette Überraschung, wenn der Kerl von seiner Verfolgungsjagd zurückkommt und seine Karre nicht findet.«

»Und wenn jemand sie klaut?« fragte Tommy.

»Man müßte schon ziemlich bescheuert sein, um eine Hot-dog-Karre zu klauen«, sagte Michael.

»Tun wir das nicht gerade?« fragte John.

»Wir schieben sie nur ein Stück weiter«, erklärte Michael. »Damit sie *sonst* niemand klaut.«

»Eigentlich helfen wir dem Typ also«, sagte Tommy.

»Endlich fängst du an zu begreifen«, sagte Michael.

An der Ecke 52nd Street und 12th Avenue wurde der Hot-dog-Verkäufer müde.

Er beugte sich vor, stützte die Hände auf die Knie und schnappte mit knallrotem Gesicht nach Luft. Die Gabel hatte er längst weggeworfen. Ich stand schweißnaß an eine Haustür auf der anderen Straßenseite gelehnt, die Hände von dem Hot dog, den ich fast die ganze Zeit festgehalten hatte, noch immer fettig.

Ich blickte zu dem Verkäufer und sah, daß er mich noch immer sichtlich wütend anstarrte, die Hände jetzt zu Fäusten geballt, mit denen er gegen seine Hüften schlug. Er war mit den Kräften am Ende, aber noch nicht geschlagen. Er hätte weitere zehn Minuten aus schierem Haß durchgehalten. Ich entschied mich, nicht zu den Piers hinunter zu laufen, sondern statt dessen umzukehren, um die Sicherheit unseres Viertels zu suchen. Mittlerweile mußten die anderen so viele Hot Dogs und Limonade verputzt haben, daß davon selbst Babe Ruth satt geworden wäre.

Ich atmete dreimal tief durch und rannte, den Straßenverkehr im Rücken, Richtung 51st Street. Ich drehte mich noch einmal um und sah, daß der Hot-dog-Verkäufer noch immer so erschöpft wirkte wie eine Straßenecke zuvor. Zur Kreuzung hin wurde ich langsamer und gönnte mir ein selbstzufriedenes Lächeln, weil ich wußte, daß die Jagd zwar noch nicht zu Ende war, sich aber zu meinen Gunsten gewendet hatte.

Wenn ich die Karre schnell genug erreichte, hatte ich vielleicht sogar noch Zeit für einen Hot dog.

Michael, John und Tommy waren, nachdem sie den Wagen einen Block weit geschoben hatten, erschöpft vor einem Blumenladen an der Ecke 50th Street und 9th Avenue stehengeblieben. Die Floristin, eine kleine Frau mit hochgebundenen Haaren, beobachtete sie neugierig.

»Erst mal was trinken«, sagte John, schob die Aluminium-Klappe auf und griff mit der Hand in das dunkle Eiswasser. »Ein Dr. Brown hört sich gut an.«

»Ich nehm ein Soda mit Vanillegeschmack«, sagte Tommy.

John gab Tommy die beschlagene Dose. »Was ist mit dir, Mikey?«

»Ich will nichts«, sagte Michael und sah mit verschränkten Armen die Straße hinunter.

»Was ist los?« fragte Tommy und trank schlürfend aus seiner Dose.

»Shakes braucht zu lange«, sagte Michael. »Er müßte längst wieder hier sein.«

An der Ampel an der Ecke 51st Street und 10th Avenue blieb ich stehen und sah mich nach meinen Freunden und dem Hot-dog-Wagen um.

Der Verkäufer war eine Avenue hinter mir und rannte wieder in vollem Tempo, kräftiger denn je. Ich bückte mich, um die Schuhe zuzubinden, und sah ihn näher kommen.

»Gib es auf«, flüsterte ich. »Laß es gut sein.«

Ich richtete mich auf und rannte weiter, diesmal Richtung 9th Avenue. Ich hatte Seitenstiche, und die Muskeln in meinen Beinen begannen sich zu verkrampfen. Mein Kopf fühlte sich leicht an, mein Hals war trocken, mein Atem ging schwer. Ich rannte an der

Printing High-School vorbei, deren Hof bis auf zwei Alkies, die Kaffee tranken, rauchten und überlegten, wie sie den ersten Drink des Tages einfahren konnten, menschenleer war. Ich drückte mich an einer kräftigen Frau vorbei, die einen Einkaufswagen mit Lebensmitteln hinter sich herzog, und sprang über zwei Mülltonnendeckel, die die Müllmänner beiseite geworfen hatten.

Dann, auf halbem Weg zur nächsten Ecke, den Verkäufer noch immer im Nacken, sah ich die Hot-dog-Karre, die von meinen Freunden Richtung 8th Avenue geschoben wurde. Sie gingen gebückt und bewegten sich schnell im Schatten der Arkade des alten Madison Square Garden, so ruhig und gelassen, als würden sie einen Hund ausführen.

Der Verkäufer sah sie auch.

»Haltet sie auf!« rief er in vollem Lauf. »Haltet sie auf! Haltet die Diebe!«

In einem Viertel, wo Schweigen angesichts des Verbrechens eine Tugend und Blindheit eine Notwendigkeit war, rührte sich natürlich niemand.

Ich rannte, so schnell meine brennenden Lungen und müden Beine es zuließen, und erreichte meine drei Freunde, als sie gerade an einem Plakat vorbeigingen, das für die groß angekündigte Revanche zwischen dem Champion der World Wrestling Federation Bruno Sammartino und seinem Herausforderer Gorilla Monsoon warb.

»Ihr solltet nur die Hot dogs klauen«, sagte ich, während ich mich atemlos auf den Wagen stützte. »Nicht die ganze Karre.«

»Das sagst du uns jetzt«, sagte John.

»Laßt sie einfach hier stehen«, keuchte ich. »Wenn ihr was schieben wollt, schiebt mich. Ich kann keinen Schritt mehr laufen.«

»Nein, nicht hier«, sagte Michael und zeigte nach rechts. »Da oben. Bei der U-Bahn-Station.«

»Der Typ ist schnell, Mikey«, sagte John. »Ich glaube nicht, daß wir es noch bis zur U-Bahn schaffen können.«

»Ich hab einen Plan«, sagte Michael.

Ich drehte mich um und sah, daß der Verkäufer mit jeder Sekunde näher kam.

»Ich bin sicher, er auch«, sagte ich und half, den Wagen auf den Bürgersteig und die oberste Stufe der U-Bahn-Station zuzuschieben.

»Dabei *mag* ich Hot dogs nicht mal«, sagte John.

Der Plan war, wie sich herausstellte, so ziemlich das Simpelste und Blödeste, was wir je angestellt hatten. Wir würden den Wagen auf der obersten Stufe festhalten, bis der Verkäufer kam. Sobald er die Griffe gepackt hatte, würden wir loslassen und uns verdrücken, während er damit beschäftigt war, die Karre wieder auf den Bürgersteig zu zerren.

Ich weiß bis heute nicht, warum wir das getan haben. Doch wir sollten alle einen hohen Preis dafür zahlen. Jeder von uns. Es dauerte nur eine Minute, doch in dieser Minute veränderte sich unser ganzes Leben.

Menschen, die angeschossen wurden, erinnern sich immer daran, als wäre es in Zeitlupe geschehen, und so sehe ich auch jene letzten Sekunden mit dem Hot-dog-Wagen vor mir. Um mich herum bewegt sich alles ganz langsam, der Hintergrund ist komplett verschwommen – vorbeieilende Arme und Beine, vereinzelte Gestalten, nichts als Umrisse im Dunkel, unangenehm verwischt.

Der Moment ereilte meine Freunde und mich an einem Tag, an dem Mickey Mantle einen Homerun schlug, den wir sonst voller Stolz bewundert hätten.

Michael hielt den Wagen am längsten, seine Arme schwollen an vor Anstrengung, den Sturz noch aufzuhalten. John war ausgerutscht und lehnte mit dem Rücken gegen das Holzgeländer der Treppe, beide Hände von den Holzgriffen des Wagens aufgerissen. Tommy fiel auf die Knie und umklammerte verzweifelt eines der Räder. Seine Knie schürften über den Beton. Ich hielt mit beiden Händen den Sockel des Schirmständers gepackt, während kaltes und heißes Wasser über meine Arme und mein Gesicht spritzte.

Der Verkäufer war ein paar Schritte hinter uns auf die Knie gesunken und hatte seine gespreizten Hände vors Gesicht gelegt, so daß nur seine Augen zu sehen waren.

»Das hält nicht!« sagte Tommy, während das Rad seinem Griff entglitt.

»Laß los«, sagte Michael.

»Nicht aufgeben!« sagte ich. »Wir dürfen jetzt nicht aufgeben!«

»Laß los, Shakes«, drängte Michael mit einem Unterton der Kapitulation vor dem Unvermeidlichen in der Stimme. »Laß los.«

Der Anblick des die Treppe hinunterpolternden Wagens war ebenso schmerzhaft, wie es der Versuch gewesen war, ihn aufzuhalten. Es war ein lautes Geräusch, ohrenbetäubend und unheimlich, wie zwei Wagen, die auf einer leeren Straße zusammenstießen. Hot dogs, Zwiebeln, Getränke, Eis, Servietten und Sauerkraut wurden herausgeschleudert, spritzten auf die Wände der Treppe und landeten klatschend auf einem Reklameposter für Urlaub in Florida. Etwa auf halber Höhe löste sich eines der Hinterräder. Der Schirmständer schlug auf eine Stufe und zerbarst.

Dann kam ein Krachen, das die ganze U-Bahn-Station erschütterte, ein Geräusch, das keiner von uns erwartet hatte.

Es war das Knirschen von Holz auf Knochen.

Es ist ein Geräusch, das ich seit jenem Tag nie wieder vergessen habe.

James Caldwell war ein 67jähriger Drucker auf Rente. Er war seit 36 Jahren mit derselben Frau verheiratet, hatte drei erwachsene Töchter und vier Enkelkinder, darunter drei Jungen. Am Vormittag hatte er seine Tochter Alice im Süden Manhattans besucht, sie war frisch verheiratet mit einem jungen aufstrebenden Angestellten einer Buchprüfungsfirma in der Gegend um die 50th Street. In einer Bäckerei in Little Italy hatte Caldwell seiner Frau eine Schachtel ihres Lieblingsgebäcks gekauft, die er in der linken Hand trug. Auf Anweisung seines Arztes hatte er seine zwei Schachteln Zigaretten pro Tag aufgegeben, sich jedoch geweigert, auf seinen Scotch zu verzichten, den er pur trank mit einem Glas Eiswasser extra und einer Schale mit Brezeln griffbereit.

Er kaute zwei Streifen Juicy Fruit und kramte in seiner Hosentasche nach Kleingeld für die Spätausgabe der *Daily News*, als der

Wagen in Brusthöhe auf ihn zugeschossen kam. In dem vergeblichen Versuch, die Wucht des Zusammenstoßes abzufangen, streckte er die Hände aus.

Der Wagen war mittlerweile zu einem zerstörerischen Geschoß geworden, das alles in seinem Fahrwasser mit sich riß. So auch den Körper von James Caldwell, der für den Rest seines Tages eigentlich nicht viel mehr vorgehabt hatte, als die Sportseiten der Zeitung zu lesen.

Gemeinsam krachten Mann und Wagen gegen die weißen Kacheln der U-Bahn-Station. Der Wagen brach zusammen, die verbliebenen Räder rollten in verschiedenen Richtungen davon, die Griffe zerbrachen, und Eisstücke prasselten auf den blutigen Schädel von James Caldwell, der, eingeklemmt hinter der scharfen Kante des Wagens, nicht größer aussah als ein haarloser, brauner Ball.

Die Stille nach dem Aufprall war ebenso ohrenbetäubend wie das Krachen zuvor.

Wir standen wie erstarrt da, keiner sagte etwas, und wir vier kämpften mit den Tränen. Wir hörten das Heulen von Sirenen und beteten, daß sie in unsere Richtung kamen. Ich blickte auf die Trümmer herab und sah, wie Caldwells Unterschenkel unter dem Gewicht zuckten. In einer Ecke hatte sich eine Lache aus heißem Hot-dog-Wasser und Blut gebildet.

Der Geruch von Exkrementen hing in der Luft.

Michael blickte mich an, und zum ersten Mal, seit ich ihn kannte, sah ich Furcht in seinem Gesicht.

John und Tommy standen, am ganzen Körper zitternd, mit aschfahlem Gesicht wie gelähmt da, beide so fassungslos, daß sie einer Ohnmacht nahe waren. Wir alle fühlten uns sehr viel älter als noch vor weniger als einer Stunde, unsere persönlichen Uhren tickten auf einmal mit der gleichen Geschwindigkeit, in der der Unfall sich entwickelt hatte.

Links von uns kam eine schmale Frau mittleren Alters in einem karierten Hauskleid über die Straße gerannt und blieb oben an der Treppe der U-Bahn-Station stehen. Lange Strähnen ihres dunklen Haars verdeckten den Zorn in ihren Augen. Die Hände in die Hüften gestemmt, die Schultern angespannt hochgezogen, starrte sie die Treppe hinunter.

»Heiliger Jesus«, rief sie mit lauter, schriller Stimme und richtete ihren zornigen Blick auf uns. »Was habt ihr Jungs gemacht? Was in Gottes Namen habt ihr gemacht? Sagt mir sofort, was ihr gemacht habt?«

»Ich glaube«, sagte Michael, »wir haben jemanden getötet.«

15

An jenem Nachmittag wurden wir von der Polizei in Gewahrsam genommen. Wir vier wurden einer Reihe von Verbrechen beschuldigt: grober Unfug, gefährliche Körperverletzung, Mitführung eines gefährlichen Gegenstandes, Körperverletzung mit Tötungsabsicht, einfache Körperverletzung und leichter Diebstahl. Man erklärte uns zu jugendlichen Straftätern, und wir wurden als »unter Aufsicht zu stellen« eingestuft. Immerhin galten jugendliche Straftäter nicht als vorbestraft, und wir wußten, daß sie selbst von den strengsten Jugendrichtern nur selten zu so langen Haftstrafen verurteilt wurden wie Erwachsene bei entsprechenden Vergehen.

Während James Caldwell in kritischem Zustand auf der Intensivstation des St. Clare's Hospital lag und sich künstlich beatmet an sein Leben klammerte, wurden wir in die Obhut unserer Eltern entlassen. Der Schock des Tages war noch nicht abgeklungen, nachdem wir schnell und achtlos die Prozedur unserer Festnahme und Vorführung durchlaufen hatten, taub und blind für die Schluchzer und Schreie um uns herum. Wir waren in einer anderen Welt. Jenseits des Geschehens. Unsere Eltern weinten und fluchten, die Cops behandelten uns mit steinernen Mienen, Caldwells Familie wollte uns tot sehen, und es schien, als ob das ganze Viertel vor der Wache auf uns wartete. Zuvor hatten wir immer auf der anderen Seite gestanden und die Typen begafft, die verhaftet worden waren. Jetzt waren wir es, auf die gezeigt und über die geredet wurde. Jetzt waren wir die Schuldigen.

Mein Vater hatte mich gerade geohrfeigt. Ich starrte ihn an; er saß nur in Shorts und T-Shirt zusammengesunken auf einem Stuhl am Küchentisch. Sein Gesicht war rot, seine Hände zuckten, Tränen standen in seinen Augen. Meine Mutter lag im hinteren Zimmer auf dem Bett, das Gesicht vergraben, und weinte.

Meine Eltern hatten mir immer alle Freiheiten gelassen, weil sie darauf vertraut hatten, daß ich mich aus den Scherereien der Straße heraushalten und keinen Ärger vor ihre Wohnungstür tragen würde. Außerdem war ich so auch außer Sichtweite ihrer täglichen verbalen und körperlichen Schlachten geblieben.

Diese Freiheit hatte ich in dem Moment verspielt, in dem der Hot-dog-Wagen auf den Körper von James Caldwell prallte.

»Es tut mir leid, Dad«, war alles, was ich herausbrachte.

»Das wird dir jetzt auch nicht mehr helfen, mein Junge«, sagte mein Vater sanfter. »Ihr müßt dem, was ihr getan habt, ins Auge sehen. Alle vier.«

»Was passiert jetzt mit uns?« fragte ich mit brechender Stimme, während Tränen über meine Wangen rollten.

»Wenn der alte Mann überlebt, kommt ihr vielleicht glimpflich davon«, sagte mein Vater. »Dann schickt man euch für ein paar Monate in ein Heim für jugendliche Straftäter.«

Ich brachte die Frage kaum über die Lippen. »Und wenn nicht?«

Mein Vater konnte nicht antworten. Er nahm mich in die Arme. Wir weinten beide und hatten Angst.

In den nächsten Tagen wirkte Hell's Kitchen, das seine Verbrecher in der Vergangenheit immer an die Brust gedrückt hatte, wie ein Viertel unter Schock. Es war nicht das Verbrechen an sich, das die Menschen aufbrachte, sondern die Tatsache, daß Michael, John, Tommy und ich es begangen hatten.

»Ihr wart anders«, erklärte Fat Mancho mir Jahre später. »Sicher, ihr habt Blödsinn gemacht und Prügel verteilt, ihr seid auch in Schlägereien und solchen Mist geraten. Aber ihr habt nie absichtlich jemandem weh getan. Ihr wart nie miese kleine Schläger.

Bis ihr das Ding mit dem Wagen abgezogen habt. Das war eine Knastnummer, die euch keiner zugetraut hatte.«

Als wir auf den Tag genau zwei Wochen später vor dem Jugendrichter standen, wußten wir, daß James Caldwell das Krankenhaus lebend verlassen würde. Pater Bobby, der alle beteiligten Familien betreute, hatte uns diese Nachricht übermittelt.

In der Zeit zwischen unserer Verhaftung und dem angesetzten Gerichtstermin durfte ich keinen Kontakt zu meinen Freunden aufnehmen, nicht mit ihnen gesehen werden, nicht einmal telefonieren. Wir standen zu Hause unter strenger Aufsicht und verbrachten den Großteil der Tage in unseren Wohnungen. Pater Bobby besuchte jeden von uns täglich und brachte ein paar Comichefte und aufmunternde Worte mit. Wenn er wieder ging, wirkte er immer trauriger als bei seiner Ankunft.

Unser Verbrechen war nicht schrecklich genug, um es bis in die Zeitung zu schaffen, so daß wir nur innerhalb des Viertels berüchtigt waren. Trotzdem fühlten wir uns wie Staatsfeinde. Jedesmal, wenn meine Mutter einkaufen oder zur Kirche ging, wurde hinter ihrem Rücken getuschelt. Johns Mutter erschien so viele Tage nicht zur Arbeit, daß sie Gefahr lief, ihren Job zu verlieren. Als Michael losgeschickt wurde, eine schnelle Besorgung zu machen, warf jemand eine Bierflasche nach ihm. Und Tommy verwehrte man den Eintritt in ein Kino im Viertel.

»Typen wie du sind hier unerwünscht«, wurde ihm erklärt. »Ich will euch in meinem Laden nicht haben.«

»Ich hab Ihnen doch gar nichts getan«, erwiderte Tommy.

»Wenn dir das nicht paßt, kannst du ja die Cops rufen«, sagte der Manager des Kinos.

In diesen beiden langen, angstvollen und öden Wochen verließ ich unsere Wohnung nur dreimal.

Zweimal ging ich mit meiner Mutter zur Kirche.

Das dritte Mal besuchte ich King Benny.

Ich goß mir einen Espresso aus einer kleinen Kanne ein, während King Benny über den Tisch starrte. Es war später Sonntagnachmittag, in einem Transistorradio, das hinter mir auf der Fensterbank stand, lief leise ein Spiel der Yankees. Zwei Männer in dunklen Hosen und Unterhemden saßen auf Holzstühlen vor dem Club.

Ich trank meinen Kaffee und hörte, wie Phil Rizzuto das Spiel kommentierte. Die Yankees lagen in der zweiten Hälfte des achten Innings mit drei Runs zurück. King Benny hatte seine Hände auf dem Tisch ausgebreitet, sein Gesicht eine glattrasierte Maske.

»Sie sind echt beschissen dieses Jahr«, sagte er und wies mit einem Finger auf das Radio.

»Sie waren schon letztes Jahr echt beschissen«, sagte ich.

»Wird langsam zur Gewohnheit«, sagte er. »Eine schlechte Gewohnheit. Wie ins Gefängnis gehen.«

Ich nickte und senkte den Kopf, um seinem Blick auszuweichen.

»Wir wollten niemandem weh tun«, sagte ich.

»Damit könnt ihr es auch nicht ungeschehen machen.«

»Ich meinte, wir waren nicht darauf aus, jemanden zu verletzen«, sagte ich.

»Das sind die wenigsten«, erwiderte King Benny.

»Wie lange, glauben Sie, kriegen wir?«

»Ein Jahr«, sagte King Benny, und meine Knie wurden weich. »Vielleicht mehr. Kommt drauf an, wie der Richter gelaunt ist.«

»Ich hab gehört, daß unserer ziemlich streng ist«, sagte ich. »Er statuiert gern Exempel.«

»Sie sind alle streng«, sagte King Benny.

Ich trank noch einen Schluck Kaffee, sah mich im Raum um und versuchte, ihn in Gedanken festzuhalten, weil ich den Anblick, den Geruch und das Gefühl der Geborgenheit nicht vergessen wollte. King Bennys stinkender Club war mir wie ein zweites Zuhause geworden, wie die Bibliothek ein Ort, wo ich dem harten Leben, das ich kannte, entfliehen konnte.

Es war eine Flucht in die ruhige Gesellschaft des gefährlichsten Mannes in Hell's Kitchen.

»Hat dein Vater dir gesagt, was du zu erwarten hast?« fragte King Benny. »Oder wie du dich benehmen sollst?«

»Er hat überhaupt nicht viel gesagt«, erwiderte ich. »Er ist ziemlich fertig. Die meiste Zeit sitzen er und meine Mom nur da und weinen. Oder sie streiten sich. Entweder oder.«

»Ich kann dir da drinnen auch nicht helfen«, sagte King Benny, beugte sich näher zu mir und sah mich fest an. »Oder deinen Freunden. Ihr werdet auf euch selbst gestellt sein. Es wird nicht leicht, Shakes. Es wird sogar verdammt hart. Das Härteste, was du und deine Freunde je durchzustehen hattet.«

»Das glaubt mein Vater auch«, sagte ich. »Deswegen weint er.«

»Dein Vater *weiß* es«, sagte King Benny. »Er glaubt nur, daß du noch nicht so weit bist. Er glaubt, daß du es nicht packen kannst.«

»Glauben Sie das auch?«

»Nein«, sagte King Benny. »Das glaube ich nicht. Du bist mir in manchem sehr ähnlich. Nur in manchem, aber das sollte reichen, dich da lebend wieder rauszubringen.«

»Ich gehe jetzt besser«, sagte ich und stellte die Tasse ab. »Ich darf nicht zu lange alleine draußen bleiben.«

»Wann geht es los?«

»Der Gerichtstermin ist am Dienstag«, sagte ich und sah den Mann an, den ich lieben gelernt hatte wie meinen eigenen Vater. »Dann erfahren wir, wohin wir kommen und wie lange.«

»Werden deine Eltern mitkommen?«

»Mein Vater«, sagte ich. »Ich glaube nicht, daß meine Mutter es verkraften könnte. Sie wissen ja, wie sie ist.«

«Es ist besser so«, sagte King Benny. »Sie sollte dich nicht im Gerichtssaal sehen.«

»Werden Sie noch hier sein, wenn ich zurückkomme?« fragte ich mit erstickter Stimme, während ich die beiden Männer draußen betrachtete, damit King Benny mich nicht weinen sah.

»Ich werde *immer* hier sein«, erwiderte er. »Und machen, was ich immer mache.«

»Was *machen* Sie eigentlich hier?« fragte ich unter Tränen lächelnd.

King Benny wies auf die Kaffeekanne.

»Ich mache mir Kaffee«, sagte er.

16

Meine Freunde und ich standen mit herabhängenden Armen, den Blick geradeaus gerichtet, hinter einem zerkratzten Eichentisch in der Mitte eines hohen, stickigen Raumes. Wir trugen unsere einzigen guten Sachen, dunkle Jacken, dunkle Hosen, weiße Hemden und graue Krawatten, die sich mit den cremefarbenen Wänden des Jugendgerichts des Staates New York bissen.

John und ich standen rechts vom Tisch neben unserem Anwalt, einem kleinen, rehäugigen Mann, der Probleme hatte, durch die Nase zu atmen. Sein Haar war mit Pomade zurückgekämmt, und sein weißes Hemd hing hinten aus seiner braunen Hose.

Michael und Tommy stand links neben ihm.

Keiner von uns sah ihn an oder machte sich die Mühe, auch nur einem seiner Worte zuzuhören.

Unsere Familien standen, durch eine Holzbarriere und zwei uniformierte Wächter von uns getrennt, hinter uns. Mein Vater saß in der ersten Bankreihe direkt hinter mir, ich konnte seine traurige, wütende Präsenz spüren wie heißen Atem im Nacken. Auf der U-Bahn-Fahrt Richtung Downtown hatten wir nur sehr wenig geredet. Er versicherte mir, daß alles glatt laufen würde, daß niemand aus dem Viertel erfahren würde, wo ich war, und daß das Ganze vielleicht, nur vielleicht, doch auch sein Gutes hätte, eine Lektion, die gelernt werden müßte.

»Es ist, als ob du ins Sommerlager fährst«, sagte mein Vater, als der Zug der Station Chambers Street entgegenzockelte. »Jede Menge frische Luft, viel Sport, anständiges Essen. Und sie bringen einen auf Vordermann. Vielleicht schaffen sie, was ich nicht geschafft habe, und bringen dir und deinen Freunden ein bißchen Disziplin bei.«

»Ich werd dich vermissen, Dad«, sagte ich.

»Spar dir den Mist«, sagte mein Vater. »So darfst du nicht denken. Du mußt wie Stein sein. Du darfst an niemanden denken und dir über niemanden Sorgen machen. Außer dir selbst. Das ist deine einzige Chance, Junge. Glaub mir, ich weiß, wovon ich hier rede.«

Die restlichen Stationen fuhren wir schweigend in der lauten Gesellschaft des ratternden Waggons.

Das war zwei Monate vor meinem dreizehnten Geburtstag, und ich sollte mein Zuhause zum ersten Mal in meinem Leben verlassen.

»Sind die Angeklagten über die ihnen zur Last gelegten Vergehen belehrt worden?« fragte der Richter.

»Ja, Euer Ehren«, erwiderte unser Anwalt und klang dabei so billig, wie er war.

»Haben sie die Anklage verstanden?«

»Ja, Euer Ehren, das haben sie.«

In Wahrheit verstanden wir gar nichts. Am Abend vor dem Gerichtstermin hatte man uns erklärt, daß die uns zur Last gelegten Vergehen einschließlich des Vorwurfs des groben Unfugs unter der Anklage der gefährlichen Körperverletzung zusammengefaßt würden. Die Anklage wegen leichten Diebstahls wurde in allen Fällen außer meinem fallengelassen, da meine Tat alles weitere erst herbeigeführt hatte.

»Es ist das beste, was ich erreichen konnte«, erklärte unser Anwalt uns in seiner Einzimmerkanzlei hinter seinem vollgestopften Schreibtisch. »Ihr müßt zugeben, daß das besser ist als versuchter Mord, was die Gegenseite wollte.«

»Sie sind ein richtiger Perry Mason«, erklärte John ihm, bevor seine Mutter ihn in die Seite knuffte.

»Was *heißt* das für die Jungen?« fragte Pater Bobby, ohne den Stoß und die Bemerkung zu beachten.

»Sie werden ein Jahr sitzen«, sagte der Anwalt. »Mindestens. Lorenzo bekommt vielleicht ein paar Monate mehr aufgebrummt, weil er die Tat ausgelöst hat. Andererseits bekommt er vielleicht auch weniger, weil er als letzter am Tatort war. Das ist die einzige offene Frage.«

»Es war nicht seine Idee«, sagte Michael. »Es war meine.«

»Die Idee wiegt nicht so schwer wie die Tat«, sagte der Anwalt. »Wie dem auch sei, ich denke, ich kann den Richter überzeugen, ihn nicht zu einer längeren Strafe zu verurteilen, wenn man bedenkt, wie jung Lorenzo noch ist.«

»Sie sind *alle* jung«, sagte Pater Bobby.

»Und sie sind *alle* schuldig«, erwiderte der Anwalt, klappte eine Aktenmappe auf seinem Tisch zu und griff nach seinen Zigaretten.

»Wohin?« fragte Pater Bobby.

»Wohin was?« fragte der Anwalt, eine Mentholzigarette im Mund, die Hand schützend um das brennende Streichholz gelegt.

»Wohin wird man sie schicken?« fragte Pater Bobby mit rotem Gesicht und umfaßte seine Knie. »In welches Heim? In welches Gefängnis? In welches Loch wird man sie stecken? Drücke ich mich jetzt klar genug aus?«

»Wilkinson's«, sagte der Anwalt. »Es ist ein Heim für Jungen im Norden des Staates New York«, sagte der Anwalt.

»Ich weiß, wo es liegt«, sagte Pater Bobby.

»Dann wissen Sie ja auch, wie es ist«, sagte der Anwalt.

»Ja«, erwiderte Pater Bobby. Sämtliche Farbe war aus seinem Gesicht gewichen. »Ich weiß, wie es ist.«

Ich warf einen kurzen Blick über meine linke Schulter zu der Caldwell-Familie, die in den ersten beiden Reihen hinter dem Tisch des Staatsanwaltes versammelt war. Mr. Caldwell senior war wieder zu Hause und erholte sich von seinen zahlreichen Verletzungen. Laut einem medizinischen Attest, das als Beweismittel eingereicht worden war, würde er sein linkes Bein nie wieder voll belasten können und für den Rest seines Lebens an Taubheit in anderen Gliedern und Schwindelgefühlen leiden. Auch seine Hör- und Sehfähigkeit waren beeinträchtigt.

Jeder von uns hatte Mr. Caldwell einen von Pater Bobby überbrachten Brief geschrieben, in dem wir ihm und seiner Familie versicherten, wie leid es uns tat. Alle Briefe blieben unbeantwortet.

»Möchte einer von euch vor der Urteilsverkündung noch etwas sagen?« fragte der Richter und schob ein beschlagenes Glas Eiswasser beiseite.

»Nein, Sir«, sagten wir nacheinander.

Der Richter nickte und warf einen letzten Blick auf seine Unterlagen. Er war Ende Fünfzig, ein kurzer, untersetzter Mann mit dichtem, schlohweißem Haar und braunen Augen, die wenig preisgaben. Er lebte mit seiner zweiten Frau und zwei Hunden in einem Wohnkomplex in Manhattan. Er hatte keine Kinder, war ein begeisterter Pokerspieler und verbrachte seinen Sommerurlaub in seinem Häuschen auf Cape Cod, wo er auf dem Dock saß und angelte.

Er räusperte sich, trank einen Schluck Wasser und klappte den Aktenordner vor sich zu.

»Ich bin sicher, mittlerweile werdet ihr die Schwere des von euch begangenen Verbrechens begriffen haben«, begann er an uns gewandt. »Es war eine Tat, in der die sorglose Mißachtung des Geschäfts eines Menschen, in diesem Fall eines Hot-dog-Standes, mit einer kriminellen Einstellung gegenüber der Sicherheit und dem Wohlergehen eines anderen Menschen zusammenkam. Als Folge davon ist ein Mensch ruiniert worden, ein anderer nur knapp mit dem Leben davongekommen. All das für den Preis eines Hot dogs.«

Es war heiß in dem Raum, mein Hemd und meine Jacke waren durchgeschwitzt. Ich hielt die Hände im Schoß gefaltet und starrte stur geradeaus. Ich hörte das Gemurmel der hinter uns Sitzenden, rechts harrte man voller Angst der Worte des Richters, links erwartete man ungeduldig die Verkündung des Strafmaßes. Johns Mutter, die neben meinem Vater saß, murmelte die Gebete ihres Rosenkranzes, während sich ihre Finger langsam an den Perlen entlangtasteten.

»Mr. Kratrous mußte sein Geschäft und seinen Traum aufgeben, sich hier ein neues Zuhause zu schaffen. Er kehrt in seine Heimat nach Griechenland zurück, nachdem sein Glaube an unser Land und unsere Lebensart durch die Habgier und Rücksichtslosigkeit von vier Jungen zerstört wurde, die ihn bestehlen wollten. Mr. Caldwell ist ein noch tragischerer Fall. Nachdem er nach einem außer Kontrolle geratenen Streich vermeintlich tot zurückgelassen wurde, wird sein Leben nie wieder so sein wie vor jenem schicksalhaften Tag. Er wird jeden einzelnen Augenblick, der ihm noch auf dieser Erde bleibt, durchleiden, von Medikamenten betäubt, um den Schmerz zu lindern, auf Krücken und voller Angst, sein Haus zu verlassen. Und wozu all das? Damit sich vier Jungen zurücklehnen und über einen Scherz lachen können, der das Leid anderer Menschen verspottet. Nun, dieser Scherz ist wohl nach hinten losgegangen, nicht wahr?«

Es war zwanzig vor zehn, als der Richter den Ärmel seiner Robe zurückschob, einen weiteren Schluck Wasser trank und uns in ein, wie er es nannte, Heim für Jungen schickte. Für alle anderen war es ein Gefängnis.

Er rief uns, beginnend mit dem Graf, nacheinander auf.

»John Reilly«, sagte der Richter. »Hiermit verurteilt dich das Gericht zu einem Aufenthalt im Wilkinson-Heim für Jungen für einen Zeitraum von nicht weniger als zwölf und nicht mehr als achtzehn Monaten. In Absprache mit den Anwälten beider Seiten ist die Strafe am ersten September dieses Jahres anzutreten.«

Hinter mir stieß Johns Mutter einen leisen Schrei aus.

»Thomas Marcano«, sagte der Richter und wandte sich Butter zu. »Hiermit verurteilt dich das Gericht zu einem Aufenthalt im Wilkinson-Heim für Jungen für einen Zeitraum von nicht weniger als zwölf und nicht mehr als achtzehn Monaten. In Absprache mit den Anwälten beider Seiten ist die Strafe am ersten September dieses Jahres anzutreten.«

»Michael Sullivan«, fuhr der Richter in strengerem Ton fort, überzeugt, den Anführer der Gruppe vor sich zu haben. »Hiermit verurteilt dich das Gericht zu einem Aufenthalt im Wilkinson-Heim für Jungen für einen Zeitraum von nicht weniger als zwölf und nicht mehr als achtzehn Monaten. In Absprache mit den Anwälten beider Seiten ist die Strafe am ersten September dieses Jahres anzutreten. Ich möchte hinzufügen, daß es nur der Intervention von Pater Robert Carillo aus deiner Ortsgemeinde zu verdanken ist, der in glühenden Worten zu deinen Gunsten gesprochen hat, daß ich von einer weitaus härteren Strafe abgesehen habe. Ich habe nach wie vor Zweifel an deinem von Natur aus guten Wesen. Nur die Zeit wird zeigen, ob ich mich geirrt habe.«

Ich wischte mir über Stirn und Oberlippe, während ich darauf wartete, daß mein Name aufgerufen wurde. Ich drehte mich um und sah meinen Vater mit geschlossenen Augen dasitzen, die Arme verschränkt, seine Glatze schweißnaß.

»Lorenzo Carcaterra«, sagte der Richter mit genausoviel Verachtung wie bei meinen Freunden. »In deinem Fall hat das Gericht die Tatsache berücksichtigt, daß du der jüngste der vier bist und erst am Tatort erschienen bist, nachdem der Diebstahl des Wagens bereits geschehen war. Deshalb verurteilt dich das Gericht zu einem Aufenthalt im Wilkinson-Heim für Jungen für einen Zeitraum von nicht weniger als sechs und nicht mehr als zwölf Monaten. In Absprache mit den Anwälten beider Seiten ist die Strafe am ersten September dieses Jahres anzutreten.«

Der Richter lehnte seinen Kopf gegen die hohe Lehne seines Stuhls und starrte uns schweigend an. Mit den Fingern der rechten Hand klopfte er auf die Kante eines Aktenordners, seine Miene leer wie eine Schlucht, ein kleiner, unscheinbarer Mann, der all seine Größe aus dem Gewicht seiner richterlichen Macht bezog.

»Ich hoffe«, sagte er abschließend, »daß ihr eure Zeit in Wilkinson nutzen werdet. Vielleicht ein Handwerk erlernt oder eure Ausbildung fortsetzt. Wenn nicht, wenn ihr euch in die andere Richtung wendet und die euch offenstehenden Möglichkeiten nicht nutzt, kann ich euch garantieren, daß ihr früher oder später, einer anderen Gewalttat schuldig, wieder hier vor mir stehen werdet. Und ich versichere euch, daß ich das nächste Mal nicht so gnädig sein werde wie heute.«

»Danke, Euer Ehren«, sagte unser Anwalt, während der Schweiß an seinem Gesicht hinablief.

»Guck dir den Drecksack an«, sagte mein Vater so laut zu Pater Bobby, der in der Reihe hinter ihm saß, daß es bis zur Richterbank zu hören war, wo der Richter gerade im Begriff war, sich in sein Zimmer zurückzuziehen. »Guck, wie er lächelt. Schickt vier Kinder ein Jahr ins Loch und grinst. Ich sollte ihm den Scheißkiefer brechen.«

Pater Bobby beugte sich vor und legte meinem Vater eine Hand auf die Schulter.

»Ganz ruhig, Mario«, sagte er. »Dies ist nicht der Ort, und jetzt ist auch nicht die Zeit.«

»Es ist nie der Ort«, sagte mein Vater. »Und es ist ganz bestimmt *nie* die Zeit.«

Unser Anwalt streckte Pater Bobby seine Hand über die Barriere entgegen, seine leise Stimme war wegen des Lärms, den die Caldwell-Familie im Gerichtssaal machte, kaum zu verstehen.

»Es ist ja einigermaßen gut gelaufen«, sagte der Anwalt.

»Für Sie vielleicht«, sagte Pater Bobby.

»Sie hätten auch noch viel längere Strafen bekommen können«, sagte der Anwalt. »Für das, was sie getan haben, sehr viel länger.«

Pater Bobby stand auf und lehnte sich über die Barriere. Er hatte seinen Priesterkragen abgenommen und hielt ihn in der rechten Hand.

»Dies ist kein Spiel«, sagte Pater Bobby. »Es geht nicht um Absprachen oder mehr oder weniger Zeit. Es geht um vier Jungen. Vier Jungen, deren Namen zu lernen Sie sich nicht einmal die Mühe gemacht haben. Also klopfen Sie sich nicht zu flink auf die eigene Schulter.«

»Ich hab meinen Job gemacht«, sagte der Anwalt.

»Der Eid aller Mittelmäßigen«, sagte Pater Bobby.

»Wenn Sie selbst besser mit ihnen zurecht gekommen wären, Pater«, sagte der Anwalt, »hätten sie die Dienste von einem Versager wie mir gar nicht in Anspruch nehmen müssen.«

Pater Bobby nahm wieder Platz, und unsere Blicke trafen sich. Sein Gesicht war aschfahl und von Schmerz gezeichnet.

»So schlimm wird es schon nicht werden«, erklärte der Anwalt ihm. »Schließlich muß ja nicht jeder, der in Wilkinson war, als Verbrecher enden.«

Er wandte sich ab und räumte seinen Verteidigertisch ab. Er stopfte ein paar Aktenmappen in seine abgewetzte braune Aktentasche und ließ sie zuschnappen.

»Manche finden sogar zu Gott und werden Priester«, sagte er, wieder an Pater Bobby gewandt. »Oder nicht?«

»Fahren Sie zur Hölle«, gab Pater Bobby zurück.

Draußen fing es leise an zu regnen.

Zweites Buch

»Lebt also, meines Herzens Kinder, und vergeßt nie, daß sich bis zum Tage, da Gott den Menschen die Zukunft entschleiern wird, die ganze menschliche Weisheit in die beiden Worte fassen läßt: Warten und Hoffen.«

Der Graf von Monte Christo

1

Ich hatte noch nicht einmal eine Stunde in meiner Zelle gehockt, als die Panik einsetzte. Um dagegen anzukämpfen, schloß ich die Augen und dachte an zu Hause, an das Viertel, an die Straßen, auf denen ich spielte, und die Leute, die ich kannte. Ich stellte mir die kühle Fontäne eines Feuerhydranten auf meinem Gesicht vor und hörte leise Melodien über die Dächer wehen. Ich war noch keine dreizehn Jahre alt, und ich wollte einfach nur wieder dort sein, wo ich hingehörte. Ich wollte, daß alles so war, wie es vor dem Hotdog-Wagen gewesen war. Ich wollte in Hell's Kitchen sein und nicht an einem Ort mit kalten Mauern und einer winzigen Pritsche. Ein Ort, an dem ich Angst hatte, mich zu rühren.

Es war dunkel, und ich war hungrig, die feuchte Luft roch stark nach Reinigungsmitteln. Ich mochte weder beengte noch dunkle Räume, und meine Zelle war beides. Die Wände waren rissig, die Farbe blätterte ab, an einer Wand hing ein zerrissenes Foto von James Dean. Ich haßte es, alleine zu sein, ohne Bücher zum Lesen oder Baseballkarten zum Durchsehen, gezwungen auf die dicke Eichentür zu starren, die von außen verschlossen war.

Das fortwährende Gepolter aus den anderen Zellen war schwer zu ignorieren und weckte in mir die Sehnsucht nach den friedvollen Stunden, in denen ich in der Sacred Heart Church gesessen und innere Stille und Trost gefunden hatte.

Man braucht nicht lange, um herauszufinden, wie hart man ist und wie stark man sein kann. Ich wußte von meinem ersten Tag in Wilkinson an, daß ich weder hart noch stark war. Die Angst braucht nur einen kurzen Moment, um ein Schlupfloch in dem sorgfältig entworfenen Panzer zu finden. Und wenn das einmal geschehen ist, richtet sie sich dauerhaft ein. Das gilt für einen abgebrühten Verbrecher genauso wie für einen kleinen Jungen.

Der erste Wärter, den ich in Wilkinson traf, war Sean Nokes, der damals dreiundzwanzig Jahre alt war. Er stand mit zusammengepreßten Beinen in meiner Zelle und hielt einen schwarzen Schlagstock in beiden Händen. Er hatte ein grobes, gerötetes Gesicht und blondes Haar, das er in einem Bürstenhaarschnitt trug. Dazu braune Hosen mit steifer Bügelfalte, schwarze Schuhe mit dicken Sohlen und ein gestärktes weißes Hemd mit Button-down-Kragen und einem schwarzen Namensanstecker auf der Brusttasche. Seine Augen waren kalt, seine Stimme tief.

»Wirf deine alte Kleidung auf den Boden«, waren die ersten Worte, die er an mich richtete.

»Hier?«

»Wenn du eine Umkleidekabine erwartet hast, vergiß es. Wir haben keine. Also, runter mit den Kleidern.«

»Vor Ihnen?« fragte ich.

Nokes verzog seine steinerne Miene zu einem Lächeln. »Für die Zeit, die du hier bist, wirst du Tag und Nacht *alles* vor *irgend jemandem* tun. Pissen, scheißen, duschen, die Zähne putzen, an dir rumspielen, Briefe nach Hause schreiben. Was auch immer. Irgend jemand guckt immer zu. Und die meiste Zeit werde *ich* dieser Jemand sein.«

Ich warf mein Hemd auf den Boden, öffnete den Reißverschluß meiner Hose, ließ sie fallen, stieg hinaus und trat sie zur Seite. Nur in meinen weißen Baumwollunterhosen, weißen Socken mit Löchern in beiden Fersen und einem Paar Keds ohne Schnürsenkel bekleidet, sah ich wieder zu Nokes.

»*Alles*«, sagte er, ohne seine starre militärische Haltung aufzugeben. »Von jetzt an wird sämtliche Kleidung, die du trägst, vom Staat gestellt.«

»Sie wollen, daß ich hier nackt rumstehe?« fragte ich.

»Jetzt begreifst du langsam. Ich wußte doch, daß ihr Jungs aus Hell's Kitchen nicht so dumm sein könnt, wie die Leute sagen.«

Ich zog meine Unterhose aus, schüttelte meine Schuhe von den Füßen, formte die Socken zu einem Knäuel, das ich mit den anderen Sachen auf einen Haufen neben mir warf. Ich stand nackt und verlegen da.

»Und jetzt?«

»Zieh dich an«, sagte Nokes und wies mit dem Kopf auf die Sachen, die man auf meine Pritsche gelegt hatte. »In einer Viertelstunde ist Versammlung. Dann wirst du die anderen Jungen treffen.«

»Sind meine Freunde auch auf dieser Etage?« fragte ich, machte zwei Schritte auf die Pritsche zu und griff nach einem gefalteten grünen T-Shirt.

»Deine Freunde?« sagte Nokes und wandte sich ab. »Du mußt noch viel lernen, Kleiner. Hier hat niemand Freunde. Das solltest du nicht vergessen.«

Die Busfahrt zum Wilkinson-Heim für Jungen hatte einschließlich zweier Tank- und einer kurzen Pinkelpause mehr als drei Stunden gedauert. Das Mittagessen nahmen wir im Bus ein: durchgeweichtes Weißbrot mit Butter, Behälter mit lauwarmem Apfelsaft und oh! – Henry-Schokoriegel. Draußen stiegen die Temperaturen auf über dreißig Grad. Drinnen war es sogar noch heißer. Die klapprige Lüftung blies röchelnd heiße Luft aus, und die Hälfte der Fenster waren fest verriegelt, die angestoßenen Scheiben staubverschmiert.

Der Bus war alt, eng, schmutzig und innen wie außen schiefergrau lackiert. Die Hälfte der sechsunddreißig Sitze war von Jungen belegt, die noch jünger waren als ich; keiner der Passagiere war älter als sechzehn. Drei Wärter begleiteten den Transport, einer saß vorne neben dem Fahrer, die beiden anderen hinten im Bus, wo sie sich eine Packung Zigaretten und ein Pornoheft teilten. Jeder Wärter hatte einen langen schwarzen Schlagstock und eine Dose Tränengas am Gürtel. Der Wärter vorne hatte zusätzlich noch eine kleine Pistole in den Hosenbund gesteckt.

Vier Jungen waren schwarz, zwei sahen aus wie Latinos, der Rest war weiß. Wir saßen jeder für sich, mit einem Fuß an eine dünne Eisenstange im Mittelgang gekettet. Unsere Hände waren frei, und wir durften miteinander sprechen, doch die meisten schienen zufrieden damit, die vorbeiziehende Landschaft zu betrachten. Für viele war es die erste Fahrt über die Stadtgrenzen von New York hinaus.

Michael saß zwei Reihen vor mir, John und Tommy waren direkt links hinter mir.

»Der Bus ist wie der, den Doug McClure in *Die längsten hundert Meilen* gefahren hat«, sagte John zu einem pockennarbigen Teenager auf der anderen Seite des Mittelganges. »Findest du nicht auch?«

»Wer ist Doug McClure, Scheiße noch mal?« sagte der Junge.

»Nicht so wichtig«, sagte John und wandte seine Aufmerksamkeit wieder den sanft abfallenden Hügeln irgendwo im Norden des Staates New York zu.

Am Morgen hatten wir uns vor dem Gerichtssaal gegenüber vom Foley Square von unseren Verwandten und Freunden verabschiedet. Mein Vater hatte mich in die Arme genommen und gehalten, bis einer der Wärter ihm sagte, daß wir jetzt aufbrechen müßten.

»Behandeln Sie ihn anständig«, sagte mein Vater zu dem Wärter.

»Keine Sorge«, erwiderte er. »Ihm wird's schon gutgehen. Und jetzt treten Sie bitte zurück.«

Ich ließ meinen Vater stehen und ging auf die Schlange zu, die sich in der Nähe des Busses bildete. Die Menge drängte näher, ältere Hände streckten sich zu einer letzten Berührung, Mütter weinten leise, Väter hielten die Köpfe in zornigem Schweigen gesenkt. Ich sah, wie Johns Mutter ihm mit weichen Knien einen Rosenkranz um den Hals legte. Michael und Tommy standen hinter mir in der Schlange und starrten ins Leere; es war niemand gekommen, sie zu verabschieden.

Ich blickte nach links und sah Pater Bobby, der in der Nähe eines Parkplatzes an einen Laternenpfahl lehnte. Ich nickte ihm zu und wollte lächeln. Doch ich konnte nicht. Ich beobachtete, wie er seine Zigarette auf den Bürgersteig schnippte und auf den Bus zukam.

Ich wünschte, er wäre nicht da. Ich wünschte, keiner von ihnen wäre da. Ich wollte nicht, daß *irgend jemand*, schon gar nicht die Menschen, die mir wichtig waren, sahen, wie ich in einen Bus stieg, der mich an einen Ort brachte, der für mich nichts anderes war als ein Gefängnis. Vor allem Pater Bobby nicht. Ich hatte das Gefühl, ihn enttäuscht und sein Vertrauen in mich verraten zu haben. Er hatte für uns getan, was er konnte – hatte den Richter mit Briefen bombardiert in der Hoffnung, die Anklage könnte reduziert oder ganz fallengelassen werden; er hatte wortreich dafür gekämpft, uns in eine andere Einrichtung einzuweisen; er hatte gebettelt, uns seiner Obhut zu überstellen. Nichts hatte geholfen, und jetzt blieb ihm nur noch das Beten.

Er blieb mit traurigem Blick vor mir stehen, sein kräftiger Körper in sich zusammengesunken.

»Schreibst du mir mal?« fragte er.

Ich wollte so sehr weinen und ihn so fest umarmen wie meinen Vater eben. Schluckend kämpfte ich gegen die Tränen an. Mein Mund war staubtrocken.

»Keine Sorge«, brachte ich schließlich hervor. »Sie hören von mir.«

»Es würde mir viel bedeuten«, sagte Pater Bobby mit ebenso erstickter und brüchiger Stimme wie ich.

Er starrte mich mit feuchten Augen an. Jahre später erst begriff ich, was dieser Blick enthielt, die Warnungen, die er gerne ausgesprochen hätte. Doch er konnte es mir nicht sagen. Er wagte es nicht, mir noch mehr angst zu machen. Es kostete ihn all seine Kraft, mich und die anderen nicht zu nehmen und von der Tür dieses Busses wegzulaufen. Laufen, so weit wir konnten. Laufen, bis wir alle frei waren.

»Könnten Sie mir einen Gefallen tun?« fragte ich ihn.

»Was hast du auf dem Herzen?«

»Sehen Sie ab und zu mal nach meiner Mutter und meinem Vater«, sagte ich. »In diesen letzten Wochen sah es so aus, als wären sie kurz davor, sich gegenseitig umzubringen.«

»Das werde ich tun«, sagte Pater Bobby.

»Und egal, was Sie hören, erzählen Sie ihnen, es geht mir gut«, sagte ich.

»Du willst, daß ich lüge?« sagte Pater Bobby und legte seine Hand auf meine Schulter. Ein Lächeln brach durch seine Traurigkeit.

»Es ist eine gute Lüge, Pater«, sagte ich. »Das können Sie schon machen.«

Pater Bobby ging vom Bus weg und sah zu, wie ich einstieg. Sein Blick wanderte über die Gesichter der Jungen, die bereits auf ihren Plätzen saßen. Er zog eine weitere Zigarette aus seiner Hemdtasche, zündete sie an und inhalierte tief. Er ging zu meinem Vater und blieb neben ihm stehen, bis der Bus die Türen schloß und anfuhr. Dann gingen die beiden Männer – der eine ein Priester, der andere ein Ex-Sträfling – mit gesenkten Köpfen, die Hände in den Taschen vergraben, zur nächsten U-Bahn-Station, um zurückzufahren zu dem einzigen Ort, dem sie beide je getraut hatten.

2

Das Wilkinson-Heim für Jungen beherbergte 375 jugendliche Straftäter, die in fünf getrennten Einheiten über knapp drei Hektar gut bewachten Landes verteilt waren. Es gab zwei große Turnhallen, eine 400-Meter-Laufbahn und eine Kapelle für alle Glaubensrichtungen.

Von außen machte die Einrichtung genau den Eindruck, den ihre Betreiber erwecken wollten – sie wirkte wie eine abgeschiedene Privatschule. Hundert Wärter standen bereit, die Insassen zu kontrollieren. Die meisten waren Einheimische, die kaum älter waren als die ältesten ihrer Schützlinge. Für sie war es eine Station auf dem Weg zu anderen Anstellungen im Strafvollzug oder sonstigen staatlichen Einrichtungen. Eine zweijährige Dienstzeit in Wilkinson – so lange blieben die Wärter im Durchschnitt – machte sich im Lebenslauf immer gut.

Als Lehrer, Gärtner, Hausmeister, Köche und Handwerker wurden auch Leute aus der Umgebung beschäftigt. Damit wurden zum einen die Lohnkosten niedrig gehalten, zum anderen die Verschwiegenheit gewahrt. Niemand würde einem der größten Arbeitgeber der Region Schaden zufügen, egal was er möglicherweise sah oder hörte.

Die Einrichtung wurde von einem Direktor und zwei Stellvertretern geleitet.

Der Direktor, ein desinteressierter, übergewichtiger Mann Ende Vierzig, war mehr um den äußeren Schein besorgt als um das, was sich innerhalb von Wilkinson wirklich abspielte. Er lebte mit seiner Frau und zwei Kindern in einem großen Haus, keine fünf Autominuten vom Haupttor entfernt. Er saß nie vor zehn an seinem Schreibtisch und verließ sein Büro jeden Nachmittag pünktlich um vier. Seine jungen Stellvertreter, die hofften, eines Tages selbst eine derartige Institution zu leiten, hielten ähnliche Arbeitsstunden ein.

Für die alltäglichen Vorgänge waren die Wärter zuständig. Sie überwachten den Tagesablauf, der mit Wecken um sechs und einem zwanzigminütigen Frühstück begann und damit endete, daß abends um halb zehn das Licht ausgemacht wurde. Jeder Tag war eine Serie von Pfiffen aus Trillerpfeifen, die uns von Station zu Station leiteten – Klassenzimmer, Turnhalle, Duschen, Mahlzeiten, Klinik, Bibliothek und Feldarbeit.

Michael, Tommy, John und ich wurden der zweiten Etage der Gruppe C im dritten und kleinsten der auf dem Gelände verstreuten Gebäude zugeteilt. Jeder bekam eine private Vierquadratmeterzelle, die mit einer Pritsche mit Sprungfedermatratze, einer Toilette ohne Deckel und einem Waschbecken mit fließend kaltem Wasser ausgestattet waren. Die eiserne Zellentür hatte drei Gitterstäbe in der Mitte und unten eine aufschiebbare Klappe, über dem Waschbecken befand sich ein kleines Drahtglasfenster mit Blick in einen, wie mir schien, immer farblosen Himmel.

Alle drei Tage durften wir duschen, jeden Freitagmorgen bekamen wir saubere Kleidung; die schmutzige Wäsche wurde in einen großen Korb geworfen, der von einem weißhaarigen, hinkenden Mann geschoben wurde. Um Verwechslungen zu vermeiden, wurden unsere grünen Hemden, weißen Hosen, weißen Socken und dunkelblauen Turnschuhe mit den ersten beiden Buchstaben unseres Nachnamens markiert. Diejenigen, die schon alt genug waren, sich zu rasieren, taten dies unter der Aufsicht eines Wärters. Voll- und Schnurrbärte waren nicht erlaubt. Genausowenig wie tragbare Radios und Aufnahmegeräte jedweder Art. In jedem Gebäude gab es einen Fernseher, der normalerweise von den Wachen benutzt wurde.

Einmal im Monat wurde in der Hauptversammlungshalle ein Film gezeigt, den sich alle 375 Insassen ansehen mußten.

Jeder Etage waren vier Wärter zugeteilt, wobei jeweils einer, in unserem Fall Nokes, der Leiter der Truppe war. Die drei Männer, die mit Nokes arbeiteten, hießen Ferguson, Styler und Addison. Ihre Vornamen wurden uns nicht mitgeteilt, und man ermutigte uns auch nicht, danach zu fragen. Keiner von ihnen war älter als Mitte Zwanzig, und sie schienen befreundet zu sein.

Ferguson war groß und kantig mit zarten Händen und einem schmalen Gesicht, das seine Gedanken schnell verriet. Er war der einzige Sohn eines ermordeten New Yorker Staatspolizisten und stand auf der Warteliste der Polizei von New York City und Suffolk County. Er hatte gerade sein erstes Jahr in Wilkinson absolviert und war bei den Insassen unbeliebt, die Jugendlichen mißtrauten ihm. Er war jähzornig und verfügte über eine brutale Kraft, die man ihm seinem Aussehen nach gar nicht zugetraut hätte. »Man konnte es ihm vom ersten Tag an ansehen«, sagte John. »Er war die Sorte Mensch, die entweder tötet oder getötet wird. Oder beides.«

Styler finanzierte sich mit dem Job in Wilkinson sein Jurastudium. Er war klein, aber muskulös und trainierte genauso regelmäßig in der Turnhalle wie die Insassen. In seinen Abendpausen machte er Klimmzüge am Geländer im zweiten Stock, während er darauf lauerte, daß sich einer der Jungs zu irgendeiner Dummheit hinreißen ließ. Styler war immer schlechtgelaunt, weil er unter der Doppelbelastung von Arbeit und Studium genauso litt wie unter der Frustration, einen Job auszuüben, den er selbst verachtete. Er war ein armer Junge, der auf andere arme Jungen herabblickte. Sie erinnerten ihn nur an seine Herkunft und den weiten Weg, den er zurücklegen mußte, um dem zu entkommen.

Addison hatte die örtliche High-School absolviert und wollte nichts anderes als einen festen, gut bezahlten Job mit ordentlichen Zulagen und Pensionsanspruch. Er nahm an jedem Test für den öffentlichen Dienst teil, den er entdeckte, und stand auf der Warteliste von acht Polizei- und Feuerwehrwachen in der Gegend. Er war der jüngste der uns zugeteilten Wärter und auch der lauteste, stets bereit, verbal die Muskeln spielen zu lassen und irgendwelche Befehle zu brüllen. Männer wie ihn hatten wir in Hell's Kitchen oft genug gesehen. Außer seinem banalen Job hatte er wenig im Leben. Wenn er nicht im Dienst war, mußte er eine Menge einstecken; dafür teilte er im Dienst um so heftiger aus.

Auf den ersten Blick barg Addison keine Überraschung. Keiner von ihnen barg eine Überraschung. Doch das war nur auf den ersten Blick, und wir hatten keine Ahnung, worauf wir achten sollten.

John und ich lehnten mit ausgestreckten Beinen, unsere Hemden schweißnaß, an der Wand der Turnhalle und beobachteten sechs schwarze Insassen bei einem Basketballspiel drei gegen drei. Es war erst unser dritter Tag in Wilkinson, auch wenn es sich schon wie drei Monate anfühlte.

Ich sah zu, wie ein muskulöser Teenager im Jogginganzug einen Sprungwurf verwandelte, und meine Augen wanderten an ihm vorbei auf die Zementmauern, die uns gefangen hielten. Nichts, was sich in den ersten drei Tagen in dem Heim ereignet hatte, hatte meine Angst gelindert. Das Essen war geschmacklos, die Schlafbedingungen unerträglich und die Atmosphäre in den Klassenzimmern und auf dem Hof aufgeladen. Es herrschte ständig ein Gefühl drohender Gefahr, und ich konnte mir einfach nicht vorstellen, ein ganzes Jahr meines Lebens unter solchen Umständen zu verbringen.

So schlimm es für mich war, für John war es noch schlimmer. Die beengte Zelle löste bei ihm Klaustrophobie aus und verschlimmerte seine Asthmaanfälle. Er aß nichts und konnte die Milch nicht trinken, die zu jeder Mahlzeit gereicht wurde, so daß seine einzige Flüssigkeitsaufnahme darin bestand, das lauwarme

Wasser aus den Trinkbrunnen am Spielplatz zu trinken. Er war blaß, seine Nase schien ständig zu laufen, und er sah so verängstigt aus, wie ich mich fühlte.

»So verbringt ihr Jungs aus Hell's Kitchen also eure Tage?« Es war Nokes. Er stand über uns, die Augen aufs Spiel gerichtet, einen schwarzen Schlagstock in der Hand. »Guckt den Niggern beim Korbwerfen zu?«

»Wir machen eine Pause«, sagte John. »Das ist alles.«

»Ich entscheide, wann ihr eine Pause macht«, sagte Nokes mit einem höhnischen Grinsen.

Sean Nokes brauchte nicht lange, um uns seine Gegenwart spüren zu lassen. Er war ein Mann, der seine Macht genoß und an jeder Ecke Streit suchte. Er war seit anderthalb Jahren in Wilkinson und seit knapp einem halben Jahr verheiratet. Er lebte in einer Zweizimmerwohnung im zweiten Stock eines Hauses, keine fünf Autominuten vom Heim entfernt. Er überwies einen kleinen Teil seines Gehalts an seine verwitwete Mutter in der Nähe von Rochester und war Kapitän der Wärter-Bowling-Mannschaft. Er war ein starker Raucher, und sein Atem roch oft nach Bourbon.

Nokes redete und gab sich abgebrüht, vor allem in Gegenwart der Insassen, doch ich hatte immer das Gefühl, daß er allein, ohne die Verstärkung der anderen Wärter und der Macht seines Amtes, nicht viel hergemacht hätte. In einem fairen Kampf an einer Straßenecke in Hell's Kitchen hätte es wahrscheinlich jeder von uns mit ihm aufnehmen können. Ich *wußte*, daß Michael ihn schlagen konnte, vielleicht sogar Janet Rivera. Doch jetzt waren wir in seinem Haus eingesperrt, gezwungen, nach seinen Regeln zu spielen.

»Los, auf den Platz«, sagte Nokes und wies mit dem Schlagstock auf die überfüllten Spielfelder. »*Sofort.*«

Ich zuckte die Schultern, wandte mich zu John um und sagte: »Ein Spiel mehr wird uns auch nicht umbringen.« Dann stand ich auf und streifte dabei mit einer Schulter Nokes' Uniform.

Nokes, der nur Zentimeter hinter mir stand, hob seinen Stock und schlug damit hart auf meinen Rücken. Der Schmerz war stechend, durchdringend und betäubend, und seine Wucht ließ mich auf ein Knie sinken.

Nokes' zweiter Schlag landete mitten auf meinem Hinterkopf, rasch gefolgt von einem dritten, der hart genug war, um Knochen zu brechen. Ich lag mittlerweile auf beiden Knien, rang nach Atem und starrte dabei in die Augen eines schwarzen Teenagers mit zurückgegelter Afrofrisur. Er erwiderte meinen Blick, schweigend und regungslos bis auf den Basketball, den er neben sich auf den Boden titschen ließ.

Hinter mir hörte ich John schreien: »Was machen Sie da? Er hat Ihnen doch gar nichts getan!«

»Er hat meine Uniform berührt«, sagte Nokes ruhig. »Das ist gegen die Hausordnung.«

»Er hat Sie nicht berührt«, sagte John am ganzen Körper zitternd. »Und wenn, nicht mit Absicht.«

»Halt dich da raus«, erklärte Nokes ihm.

»Sie mußten ihn nicht schlagen«, sagte John mit einem Hauch von Hell's Kitchen in der Stimme. »Schlagen Sie ihn nicht noch mal.«

»Okay.« Nokes' Stimme wurde weicher, doch seine Augen blieben hart. »Hilf ihm auf. Bring ihn zurück in seine Zelle.« Als John zögerte, sagte Nokes: »Los, heb ihn auf. Du brauchst keine Angst zu haben.«

»Ich habe keine Angst«, erklärte John ihm.

Nokes lächelte nur.

In meiner Zelle half John mir auf meine Pritsche und deckte meine Beine mit einer gefalteten Decke zu.

»Ich kann gar nicht glauben, daß er dich so geschlagen hat«, sagte John.

»Er hat nicht zum ersten Mal geschlagen«, erklärte ich ihm.

»Woher weißt du das?«

»Als ich am Boden war, hab ich zu den anderen rübergeschaut. Keiner war überrascht.«

Und ich war es jetzt auch nicht mehr. Ich verstand, was Pater Bobby mir nicht hatte sagen können. Ich begriff das Gewicht der Worte meines Vaters. Mir schwante, was hinter King Bennys verschleierten Warnungen steckte. Sie hatten versucht, mich vorzubereiten, uns alle vorzubereiten. Doch keiner, nicht einmal King

Benny, konnte das volle Ausmaß des Grauens geahnt haben, das uns noch bevorstand.

Wir spürten ihre Anwesenheit schon, bevor wir sie hörten. John hatte getrödelt, um sicherzugehen, daß es mir gutging, und die Rückkehr in die harsche Welt außerhalb der Zelle verzögert. Wenn wir für uns waren, konnten wir uns irgendwie vormachen, daß alles in Ordnung war. Doch nichts war in Ordnung und würde es je wieder sein.

Nokes stand in der Zellentür, die Arme vor der Brust verschränkt, ein schräges Grinsen im Gesicht. Hinter ihm standen Ferguson, Styler und Addison, schwarze Schlagstöcke am Gürtel. Nokes führte sie in meine Zelle. Addison schloß die Tür hinter ihnen. Sie sagten kein Wort, bis John sie mit aller Furchtlosigkeit, die er aufbringen konnte, fragte, was sie wollten.

»Seht ihr?« sagte Nokes lachend. »Seht ihr, was für ein harter Bursche dieser kleine irische Scheißer ist?«

Ferguson und Styler traten an Nokes vorbei und packten jeweils einen von Johns Armen. Addison trat hinter ihn, wickelte ein dickes Stück Stoff um seinen Mund und verknotete es am Hinterkopf. Nokes stand über mir, ein Knie auf meine Brust gepreßt. Ich wandte den Blick ab und sah John an, blankes Entsetzen stand in unseren Gesichtern.

»Zieht ihm die Hosen runter«, sagte Nokes.

Johns Hose fiel um seine Knöchel, seine weißen Beine leuchteten im grellen Tageslicht.

»Haltet ihn fest«, sagte Addison zu Ferguson und Styler. »Ich will nicht, daß er hinfällt und sich den Kopf aufschlägt.«

»Wir haben ihn«, sagte Ferguson. »Keine Sorge.«

»Okay, Ire«, sagte Nokes. »Dann wollen wir mal sehen, wie hart du wirklich bist.«

Addison schlug mit dem Schlagstock auf Johns Rücken, Hintern und Beine, so daß die Haut augenblicklich anschwoll und Tränen in die Augen meines Freundes traten. Sein Rücken wurde knallrot, und seine dünnen Beinmuskeln zuckten unter den Schlägen. Nach jedem Schlag entfuhr John ein leises Stöhnen, bis er nach dem fünften das Bewußtsein verlor. Trotzdem hörte Addison nicht auf. Er hob den Schlagstock höher und schlug mit noch größerer Wucht auf den leblosen Körper meines Freundes ein. Sein Gesicht glänzte vor Schweiß, seine Augen leuchteten vor Lust an dem Schmerz, den er John zufügte. Nachdem etwa ein Dutzend Schläge ihr Ziel getroffen hatten, hielt er endlich inne und wischte sich mit dem Ärmel seines Hemdes den Schweiß von der Stirn. Ferguson und Styler hielten noch immer Johns Arme, weil er sonst auf den Boden gefallen wäre.

»Meinst du, er hat genug?« fragte Nokes mich.

»Ja«, sagte ich, zu ihm hochstarrend.

»Ja was, du Scheißitaker.«

»Ja, Sir«, sagte ich. »Ich glaube, er hat genug.«

Nokes und ich sahen schweigend zu, wie das Trio Johns Hosen hochzog und den Knebel löste. Dann wurde John aus meiner Zelle zurück in seine geschleift.

Nokes ging mit im Rücken gefalteten Händen und gesenktem Kopf durch meine Zelle. »Haltet euch an das, was ich sage«, erklärte er mir. »*Tut*, was ich sage. Wehrt euch nicht gegen uns. Dann kommt so was wie heute nie wieder vor. Wenn nicht, werdet ihr Hell's-Kitchen-Jungs hier vielleicht nie wieder lebend rauskommen. Darüber solltet ihr mal nachdenken, meinst du nicht auch?«

Es war das Ende unseres dritten Tages im Wilkinson-Heim für Jungen.

3

Es waren keine unschuldigen Jungen, die nach Wilkinson kamen. Die meisten, wenn nicht alle Insassen gehörten dorthin.

Die Belegschaft setzte sich aus den härtesten Kids der ärmsten und gefährlichsten Gegenden des Staates zusammen, einige saßen bereits die zweite oder dritte Strafe ab. Alle waren gewalttätige Straftäter. Nur wenige schienen ihre Tat zu bereuen, kaum einer wirkte, als ob er auf der Schwelle zur Rehabilitation stand.

Einige Insassen genossen ihren Aufenthalt sogar als Erholung von der bedrückenden Straßenwelt, in der sie lebten. Andere strichen wie wir jeden einzelnen Tag an der Wand hinter ihren Pritschen ab, mit Strichen, die wir in den Beton kratzten, genau wie wir es die Schauspieler in zahllosen Gefängnisfilmen hatten tun sehen.

Die meisten waren wegen Körperverletzung verurteilt, mehr als die Hälfte davon in Zusammenhang mit Drogenvergehen. Kokain hatte eben erst begonnen, seine düsteren Fänge in die armen Viertel zu schlagen, wo es das ruhigere Heroin als Modedroge ersetzte.

Schwarze und Südamerikaner waren die ersten Armen, die die Macht der neuen Droge schmeckten und die Sucht nach ihr spürten. Während ihre Vergehen zuvor meist geringfügig gewesen waren, wurden die Straftaten wegen der Droge jetzt aggressiver und gewalttätiger. Im Gegensatz zu ihren Landsleuten in den Vorstädten hatten sie keine Eltern mit dicken Brieftaschen, auf die man zählen konnte, wenn der Drang nach dem Puder einsetzte. Also hielten sie sich an die Wehrlosen, um ihre Gewohnheiten und Süchte zu befriedigen.

1967 gerieten die armen Italiener und Iren meist noch wegen Alkohol und Großspurigkeit mit dem Gesetz in Konflikt. Straßenschlägereien eskalierten rasch, wenn der Korken erst einmal aus der Flasche war. Ein beträchtlicher Anteil der weißen Insassen saß Strafen wegen Körperverletzung ab, und fast immer war Alkohol und Rache im Spiel gewesen. Die anderen waren wegen gescheiterter Raubüberfälle verurteilt worden, die sie entweder betrunken oder in Gesellschaft älterer Männer begangen hatten.

Meine Freunde und ich saßen zwischen allen Stühlen. Wir waren wegen einer Körperverletzung verurteilt, zu der es weder durch Trunkenheit noch im Affekt gekommen war.

Wir waren aus reiner Blödheit hier.

In Wilkinson gab es kaum feste Freundschaften, sondern nur eine Handvoll unsicherer Allianzen. Schwarze und Weiße teilten sich wie in jeder Institution des Strafvollzugs nach Hautfarben. Ethnische Gruppierungen fanden sich, Fraktionen aus bestimmten Vierteln schlossen sich zusammen, und Freunde von der Straße versuchten, sich gegenseitig den Rücken frei zu halten.

Die Aufgabe der Wachen war es, diese Allianzen zu brechen, Unfrieden zu stiften und alles im Keim zu ersticken, was ihre Macht bedrohte. Ein vereinzeltes Individuum war leicht unter Kontrolle zu halten. Bei einer verschworenen Gruppe war das nicht so einfach.

Meine Freunde und ich waren eine der vielen Cliquen, die versuchten zusammenzubleiben. Das war einer der Gründe, warum es die Wärter in unserem Zellenblock, vor allem Nokes und Styler, auf uns abgesehen hatten. Außerdem wußten sie, daß sie mit uns viel leichter fertig wurden als mit vielen anderen Gruppen, die weit mehr als nur vier Mitglieder hatten. Für Nokes und seine Truppe hätte es hart, vielleicht sogar gefährlich werden können, sich mit abgebrühteren, erfahreneren Insassen anzulegen. Diese Cliquen in Schach zu halten, war lediglich Teil ihres Jobs. Entspannung fanden sie bei mir und meinen Freunden.

Von Anfang an galten wir als eine Gruppe, mit der man alles machen konnte, zum Teil wegen unseres Alters, zum Teil wegen der Natur unseres Verbrechens und zum Teil, weil wir keiner bereits existierenden Gang angehörten. Bei anderen Insassen und anderen Gruppen zogen die Wärter eine Linie und warteten darauf, daß diese überschritten wurde, bevor sie losschlugen.

Bei uns gab es keine Linie. Über uns konnten Nokes und seine Truppe jederzeit aus beliebigem Grund herfallen.

Für uns gab es nie irgendwelche Regeln.

Herbst 1967

3

Es war der Morgen meines dreizehnten Geburtstags.

Unser erster Monat in Wilkinson war ohne weitere Zwischenfälle verstrichen. Mit Ausnahme von Butter – Tommy – hatten meine Freunde und ich ein paar Pfund abgenommen. Das lag zum einen am Essen, zum anderen daran, daß wir nachts nicht durchschlafen konnten. Mein Vater hatte mich gewarnt, daß man sich anfangs am schwersten an den Lärm gewöhnen würde, und er hatte recht. Das Stöhnen und Grunzen, das ewige Husten, die gelegentlichen Schreie, das Rauschen von Toiletten, Musik aus versteckten Radios – all das hörte bis zum Sonnenaufgang nicht auf.

Ich marschierte in einer Gruppe von acht Insassen auf dem Rückweg von einer morgendlichen Unterrichtseinheit mit Greg Simpson, einem Ex-Drogenabhängigen mit schläfrigem Blick. Der Unterricht in Wilkinson war bestenfalls mittelmäßig. Die meisten Klassen waren überfüllt, oft drängten sich bis zu vierzig Schüler in einem Raum, von denen die meisten genauso unverhohlen gelangweilt waren wie die Lehrer selbst. Englisch und Geschichte waren noch immer meine Lieblingsfächer, und auch wenn keiner der Lehrer Pater Bobby das Wasser reichen konnte, so bemühten sie sich doch zumindest, ein paar Informationen zu vermitteln. Meine Freunde und ich machten gerne Hausaufgaben, weil uns das in unseren Zellen etwas zu tun gab, außer an die Wand zu starren und den fortwährenden Schreien zu lauschen.

Wir waren im ersten Stock, Michael vor mir, Johnny am Ende der Schlange, unterwegs zur Ptomaine Taverne, wie die Insassen den Eßsaal nannten.

»Stillgestanden«, brüllte Nokes. »Carcaterra, Sullivan, Reilly raustreten! Alle anderen Mund zu und Augen geradeaus.«

Seit den Prügeln, die John und ich bezogen hatten, hatten wir Distanz zu Nokes und seinen Spießgesellen gehalten. Wir hatten ihr permanentes Sperrfeuer von Beleidigungen über uns ergehen lassen, die Rempler, Ohrfeigen und anderen Provokationen ignoriert. Es war bestimmt das sicherste, was wir tun konnten, und, wie wir glaubten, wahrscheinlich auch das einzige.

Unsere Arme streiften das Geländer, und wir standen stramm, die Augen stur geradeaus.

Nokes trat mit einem breiten Lächeln neben mich und befahl uns dreien, in unsere Zellen zurückzukehren. Er wußte, daß ich Geburtstag hatte, und fing an, mich deswegen zu necken. Er erzählte mir, daß er in derselben Woche Geburtstag hatte und wenig später auch Styler. Ich mied seinen Blick und spürte seinen schweren, heftigen Atem. Er sah betrunken aus und schwankte leicht, sein Gesicht war rot, sein Blick leicht glasig. Was immer sie vorhatten, ich wußte, es war nichts Gutes.

Nokes ging zu Michael und starrte ihn ein paar Sekunden lang an, bevor er ihm, noch immer lächelnd, mit dem Schlagstock auf die Schulter tippte. Er erklärte uns, er hätte eine kleine Geburtstagsparty geplant, eine besondere Feier, die uns allen Spaß machen würde. Nokes lallte, und ein paar von den anderen in der Schlange fingen an zu kichern.

John und ich konnten uns vor lauter Angst kaum bewegen und mußten von Nokes gestoßen werden. John sah mich an, sein Gesicht blaß vor Furcht. Michael ging mit gesenktem Kopf und herabhängenden Armen, machtlos, den Freunden zu helfen, für deren Schutz er sonst immer dagewesen war.

Wir wußten nicht, was Nokes für uns in petto hatte, doch wir wußten, daß es bestimmt keine Torten, Luftballons und Papphütchen waren. Wir vier waren mittlerweile lange genug hinter den Mauern von Wilkinson eingesperrt, um nichts als das Unvorstellbare zu erwarten.

Ich betrat meine Zelle, Michael ging noch immer vor mir. Auf meiner Pritsche saßen Styler, Ferguson und Addison, zwei rauchten Zigaretten. In der Ecke zwischen Kloschüssel und Waschbecken eingeklemmt stand Tommy.

Ferguson hatte sein Hemd ausgezogen und lehnte sich an die Wand. Er klopfte Addison auf die Schulter und zwinkerte ihm zu, begierig, daß der Spaß endlich losging. Ferguson war nur selten derjenige, der etwas anfing, aber wenn die anderen erst einmal begonnen hatten, war er mit einer Bösartigkeit dabei, die man ihm bei seiner Größe und Erscheinung nicht zugetraut hätte. Er hielt sich für einen Komiker, und manchmal schlug und trat er Insassen so lange, bis sie laut über eine seiner Geschichten lachten.

Ich sah mich in der Zelle um und hörte, wie die Tür hinter mir zuschlug. Ich beobachtete, wie Addison, Styler und Nokes ihre Hemden auszogen. Ich war am ganzen Körper schweißnaß und fühlte mich einer Ohnmacht nahe. Ich sah, wie Michael seine Faust ballte und wieder entkrampfte, während Tommy seine Augen fest geschlossen hielt, um nichts um ihn herum wahrzunehmen. Ich hörte Johns stoßweisen, pfeifenden Atem.

Nokes zog eine Zigarette aus der Brusttasche seines Hemdes und fragte mich, ob ich auf Überraschungen stände. Als ich die Frage verneinte, lachten alle laut und lange. Ferguson stand von der Pritsche auf und rieb mir mit der Handfläche übers Gesicht, während er mich fragte, wie alt ich geworden wäre.

»Dreizehn«, sagte ich.

Addison zeigte auf Tommy und befahl ihm, sich zur Wand umzudrehen. Tommy gehorchte langsam.

Ferguson trat einen Schritt zurück und befahl John und Michael, dasselbe zu tun. Sie gingen zu der Wand gegenüber der Pritsche und starrten auf den grauen Beton.

Nokes legte, die Zigarette im Mundwinkel, beiläufig seinen Arm um meine Schultern. Addison drückte seine Zigarette aus und sah auf die Uhr, während er zur Pritsche hin zurückwich, um Nokes allen Platz zu lassen, den er brauchte.

Meine Lider klappten auf und zu wie Fensterläden in dem Versuch, die Schweißtropfen abzuwehren, die von meiner Stirn tropften. Meine Stimme brach vor Angst und Anspannung. »Was wollen Sie?« brachte ich hervor.

»Blas mir einen«, sagte Nokes.

Ich weiß nicht mehr viel von jenem Tag. Ich erinnere mich nur noch daran, daß ich auf die Knie gezwungen wurde und meine Augen, mein Bewußtsein zumachte und nur das Lachen und Johlen hörte. Ich erinnere mich an Nokes' feuchte Hände, die meinen Hinterkopf gepackt hielten. Ich weiß noch, daß ich wie erstarrt war und wünschte, sie würden mich umbringen, bevor die Nacht vorüber war.

Ich habe nie mit meinen Freunden darüber gesprochen und auch sie erwähnten es mir gegenüber mit keinem Wort. Wir versuchten nach Kräften, diese Momente auszulöschen, die sich nach jenem Geburtstag mit monotoner Regelmäßigkeit wiederholten. Bis zum heutigen Tag habe ich kein bewußtes, klares Bild des sexuellen Mißbrauchs vor Augen, den wir im Wilkinson-Heim für Jungen erleiden mußten. Ich habe alles so tief wie möglich in mir vergraben. Doch es ist da und wird immer da sein, egal wie sehr ich es verdrängen möchte. Manchmal treiben die Bilder an die Oberfläche meines Bewußtseins, nicht in meinen brutalsten Alpträumen, von denen es viele gab, sondern in sanfteren Augenblicken. Sie legen sich über unschuldigere Bilder – der kurze Blick auf eine Uniform, das Lachen eines Mannes, ein dunkles Zimmer, das Klappern eines Zaunes. Es dauert immer nur Bruchteile von Sekunden, gerade lang genug, um mich den kalten Schauer spüren zu lassen.

Die Details dieser erzwungenen sexuellen Begegnungen sind in einer Serie von verschwommenen Action-Standfotos erstarrt.

Ich sehe Hände, die auf nackte Haut klopfen. Ich sehe zerrissene Hosen und Hemden. Ich spüre heißen Atem in meinem Nacken und starke kräftige Beine, die sich um meine schlingen. Ich höre Stöhnen und irres Gelächter, mein Rücken und Hals feucht vom Schweiß und Speichel eines anderen Mannes. Ich rieche Zigarettenqualm und höre die gedämpften Unterhaltungen hinterher, die Witze, die Bemerkungen und das Versprechen wiederzukommen.

In diesen verschwommenen Visionen bin ich immer allein und schreie gegen den Schmerz, die Scham und das Gefühl der Leere an, das der Mißbrauch des Körpers in der Seele hinterläßt. Ich werde festgehalten von Männern, die ich hasse, gelähmt vor Angst und von dem dunklen Ende eines Schlagstocks, ohnmächtig, mich zu wehren.

Am deutlichsten erinnere ich mich daran, daß jener kühle Oktobertag mein dreizehnter Geburtstag war und das Ende meiner Kindheit.

4

Ich ging neben Michael auf dem Außenfeld des Wilkinson Parks. Wir blickten auf die leeren Holztribünen. Es war kurz vor Thanksgiving, und das Wetter war kühl geworden. Wir trugen erbsengrüne Jacken über unserer Gefängniskluft und hatten die Hände in die Hosentaschen gesteckt.

Wir waren jetzt seit zwei Monaten in Wilkinson. Von unserer Strafe blieben noch zehn Monate. In dieser kurzen Zeit hatten die Aufseher in Wilkinson unsere Körper geschlagen und unseren Verstand geschwächt. Uns blieb nur noch die Kraft unserer Seele, und ich wußte, daß es nicht mehr lange dauern konnte, bis auch dieser letzte Rest von uns verschwunden sein würde.

Ich fing an zu glauben, daß ich Wilkinson nie wieder verlassen würde, daß mein Leben hinter diesen Mauern enden würde. Es gab zahlreiche Gerüchte über Insassen, die man tot auf ihren Pritschen oder in einer Duschkabine aufgefunden hatte. Ich wußte nicht, wieviel davon stimmte, und ich wollte es auch gar nicht wissen. Für mich spielte nur eine Rolle, daß ich gebrochen wurde von einem System, ersonnen, Menschen wie mich zu brechen. Ich schlief weniger als zwei Stunden pro Nacht und aß nicht mehr, als ich unbedingt mußte. Ich hatte das Interesse an fast allem verloren und durchlief die Routine meiner Tage wie mit geschlossenen Augen, um möglichst wenig wahrzunehmen.

Für meine Freunde schien es noch schlimmer zu sein. Ich sah Michael an, sein Gesicht müde und verhärmt, seine Bewegungen langsam und zögernd, gedemütigt durch die Schläge und die Umgebung. Seine Leidenschaft schien wie weggeblasen, seine Kraft gebrochen. Alles, was ihm hinter seinen eingesunkenen Augen und dem geschundenen Körper blieb, war sein Stolz und die Sorge um unsere kollektive Sicherheit. Ich hoffte, daß das reichen würde, ihn durchzubringen.

Johns Zustand war noch bedrohlicher. Er war ohnehin kränklich gewesen, und die fortwährenden Schläge und Vergewaltigungen verbunden mit dem Mangel an Nahrung, die er zu sich nehmen konnte, hatten ihn regelrecht verkümmern lassen. Er verbrachte mehr Zeit in der Krankenstation als im Klassenzimmer oder auf dem Sportplatz. Er sprach mit leiser keuchender Stimme und verlor den beißenden Humor, der ihn immer hochgehalten hatte.

Butter sah äußerlich unverändert aus, hielt sein Gewicht und wirkte scheinbar unbeeindruckt. Doch seine Augen waren leblos, aller Dynamik beraubt und ohne jedes Funkeln. Er war jetzt kalt und distanziert, hatte seine Gefühle in sich verschlossen und antwortete nur noch einsilbig. Es war eine Überlebensstrategie, die einzige Möglichkeit, die er kannte, auch nur einen weiteren Tag durchzustehen.

Jeder Wärter hatte einen von uns als sein regelmäßiges Opfer ausgeguckt und zu einer Art persönlichem Haustier gemacht. In meinem Fall war es Addison. Er zitierte mich zu Erledigungen heran und ließ mich sogar einmal die Woche sein Auto waschen. Sein Haß auf mich kannte keine Grenzen, sein Mißbrauch keine Schranken. Stundenlang erzählte er mir, wie leicht mein Leben verglichen mit seinem war, wie glücklich ich war, einen Vater zu haben, der sich um mich sorgte, und eine Mutter, die nicht in der Gegend herumvögelte. Er erklärte mir, daß ich froh sein sollte, in New York City aufgewachsen zu sein, wo ich all die Dinge hatte sehen können, die anzugucken er sich nie leisten konnte. Und er erklärte mir, daß ich Glück hätte, einen Freund wie ihn an einem Ort wie Wilkinson zu haben.

Ferguson hatte es auf John abgesehen, schon seine bloße Gegenwart konnte das jähzornige Temperament des Wärters zum Ausbruch bringen. Er trat John, wenn er vorbeiging, oder schlug ihm mit seinem Schlagstock auf den Hinterkopf. Häufig waren die Mißhandlungen auch ärger und ihre häßlichen Spuren am nächsten Morgen zu sehen, wenn John mit geschwollenen Augen oder Lippen über den Hof ging. Ferguson war von Natur aus bösartig und genoß es, das schwächste Mitglied unserer Clique zu quälen. Ich hatte immer das Gefühl, daß er das tat, weil er selbst schwach war und von Nokes und Styler ständig gehänselt wurde. Gegen sie konnte er sich nicht wehren, also suchte er sich ein leichteres Opfer. Und das fand er in John Reilly.

Styler beanspruchte Tommy als seinen Leibeigenen. Er zwang ihn, seine Gewichte über den Hof zu tragen und ließ jede Nacht ein Paar Schuhe vor seiner Zelle stehen, die bis zum nächsten Morgen geputzt sein mußten. Er ohrfeigte und beschimpfte ihn nach Belieben, ein muskulöser Mann, der seine Überlegenheit über einen dicklichen Jungen auskostete. Tommys Anwesenheit löste in Styler zu viele Erinnerungen an seine eigene ärmliche Kindheit aus. Er hielt sich für etwas Besseres als Tommy und beschimpfte ihn häufig wegen der geringfügigsten Übertretungen. Er ließ keinen einzigen Tag verstreichen, ohne ihn in irgendeiner Form anzugreifen.

Auch wenn Nokes uns alle mißhandelte, zog er das größte Vergnügen daraus, Michael zu schlagen. Für ihn war es der Kampf zwischen zwei Anführern, und er sorgte immer dafür, daß wir anderen von seinen zahlreichen Übergriffen erfuhren. Er genoß die Grausamkeiten, die er über Michael niedergehen ließ. Er zwang ihn, Urinlachen aufzuwischen und die besudelte Kleidung anderer Insassen auszuwaschen. Er befahl ihm, bis spät in die Nacht Runden auf dem Sportplatz zu laufen und weckte ihn dann noch vor der Morgenglocke. Er schlug und trat ihn willkürlich und brachte ihn von hinten ins Stolpern, wenn er in der Schlange fürs Essen anstand. All das tat er, damit Michael ihn bat aufzuhören, damit er Nokes anflehte, ihn in Ruhe zu lassen. Doch Michael Sullivan sagte nie ein einziges Wort.

Alle vier Aufseher benutzten Sex als weiteres bösartiges Werkzeug in ihrem Arsenal. Die wiederholten Vergewaltigungen waren nicht nur die ultimative Form der Demütigung, sondern auch die mächtigste Methode, Kontrolle über uns auszuüben. Allein die *Androhung* einer Vergewaltigung ließ uns in ständiger Angst vor ihnen leben, weil wir nie wußten, wann unsere Zellentür aufgehen würde, und uns immer fragten, wann wir wieder raustreten mußten.

Wir waren nicht die erste Gruppe, die Nokes und seine Mannschaft derart unmenschlich quälten, und sie waren auch nicht die einzigen Aufseher, die Insassen mißhandelten. Überall in Wilkinson waren Jungen der Kontrolle von außer Kontrolle geratenen Wärtern überlassen. Und alle Grausamkeiten wurden offen und ohne jede Furcht vor Konsequenzen praktiziert. Niemand erhob das Wort gegen die Mißhandlungen, und niemand meldete sie weiter. Die Wärter, die lediglich die Ordnung in Wilkinson aufrechterhielten, konnten es sich kaum leisten, die Aufmerksamkeit auf diese Zustände zu lenken, weil sie sonst vielleicht selbst ihren Posten verloren hätten. Der Direktor und seine Assistenten waren blind für die Mißstände und zufrieden damit, eine notwendige gesellschaftliche Funktion zu erfüllen, indem sie diese Jungen von der Straße fernhielten. Wahrscheinlich hatten sie mit dieser Auffassung sogar recht. Schließlich gab es in der Stadt nicht viele Menschen, die ihre Zeit mit Sorgen um das Wohlbefinden von jugendlichen Straftätern vergeudeten.

Die Stadt, die Wilkinson umgab, war klein und verwittert. Die meisten Häuser stammten aus der Zeit um die Jahrhundertwende. Bis auf ein paar Morgen Ackerland, zwei Molkereien und eine große Plastikfabrik, die fast die Hälfte der 4000 Bewohner beschäftigte, gab es keine Industrie. Die Leute aus der Stadt waren freundlich, die Polizei klein und ehrlich, und das Footballteam der High-School galt als eines der besten im Lande. Es gab nicht viel Geld, aber es gab auch nicht viel, wofür man es hätte ausgeben können. Am Sonntagmorgen läuteten die Kirchenglocken hell und klar, und Picknick mit Schweinebraten war ein beliebtes Sommervergnügen. Die Bürger wählten jeden November republikanisch und blieben den Rest des Jahres für sich. Sie hätten wohl nur wenig Zeit oder Geduld für die Nöte von Jungen gehabt, die in ihre

Stadt geschickt worden waren, um hinter verschlossenen Türen zu leben.

Ich blieb stehen und sah mich auf dem Platz um. Links von mir spielten ein paar Insassen Football, rechts von mir hatte sich eine kleinere Gruppe zu einem engen Kreis zusammengeschart und verständigte sich flüsternd und mit Handzeichen. Der Wind blies kalt, und am Himmel hingen dicke, dunkle Wolken, die die Herbstsonne verdeckten.

Wir hatten noch fünfzehn Minuten Pause. Ich ließ Michael seine Runde alleine beenden und strebte zur Bibliothek. Jeder von uns brauchte einen Ort des Trostes und der Zuflucht, und ich fand meinen in den Seiten von Johns Lieblingsbuch *Der Graf von Monte Christo*. Ich las den Roman wieder und wieder, durchlebte die dunklen Stunden von Edmond Dantes ungerechter Einkerkerung und lächelte, wenn ihm am Ende doch die Flucht aus dem Gefängnis gelang, in dem er nach dem Willen seiner Richter sein Leben hätte aushauchen sollen. Dann legte ich das Buch aus der Hand, sprach ein Gebet und sehnte den Tag herbei, an dem ich Wilkinson verlassen konnte.

5

An wechselnden Wochenendvormittagen durften wir in Wilkinson für maximal eine Stunde Besuch empfangen. Pro Insasse war nur ein Besucher erlaubt.

Gleich zu Beginn meines Aufenthaltes hatte ich meinem Vater geschrieben und ihn gebeten, nicht zu kommen, weil es für mich noch härter sein würde, meine Zeit abzusitzen, wenn ich ihn oder meine Mutter sehen würde. Ich konnte nicht zulassen, daß mein Vater alles, was mit mir geschah, von meinem Gesicht ablas. Es wäre für uns beide zuviel gewesen. Michael hatte den interessierten Mitgliedern seiner Familie dasselbe mitgeteilt. Tommys Mutter schaffte es ohnehin nicht, einen Besuch zu organisieren und war mit den gelegentlichen Briefen zufrieden, in denen er ihr versicherte, daß alles in Ordnung sei. Johns Mutter kam einmal im

Monat her, ständig den Tränen nahe und viel zu bekümmert, um zu bemerken, daß ihr Sohn zu einem Skelett abgemagert war.

Doch niemand konnte Pater Bobby daran hindern, uns zu besuchen.

Wenn wir samstags mitgeteilt bekamen, daß er gekommen war, schärfte Nokes uns jedesmal ein, nur über fröhliche Dinge zu sprechen. Er warnte uns, Pater Bobby bloß nichts zu erzählen, weil wir andernfalls mit schwerer Vergeltung zu rechnen hätten. Er erklärte uns, daß wir jetzt ihm gehörten und daß niemand, schon gar nicht irgendein Priester aus einer armen Gemeinde, uns irgendwie helfen könnte.

Pater Bobby saß auf einem Klappstuhl in der Mitte des großen Besucherraums. Er hatte seine schwarze Jacke über die Lehne gehängt und die Hände in den Schoß gelegt. Er trug ein kurzärmeliges schwarzes Hemd mit Stehkragen, eine schwarze Hose und glänzende schwarze Halbschuhe. Seine Miene war angespannt, und als ich auf ihn zukam, blickte er mich direkt an, ohne den Schock über das, was er sah, verbergen zu können.

»Du hast abgenommen«, sagte er mit einem Hauch von Wut in der Stimme.

»Das Essen hier ist nicht gerade wie zu Hause«, sagte ich und nahm ihm gegenüber an dem langen Tisch Platz.

Pater Bobby nickte und streckte die Hände aus, um sie auf meine zu legen. Er sagte, ich sähe müde aus und er frage sich, ob ich genug Schlaf bekäme. Er erkundigte sich nach meinen Freunden und erzählte mir, daß er im Laufe des Tages mit jedem von ihnen einen Besuchstermin hatte.

Ich sagte nicht viel. Ich wollte so vieles erzählen, doch ich wußte, daß ich es nicht konnte. Ich hatte Angst davor, was Nokes und seine Truppe machen würden, wenn sie es erfuhren. Außerdem schämte ich mich. Ich wollte nicht, daß er wußte, was mir angetan wurde. Ich wollte nicht, daß *irgend jemand* es wußte. Ich liebte Pater Bobby, aber in diesem Moment konnte ich es nicht ertragen, ihm in die Augen zu sehen, weil ich Angst hatte, daß er direkt durch mich und all meine Furcht und Scham hindurchsehen und die Wahrheit erkennen würde.

»Shakes, gibt es irgendwas, was du mir erzählen willst?« fragte Pater Bobby und rückte näher an den Tisch heran. »Was auch immer.«

»Sie sollten nicht mehr herkommen. Ich finde es wirklich nett. Aber es ist nicht gut, wenn Sie das tun.«

Ich sah ihn an und wurde an alles erinnert, was ich vermißte und was nie mehr so sein würde wie früher. Ich mußte diese Gedanken verdrängen, wenn ich überleben wollte. Ich konnte nicht bei jedem Besuch mit diesen Gefühlen kämpfen. Wenn ich aus Wilkinson herauskommen wollte, mußte ich es alleine schaffen.

Pater Bobby lehnte sich in seinen Stuhl zurück, zückte eine Marlboro und zündete sie mit einem Gasfeuerzeug an. Er blies den Rauch an die abgesplitterte Decke und blickte über meine rechte Schulter hinweg zu dem Wärter an der Tür. »Auf dem Weg hierher habe ich in Attica haltgemacht«, erzählte er mir. »Um einen alten Freund zu besuchen.«

»Haben Sie auch irgendwelche Freunde, die *nicht* im Gefängnis sitzen?« fragte ich.

»Nicht so viele, wie ich gern hätte«, erwiderte er lächelnd, ohne die Zigarette aus dem Mund zu nehmen.

»Weswegen sitzt er?« fragte ich.

»Wegen dreifachen Mordes«, sagte Pater Bobby. »Er hat vor fünfzehn Jahren kaltblütig drei Menschen ermordet.«

»Ist er ein *guter* Freund?«

»Er ist mein *bester* Freund«, sagte Pater Bobby. »Wir sind zusammen aufgewachsen. Wir standen uns nahe. Wie du und die anderen.«

Pater Bobby zog heftig an seiner Zigarette und blies den Rauch dann langsam wieder aus. Ich wußte, daß er als Jugendlicher Probleme gehabt hatte, daß er ein jähzorniger Straßenschläger gewesen war, den die Cops ständig einkassiert hatten. Ich hatte das Gefühl, daß er sich auch deswegen so für uns einsetzte. Doch erst in diesem Moment begriff ich, daß auch er in Wilkinson gesessen hatte.

»Wir wurden beide hierher geschickt«, sagte Pater Bobby, die Stimme gesenkt, den Blick fest auf mich gerichtet. »Es war nicht leicht, genausowenig wie es für dich und die anderen leicht ist. Dieser Ort hat meinen Freund getötet, innerlich getötet. Er hat ihn hart und gefühllos gemacht.«

Ich wandte den Blick ab und kämpfte gegen den Drang an loszuheulen, dankbar, daß es einen Menschen gab, der sich um mich sorgte, sich um uns sorgte, der wußte, was wir durchmachten, und unser Bedürfnis zu schweigen verstehen und respektieren würde. Es überraschte mich nicht, daß dieser eine Mensch Pater Bobby war.

Und es war tröstlich zu wissen, daß es ihn nicht getötet oder schwach gemacht hatte, sondern daß Pater Bobby irgendwie den Mut und die Kraft gefunden hatte, das, was geschehen war, zu nehmen und hinter sich zu lassen. Ich wußte jetzt, daß ich, wenn ich Wilkinson lebendig verlassen würde, eine Chance hatte, mit dem zu leben, was passiert war. Vielleicht würde ich es nie vergessen können, genauso wie ich mir sicher war, daß Pater Bobby täglich Visionen seiner eigenen Hölle hatte. Aber vielleicht konnte ich eines Tages ein Leben mit diesen schmerzhaften Erinnerungen leben. Vielleicht konnten meine Freunde das auch. Wir mußten nur dieselbe Kraft finden, die Pater Bobby gefunden hatte.

»Laß nicht zu, daß dieser Ort dich tötet, Shakes«, sagte er und drückte meine Hände. »Laß nicht zu, daß er dich denken läßt, du wärest härter, als du bist.«

»Warum?« fragte ich. »Damit ich rauskommen und Priester werden kann?«

»Himmel, nein«, erwiderte Pater Bobby lachend. »Die Kirche braucht nicht noch einen Priester, der den Opferstock plündert.«

»Warum dann?« fragte ich.

Seine Stimme wurde sanfter. »Der Weg führt nur hierher zurück. Es ist ein Weg, der dich töten wird, von innen nach außen. Genauso wie er meinen Freund getötet hat.«

Pater Bobby stand auf, streckte die Arme aus und umarmte mich lange und innig. Ich wollte ihn nicht loslassen. Nie zuvor hatte ich mich einem Menschen so nah gefühlt wie ihm in diesem

Moment. Ich war so dankbar für das, was er mir erzählt hatte, so erleichtert, daß meine Freunde und ich unsere Last, wenn es sein mußte, auf seine kräftigen Schultern laden konnten.

Schließlich gab ich ihn frei, trat drei Schritte zurück und sah zu, wie er, eine gefaltete Yankee-Mütze in der rechten Hand, seine Jacke anzog und zuknöpfte.

»Ich seh Sie in Hell's Kitchen«, sagte ich.

»Ich verlasse mich drauf, Shakes«, sagte Pater Bobby, bevor er sich abwandte und dem Wärter zunickte, damit er die eiserne Tür nach draußen öffnete.

6

Einmal im Jahr, in den Wochen zwischen Thanksgiving und Weihnachten, veranstaltete das Wilkinson-Heim für Jungen ein Touch-Football-Spiel. Die Einheimischen waren eingeladen, sich zum Preis von zwei Dollar pro Ticket auf den Tribünen um das Footballfeld zu drängen, wobei der Erlös der Veranstaltung an die Stadt zurückfloß. Kinder unter zehn Jahren hatten freien Eintritt.

Doch um Football ging es nie. Es ging um den Prozeß, einen Insassen zu brechen. Zunächst wurde sein Körper malträtiert wie ein Trainingsrammbock oder nach Belieben benutzt wie eine Theaterrequisite. Als nächstes wurde das Gehirn eines jungen Mannes gepeinigt und gejagt, bis er nur noch das Schrillen der Trillerpfeife hörte und in ständiger Angst davor lebte, eine unbekannte Regel zu verletzen. Zum Abschluß des Prozesses ließen die Aufseher ihre Geschöpfe vor den rechtschaffenen Leuten der kleinen Stadt paradieren, um im Spiel gegen sie anzutreten, ein Spiel, für das sie zu krank, zu geschunden und mental zu kaputt waren. All das diente dazu, das perfekte Bild einer perfekten Institution vorzuführen.

Diese Zerstörung funktionierte zwar nicht bei allen Insassen, doch immer noch bei genug von ihnen, um das Bild intakt zu erhalten.

Die Wärter stellten ihr Team schon lange im voraus auf, trainierten bis zu viermal die Woche und hatten freien Zugang zu sämtlichen Sportplätzen. Die Mannschaft der Insassen wurde am Montag vor dem Match zusammengestellt, elf widerwillige Spieler, die willkürlich nach Herkunft und Rasse ausgesucht und zu einer Einheit zusammengestellt wurden. Sie durften einmal zwei Stunden unter strenger Aufsicht trainieren. Die Veranstaltung war in keiner Weise als faire Begegnung zweier gleichstarker Mannschaften gedacht. Sie war bloß eine weitere Gelegenheit für die Wärter, die Insassen zu verprügeln, diesmal vor zahlendem Publikum. Und so wie diese Spiele gespielt wurden, brauchte man keinen Schiedsrichter, sondern einen Arzt.

Während meiner Zeit in Wilkinson war Nokes Kapitän der Aufsehermannschaft. Addison, Ferguson und Styler waren Mitspieler. Meine Freunde und ich wußten, auch ohne auf die offizielle Mannschaftsaufstellung zu warten, daß wir ins Team der Insassen berufen werden würden. Sogar Tommy, dessen linker Knöchel übel geschwollen war, eine Folge der Schläge, die er vor kurzem von Styler bezogen hatte. Die Wachen setzten uns tagelang zu, sprachen über Football und fragten, ob wir in Hell's Kitchen Football spielten und wer unsere Lieblingsspieler waren. Es war bloß ihre Art, uns mitzuteilen, daß wir uns auf eine weitere Tracht Prügel gefaßt machen sollten.

Von Wachen umzingelt, trainierten wir seit etwa zwanzig Minuten, als ich von hinten von einem schwarzen Jungen mit einer Zahnklammer und Armen wie Weinfässern niedergerissen wurde. Mein Gesicht wurde in den Boden gedrückt, bis Nase und Kinn im Rasen versanken. Ich drehte mich um und starrte ihn an.

»Beim *Touch*-Football darf man den Gegner nur berühren«, murmelte ich.

»Ich fasse eben etwas härter zu«, sagte er.

»Spar dir das für die Wärter«, erklärte ich ihm. »Ich bin auf deiner Seite.«

»Ich brauch niemanden auf meiner Seite«, murmelte er und ging zurück zu der Traube der anderen Spieler.

»Als wenn es nicht schon schlimm genug wäre, daß die Wachen

uns den Arsch aufreißen«, sagte ich zu Michael, der neben mir ging, »haben wir jetzt auch noch diese Versager am Hals, die sich für die Green Bay Packers halten.«

»Wozu trainieren wir *überhaupt*?« fragte John hinter uns.

»Für die da.« Ich wies mit dem Kopf auf eine Gruppe Wärter, die lachend am Rand des Spielfelds standen und sich gegenseitig anstießen.

»Wir sind eine Art kommende Attraktion«, sagte Tommy, der uns langsam folgte und versuchte, seinen Knöchel nicht zu belasten.

»Schon möglich«, sagte Michael und betrachtete die Insassen auf der anderen Seite des Feldes. »Shakes, wer von denen da drüben ist wohl der härteste?«

»Wie meinst du das, hart?« fragte ich.

»Wer ist derjenige, auf den alle anderen hören?« sagte Michael.

»Rizzo«, antwortete ich. »Ein großer Schwarzer mit kahlgeschorenem Schädel. Er hält gerade den Ball.«

»Ein schwarzer Italiener?« fragte John.

»Ich weiß nicht, was er ist. Ich weiß nur, daß er Rizzo heißt. Er ist der Boss von Block B.«

»Warum ist er hier?« fragte Tommy.

»Fahrlässige Tötung«, erwiderte ich.

»Was heißt das?«

»Es gab eine Schlägerei«, erklärte ich. »Er ist weggegangen, der andere mußte *weggetragen* werden.«

»Wenn wir nicht bald weiterspielen, muß noch einer weggetragen werden«, sagte Tommy. »Wir wollen doch nicht, daß Rizzo schon *vor* dem Spiel sauer wird.«

»Ich hab gehört, er hätte draußen seine eigene Truppe«, sagte ich. »Er ist entweder aus Harlem oder Bedford-Styvesant, hab vergessen, wo genau.«

»Und der Typ, den er umgelegt hat? Was ist mit dem?« fragte Michael.

»Der Freund seiner Mutter. Er war ein bißchen zu freundlich zu Rizzos kleiner Schwester.«

»Dann ist er unser Mann«, sagte Michael.

»Unser Mann für was?« fragte ich.
»Das erzähl ich dir nach dem Training«, sagte Michael.

Rizzo saß allein an einem runden Tisch in der Bibliothek und blätterte eine Footballzeitschrift durch, auf seinem kahlen Kopf spiegelte sich der grelle Schein der Neonlampen an der Decke wider. Ich blieb links neben ihm stehen und blätterte durch die bibliothekseigene Sammlung von Abenteuerromanen, bei vielen Büchern fehlten Seiten oder der Einband, einige waren mit pornographischen Kritzeleien beschmiert.

Michael kam mit einer Ausgabe von *Tom Sawyer* unterm Arm an den Tisch und zog den Stuhl gegenüber von Rizzo zurück.

»Was dagegen, wenn ich mich setze?« fragte er.

»Von mir aus kannst du dich selbst anzünden«, sagte Rizzo. Seine Stimme war nicht mehr die eines Jungen, genausowenig wie sein Körper. »Von mir aus kannst du sterben. Das ist mir scheißegal.«

»Danke«, sagte Michael.

Sie lasen einige Minuten schweigend. Einmal wandte Michael den Kopf in meine Richtung, in seiner Miene spiegelte sich eine Mischung aus Sorge und Zuversicht.

»Rizzo«, setzte er flüsternd an. »Ich muß mit dir reden. Es dauert nicht lange.«

»Woher kennst du, verdammt noch mal, meinen Namen?« knurrte Rizzo.

»Wenn ich ihn nicht kennen würde, müßte ich blöd sein«, erwiderte Michael. »Du bist der Typ, auf den jeder zeigt und sagt, daß man ihm aus dem Weg gehen soll.«

»Das *war* richtig«, sagte Rizzo. »Bis heute.«

»Wir verschwenden unsere Zeit«, sagte Michael. »Bist du interessiert oder nicht?«

Rizzo atmete tief ein und starrte Michael an, das Kinn entschlossen gereckt, die Hände flach auf dem Tisch, die Augen von der Farbe glimmender Zigaretten.

»Sag deinem Freund da drüben, er soll sich einen Stuhl nehmen und neben dich setzen«, sagte Rizzo. »Er ist nicht abgewichst genug, um cool auszusehen.«

Michael lächelte Rizzo an und forderte mich ohne eine Kopfbewegung auf, an den Tisch zu kommen.

Ich kam den Gang hinunter auf den Tisch zu. Dabei sah ich mich in der Bibliothek um, die bis auf einen Wärter am Eingang leer war. Eine Ausgabe von *Scaramouche* in der Hand nahm ich Platz und nickte Rizzo zu.

»Bist du schon länger als ein Jahr hier?« fragte Michael ihn.

»Fast drei«, sagte Rizzo. »Im nächsten Frühjahr soll ich rauskommen.«

»Bei wie vielen von diesen Footballspielen hast du schon mitgemacht?« fragte Michael.

»Das ist mein zweites«, sagte Rizzo. »Warum?«

»Haben die Wärter das erste gewonnen?«

»Die Wärter haben noch nie eins verloren«, erwiderte Rizzo.

»Und was wäre, wenn sie verlieren würden?«

»Paß auf, Weißer«, sagte Rizzo und richtete sich in seinem Stuhl auf. Ein Hauch von Ärger wurde hinter seiner eisigen Fassade sichtbar. »Ich weiß nicht, was du auf der Straße für ein Spiel gespielt hast. Ist mir auch egal. Aber hier drinnen machen die Wärter die Regeln, und ihre Regeln verlangen, daß sie das Spiel gewinnen.«

»Warum?«

»Wenn du denkst, daß sie dich jetzt schon hart rannehmen«, sagte Rizzo, »dann schlag sie am Samstag und achte drauf, was passiert. Nicht nur mit euch. Mit allen, in jedem Zellenblock. Und jetzt sag mir, Weißer, sollen wir uns alle den Arsch aufreißen lassen, nur damit du in einem Footballspiel gut aussehen kannst?«

»Dich nehmen sie nicht hart ran«, sagte ich und rückte ein Stückchen näher.

»Nein«, sagte Rizzo. »Das tun sie nicht. Aber sie werden sich einen anderen Nigger suchen und ihn Scheiße fressen lassen.«

»Ich meine ja gar nicht, daß wir gewinnen sollen«, sagte Michael. »Ich möchte bloß keine Prügel bekommen.«

»Die kriegst du doch jeden Tag«, sagte Rizzo. »Warum ist Samstag was besonderes?«

»Am Samstag können wir zurückschlagen«, sagte Michael.

»Um zurückzuschlagen, braucht ihr mich nicht«, sagte Rizzo.

»Es funktioniert nur, wenn alle mitmachen«, sagte Michael. »Und du bist der einzige, der das hinkriegen kann.«

»Die Wärter gehen mir aus dem Weg«, sagte Rizzo. »Sie halten sich zurück und lassen mich meine Zeit absitzen. Ich spiele das Spiel mit. Wenn ich einem von ihnen weh tue, bin ich am Ende mein Ruhepolster los.«

»Für die bist du trotzdem nichts anderes als ein Nigger«, sagte Michael.

»Vorsicht, Weißer«, erklärte Rizzo ihm. »Bloß weil wir miteinander reden, sind wir noch nicht auf derselben Seite.«

»Dich schlagen und drangsalieren sie nicht wie uns«, sagte Michael jetzt erregt. »Dich kriegen sie anders ran. Sie behandeln dich wie ein Tier. Ein streunendes Tier von der Straße. Eins über das sie hinter seinem Rücken reden.«

»Es ist mir scheißegal, was die über mich sagen«, erwiderte Rizzo.

»Von wegen«, sagte Michael. »Es ist dir nicht scheißegal. Sonst wärst du dort, wo du herkommst, nicht der Mann, der du bist.«

»Und du meinst, wenn wir den Wärtern weh tun, würde sich das ändern?« sagte Rizzo verächtlich.

»Es wird überhaupt nichts ändern«, sagte Michael.

Das ließ Rizzo innehalten. Jetzt war er interessiert. »Warum dann, Weißer?« fragte er. Er sprang auf und stieß seinen Stuhl zurück. »Wenn es eh nichts ändert?«

Michael erhob sich ebenfalls, blickte kurz über Rizzos Schulter zu dem Wärter rechts von ihm und lehnte sich dann, die Augen auf Rizzo gerichtet, über den Tisch.

»Damit sie einmal fühlen, was wir immer fühlen«, sagte Michael. »Nur für zwei Stunden.«

Rizzo sagte lange Zeit nichts. Dann kräuselten sich seine Lippen zu einer Grimasse, die ich nur für ein Lächeln halten konnte.

»Ich hoffe, du spielst so gut wie du redest«, sagte er und wandte sich zum Gehen.

»Das hoffe ich auch«, sagte Michael.

Es war der erste Samstag im Dezember.

Die Nachmittagssonne konnte gegen den kalten Wind, der über die Anlage peitschte, kaum etwas ausrichten. Die Tribünen waren mit Menschen in schweren Wollmänteln, Holzfällermützen, Pelzkappen, Lederhandschuhen, Schals und dicken Steppjacken besetzt. Aus dieser dicken Schicht Kleidung stieg der kollektive Atem des Publikums in kleinen Wolken warmer Luft in den schiefergrauen Himmel.

Händler verkauften an Ständen im untersten Rang Erdnüsse, heißen Kakao und Kaffee. Bewaffnete Wachen umkreisten den Sportplatz und musterten die Menge. Ein weiterer Trupp Wärter stand in einer Linie hinter unserer Bank und beobachtete grinsend, wie wir in unseren dünnen Hosen und Sweatshirts zitternd unsere Schuhe schnürten.

Ich drehte mich um und starrte auf die Menge, während ich mich fragte, zu wem sie halten würde, und ob sie bloß gekommen war, um ein Footballspiel zwischen einer Gruppe von Aufsehern und einem zusammengewürfelten Team aus Insassen zu sehen. Ich betrachtete sie auch mit einer gehörigen Portion Neid, weil ich wußte, daß sie nach Ende des Spiels wieder gehen und in ihre sicheren Häuser zurückkehren konnten, wo das Abendessen auf sie wartete und unser Spiel nicht mehr als ein Gesprächsthema bei Tisch sein würde.

Die Wachen kamen mit Schulter- und Ellenbogenpolstern ausstaffiert auf den Platz, die Spikes an ihren Schuhen glänzten wie neu. Einige trugen Jeans, die anderen Trainingshosen. Alle hatten dicke Baumwollsweater an, einige sogar mit Kapuzen. Wir mußten vom Trainingsanzug bis zu den Schuhen in unserer Gefängniskluft antreten.

Die beiden Mannschaftskapitäne, Nokes für die Wachen und Rizzo für die Insassen, trafen sich zur Seitenwahl in der Mitte des Feldes. Ein Wärter, der als Schiedsrichter fungierte, stand zwischen ihnen. Rizzo hatte darauf bestanden, als Kapitän benannt zu werden, weil er meinte, daß dies ein frühes Signal für die Wärter sein würde, daß dies nicht bloß ein weiteres Footballspiel werden würde. Keiner der beiden versuchte, dem anderen die Hand zu geben, doch Nokes bot an, auf die Seitenwahl zu verzichten und uns zuerst den Ball zu überlassen.

Rizzo lehnte ab und wählte Kopf. Mit Rizzo wollte Nokes, der um seinen Ruf wußte, nichts zu tun haben. Doch er konnte keinen Rückzieher machen, nicht unter den Augen der anderen Wachen und des Direktors, der in der ersten Reihe saß. Er bot Rizzo einen Handel an. Er würde ihn und die anderen drei Mitglieder seiner Truppe, die mit in der Mannschaft waren, verschonen, wenn er kleine Brötchen backte und sich im Spiel zurückhielt. Wenn nicht, warnte Nokes ihn, würde er ihn genauso hart anpacken, wie er es mit den anderen Insassen vorhatte. Rizzo hörte sich das Angebot ohne jede Gefühlsregung an, ohne den Blick von Nokes zu wenden. Er atmete mehrmals tief durch und bat dann noch einmal darum, daß die Münze geworfen wurde.

Kopf lag oben.

Michael hockte auf ein Knie gestützt in der Mitte des Kreises und starrte in die Gesichter um ihn herum. Er wollte zunächst sehen, wie rauh die Wärter zu Werke gehen würden, und sagte ein Running Play an, bei dem ich den Ball bekommen sollte. Wenn ich regelgerecht gestoppt würde, wollten wir fair spielen. Wenn ich jedoch, wie wir alle erwarteten, zu Boden gerissen würde, stand uns ein langer und wahrscheinlich blutiger Nachmittag bevor. Als Michael den Kreis auflöste, ermahnte Rizzo mich, den Ball auf keinen Fall fallen zu lassen, egal wie hart ich angegangen würde.

Ich stand hinter Michael und neben Juanito, einem Fünfzehnjährigen in T-Shirt und zerrissenen Hosen. Tommy und John standen neben Rizzo und einem stämmigen schwarzen Jungen auf der Linie. Jeweils zwei Insassen nahmen die Flügelpositionen an der rechten und linken Außenlinie ein. Die Wärter formierten sich zu viert an der Frontlinie, zwei weitere dahinter, und vier im Rückraum.

Nokes und Addison bildeten die Mitte der Angriffslinie. Beide sahen mich direkt an, ihr Atem ging stoßweise, ihre Körper waren angespannt, und ihre Arme hingen an den Seiten herab. Ferguson und Styler spielten im Rückraum. Sie waren in die Hocke gegangen und hatten ihre Spikes in den harten Boden gerammt.

»Paßt auf«, rief Nokes den Wärtern um sich herum zu. »Die Nigger auf den Außenpositionen sind verdammt schnell. Laßt sie nicht vorbei.«

Michael nahm den Ball auf, machte drei Schritte zurück und warf ihn mir zu. Ich hielt ihn mit beiden Händen umklammert an meine Hüfte gepreßt und folgte Juanito die Linie hinunter. Sofort nach dem Anstoß stürmten die Wachen vor Wut grunzend auf uns zu, Nokes führte die Attacke an. Ich schlug auf der Suche nach einer Lücke einen Haken nach links, um der Traube in der Mitte des Spielfelds auszuweichen.

Nach einem Raumgewinn von drei Yards rammte mich Addison von der Seite, schlang seine Arme um meine Hüfte und riß mich mit seinem Gewicht um. Aus dem Augenwinkel sah ich Nokes heranstürmen, entschlossen mich am Boden festzunageln.

Der Ellenbogen schnellte hart und gerade heraus, ein schwarzer Blitz, den man spürte, bevor man ihn sah. Er traf Nokes im Gesicht und ließ ihn in den Matsch segeln. Rizzo stand über ihm, ein Lächeln im Gesicht.

»Der Nigger auf der Außenposition kann verdammt hart zuschlagen«, sagte er zu Nokes. »Laßt ihn nicht vorbei.«

»Also gut!« sagte Juanito und half mir auf. »Jetzt haben wir ein Spiel.«

Neunzig Minuten, aufgeteilt auf vier Viertel und eine Halbzeitpause, lieferten wir den Wachen das härteste und blutigste Touch-Football-Spiel, das der Sportplatz des Wilkinson-Heims für Jungen je gesehen hatte. Diese neunzig Minuten lang verlagerten wir das Spiel aus jenem Gefängnis heraus, verlagerten es Meilen jenseits der verschlossenen Tore und abfallenden Hügel der Umgebung zurück in die Straßen der Viertel, aus denen wir gekommen waren.

Für diese neunzig Minuten waren wir wieder frei.

In der Mitte des vierten Viertels lagen wir mit einem Touchdown zurück, ausgelaugt durch die Kälte und die brutale Taktik der Aufseher, die alles daran setzten, als Sieger vom Platz zu gehen.

Michael stand in der Mitte des Kreises, der Ärmel seines linken

Armes von Blut durchweicht von einem Tritt mit den Spikes, den er bei einem langen Sprint kurz vor Ende des zweiten Viertels von Addison und Styler abbekommen hatte. Zwei dünne Blutstreifen liefen über sein Gesicht. Tommy atmete schwer, sein Knöchel war dick und violett. Johnny konnte kaum noch stehen, nachdem ihn Nokes und Ferguson in der Mitte des Platzes wiederholt in die Zange genommen hatten.

Ich hockte auf den Knien und spuckte Blut von meiner aufgeplatzten Lippe, mein Atem ging stoßweise, und der Schmerz in meinem Brustkorb wurde zu heftig, um ihn zu ignorieren. Ich sah mich um und betrachtete die anderen, alle blutend und voller Schürfwunden. Rizzos rechte Hand war gebrochen; sie war verdreht worden, als eine Gruppe Wärter ihn unter sich begraben hatte.

Die Menge, die anfangs ganz offensichtlich zu den Aufsehern gehalten hatte, war in ein verdutztes, unheimliches Schweigen verfallen, verstummt durch den Anblick eines Spielfeldes, dessen Gras an vielen Stellen rot eingefärbt war. Den Zuschauern blieb kaum etwas anderes übrig, als dem sich entfaltenden Drama weiter zuzusehen.

Wir waren so weit gekommen, unsere Restenergie stand unseren Schmerzen in nichts nach. Wir waren müde von dem langen Spiel und matt von den Schlägen, die wir eingesteckt hatten. Einem großen Jungen, der neben mir stand, lief das Blut an beiden Beinen hinunter.

Wir brauchten noch einen abgeschlossenen Spielzug, so grandios, daß die Wärter ihn uns nicht mehr zutrauten. Es mußte ein Spielzug wie von der Straße sein, einer, der mit einem Touchdown und einem K.o. endete. Alle Insassen hatten schon bei Spielen mitgespielt, die blutig ausgegangen waren. Doch für die Wärter war es eine neue Erfahrung, auf die sie gerne verzichtet hätten.

Rizzo sagte den Spielzug an. Michael würde einen Paß zu einem Außenstürmer namens R. J. antäuschen und dann einen Steilpaß werfen, etwa vierzig Meter die Linie entlang direkt bis an die Torlinie. Dort würde Rizzo stehen, beschattet von Styler, die beide nach dem Ball greifen würden. Rizzos gebrochene rechte Hand hing schlaff an seiner Hüfte. Es war Styler gewesen, der ihm Knöchel und Knochen gebrochen hatte, also mußte es auch Styler sein, der dafür bezahlte, so daß jetzt ein bloßer Touchdown für einen Erfolg nicht mehr ausreichte. Als wir uns aus dem Kreis lösten, waren wir auf sechs Punkte für unsere Mannschaft und einen gebrochenen Kiefer für Styler aus. In welcher Reihenfolge war egal.

Michael ließ sich den Ball rasch zuspielen, um sich mit seinem nutzlos herabhängenden Arm so weit wie möglich zurückfallen zu lassen. Ich stand neben Juanito, entschlossen, jeden abzublocken, der unseren Weg kreuzte. Die beiden Frontreihen prallten hart aufeinander, Blut, Speichel und winzige Fleischfetzen segelten durch die Luft. Nokes kam, blutig und ramponiert, von links herangestürmt und streckte beide Arme nach Michael aus. Ich sprang auf und rammte ihn frontal, so daß wir beide Zentimeter vor Michaels Beinen auf dem Boden landeten, als der Ball seine gesunde Hand gerade verlassen hatte, um Richtung Torlinie durch die Luft zu trudeln.

»Du Scheißer!« brüllte Nokes, ohrfeigte mich und schlug mit beiden Händen auf mich ein. »Ich bring dich um, verdammt noch mal!«

»Los, runter von ihm!« schrie Juanito, zog an Nokes' Haar und riß an seinen Armen. »Runter von ihm, verdammt noch mal!«

Michael und ein Wärter schubsten sich gegenseitig. Zwei weitere Insassen hatten sich mit zwei weiteren Wärtern verkeilt. Auf dem ganzen Feld wurden Schläge und Tritte verteilt. An den Außenlinien lagen zusammengekrümmte Körper. Überall schrillten Alarmpfeifen. Wachen in Uniform mit Tränengasdosen und Schlagstöcken stürmten aufs Spielfeld. Der Direktor und seine Assistenten wurden von einem Wagen, der durch die Torpfosten hinter uns auf den Platz gekommen war, mit Sirenengeheul entlang der Außenlinie weggefahren.

Dann explodierte die Menge, die seit langem verstummt war.

Sie trampelten mit den Füßen auf den Boden der Holztribünen, klatschten wie wild in ihre behandschuhten Hände und brachen in einmütigen Jubel aus.

Michael sank auf die Knie und riß seine Faust in die Luft, Rizzo sonnte sich in dem Applaus, während er darauf wartete, daß die Wachen ihn abführten. Er hielt den Football in seiner gesunden Hand und lächelte offen und frei, als die Genugtuung sich auf seinem Gesicht ausbreitete.

Styler lag nur Zentimeter von ihm entfernt. Sein Kopf war leicht abgewinkelt, er starrte nach oben und lag mit gespreizten Beinen reglos da.

Aus den Gefängnismauern hörten wir Rufe und Schreie.

Die anderen Insassen, die man gezwungen hatte, das Spiel in ihren Zellen zu verfolgen, feierten den Moment und viele riefen laut Rizzos Namen. Eine Reihe von Spielern rannten auf ihn zu in der Hoffnung, ihn vor den Wärtern zu erreichen, um den Helden der Arena zu berühren.

Nokes richtete sich auf ein Knie auf und starrte Michael und mich an, Blut sickerte aus seiner Nase in seinen Mund.

»Ihr seid tot«, sagte er. »Dafür werdet ihr bezahlen, so wie ihr es euch in euren schlimmsten Träumen nicht vorstellen könnt. Alle miteinander. Ihr werdet alle zahlen.«

»Du bist doch nur einen Scheißdreck wert, Nokes«, sagte Juanito zu ihm. »*Wir* haben es immer gewußt. Ab heute wissen wir es *alle*.«

»Aus dem Weg, du Scheißlatino«, sagte Nokes, richtete sich auf und humpelte zu den anderen Aufsehern.

Michael ging auf ihn zu, bis er nur noch Zentimeter von ihm entfernt stand. »Hey, Nokes?«

»Was?« sagte Nokes und wandte sich um. Der Haß in seinen Augen konnte das Blut gefrieren lassen, das uns aus unseren Körpern rann.

»Gutes Spiel«, sagte Michael.

7

Es war mein zweiter Tag in verschärfter Einzelhaft, ich saß mit dem Rücken an eine feuchte Wand gelehnt, die Knie fest an die Brust gezogen, allein in der Dunkelheit. Sofort nach dem Spiel war ich von Ferguson und einem schwergewichtigen Wärter mit einem roten Bart zu dem Ort gebracht worden, den die Insassen »das Loch« nannten. Sie schleuderten mich, das Gesicht voran, auf den kalten Zementboden und beobachteten, wie ich in dem Versuch, mich aufzurichten, umherkrabbelte.

Sie lachten mich aus und ahmten die Bewegung nach, mit denen ich mich durch den Raum tastete. Dann schlugen sie die Tür hinter mir zu und verriegelten sie, bald waren ihre schweren Schritte nur noch ein entferntes Echo. In dem Loch gab es kein Bett, es gab keine Toilette, es gab keine Geräusche, und es gab nichts zu essen. Es gab kein Wasser und keine frische Luft. Es gab nur Dunkelheit und große, hungrige Ratten.

In dem Loch gab es nur Wahnsinn.

Ich tastete mich in eine Ecke des Raums und versuchte, den Staub, das Blut, das noch immer aus meinen Wunden sickerte, und vor allem das leise Quieken der Ratten zu ignorieren, die sich irgendwo im Dunkel der Zelle bewegten.

Am ersten Tag im Loch schlief ich überhaupt nicht und bewegte meine Beine von einer Seite zur anderen in der Hoffnung, die Ratten von meinen Wunden fernzuhalten. Dabei wußte ich, daß ich früher oder später nachgeben und meine Augen schließen mußte, woraufhin sie sofort zur Stelle sein würden.

Meine Stunden waren von panischer Angst erfüllt. Jedes Geräusch, selbst das leise Quietschen einer Bodendiele, ließ mich erschrocken zusammenzucken. Meine Kleidung war schweißnaß, mein Gesicht feucht, mein Haar klebte in der Stirn. Ich atmete in bebenden Zügen und starrte mit weit aufgerissenen Augen in die Stille um mich herum, meine Hände und Füße taub vor Kälte.

Ich konnte den Morgen nicht vom Abend, den Sonnenaufgang nicht von der Abenddämmerung unterscheiden, jeder verstreichende Augenblick versank in einer Dunkelheit, die keine Rettung versprach. Die Wachen hatten weder Nahrung noch Wasser gebracht, und der Gestank von vertrocknetem Urin und Fäkalien war überwältigend.

Ich war nicht alleine im Loch.

Ich wußte, daß meine Freunde irgendwo mit mir in den Tiefen hockten, jeder in seiner Zelle, jeder mit seinem eigenen Schmerz und unter seinen eigenen Dämonen leidend. Auch Rizzo war hier, die Wachen hatten ihn gebracht und unterwegs auch noch seine andere Hand gebrochen. Es war zwecklos, nach ihnen zu rufen: die Wände und die Zellentür waren viel zu dick, als daß ein Laut nach außen gedrungen wäre.

Ich hatte genug von dem Loch gehört, um zu wissen, daß es der Ort war, an den die Wachen Insassen brachten, die Schwierigkeiten hatten, sich an ihr System anzupassen. Dort unterwerfen sie sie ihrer Kontrolle. Normalerweise verbrachte man eine, nie mehr als zwei Wochen in Isolation. Und niemand kam als derselbe wieder heraus.

Ich war erst wenige Stunden dort gewesen, als ich anfing, an den Tod zu denken. Es war das, was ich mir am sehnlichsten wünschte, das einzige, worum es sich zu beten lohnte zu jedem Gott, der bereit war zuzuhören.

Ich weiß nicht, wie lange ich dort gewesen war, als ich das Klicken des Schlosses hörte, der Riegel zurückgeschoben und die Klinke nach unten gedrückt wurde. Das hereinfallende grelle Licht ließ die Ratten in die Ecke huschen und zwang mich, mit der Hand meine Augen abzuschirmen. Ich hörte näher kommende Schritte, als ein großer Schatten heranschwebte.

»Ich dachte, du hättest vielleicht Hunger, Footballstar«, sagte eine Stimme. Es war Nokes, der mit einer großen Schale in der Hand über mir stand. »Ich hab dir ein bißchen Haferschleim gebracht.«

Er stellte die Schale in der Mitte des Raumes vor seine Füße und schob sie mit der Schuhspitze in meine Richtung.

»Obwohl er ein bißchen trocken aussieht«, sagte er. »Niemand mag trockenen Haferschleim. Schmeckt wie Scheiße.«

Ich hörte, wie ein Reißverschluß heruntergezogen wurde, beobachtete, wie er seine Beine spreizte, und hörte, wie er in die Schale mit meinem Essen pinkelte.

»Da«, sagte er, als er fertig war. »Das ist besser. So kriegst du es bestimmt besser runter.«

Mit rasselndem Schlüsselbund verließ er den Raum.

»Guten Appetit, Footballstar«, sagte Nokes und schloß mich wieder in meiner dunklen Welt ein.

Sobald sich der Schlüssel im Schloß gedreht hatte, stürzte ich mich auf die Schale und aß meine erste Mahlzeit im Loch.

Ich starrte die Ratte an, die Zentimeter vor meinem Gesicht saß und an der Haut meiner ausgestreckten Finger knabberte. Ich lag flach auf dem harten Boden der Zelle, meine Kleidung verdreckt, mein Körper vollkommen empfindungslos. Ich hatte jedes Zeit- und Raumgefühl verloren, meine Gedanken wanderten auf einer nebligen Straße zwischen Wahn und Alptraum hin und her. Ratten krabbelten über meinen Rücken und meine Beine, labten sich an meinen Wunden und Kratzern und machten es sich in den Löchern meiner Kleidung gemütlich.

Ein Auge konnte ich gar nicht mehr öffnen, es fühlte sich klebrig und geschwollen an. Meine eine Hand war zur Faust geballt, die Finger starr und unbeweglich. Meine Lippen waren geschwollen und trocken, und ich spürte einen permanenten Schmerz vom Nacken bis zum Steißbein. Ich konnte keine zusammenhängenden Gedanken fassen, und wenn ich versuchte, Erinnerungen aufzurufen, sah ich nur Bruchstücke von Gesichtern. Ich hörte die sich ein- und ausblendenden Stimmen von Freunden und Feinden, den belegten Tonfall meines Vaters und King Bennys, die nichtssagenden Laute von Nokes und seiner Truppe, die Gossenakzente von Fat Mancho und Pater Bobby, während Wörter und Gesichter in eins verschmolzen.

Ich spürte den Strahl der offenen Feuerhydranten von Hell's Kitchen auf meinem Körper, das kühle Wasser, das die Hitze des Sommers abspülte. Ich schmeckte Eiscreme und heiße Paprikasandwiches, und ich hörte Franki Vallis kühnen Tenor und Dinah Washingtons sehnsuchtsvollen Blues. Ich schnippte Pennies gegen die Mauer eines Lagerhauses, ließ mit Wasser gefüllte Ballons auf die Köpfe von Passanten fallen, rannte durch den Wind im De-Witt-Clinton-Park und angelte von den Piers an der 12th Avenue. Wie tot in diesem Loch der Verzweiflung zurückgelassen, suchte ich Zuflucht an dem sichersten Ort, zu dem meine Gedanken wandern konnten – in den Straßen von Hell's Kitchen.

Nur in jenen seltenen, wolkenlosen Augenblicken konnte ich meiner dunklen Umgebung entfliehen, konnte den Schmutz und den Schmerz, die Ratten und Urinlachen hinter mir lassen.

Nur dann konnte ich den Klagen der lebenden Toten entkommen und für kurze Zeit spüren, daß ich noch lebte.

Nach zwei Wochen wurde ich aus dem Loch entlassen und auf die Krankenstation des Gefängnisses verlegt, wo meine Wunden gereinigt, meine Kleidung weggeworfen und meine Mahlzeiten auf Plastiktabletts serviert wurden. Als ich auf die Zweiundzwanzigbettenstation getragen wurde, war ich dreizehn Pfund leichter als am Tag des Footballspiels, mein Körper wurde von hohem Fieber und einer Reihe von Infektionen geschüttelt.

Das medizinische Personal in Wilkinson war bescheiden, es wurde angeführt von einem ältlichen Doktor mit chronischem Husten und drei Krankenschwestern, die ihre beste Zeit hinter sich hatten. Für alle war es die letzte Station einer ansonsten glanzlosen Karriere. Und auch wenn sie gewußt haben mußten, was in Wilkinson vor sich ging, fehlte ihnen der Drang oder die Überzeugung, es in Frage zu stellen, geschweige denn die Mißhandlungen einer höheren Instanz zur Kenntnis zu bringen. Durch eine derartige Konfrontation hatten sie mehr zu verlieren als zu gewinnen, und sie wären in Unterzahl ausgetrickst worden, wenn sie es gewagt hätten.

»Du hast Glück«, hörte ich den Gefängnisarzt zu mir sagen. »Noch einen Tag da drinnen, und wir hätten dir nicht mehr helfen können.«

»Ich war nicht allein«, sagte ich, meine Stimme kaum mehr als ein Flüstern, meine Gedanken noch immer um leere Räume kreisend.

»Sie haben alle rausgeholt«, sagte der Doktor.

»Hatten wir alle Glück?« fragte ich.

»Nein«, erwiderte er. »Nicht alle.«

Sonnenstrahlen fielen durch ein offenes Fenster und wärmten mein Gesicht. Mein linkes Auge war noch immer verbunden. Bett und Laken fühlten sich weich an auf meiner nackten Haut, weiße Verbände bedeckten ganze Partien meiner Brust, meiner Arme und Beine. Aus einem Infusionsbeutel tropfte Flüssigkeit in einen meiner Arme, in meiner Nase steckten zwei Schläuche, die mich mit Sauerstoff aus einer Flasche neben dem Bett versorgten. Irgendwo in der Ferne spielte ein Radio einen Song, den ich noch nie zuvor gehört hatte.

Ich wandte den Kopf nach rechts und sah Michael im Bett neben meinem liegen. Sein linker Arm und sein rechtes Bein steckten in einem Gipsverband, sein Gesicht war von Blutergüssen verquollen, sein übriger Körper genauso von oben bis unten verbunden wie meiner.

»Ich dachte schon, du wachst nie wieder auf«, sagte Michael und sah mich an.

»Ich dachte schon, daß ich es nie wieder wollte«, krächzte ich.

»John und Butter sind am anderen Ende des Flurs«, sagte Michael.

»Wie geht es ihnen?«

»Sie leben.«

»Wer nicht?«

»Rizzo«, sagte Michael.

»Die haben ihn *umgebracht*?«

Michael nickte. »Die haben so lange abwechselnd auf ihn eingedroschen, bis nichts mehr zum Dreschen übrig war.«

Rizzo war unseretwegen tot. Wir hatten ihm eingeredet, daß es irgendeinen Wert hatte, in einem sinnlosen Footballspiel gegen die

Wärter aufzubegehren, daß wir dadurch irgendwie besser dastehen würden als sie. Daß es uns einen Grund geben würde weiterzumachen. Und wieder einmal hatten wir uns geirrt. Wir hatten einen weiteren Fehler begangen. Und auch wenn es normal ist, als Heranwachsende Fehleinschätzungen zu unterliegen, schienen unsere Irrtümer stets einen tödlichen Ausgang zu nehmen. Es war falsch gewesen, den Hot-dog-Wagen zu stehlen, und dieser Fehler hatte fast einen Mann ruiniert und uns in ein Erziehungsheim gebracht. Es war falsch gewesen, zu Rizzo zu gehen und ihn zu überreden, bei unserem albernen Plan mitzumachen. Dieses eine Gespräch hatte ihn das Leben gekostet.

Die Fehler, die wir gemacht hatten, konnten nie wieder gutgemacht werden. Ich konnte James Caldwell weder das Gefühl in seinem Arm zurückgeben noch ihm die Schmerzen nehmen. Ich konnte dem Hot-dog-Verkäufer weder sein Geschäft noch seine Träume wiederbringen. Ich konnte John und Tommy weder ihr Lächeln noch ihre Sanftheit zurückgeben, die einst ihr Wesen ausgemacht hatten. Ich konnte weder Michael seine Verbitterung noch mir selbst meine Verletztheit nehmen. Und ich konnte Rizzo nicht wieder lebendig machen. Ein junger Mann war tot, weil er sich mit den Aufsehern angelegt und einen Ball gefangen hatte, den er nie hätte fangen dürfen. Und er hatte sich mit ihnen angelegt, weil wir ihn darum gebeten hatten.

Michaels und mein Blick trafen sich, und ich wußte, daß uns beiden dieselben Gedanken durch den Kopf rasten. Ich wandte mich ab und legte meinen Kopf auf das Kissen, starrte mit meinem gesunden Auge an die weiße Decke, hörte eine Stimme aus dem Radio, die von Weihnachtssonderangeboten und drohendem Schneefall sprach. Ich sah auf meine Hände, deren Fingerspitzen mit Mull umwickelt waren, Kratzer zogen sich wie Venen über meine Haut. Mein Auge fühlte sich schwer und müde an, die Antibiotika und Schmerzmittel machten mich benebelt wie einen Junkie von der Straße.

Ich schloß mein Auge und überließ mich dem Schlaf.
Zwei Tage später hörte ich die ihrem Gewicht nach vertrauten Schritte.

»Hallo, Jungs«, sagte Nokes, der lächelnd zwischen unseren beiden Betten stand. »Wie geht's uns denn heute?«

Michael und ich starrten wortlos zurück, während er auf und ab stolzierte, unsere Krankenblätter studierte und unsere Verbände und Wunden beäugte.

»Ihr seid hier bestimmt bald wieder raus«, knurrte Nokes. »Es wird schön sein, euch wieder bei uns zu haben. Wir haben euch und eure Freunde schon vermißt. Vor allem nachts.«

Michael wandte den Kopf ab und blickte den Flur hinunter zu den Gesichtern der anderen kranken Insassen. Juanito lag zwei Betten weiter, sein Gesicht war eine einzige Maske aus Platzwunden, Schwellungen und Nähten.

»Es war nett, euch zu besuchen«, sagte Nokes und blieb so nah bei uns stehen, daß wir ihn hätten berühren können. »Aber ich muß los. Meine Schicht läuft. Doch wir sehen uns bald wieder. Darauf könnt ihr euch verlassen.«

Michael machte ihm ein Zeichen stehenzubleiben. »Töten Sie mich jetzt«, flüsterte er.

»Was?« Nokes trat an Michaels Seite des Bettes. »Was hast du gesagt?«

«Töten Sie mich jetzt.« Diesmal war es kein Flüstern mehr. Es war seine normale Stimme, ruhig und klar. »Töten Sie uns alle jetzt.«

»Du bist total übergeschnappt«, sagte Nokes.

»Sie *müssen* uns töten«, sagte Michael. »Sie *können* uns nicht lebend hier rauslassen.«

Nokes war noch immer perplex, doch er schüttelte seine Beklommenheit mit seinem gewohnten Grinsen ab. »Ach ja?« sagte er. »Und warum, harter Bursche?«

»Sie können das Risiko nicht eingehen«, erklärte Michael ihm.

»Welches Risiko?«

»Das Risiko, uns wiederzutreffen«, sagte Michael. »An einem anderen Ort als hier.«

»Soll mir das etwa angst machen? Willst du kleines Stück Straßendreck mir angst machen?« Nokes lachte. »Dein Freund Rizzo war auch so ein harter Bursche. Jetzt liegt er hart begraben.«

»Bringen Sie uns alle um«, sagte Michael. »Oder verpflichten Sie sich lebenslang in diesem Knast. Das ist die Wahl.«

»Ich hatte von Anfang an recht«, sagte Nokes. »Du *bist* verrückt. Ihr Arschlöcher aus Hell's Kitchen seid alle total verrückt.«

»Denken Sie darüber nach«, sagte Michael zu unserem Folterer. »Denken Sie scharf darüber nach. Es ist der einzige Ausweg für Sie. Gehen Sie das Risiko nicht ein. Sie können es sich nicht leisten. Töten Sie uns, und zwar jetzt.«

Winter 1968

Ich wrang den Mob aus, dreckiges braunes Wasser tropfte in den Putzeimer. Ich wischte den Flur vor den Zellen im dritten Stock des C-Blocks. Es war die erste Woche nach meiner Entlassung aus der Krankenstation, und meine Wunden, die mit festen Lagen Mull um meine Rippen und Hüften verbunden waren, taten noch immer weh. Nach ein paar Schwüngen des Mobs lehnte ich mich gegen das Eisengeländer, noch immer wackelig auf den Beinen von den Tagen im Loch. Es war früher Morgen, der Zellenblock war ruhig, die Insassen besuchten den Vormittagsunterricht oder trainierten in der Turnhalle.

Ich blickte mich in dem Trakt um, der grau, glänzend und still im Winterlicht dalag, das durch die Fenster fiel und sich mit dem grellen Schein der Neonlampen an der Decke mischte, die vierundzwanzig Stunden am Tag brannten. Die Stille von Wilkinson strahlte eine fast ruhige Gelassenheit aus, die Zellentüren standen offen, die Fußböden glänzten, und Dampf stieg von den großen Zentralheizkörpern auf, die die kalten Winterwinde fernhalten sollten.

Doch der Friede sollte nicht anhalten. Wilkinson war ein Gefängnis am Rande des Aufruhrs. Rizzo hatte recht behalten. Den Wärtern hatte es überhaupt nicht gefallen, daß wir es ihnen heimgezahlt hatten. Am Tag nach dem Spiel wurden allen Insassen sämtliche Privilegien gestrichen. Die nächtlichen Schläge und der Mißbrauch nahmen zu, bis sich schließlich niemand mehr sicher fühlte. Selbst geringfügigste Übertretungen, die vorher meist ignoriert wurden, waren jetzt Anlaß für schwere Strafen.

Die Insassen waren ihrerseits aufgebracht durch Rizzos Tod und den Zustand, in dem der Rest der Mannschaft aus dem Isolationstrakt entlassen worden war. In jedem Zellenblock tauchten plötzlich provisorische Waffen auf – selbstgebastelte Pistolen, in Holzblöcken steckende geschärfte Löffel, zu Schlagringen gebogene Sprungfedern. Die Insassen befolgten nach wie vor jeden Befehl, doch ihre Gesichter waren trotzige Masken.

Ich hatte den halben Flur gewischt, als ich Wilson die Wendeltreppe in den dritten Stock hochkommen sah. Wilson war der einzige schwarze Wärter in unserem Zellenblock und der einzige Aufseher, der vor den körperlichen Attacken zurückschreckte, die seinen Kollegen so viel Spaß machten. Er war ein großer Mann, ein ehemaliger halbprofessioneller Footballspieler mit einem von Narben übersäten Knie und einem Hüftumfang, der seine Uniform zu sprengen drohte. Er rauchte Kette und hatte immer eine angebrochene Schachtel Smith-Brothers-Hustenbonbons mit Kirschgeschmack in der Gesäßtasche. Er hatte ein breites Lächeln, das seine vom Rauchen gelb verfärbten Zähne entblößte, und große Hände mit dicken, fast blauen Fingern. Die Insassen nannten ihn Marlboro.

Marlboro war gut zehn Jahre älter als die anderen Wärter und hatte zwei jüngere Brüder, die ähnliche Jobs in anderen staatlichen Heimen hatten. In den Sommermonaten schmuggelte er für die älteren Insassen gelegentlich ein Sechserpack Bier in die Anstalt.

Außerdem war er Rizzos Verbindung zur Außenwelt gewesen.

»Scheinst deine Sache ja ganz gut zu machen«, sagte er kurzatmig, als er mein Ende des Flurs erreicht hatte und blies eine Rauchfahne aus der Nase. »Du schwingst den Mob echt gut.«

»Die einen packen an«, sagte ich, »die anderen teilen aus.«

»So ist es, mein Junge«, sagte er lachend, womit er ein tiefes Husten in seiner Brust auslöste.

»Wie viele von denen schaffen Sie denn so am Tag?« fragte ich und zeigte auf die Zigarette in seiner Hand.

»Drei«, sagte er. »Vielleicht vier.«

»Schachteln?«

»Wir haben alle unsere Gewohnheiten, mein Sohn«, sagte Marlboro. »Manche sind gut, andere schlecht.«

Ich widmete mich wieder dem Mob und zog die nassen Fransen von einer Seite zur anderen, wobei ich darauf achtete, kein Wasser über den Rand des Stockwerks tropfen zu lassen.

»Wie lange hast du noch?« fragte Marlboro hinter mir. »Bevor sie dich rauslassen?«

»Sieben Monate, wenn ich die volle Strafe absitzen muß«, erwiderte ich. »Wenn nicht, weniger.«

»Dann bist du im Frühling draußen«, sagte Marlboro. »Nur die faulsten Äpfel sitzen die volle Zeit ab.«

»Oder gehen vorher drauf«, sagte ich.

Marlboro zündete sich an der Kippe zwischen seinen Fingern eine neue Zigarette an, warf die alte zu Boden und schluckte einen Mundvoll Rauch.

»Rizzo war mein Freund«, sagte er. »Ich hatte mit dem, was passiert ist, nichts zu tun.«

»Sie haben sich auch nicht gerade den Arsch aufgerissen, um es zu verhindern«, sagte ich.

»Sieh dich doch um, Junge«, sagte Marlboro, die Zigarette im Mundwinkel, während die Venen in seinen kräftigen Armen hervortraten. »Siehst du hier viele Nigger als Wärter?«

»Ich sehe hier nur *Wärter*«, sagte ich.

»Für mich ist das hier ein guter Job«, sagte Marlboro. »Regelmäßige Arbeit und eine gute Rente, wenn ich es bis dahin schaffe. Bezahlter Urlaub, und jedes zweite Wochenende ist frei für mich und meine Frau.«

»Außerdem sichert er Ihnen den Zigarettennachschub«, sagte ich.

»Ich *hasse* es, was sie mit dir und den anderen Jungen machen«, sagte Marlboro, und nahm die Zigarette aus dem Mund, die harten Konturen seines Gesichts von Traurigkeit nachgezogen. »Ich *hasse,* was sie mit Rizzo gemacht haben. Der Junge war für mich wie mein eigen Fleisch und Blut. Aber ich kann nichts dagegen tun. Nichts, was ich sage, würde irgendwas ändern.«

Ich steckte den Mob zurück in den Eimer und drückte ihn durch den Wringer, die Hände am oberen Ende des Stiels, die Augen auf Marlboro gerichtet.

»Haben Sie je einen Jungen geschlagen?« fragte ich.

»Nie«, sagte Marlboro. »Und das werde ich auch nie tun. Versteh mich nicht falsch. Hier drinnen gibt es ein paar gemeine Mistkerle, die eine Tracht Prügel vertragen können. Aber das ist nicht das, was ich mache. Es gehört nicht zum Job. Zumindest nicht zu dem Job, den ich angenommen habe.«

»Was halten denn die anderen Wärter von Ihnen?«

»Für die bin ich auch bloß ein Nigger«, sagte Marlboro. »Wahrscheinlich denken sie, daß ich nicht besser bin als einer von euch. Vielleicht sogar schlimmer.«

»Und das ist schon immer so gewesen?«

»Seit ich hier angefangen habe«, antwortete Marlboro. »Im Juni sind es drei Jahre.«

»Wie ist Ihr Verhältnis zu Nokes?« fragte ich.

»Ich mache meine Arbeit und gehe ihm aus dem Weg«, sagte Marlboro. »Er tut dasselbe.«

»Und was ist mit ihm?« fragte ich.

»Das gleiche wie mit den anderen«, sagte Marlboro. »Sie sind unzufrieden damit, was sie sind. Und damit, wo sie sind.«

»Davon gibt es viele«, sagte ich. »Wo ich herkomme, geht es allen so. Trotzdem rennen sie nicht rum und ziehen solche Scheiße ab wie Nokes und seine Truppe.«

»Vielleicht sind die Menschen da anders«, meinte Marlboro. »Nokes und seine Jungs haben noch nicht viel vom Leben gesehen, und was sie gesehen haben, schmeckt ihnen nicht. Wenn man so aufwächst, fühlt man sich oft leer. Und genau das sind sie. Leer. Nichts dahinter, nichts davor.«

»Was ist mit dem Direktor?« fragte ich und lehnte den Stiel des Mops ans Geländer. »Oder den Leuten in seinem Büro. Die *müssen* doch wissen, was los ist.«

»Aber sie *tun so*, als wüßten sie es nicht«, sagte Marlboro und zog noch einmal an seiner Zigarette. »Genau wie die Leute aus der Stadt. *Niemand* will es wissen. Was mit euch passiert, geht sie nichts an.«

»Also stellen sie sich dumm«, sagte ich.

»So ist es«, sagte Marlboro. »Und vergiß nicht, von deren Standpunkt aus seid *ihr* die Bösen. Nokes und seine Jungs brechen bestimmt nicht in fremder Leute Häuser ein. Oder bedrohen sie mit einer Waffe. Ihr Typen seid es doch, die solchen Scheiß bauen. Deswegen seid ihr überhaupt hier. Also erwartet keine Tränen. Für sie ist das ganz klar, ihr *gehört* hier rein.«

»Sie haben doch wohl auf alles eine Antwort«, sagte ich zu ihm und schob den Wassereimer weiter zur Mitte des Flures.

»Wenn ich die hätte, wär ich nicht alle zwei Wochen auf einen Scheck vom Staat angewiesen«, sagte er. »Ich weiß nur, was ich weiß.«

»Ich muß das noch fertig machen«, sagte ich und zeigte den Korridor hinunter.

»Und ich muß mir neue Zigaretten besorgen«, sagte Marlboro. »Da haben wir ja beide was zu tun.«

Winkend und mit schwungvollen Schritten ging er davon und ließ dabei seinen Schlagstock am Geländer entlang klappern. Auf dem Platz, wo er gestanden hatte, blieb ein kleines Muster aus zerdrückten Zigarettenstummeln zurück.

»Wissen Sie nicht, daß man auf den Fluren nicht rauchen darf?« rief ich ihm nach.

»Was wollen die denn machen?« Marlboro drehte sich um und ein Grinsen breitete sich auf seinem Gesicht aus. »Mich einsperren?«

8

Ich lag, die Hände hinter dem Kopf gefaltet, auf meinem Kissen und hatte ein dünnes Laken bis zum Kinn hochgezogen. Es war später Samstagabend, eine Woche nach dem Valentinstag. Draußen fiel dichter Schnee, weiße Flocken klopften gegen das dicke Glas. Ich kämpfte gegen eine Erkältung an, meine Nase war verstopft, meine Augen wäßrig, in der linken Hand hielt ich ein Bündel Klopapier. Mein Hals war wund, und das Schlucken tat weh.

Ich dachte an meine Mutter und wünschte, ich hätte eine Tasse ihrer *ricota* gegen den Schmerz und die Kälte. Sie setzte immer einen großen Topf Wasser auf, warf drei in Scheiben geschnittene Äpfel und Zitronen hinein, gab zwei Teebeutel, zwei Teelöffel Honig und ein halbes Glas italienischen Whiskey hinzu und kochte alles so lange, bis der Inhalt auf eine große Tasse reduziert war.

»Zieh das an«, sagte sie dann und gab mir den dicksten Pullover, den wir besaßen. »Und trink das. Sofort, solange es noch heiß ist.«

»Du mußt alles rausschwitzen«, sagte mein Vater, der hinter ihr stand. »Das ist besser als Penicillin. Und billiger.«

Ich versuchte zu schlafen und schloß Augen und Ohren gegen die Geräusche außerhalb meiner Zelle. Ich stellte mir vor, wieder in unserer Wohnung in Hell's Kitchen zu sein, den Hexentrank meiner Muter zu schlürfen und ihr Lächeln zu sehen, als ich ihr die leere Tasse zurückgab. Doch ich war zu angespannt und zu krank, um Ruhe zu finden.

Eine Reihe von Insassen weinte sich nachts oft in den Schlaf, egal wie abgebrüht sie sich den Tag über gaben, und ihr Klagen drang durch die Mauern wie ein gespenstisches Flehen.

Es gab auch andere Schreie.

Sie unterschieden sich von denen aus Angst und Einsamkeit. Sie waren bedrückender und erstickt, Laute qualvollen Elends, rohe Schreie, die um Entrinnen bettelten, um eine Freiheit, die nie kam.

Solche Schreie hört man durch die dicksten Mauern. Sie können durch Beton und Haut schneiden und tief in die dunklen Abgründe der Seele eines verlorenen Jungen vordringen. Es sind Schreie, die den Lauf eines Lebens verändern, die Unschuld niedertrampeln und Güte austreiben.

Es sind Schreie, die man, wenn man sie einmal gehört hat, nie wieder aus dem Gedächtnis löschen kann.

In jener Winternacht kamen diese Schreie von meinem Freund John.

Die Dunkelheit meiner Zelle umfing mich wie eine Maske, meine Augen durchbohrten die Nacht, während ich darauf wartete, daß die Schreie verstummten, und betete, daß die Morgensonne aufging. Ich richtete mich auf meiner Pritsche auf, kauerte mich in eine Ecke, wischte mir den Schweiß von der Oberlippe und putzte mir mit dem Klopapier die Nase. Ich schloß die Augen, bedeckte beide Ohren mit den Händen und wiegte meinen Körper vor und zurück, so daß mein Rücken gegen die kalte Wand hinter mir schlug.

Die Tür ging auf, helles Licht fiel herein, und die Geräusche von draußen brachen sich an meiner Zellenwand. In der Tür stand Ferguson, eine Bierflasche in der einen, einen Schlagstock in der anderen Hand. Er hatte einen Zweitagebart, sein dünnes Haar war fettig und ungewaschen. Seine schweren Lider ließen ihn immer irgendwie schläfrig wirken, seine Haut war spröde, und seine Mundwinkel von Pickeln umgeben.

»Ich hab gerade deinen kleinen Freund gefickt«, sagte er lallend und schwankend.

Er machte drei Schritte in die Zelle.

Ich rollte mich von der Pritsche und stellte mich ihm, das Klopapier noch immer in der Hand, gegenüber. Unsere Blicke trafen sich.

»Zieh dich aus«, sagte Ferguson und führte die Bierflasche zum Mund. »Und dann zurück ins Bett. Ich will ein bißchen mit dir spielen.«

»Nein«, sagte ich.

»Was war das?« fragte Ferguson und nahm die Flasche vom Mund. Er hielt den Kopf leicht geneigt und lächelte.

»Nein«, sagte ich. »Ich ziehe mich nicht aus, und ich gehe nicht ins Bett.«

Ferguson kam näher, seine Füße rutschten über den glatten Boden.

»Weißt du, was du brauchst?« sagte er, noch immer lächelnd. »Du brauchst einen Drink. Um ein bißchen lockerer zu werden. Also, hier ist dein Drink. Und dann spielen wir.«

Er hob die Bierflasche über meinen Kopf und leerte sie. Kaltes Bier lief über mein Gesicht und mein Hemd, ich kniff Mund und Augen zu, um meine Füße bildeten sich kleine Lachen. Ferguson wischte mir das Bier aus dem Gesicht.

Er steckte die Finger in den Mund und leckte sie ab.

»Es gibt die verschiedensten Methoden, Bier zu trinken«, sagte er und schleuderte die Flasche auf meine Pritsche. »Und es gibt die verschiedensten Methoden zu ficken.«

Ferguson warf seinen Schlagstock auf die Pritsche und beobachtete, wie er knapp neben der Flasche landete. Er wandte sich mir wieder zu, löste seine Gürtelschnalle und zog mit einer Hand seinen Reißverschluß auf.

Mit der anderen Hand strich er mir über Gesicht und Brust.

»Du hast recht«, flüsterte Ferguson. »Du mußt dich nicht ausziehen. Und du mußt auch nicht zurück ins Bett.«

»Bitte, Ferguson«, sagte ich mit kaum hörbarer Stimme. »Tun Sie das nicht.«

»Was soll ich nicht tun, Süßer?« fragte Ferguson mit glasigem Blick, während er härter über meine Brust rieb und seine Hand tiefer wandern ließ.

»Tun Sie nicht, was Sie tun«, sagte ich.

»Aber ich dachte, das gefällt dir«, sagte Ferguson. »Ich dachte, euch allen gefällt es.«

»Das tut es nicht«, sagte ich. »Bestimmt nicht.«

»Das ist aber schade«, sagte Ferguson, sein Gesicht dicht an meinem, sein Atem eine faule Mischung aus Bier und Zigarettenqualm. »Weil es mir nämlich gefällt. Es gefällt mir sogar sehr.«

Ferguson ließ seine Hand zurück über meine Brust und mein Gesicht wandern und legte sie in meinen Nacken. Er kam noch näher und ließ seinen Kopf auf meine Schulter fallen.

»Hol meinen Schwanz raus«, sagte er.

Ich rührte mich nicht, die Augen geschlossen, die Füße steif. Fergusons Gewicht lehnte schwer an meinem Körper, ich spürte seinen warmen Atem auf meiner Wange.

»Komm, Süßer«, flüsterte Ferguson. »Hol ihn raus. Den Rest mache ich.«

Ich öffnete die Augen und sah John in der Tür stehen.

John trat aus dem Licht in die Dunkelheit der Zelle. Bis auf seine blutverschmierte Unterhose und eine Socke um seinen Knöchel war er nackt. Er atmete durch den Mund und hielt das Messer, das mit einem Gummiband an seiner Hand befestigt war, flach gegen sein Bein gepreßt.

»Hab keine Angst, Süßer«, flüsterte Ferguson mir ins Ohr. »Hol ihn raus. Er ist bereit für dich.«

»Ich hab keine Angst«, sagte ich.

»Dann mach«, sagte Ferguson.

»Gehen Sie aus dem Licht«, sagte ich. »Es blendet mich.«

Ferguson hob den Kopf und packte, ein wirres, manisches Grinsen im Gesicht, mit seiner Hand meine beiden Wangen.

»Du *sollst* die Augen *zumachen*«, sagte er und ging, mich hinter sich herzerrend, rückwärts auf John zu. »Wußtest du das nicht?«

Wir standen nur noch Zentimeter von meiner Pritsche entfernt, so daß ich mit der Hand nach dem Schlagstock und der leeren Bierflasche greifen konnte. John stand neben dem Bett, das Messer noch immer ans Bein gepreßt. Ferguson ließ mein Gesicht los, zog seine Hosen runter und trat zwei weitere Schritte zurück.

»Okay«, sagte er. »Genug rumgehampelt, Süßer. Jetzt wird es Zeit fürs Vergnügen.«

Mit erhobenem Kopf, den Blick unverwandt auf Ferguson gerichtet, ließ ich mich auf die Knie sinken, während ich mit der Hand nach dem Schlagstock rechts von mir tastete.

»Genauso, Süßer«, sagte Ferguson. »Und denk dran, ich mag es langsam. Schön langsam.«

Ferguson spürte die Schneide des Messers, bevor er Johns Stimme hörte.

»Genauso wirst du sterben, du Schwein«, sagte John. »Schön langsam.«

»Du kleiner Mistkerl«, sagte Ferguson eher überrascht als ängstlich. »Was, zum Teufel, hast du vor?«

»Es ist Zeit für mein Vergnügen«, sagte John.

»Dafür kann ich dich töten lassen«, sagte Ferguson.

»Dann hab ich ja nichts zu verlieren.«

Ich griff nach dem Schlagstock und sprang auf. Ich blickte an Ferguson vorbei zu John und entdeckte in seinen Augen etwas, was ich dort noch nie zuvor gesehen hatte.

»Du kannst ihn nicht abstechen, Johnny«, sagte ich.

»Guck's dir an, Shakes«, sagte John. »Setz dich auf deine Pritsche und guck es dir an.«

»Geh zurück in deine Zelle«, sagte ich. »Überlaß ihn mir.«

»Damit kommt er nicht durch«, sagte John. »Er wird nicht einfach so weiterleben nach allem, was er mir angetan hat. Was er uns allen angetan hat.«

»Er *muß* damit durchkommen«, sagte ich.

»Wer sagt das?« fragte John. »Wer, Scheiße noch mal, sagt das?«

»In ein paar Monaten sind wir hier raus«, flüsterte ich langsam. »Wenn du ihn abstichst, gehen wir nirgendwo mehr hin.«

»Hör auf deinen Freund, Ire«, sagte Ferguson. »Was er sagt, ist vernünftig.«

Ich baute mich breitbeinig vor ihm auf und rammte das dicke Ende des Knüppels in seine Magengrube. Ich sah ihn zusammenklappen und nach Luft schnappen.

»Halt du dich da raus, Arschloch«, sagte ich. »Sonst leg ich dich selber um.«

John nahm die Klinge von Fergusons Hals und ging einen Schritt zurück. Dabei hielt er die scharfe Kante des Messers in der offenen Hand. Sein Gesicht war ein Abbild unerbittlichen Hasses, seines sanftäugigen Charmes beraubt war es der Ort, in dem sich alle Folter und aller Mißbrauch einnistete, die John ertragen hatte.

In so vielem war er nicht mehr der John, den ich gekannt hatte, der John, mit dem ich aufgewachsen war. Wilkinson hatte ihm mehr angetan, als ihn nur zu schlagen und zu mißbrauchen. Was ihm angetan wurde, ging weit über bloße Demütigung hinaus. Es hatte ihn zerbrochen und zerstört. Er hatte das sanfteste Herz, das ich kannte, zerrissen und aller Gefühle beraubt. Den John Reilly, der unseren Clubraum zu einer sicheren Zuflucht für verlaufene Kätzchen gemacht hatte, gab es nicht mehr. Der John Reilly, der Obst und Gemüse von Lebensmittellastern stahl und sie vor der Tür von Mrs. Angela De Salvo hinterlegte, einer alten invaliden Frau ohne Geld und Familie, war tot und begraben. Ersetzt durch den John Reilly, der jetzt vor mir stand, bereit einen Mann zu töten, ohne weiter darüber nachzudenken.

»Laß gut sein, John«, sagte ich. »Er ist ein Stück Scheiße und es nicht wert.«

»Ich bin froh, daß du zur Vernunft kommst«, sagte Ferguson

und sah mich an. Er war allmählich wieder zu Atem gekommen. »Ich werde dich in meinem Bericht schonen.«

»Es wird keinen Bericht geben«, sagte ich.

»Was zum Teufel soll das heißen, es wird keinen Bericht geben?« fragte Ferguson, dem seine Wut eine neue Entschlossenheit verlieh. »Ihr beiden habt einen Aufseher angegriffen. Es *muß* einen Bericht geben.«

»Gehen Sie einfach, Ferguson«, sagte ich und gab ihm seinen Schlagstock zurück. »Machen Sie Ihre Hose zu und verpissen Sie sich, verdammt noch mal.«

»Ich gehe nicht, bevor der Irre mir das Messer gegeben hat«, sagte Ferguson.

»Es gibt kein Messer«, sagte ich.

Ich ging zu John, der noch immer mit stählernem Blick Ferguson fixierte. Ich legte meine Hand auf die Hand, in der er das Messer hielt, die Knöchel fest an die Schneide gepreßt.

»Es ist okay, Johnny«, sagte ich. »Du kannst jetzt loslassen. Es ist okay.«

»Der packt mich nicht noch mal an«, sagte John, und seine Stimme war nicht mehr die des Jungen, der am Ende von traurigen Filmen geweint hatte. »Hörst du, Shakes? Der packt mich nicht noch mal an.«

»Ich hab's gehört«, sagte ich und nahm meinem Freund das Messer aus der Hand.

Ich drängte mich an Ferguson vorbei und ging zu meiner Pritsche. Ich hob die dünne Matratze und legte das Messer auf den Sprungfederrahmen.

»Wie gesagt, Ferguson«, sagte ich und sah ihn an. »Es gibt kein Messer.«

»Das vergeß ich bestimmt nicht«, sagte Ferguson und zeigte mit zitterndem Finger auf John und mich. »Habt ihr gehört, ihr beiden? Ich werde es nicht vergessen.«

»Dann ist es ein Teufelspakt«, sagte ich.

»Was soll das wieder heißen, verdammt noch mal?« fragte Ferguson.

John erklärte es ihm. »Der erste, der es vergißt, stirbt«, sagte er.

9

Der Englischlehrer Fred Carlson stand, die Krawatte am Kragen gelöst, die Brille in die Stirn geschoben, ein dicker Kaugummi zwischen den Backenzähnen, mit dem Rücken zur Tafel und stützte sich mit den Händen auf die Kreideablage. Er war noch jung, nicht viel älter als dreißig. Es war sein erstes Semester in Wilkinson, und er wurde dafür bezahlt, einer Klasse desinteressierter Insassen die Feinheiten des Lesens und Schreibens beizubringen.

»Ich hatte erwartet, übers Wochenende dreißig Referate zu lesen«, sagte er in einem Tonfall, in dem seine ländliche Herkunft mitschwang. »Doch es waren nur sechs. Das heißt, wie viele Referate fehlen noch?«

»Wir haben hier Englisch«, rief ein Junge von hinten. »Mathe ist ein paar Räume weiter.«

Ein paar Insassen lachten laut, die anderen grinsten nur oder starrten weiter aus den Fenstern auf die verschneiten Felder.

»Ich tue mein Bestes«, sagte Carlson kontrolliert, obwohl seine Frustration offensichtlich war. »Ich will euch helfen. Vielleicht glaubt ihr das nicht, oder es ist euch egal, aber es ist die Wahrheit. Aber ich kann euch nicht zwingen zu lesen, und ich kann euch nicht zwingen, Referate zu schreiben. Das ist etwas, was ihr nur selbst tun könnt.«

»Da wo Sie leben, ist es bestimmt leicht zu lesen«, sagte ein Insasse mit einer kurzgeschorenen Afrofrisur. »Und leicht zu schreiben. Hier drinnen ist das nicht so leicht.«

»Ich bin sicher, das ist es nicht«, sagte Carlson. »Aber ihr müßt einen Weg finden. Wenn ihr erwartet, irgendwas zustande zu bringen, wenn ihr hier wieder rauskommt, müßt ihr einen Weg finden.«

»Ich muß versuchen, am Leben zu bleiben«, sagte der Insasse. »Haben Sie ein Buch, das mir das beibringt?«

»Nein«, sagte Carlson und löste sich von der Tafel. »Das habe ich nicht. Das hat niemand.«

»Na also«, sagte der Junge.

»Dann verschwende ich also bloß deine Zeit«, sagte Carlson. »Willst du mir das sagen?«

»Sie verschwenden die Zeit von *jedem* hier«, sagte der Insasse und klopfte einem muskulösen Teenager neben sich auf die Schulter. »Geben Sie es auf und bleiben Sie zu Hause. Hier ist kein Platz für Ihren Kram.«

Fred Carlson zog einen Metallstuhl hinter seinem Pult hervor, setzte sich und starrte den Jungen an, den Oberkörper kerzengerade, beide Hände auf die Beine gestützt.

So blieb er sitzen, bis das Schrillen der Trillerpfeife das Ende der Stunde anzeigte.

»Bis Freitag, Herr Lehrer«, sagte der Insasse auf dem Weg nach draußen. »*Wenn* Sie dann noch hier sind.«

»Bis Freitag«, erwiderte Carlson. »*Wenn* du dann noch lebst.«

Ich ging hinter vier anderen Insassen den Gang hinunter, ein Notizbuch mit schwarzem Rand in der Hand, einen stumpfen Bleistift hinters Ohr geklemmt.

»Hast du eine Sekunde Zeit für mich?« fragte Carlson, als ich an seinem Pult vorbeikam.

»Hab ich was falsch gemacht?« fragte ich.

»Nein«, erwiderte er lächelnd und schüttelte den Kopf. »Ich möchte nur mit dir reden.«

Ich blieb stehen und wartete, die Hände in den Taschen, bis das Klassenzimmer sich geleert hatte.

»Du hast ein tolles Referat geschrieben«, sagte Carlson.

Ich murmelte ein Dankeschön.

»Wie kommt es, daß du die Zeit gefunden hast, die Aufgabe zu machen?« fragte Carlson mit einem Hauch von Sarkasmus. »Machst du dir keine Sorgen ums Überleben?«

»Ich mache mir deswegen ständig Sorgen«, sagte ich. »Deswegen lese und schreibe ich. Es lenkt mich für eine Weile ab.«

»Das Buch scheint dir gefallen zu haben«, sagte Carlson. Ich hatte ein Referat über *Der Graf von Monte Christo* geschrieben.

»Es ist mein Lieblingsbuch«, erklärte ich. »Seit ich hier bin, gefällt es mir noch besser.«

»Warum?«

»Das hab ich doch in dem Referat geschrieben«, sagte ich.

»Erzähl es mir noch mal.«

»Er hat sich von niemandem unterkriegen lassen«, sagte ich. »Der Graf hat eingesteckt, was er einstecken mußte, Schläge, Beleidigungen, was auch immer, und daraus gelernt. Als dann die Zeit kam, etwas zu unternehmen, hat er gehandelt.«

»Und das bewunderst du?« fragte Carlson und griff quer über den Tisch nach einer braunen Aktentasche aus Leder, die mit Büchern und losen Zetteln vollgestopft war.

»Das respektiere ich«, sagte ich.

»Hast du zu Hause ein Exemplar des Buches?«

»Nein«, sagte ich. »Ich habe nur eine Comicausgabe von Illustrated Classics. So hab ich die Geschichte kennengelernt.«

»Das ist nicht dasselbe«, sagte Carlson.

»In unserem Viertel gibt es eine Bibliothekarin, die weiß, wie sehr ich die Geschichte mag«, sagte ich. »Sie sorgt dafür, daß das Buch immer für mich bereitsteht. Es ist keine so große Sache. Es gibt nicht viele Leute, die das Buch ausleihen wollen.«

Carlson hatte den Kopf gesenkt und kramte mit beiden Händen in seiner Tasche.

»Ich muß los, Mr. Carlson«, sagte ich. »Ich darf den Vormittagsappell nicht verpassen.«

»Noch eine Minute«, sagte Carlso. »Ich hab was für dich.«

»Was denn?« fragte ich.

»Das hier«, sagte Carlson, eine gebundene Ausgabe von *Der Graf von Monte Christo* in der Hand. »Ich dachte, das würdest du vielleicht gerne haben.«

»Darf ich es behalten?«

»Ja«, sagte Carlson.

»Ist das Ihr Ernst?« fragte ich.

»Absolut«, sagte Carlson. »Du liebst das Buch so sehr, daß du ein eigenes Exemplar besitzen solltest.«

»Ich kann es Ihnen nicht bezahlen«, erklärte ich ihm.

»Es ist ein Geschenk«, sagte Carlson. »Du hast doch sicher schon einmal etwas geschenkt bekommen, oder nicht?«

»Ist schon eine Weile her«, sagte ich, öffnete das Buch und blätterte durch die vertrauten Seiten.

»Das ist von mir für dich«, sagte Carlson. »Meine Art, danke zu sagen.«

»Danke wofür?« fragte ich.

»Dafür, daß du mir nicht das Gefühl gibst, daß ich hier bloß in einem Laufrad meine Runden drehe«, sagte Carlson.

»Dafür, daß *irgend jemand*, selbst wenn es nur *ein* Schüler ist, zuhört.«

»Sie sind ein guter Lehrer, Mr. Carlson«, sagte ich. »Sie sind bloß an einen üblen Haufen geraten.«

»Ich kann mir nicht vorstellen, hier eingesperrt zu sein«, sagte Carlson. »Nicht für eine Nacht, geschweige denn für Monate.«

»Ich kann es mir auch nicht vorstellen«, erwiderte ich.

»Es ist nicht so, wie ich es mir gedacht habe«, sagte Carlson und schüttelte langsam den Kopf.

»Ich glaube nicht, daß es so ist, wie *irgend jemand* es sich gedacht hat«, sagte ich.

»Nein, wohl nicht«, sagte Carlson.

»Hören Sie, ich muß jetzt wirklich los«, sagte ich. »Und nochmals vielen Dank für das Buch. Es bedeutet mir sehr viel.«

»Meinst du, die Wärter lassen es dich behalten?« fragte Carlson.

»Sie werden nie erfahren, daß ich es habe«, erklärte ich ihm.

»Wir können dann ja am Freitag im Unterricht über das Buch sprechen«, sagte Carlson. »Das heißt, wenn du glaubst, daß der Graf ihre Aufmerksamkeit fesseln kann.«

»Er hat zumindest eine Chance«, erwiderte ich lächelnd.

»Irgendeine bestimmte Stelle, die ich vorlesen soll?« fragte Carlson und ließ seine Aktentasche zuschnappen.

»Das ist leicht«, sagte ich auf dem Weg zur Tür, das Buch fest in der Hand. »Die Stelle, wo er aus dem Gefängnis flieht.«

10

Ich war zum ersten Mal in den Räumen der Wärter, eine Reihe von Spinden, Betten, Duschkabinen, Getränkeautomaten und Kaffeemaschinen verteilt auf vier große Zimmer auf der Rückseite des C-Blocks. Der Raum roch nach alten Kleidern und feuchten Fliesen, die Fußböden waren staubig und fleckig, in einer Ecke lagen Zigarettenstummel verstreut. Stehlampen mit zerrissenen und verschmierten Schirmen warfen kleine Lichtkreise, die die Räume in ein Halbdunkel tauchten. Auf dem Fußboden und den Möbeln lag schmutzige Kleidung. Im Hauptraum hing ein großes gerahmtes Foto des Wilkinson-Heims für Jungen, das in einem Jahre zurückliegenden, verschneiten Winter aufgenommen worden war.

Nokes saß hinter einem Schreibtisch, der mit Notizzetteln, offenen Mappen, einem Kassettenrecorder, zwei Telefonen, einer Handvoll Zeitschriften und einer angebrochenen Schachtel Zigaretten bedeckt war. In der Mitte stand ein aufgeschlitzter Pappkarton von der Größe eines Toasters.

»Sie wollten mich sprechen?« sagte ich.

»Warte eine Sekunde, Soldat«, sagte Nokes. »Ich möchte, daß die anderen das mitkriegen.«

Er nahm den Hörer von der Gabel und drückte auf den gelben Knopf der Hausanlage.

»Bewegt eure Ärsche«, brüllte er in den Hörer. »Er ist hier.«

Addison, Styler und Ferguson kamen aus einem Nebenzimmer, alle mehr oder weniger unbekleidet. Ferguson hatte Rasierschaum im Gesicht und eine Kippe in der Hand.

Styler war bis auf eine weiße Unterhose nackt und rauchte eine Zigarre mit einem Plastikfilter. Addison hielt in einer Hand einen gefalteten Zettel, in der anderen ein Stück Pepperonipizza.

Sie standen hinter Nokes und schienen sich mehr für den Karton zu interessieren als für mich.

»Du kennst die Regeln bezüglich der Post?« fragte Nokes und blickte, eine unangezündete Zigarette im Mund, zu mir auf. »Was erlaubt ist und was nicht?«

»Ja«, sagte ich. »Die kenne ich.«

»Besonders gut scheinst du sie nicht zu kennen«, meinte Nokes und zeigte auf den offenen Karton. »Wenn du dir von deiner Mutter diesen ganzen Mist schicken läßt.«

»Das Paket ist von meiner Mutter?« fragte ich.

»Ich meine, guckt euch den Scheiß an«, sagte Nokes zu den anderen drei Wärtern, ohne meine Frage zu beachten. »Was glaubt sie wohl, wo ihr Sohn ist, bei der Armee, oder was?«

»Was ist denn das, verdammt noch mal?« fragte Styler und zog ein kleines Glas mit gerösteten Paprikaschoten in Olivenöl aus dem Karton.

»Es ist Aufgabe des Direktors, die Post zu kontrollieren«, sagte ich. »Nicht der Wärter.«

»Nun, der Direktor ist gerade nicht da«, sagte Nokes. »Und wenn er nicht da ist, kontrollieren wir die Post.«

»Nichts von dem Scheiß, den ich da seh, würde der Direktor durchgehen lassen«, sagte Styler. »Nichts davon steht auf der Liste der zulässigen Geschenke.«

»Ich bin sicher, deine Mama hat eine Kopie dieser Liste«, sagte Addison. »Alle Eltern bekommen sie zugeschickt.«

»Meine Mutter kann kein Englisch«, sagte ich.

»Es ist schließlich nicht unsere Schuld, daß deine Mama blöd ist«, sagte Nokes und warf Styler ein Glas Artischockenherzen zu.

»Das sind Sachen, die sie gemacht hat«, sagte ich. »Sachen, von denen sie weiß, daß ich sie mag. Sie wollte bestimmt nichts falsch machen.«

»Außer, daß sie einen Wichser als Sohn hat«, sagte Styler, öffnete das Glas und roch daran.

»Kann ich den Karton haben?« fragte ich. »Bitte?«

»Sicher«, sagte Nokes. »Der Karton gehört dir. Der Inhalt ist für uns. Klingt das fair?«

»Ist außer Nahrungsmitteln sonst noch was in dem Paket?« fragte ich, meine herabhängenden Hände zu Fäusten geballt.

»Nur das hier.« Nokes hielt einen Rosenkranz mit braunen Perlen hoch. »Bedeutet dir das irgendwas?«

»Mehr als Ihnen«, sagte ich.

»Ich nehme an, dann würdest du es gerne haben«, sagte Styler, den Mund voller Artischockenherzen.

»Es gehört mir«, sagte ich.

»Was macht man damit?« fragte Nokes und betastete die Perlen in seiner Hand.

»Beten«, sagte ich.

»Für beschissene Versager wie dich gibt es keine Gebete«, sagte Styler.

»Nehmen Sie das Essen«, sagte ich. »Alles. Lassen Sie mir nur die Perlen.«

Styler kam um den Schreibtisch herum, trat neben mich und legte einen Arm um meine Schultern.

»Dürfen wir zuhören, wie du betest?« fragte er mich.

»Ich bete lieber allein«, sagte ich, den Blick noch immer auf Nokes gerichtet. »Es geht besser allein.«

»Wie wichsen«, sagte Addison.

»Nur dieses eine Mal«, sagte Styler und zwinkerte den drei anderen lächelnd zu. »Laß hören.«

»Vielleicht braucht er etwas, worum er beten kann«, sagte Nokes, griff unter seinen Schreibtisch und zog einen schwarzen Schlagstock hervor.

Er gab Styler den Stock, der ihn mit der freien Hand entgegennahm, während er mich enger an sich drückte.

»Leg deine Hände auf den Schreibtisch«, sagte Styler zu mir. »Leg sie flach auf den Tisch.«

»Und fang an, dir ein paar Gebete auszudenken«, sagte Addison.

Meine gespreizten Finger berührten fast das Paket, das meine Mutter geschickt hatte. Styler spreizte meine Beine und zerrte so heftig an meiner Hose, daß der oberste Knopf abriß. Nokes legte den Rosenkranz über meine Fingerknöchel. Ich spürte, wie Stylers rauhe Hand grob über meinen Hintern rieb.

»Denk dran, du Scheißer«, sagte Nokes, während er die Paprika meiner Mutter mit den Fingern aß. »Wir wollen dich beten hören. Laut!«

Styler legte einen Arm um meinen Bauch und stieß das vordere

Ende des Schlagstocks in mich hinein. Der Schmerz kam plötzlich, meine Beinmuskeln verkrampften sich, meine Brust zitterte, mein Magen zog sich zusammen wie ein messerscharfer Knoten.

»Wir hören keine Gebete«, sagte Nokes.

»Du solltest lieber anfangen.« Ferguson hatte ein grausames Lächeln im Gesicht. »Bevor Styler den Knüppel in deinem Arsch verliert.«

»Vater Unser«, sagte ich abgerissen mit brennenden Lungen und fast unbeweglichen Lippen. »Der du bist im Himmel.«

»Schön laut«, sagte Styler hinter mir. »Du sollst laut und deutlich beten.«

»Geheiligt werde dein Name«, sagte ich. Tränen strömten über meine Wangen. »Dein Reich komme. Dein Wille geschehe.«

»Sag nicht ›komme‹, wenn Styler dabei ist«, sagte Nokes mit einem lauten Lachen. »Du willst ihn doch nicht scharf machen.«

»Wie im Himmel also auch auf Erden«, sagte ich mit weichen Knien und schweißnassem Körper. »Und vergib uns unsere Schuld…«

»Die Stelle muß von uns handeln«, sagte Styler mit aufgerissenen Augen und leckte sich die Lippen.

»Wie auch wir vergeben«, sagte ich, und meine Hände, die den Rosenkranz noch immer festhielten, begannen von der Tischplatte zu gleiten, »unseren Schuldigern.«

»Lauter, du Scheißer!« sagte Nokes, der aufgestanden war und mein Gesicht mit beiden Händen gepackt hielt. »So als ob du in einer Scheißkirche wärst.«

»Und führe uns nicht in Versuchung«, sagte ich. Der Raum um mich herum schwankte und verschwamm vor meinen Augen, meine Arme und Beine waren taub. »Sondern erlöse uns von dem Übel.«

»Dafür ist es jetzt verdammt zu spät, du Versager«, sagte Styler, als er mich freigab und meinen Körper zu Boden sinken ließ. »Verdammt zu spät.«

Ich erwachte auf der Pritsche in meiner Zelle, meine Hose hing mir noch um die Knie. Ich lag zitternd auf Laken und Decke, mein ganzer Körper war taub. Den Rosenkranz hielt ich noch immer in der Hand, das Kreuz in meine Handfläche gedrückt. Langsam führte ich die Perlen an meine Lippen und küßte sie.

Ich öffnete die Augen, starrte in die Dunkelheit und weinte, bis die Sonne aufging.

Frühjahr 1968

Michael schlug den Ball mit der Hand gegen die Zementwand und beobachtete, wie er einmal aufsprang und auf John zusegelte, der ihn etwa an der Mitte der weißen Trennlinie erwartete. Ich stand neben Tommy hinter der Grundlinie, mit den Gedanken mehr beim Wetter als beim Spiel.

Es war ein früher Nachmittag Mitte April. Die Sonne schien noch warm und strahlte von dem harten Teerboden auf unsere Arme, Beine und Gesichter ab. Die Luft war trocken, und eine leichte Brise strich über unsere Rücken.

Der *Handball*platz war selten frei: Die schwarzen Insassen hatten ihn zum Teil ihres Territoriums erklärt. Doch im Moment waren sie von der Bildfläche verschwunden und hatten sich zu einem organisierten Protest zusammengefunden, ein Ausdruck ihrer Empörung über die mehr als einen Monat zurückliegende Ermordung Martin Luther King, jr. Sie blieben in ihren Zellen und weigerten sich, an irgendwelchen Aktivitäten teilzunehmen. Sie bestanden sogar darauf, daß ihnen das Essen gebracht wurde. Anfangs hatten die Aufseher, wie erwartet, mit Einschüchterung und Gewalt reagiert, doch die Insassen blieben stark, Wut und Stolz behaupteten sich gegen die Gefängnisregeln. Aus Angst vor öffentlichem Aufsehen befahl der Direktor den Wärtern, zurückzustecken und abzuwarten, bis der Protest von selbst erlahmte.

Der Ball kam wie ein schwarzer Schatten auf Tommy zu. Der machte zwei kurze Schritte nach hinten, holte mit der Hand aus und verfehlte den Ball. Er drehte sich um, hob ihn auf und warf ihn zu Michael zurück.

»Ich blicke bei diesem Spiel einfach nicht durch«, sagte Tommy. »Ich kapiere es nicht.«

»Da bin ich ja froh, daß wir zusammen sind«, sagte ich.

»Was ist der Punkt?« fragte Tommy.

»Wir *haben* keinen Punkt«, sagte ich. »Michael und John haben alle Punkte. Frag sie.«

»Es steht sechs null«, sagte Michael, kam auf mich zu und ließ den Ball auftitschen. Seine rechte Hand war mit dickem, schwarzem Klebeband umwickelt. »Wollen wir die Seiten wechseln?«

»Wie wär's mit einer Pause?« fragte ich. »Ich bin so viel Sonne nicht mehr gewöhnt.«

»Schatten gibt's hier eh nicht viel«, meinte Michael.

»Laß uns zu den Bäumen gehen. Von da aus können die Wärter uns noch immer sehen, und es ist bestimmt kühler.«

Den Schweiß aus dem Gesicht und von den Armen wischend, gingen wir unter den Augen des Aufsehers an der Mauer entlang auf einen kleinen Kastanienbaum mit hängenden Zweigen zu.

Auf die Arme gestützt, die Beine auf dem Gras ausgestreckt, setzten wir uns um den Baum und starrten auf die quadratische Backsteinfassade von Block C, seit sieben Monaten unser Zuhause.

»Schöner Blick«, sagte John.

»Von hier aus sieht es aus wie jedes andere Gebäude«, sagte Tommy. »Man kann ihm jedenfalls nicht ansehen, wie es ist.«

»Ich werde nie vergessen, wie es aussieht«, sagte ich. »Und auch nicht, was es ist.«

»Vielleicht doch«, sagte Michael. »Wenn du Glück hast.«

»Haben Sie dir deinen Entlassungstermin schon genannt?« fragte Tommy mich.

»Nokes hatte den Brief vom Direktor«, sagte ich. »Er hat damit vor meiner Nase rumgewedelt und ihn dann zerrissen.«

»Wann, schätzt du, ist es soweit?« fragte Michael.

»Ende Juni«, sagte ich. »Vielleicht Anfang Juli. Irgendwas in der Richtung.«

»Ich wünschte, ich könnte mit dir kommen«, sagte John mit von Trauer belegter Stimme. »Wäre nett gewesen, wenn wir alle zusammen rausgekommen wären.«

»Das wünschte ich auch«, sagte ich und lächelte ihn an.

»Es hat keinen Zweck, darüber zu grübeln«, sagte Michael.

»Wir werden ein volles Jahr absitzen. Nicht eine Stunde weniger.«

»Ich könnte nach meiner Entlassung mit Pater Bobby reden«, sagte ich. »Vielleicht kann er ein bißchen rumtelefonieren und noch ein oder zwei Monate runterhandeln.«

»Es gibt nichts zu reden«, sagte John.

»Es gibt *jede Menge* zu reden«, erwiderte ich. »Wenn die Leute wüßten, was hier vorgeht, würden sie vielleicht was unternehmen.«

»Ich *will* nicht, daß es jemand weiß, Shakes«, sagte John, und seine Augen füllten sich mit Tränen. »Weder Pater Bobby noch King Benny noch Fat Mancho. Noch sonst jemand.«

»Ich auch nicht«, sagte Tommy. »Ich wüßte nicht, was ich jemandem sagen sollte, der es *weiß*.«

»Mir fällt keiner ein, der was davon erfahren müßte«, sagte Michael. »Typen, die hier oder in einem ähnlichen Knast gesessen haben, wissen, was los ist. Die anderen würden uns entweder nicht glauben oder sich einen Scheißdreck drum kümmern. So oder so ist es nur Zeitverschwendung.«

»Ich finde, nicht einmal *wir* sollten darüber reden«, sagte John. »Wenn es erst mal vorbei ist.«

»Ich will es auch begraben, Shakes«, sagte Tommy. »So tief, wie es nur geht.«

»Wir müssen damit leben«, sagte Michael. »Und reden macht einem das Leben nur schwerer.«

»Die Leute könnten fragen«, sagte ich.

»Laß sie fragen«, sagte Michael, stand auf und bürstete sich Gras von der Trainingshose. »Laß sie fragen, laß sie denken, was sie wollen. Doch die Wahrheit bleibt unter uns.«

»Sei einfach froh, daß du nach Hause kommst, Shakes«, sagte John. »Und vergiß alles andere.«

»Und versuch dich aus allem Ärger rauszuhalten, bis wir zurückkommen«, sagte Michael.

»Das dürfte kein Problem sein«, sagte ich. »Ohne euch.«

»Was wirst du als erstes machen, wenn du zurückkommst?« fragte John.

»In die Bücherei gehen«, sagte ich. »Und so lange sitzen bleiben, wie ich will. Jedes Buch durchblättern, das mir gefällt. Nicht aufstehen müssen, wenn jemand auf einer Trillerpfeife bläst. Einfach dasitzen und der Stille zuhören.«

»Weißt du, was ich am meisten vermisse?« fragte Tommy traurig, das Gesicht in die Sonne gereckt, die Augen geschlossen.

»Was?« fragte John.

»Spätabends unter einem offenen Hydranten durchlaufen«, sagte Tommy. »Das Wasser so kalt wie der Winter. Auf den Treppen hocken Leute, die Brezel essen und Bier aus Flaschen in braunen Papiertüten trinken. Musik aus offenen Fenstern und geparkten Autos. Mädchen, die einen aus Hauseingängen anlächeln. Scheiße, es war wie im Himmel.«

»Zwei Stücke heiße Pizza und italienisches Eis bei Mimi sind der Himmel«, sagte ich.

»Mit Carol zu den Piers hinunterschlendern«, sagte Michael. »Hand in Hand. Und sie an der Ecke küssen. Das ist schwer zu überbieten.«

»Was ist mit dir, John?« fragte ich.

»Ich will mich nie wieder vor der Dunkelheit fürchten«, sagte John mit verzweifelter Stimme. »Oder mitten in der Nacht hören, wie eine Tür aufgeht. Und ich will nicht angefaßt werden, will keine fremden Hände auf mir spüren. Ich will schlafen können, ohne Angst davor zu haben, was passiert oder wer reinkommt. Das ist alles, was ich zum Glücklichsein brauche. Das wäre der Himmel für mich. Oder wenigstens nah dran.«

»Irgendwann John«, sagte Michael. »Das verspreche ich dir.«

»Das versprechen wir dir *alle*«, sagte ich.

Direkt hinter uns schrillte die Pfeife des Wärters. Am Himmel ballten sich Regenwolken zusammen, die die Sonne verdunkelten.

11

Der Eßsaal des Gefängnisses war voll, lange Reihen von Holztabletts mit Blechgeschirr in den Händen von Insassen, die versuchten, sich mit den Ellenbogen Platz für ihr Mittagessen, bestehend aus Makkaroni mit Käse, zu schaffen. Jeder Insasse hatte zwanzig Minuten Zeit zum Essen, einschließlich des Wartens in der Schlange, dem Suchen nach einem freien Platz und der Abgabe des Tabletts auf einem Förderband an der Rückseite des Raumes. Unterhaltungen während des Essens waren verboten, und wir durften weder die Qualität noch die Menge des ausgeteilten Essens kritisieren.

Das Essen bestand in der Regel aus minderwertiger Tiefkühlkost, reich an haltbar gemachtem Fleisch, Eiern und Kartoffeln, arm an Obst und Gemüse. An jedem Tisch saßen sechzehn Insassen, acht auf jeder Bank. Jeweils drei Tischen war ein Wärter zugeteilt.

Wie alle anderen Gemeinschaftsaktivitäten in Wilkinson bot auch der Eßsaal nur begrenzte Möglichkeiten, Freundschaften zu schließen. Die Aufseher befürchteten ständig, daß sich Cliquen bildeten oder ausdehnten und schritten rasch ein, um alle derartigen Versuche zu unterbinden. Damit blieb den Insassen keine andere Wahl, als sich an ihre ursprünglichen Verbündeten zu halten. In einer Atmosphäre, in der es in erster Linie ums Überleben ging, stellten zufällige Freundschaften ein zu großes Risiko dar, weil sie ein Maß an Vertrauen voraussetzten, das niemand aufzubringen bereit war. Es war sicherer, innerhalb der eigenen Gruppe zu bleiben.

Ich stand als Vierter in der Schlange vor der Essensausgabe, ein paar Schritte hinter Michael, das leere Tablett in der Hand. Hinter dem Tresen stand ein Mann, der mit nichtssagendem Gesicht einen leeren Teller auf jedes Tablett stellte, wobei sein Kopf in einem eigenen Rhythmus auf und ab wippte. Ein Stück weiter griff ich nach zwei Löffeln und einer leeren Blechtasse.

»Kannst du schon sehen, was es gibt?« fragte ich Michael.

»Irgendwas mit brauner Soße drüber.«

»Hier ist doch *alles* mit brauner Soße drüber.«

»Die glauben wohl, daß wir das mögen«, sagte Michael. Dann trat er mit seinem mit dunklem Fleisch, grauen Kartoffeln, einem kleinen harten Brötchen und einer Tasse Wasser beladenen Tablett aus der Schlange und wandte sich auf der Suche nach einem freien

Platz nach links. Er steuerte den hinteren Teil des Raums an, wo er zwei Plätze entdeckt hatte, und ich ging dicht hinter ihm.

Die Zwischenräume zwischen den Tischen waren so eng, daß nur jeweils eine Person durchgehen konnte. Die Wärter standen am Rand und hielten die ihnen zugeteilten Tische im Auge. Nur mit Gesten, Kopfnicken und Schulterklopfen kontrollierten sie, wer von seinem Platz aufstand und wer sich dafür setzte. Es war ein System, das durch Präzision und Gehorsam funktionierte, Aufseher und Insassen verschmolzen zu einem Fließband menschlicher Bewegung. Es gab keinen Platz für Irrtümer, Unfälle oder vorübergehende Unaufmerksamkeiten.

Und man konnte das Fließband nicht anhalten.

Michael hatte etwa die Hälfte des Raumes durchquert, den Blick auf zwei Plätze im hinteren Teil des Saales gerichtet. Ich ging direkt hinter ihm, gefolgt von einem kleinen Teenager, der ein Bein nachzog. Keiner von uns sah, wie ein Insasse links von Michael vom Tisch aufstand.

Michael ging noch drei Schritte nach vorn und streifte mit dem Rand seines Tabletts kaum merklich die Schulter des von links kommenden Jungen. Der Junge riß den Arm hoch und schlug Michael das Tablett aus den Händen, das direkt unter den Augen des Aufsehers krachend auf dem Boden landete.

Michael fuhr herum und sah den Insassen, der sich K. C. nannte, direkt an. K. C. stand lächelnd und mit geballten Fäusten vor ihm. »Warum hast du das gemacht, verdammte Scheiße?« fuhr ihn Michael an.

»Du hast mich berührt«, sagte K. C.

»Na und?«

»*Niemand* faßt mich an«, sagte K. C. »Ich bin nicht wie du und deine schwulen Freunde.«

Michael schlug einen rechten Haken und landete einen Treffer gegen das Kinn des sehr viel größeren Jungen. Der Schlag, einer der härtesten, die ich Michael je hatte austeilen sehen, ließ sein Gegenüber kaum mit der Wimper zucken. Michael sah mich ungläubig an, und einen Moment lang war es fast komisch, wie eine Szene aus einem James-Bond-Film. Doch K. C. hatte den Witz nicht mitbekommen, und wir wußten nur zu gut, daß dies kein Film war.

K. C. sah etwa drei Jahre älter aus als Michael, ungefähr achtzehn, mit breiten Schultern, muskulösen Armen und so kurz geschorenen Haaren, daß er fast kahl wirkte. In den wenigen Monaten seit seiner Ankunft in Wilkinson hatte er schon einen anderen Insassen mit einem Rasiermesser verletzt, wegen seiner Teilnahme an einer gemeinschaftlichen Vergewaltigung im Loch gesessen und eine Woche in der Zwangsjacke verbracht, weil er einem Wärter in den Hals gebissen hatte.

Er stürzte sich auf Michael, und beide gingen zu Boden. Hemden und nackte Haut rutschten über das verschüttete Essen. K. C. landete zwei kurze, kräftige Schläge in Michaels Gesicht, einen direkt auf sein Auge. Um die beiden hatte sich ein Kreis von Insassen gebildet, die den Kampf wortlos verfolgten. Einige von ihnen hielten ihr Tablett in der Hand und aßen die Reste ihres Mittagessens. Der Wärter, der noch keine vier Wochen im Dienst war, stand mit leerer Miene daneben.

Ohne mich beiseite drängen zu lassen, sah ich mich nach anderen Mitgliedern von K. C.s Truppe um, achtete darauf, ob irgendwelche Waffen weitergereicht wurden, und wartete, daß einer von ihnen seinem Freund gegen Michael zu Hilfe kam.

K. C. pflanzte seine Faust in Michaels Gesicht und drückte sie ihm in die Augen. Michael rammte sein Knie in K. C.s Unterleib, gefolgt von einem linken Haken in die Nieren.

»Dein Scheißleben ist zu Ende«, sagte K. C., legte seine Hände um Michaels Hals und drückte zu. »Du wirst gleich hier sterben, du Wichser. Direkt auf diesem Fußboden.«

Ich warf mein Tablett auf den Boden, sprang auf K. C.s Rücken und schlug auf seinen Hals und seinen Kopf ein, damit er seinen Griff lockerte. K. C. nahm eine Hand von Michaels Hals und schlug damit nach mir, wobei er meine Schulter und meine Hüfte streifte. Das gab Michael die Möglichkeit, nach Luft zu schnappen. K. C. packte mein Kinn und riß in dem Versuch, mich abzuschütteln, seinen Körper herum. Während ich mich weiter an ihn klammerte, rollte er nach hinten und zog Michael mit sich. Ich landete auf dem Tablett und spürte, wie die klebrige Soße, das Fleisch und die Kartoffeln mein Hemd durchweichten. K. C. ruderte mit Armen und Beinen und schlug und trat mit wilder, animalischer Kraft nach uns beiden. Ich bedeckte mein Gesicht mit den Händen und hielt die Ellenbogen an den Körper gepreßt, um so viele von K. C.s Tritten und Schlägen wie möglich abzuwehren.

Michael tat dasselbe.

Die Menge drängte näher, weil sie spürte, daß das, was sie sehen wollten, kurz bevorstand – das blutige Ende des Kampfes.

Ein heftiger Tritt gegen den Hals schnürte mir die Luft ab, ein brutaler Schlag gegen mein Kinn ließ Blut aus meiner Nase sickern. Stimmen feuerten K. C. an, der Sache ein Ende zu bereiten.

»Mach ihn fertig!« brüllte jemand hinter mir.

»Tritt ihn tot!« sagte ein anderer.

»Eins und zwei gehören dir!« kreischte ein dritter. »Lehn dich zurück und sieh zu, wie sie abkratzen.«

Das schrille Pfeifen der Trillerpfeife ließ die Rufe verstummen.

Die Menge teilte sich, um Nokes durchzulassen, alle Insassen starrten ihn schweigend an. Nokes hielt eine Dose Reizgas in einer, das Ende seines Schlagstocks in der anderen Hand. Er kaute ein Kaugummi und hatte sich seine Zigarette hinters Ohr geklemmt. Der Rücken seines Hemdes war schweißnaß. Sein Bick wanderte von Michael zu K. C. Wir drei standen, von Kopf bis zu den Knien voller Blut und Essensreste, vor ihm und sahen ihn an.

Nokes blieb vor mir stehen, nahm die hinter seinem Ohr klemmende Zigarette, steckte sie in den Mund und zündete sie an. Er zog seine Lungen voll Rauch und blies ihn langsam durch die Nase wieder aus, während er weiter auf seinem Kaugummi herumkaute.

»Die ganzen Monate hier haben euch einen Scheißdreck gelehrt«, sagte er. »Ihr seit noch immer dieselben beschissenen Clowns wie an dem Tag, als ihr gekommen seid.«

Nokes wandte sich um und sah die Insassen hinter uns an. Die Zigarette im Mundwinkel ließ er seinen Blick über ihre Gesichter wandern und fuhr sich mit der Hand durchs Haar.

»Hinsetzen und weiteressen«, sagte er. »Hier gibt's nichts mehr zu sehen.«

»Gilt das auch für mich?« fragte K. C. und rieb sich die Hände an seiner Hose trocken.

»Nein«, sagte Nokes wieder an ihn gewandt. »Nein, das gilt nicht für dich. Ich will, daß du zurück in deine Zelle gehst. Du bist fertig mit Essen.«

»Wir bringen das ein anderes Mal zu Ende«, sagte K. C. zu Michael. »Irgendwann sehr bald.«

»Vielleicht beim Abendessen«, sagte Michael und sah K. C. nach, der den Eßsaal verließ.

»Habt ihr beiden überhaupt was zu essen bekommen?« fragte Nokes und trat seine Zigarette auf dem Fußboden aus.

»Ich hab mal dran gerochen«, sagte Michael. »Das ist besser als essen.«

»Wie wär's, wenn ihr jetzt zu Ende eßt?« sagte Nokes.

»Ich hab keinen Hunger«, sagte Michael.

»Es ist mir scheißegal, ob du Hunger hast oder nicht«, sagte Nokes. »Wenn ich sage, du ißt, dann ißt du.«

Ich wollte an Nokes vorbei zur Essensausgabe treten, um mir ein neues Tablett zu holen. Nokes legte seine Hand auf meine Brust und hielt mich auf.

»Was glaubst du, wohin du gehst?« fragte er. Er hatte seine Stimme erhoben und kostete die Situation vor den Augen der anderen Insassen aus.

»Sie haben doch gesagt, ich soll Essen holen«, sagte ich verwirrt.

»Ihr Jungs braucht euch nicht noch mal anzustellen. Es ist doch von allem genug da, genau vor euren Füßen.«

Ich starrte Nokes an und versuchte mir vorzustellen, was man ihm angetan hatte, daß er so grausam geworden war, was ihn zu dem Punkt getrieben hatte, wo er Vergnügen nur noch aus der Demütigung anderer ziehen konnte. Ich empfand mehr als nur Haß für ihn. Diesen Zustand hatte ich schon vor Monaten hinter mir gelassen. Er widerte mich an, seine bloße Anwesenheit symbolisierte die ganze Niedertracht und das Grauen, die ich jeden Tag in Wilkinson erlebte. Ich dachte, er könnte mir, könnte keinem von uns noch viel mehr antun, doch ich hatte mich geirrt. Nokes' Bösartigkeit kannte keine Grenzen, seine Folter kein

Ende. Und jetzt sollten wir ein weiteres Mal in die Hölle hinabtauchen, die er uns aufgezwungen hatte.

Michael und ich rührten uns nicht.

Die anderen Insassen tuschelten und zeigten mit den Fingern auf uns. Einige kicherten. Der Wärter im mittleren Gang rührte sich nicht.

»Los, Jungs«, sagte Nokes lächelnd, nachdem seine Wut jetzt ein Ventil gefunden hatte. »Die Essenszeit ist bald vorbei.«

»Ich hab noch immer keinen Hunger«, sagte Michael.

Sofort ließ Nokes den Schlagstock auf Michaels Kopf niedersausen, dicht gefolgt von einem Schlag mitten ins Gesicht. Die Wucht des Schlages ließ Blut aus Michaels Mund und Nase auf Nokes' Uniform spritzen.

»*Ich* sage dir, wann du Hunger hast!« brüllte Nokes und schwang erneut den Knüppel, der diesmal in Michaels Nacken landete. »Und ich sage dir, wann nicht! Und jetzt auf die Knie und iß, verdammt noch mal!«

Michael sank auf die Knie und griff mit zitternder Hand nach einer Gabel, seine Augen waren glasig, Blut tropfte aus seinem Gesicht. Er faßte die Gabel, spießte ein Stück Fleisch neben seinem Bein auf und führte es langsam zum Mund.

»Worauf wartest du noch, verdammte Scheiße?« fuhr Nokes mich an. »Runter auf die Knie und iß dein verdammtes Mittagessen auf.«

Ich blickte an Nokes vorbei in die Gesichter der Insassen, die auf mich herabstarrten, und sah in ihren Augen eine seltsame Mischung aus Erleichterung und Vergnügen. Alle hatten schon Nokes' Schlagstock und seine Wut zu spüren bekommen, doch keiner würde sich je zugunsten von zwei Gefangenen, die er kaum kannte, gegen ihn erheben. Nokes hätte uns auf dem Fußboden dieses Eßsaals umbringen können, und niemand hätte auch nur ein Wort gesagt.

Ich ging auf die Knie, griff einen Löffel, schabte eine Kartoffelscheibe vom Boden und steckte sie in den Mund.

Ich blickte zu Nokes auf, sein Hemd durchgeweicht und rot, sein Gesicht von Michaels Blut bespritzt.

»Schneller«, sagte Nokes und schlug mit dem Stock auf mein Steißbein. »Wir haben schließlich nicht den ganzen verdammten Tag Zeit.«

Während wir aßen, ging Nokes grinsend und den anderen Insassen zuzwinkernd zwischen uns beiden hin und her und trat immer wieder auf Essensreste, die wir gerade in den Mund nehmen wollten.

»Tempo«, sagte er, zerrte Michael an den Haaren und ohrfeigte ihn. »Keiner verläßt den Saal, bevor ihr Komiker alles aufgegessen habt.«

Nokes trat an einen der Tische und rieb seinen Stiefel über ein zermatschtes Stück Brot. Er nahm eine Zigarette aus der offenen Schachtel in seiner Brusttasche, steckte sie in den Mund, zündete sie an und setzte sich auf die Tischkante.

»Hier ist noch ein bißchen Brot«, sagte er und blies zwei Rauchkringel an die Decke. »Zu einem guten Essen gehört immer auch eine Scheibe Brot.«

Nokes spreizte die Beine, blickte auf das Brot hinab, holte tief Luft und spuckte darauf. Er zog erneut an seiner Zigarette und wischte sich mit dem Hemdsärmel den Schweiß und das Blut aus dem Gesicht.

»Also, wie wär's, wenn ihr Jungs hier herübergekrochen kommt und euch welches holt?« sagte er.

Wir hockten kauend auf den Knien und zitterten mehr aus Scham als aus Angst am ganzen Körper. Jede Demütigung, die Nokes und seine Truppe sich für uns ausdachte, sollte ein Wendepunkt sein, sollte uns endgültig brechen und uns gegenüber Wilkinson kapitulieren lassen. Wir waren zu jung, um zu wissen, daß wir diesen Punkt in dem Moment überschritten hatten, als wir durch das Gefängnistor getreten waren, und viel zu stur, um zu begreifen, daß wir Nokes durch nichts, was wir tun oder lassen würden, besiegen konnten, solange wir uns noch hinter diesen Mauern befanden.

»Ich sehe keinen von euch beiden Dreckskerlen kriechen«, sagte Nokes und ließ seine Zigarette auf das Brot fallen. »Muß ich etwa erst rüberkommen und euch herzerren.«

Wir robbten über den Boden und die verschmierte Soße, unsere Gesichter nur Zentimeter über dem Essen und den Blutlachen. Michaels Nase blutete noch immer, und sein Auge war zugeschwollen.

»So ist's fein, endlich fangt ihr an zu parieren«, sagte Nokes. »Zeigt den Jungs hier, wie man anständig kriecht. Zeigt ihnen, wie man meine Anweisungen befolgt.«

»Es ist ein Uhr, Nokes«, sagte plötzlich eine rauchige Stimme. Hinter uns war Marlboro aufgetaucht. »Deine Mittagsschicht ist vorbei.«

»Ich bin hier noch nicht fertig«, sagte Nokes. »Da sind noch ein paar Sachen, die saubergemacht werden müssen, bevor ich gehen kann.«

»Das ist jetzt meine Schicht«, sagte Marlboro ruhig und ging an uns vorbei auf Nokes zu. »Ich mach dann schon sauber, was saubergemacht werden muß.«

»Halt dich da raus«, sagte Nokes. »Das hier hat nichts mit dir zu tun.«

»Ich hab mich schon viel zu lange rausgehalten«, sagte Marlboro und steckte sich eine Zigarette an. »Diesmal bleibe ich.«

Nokes sprang vom Tisch auf, sein Gesicht vor Wut so rot wie sein Hemd vor Blut. Er ging auf Marlboro zu und blieb keine zehn Zentimeter vor dem größeren Mann stehen.

»Komm mir nicht dumm, Junge«, sagte Nokes. »Ich *warne* dich.«

»Komm du mir dumm, Nokes«, sagte Marlboro ruhig. »Ich *bitte* dich darum.«

Nokes starrte Marlboro weiter fest in die Augen. Keiner der Insassen rührte sich, alle Aufmerksamkeit war auf den ersten sichtbaren Riß in der einheitlichen Front der Wärter gerichtet. Michael hatte aufgehört zu kauen und warf die Gabel auf den Boden, zu gedemütigt, um sich darum zu kümmern, wer das Duell, das sich vor seinen Augen abspielte, gewinnen würde. Ich hielt einen Löffel in der Hand und rieb ihn an meiner Hüfte, die Augen zu Boden gerichtet, eingehüllt von der Stille um mich herum.

Nokes atmete tief ein, ließ die Luft durch den Mund wieder entweichen und verlagerte sein Gewicht von einem Fuß auf den anderen. Er schlug mit dem Schlagstock in seine offene Hand und taxierte Marlboro, während ein Lächeln seine Mundwinkel umspielte. Marlboro stand mit unbeweglicher Miene vor ihm und wartete scheinbar gelassen darauf, daß die Situation eskalierte.

Schließlich gab Nokes nach. Sein Lächeln verblaßte, und er ließ den Kopf sinken, um Marlboro nicht in die Augen blicken zu müssen.

»Du überziehst deine Schicht«, sagte Marlboro.

»Ich räume das Feld«, sagte Nokes. »Für dieses Mal.«

»Ich nehme, was ich kriegen kann«, sagte der schwarze Wärter, ließ Nokes stehen und kam zu uns herüber. »Genau wie du.«

Marlboro half Michael auf und sah mich an, seine Sohlen rutschten auf dem von Essensresten, Spucke und getrockneter Soße glitschigen Boden. Er wandte sich mit einer Kopfbewegung an den im Gang stehenden Aufseher.

»Wenn du mit Rumstehen fertig bist«, sagte er zu ihm, »könntest du mir helfen.«

»Was willst du denn?« sagte der Wärter, während sein Blick zur Seite huschte, um zu sehen, ob Nokes den Raum schon verlassen hatte.

»Bring die Jungs raus«, sagte Marlboro und zeigte auf die Insassen an den Tischen. »Sie haben bis zum Abendessen genug gesehen. Ich kümmer mich um die beiden und das, was noch saubergemacht werden muß.«

Der Wärter nickte und begann, eine Tischreihe nach der anderen, den Eßsaal zu räumen. Die Insassen bewegten sich mit leiser Präzision, begierig den Saal zu verlassen, nachdem der drohende Gewaltausbruch offensichtlich abgewendet worden war.

Ich stand neben Michael und Marlboro und sah zu, wie die Insassen den Raum verließen. Wir wußten alle drei, daß alles, was an diesem Tag geschehen war, seinen Preis haben würde. Sean Nokes war nicht der Mann, der eine Niederlage hinnehmen oder eine Grausamkeit unvollendet lassen konnte. Er würde Marlboro nach allen Regeln des Systems zusetzen, würde all seinen Einfluß nutzen, um dem guten Mann mit der schlechten Angewohnheit von zu vielen Zigaretten das Leben schwerzumachen. Doch seinen wahren Zorn würde er für mich und Michael aufheben. Das wußten wir beide. Was es sein würde, was es nach all den Quälereien, die er sich bereits für uns ausgedacht hatte, noch sein *konnte*, war etwas, was unsere Vorstellungskraft überstieg. Wir wußten nur, daß es bald passieren würde und daß es wie alles, was Nokes plante, etwas sein würde, das wir nie wieder aus unserem Gedächtnis würden streichen können.

Sommer 1968

Der 24. Juli 1968 war mein letzter voller Tag in Wilkinson.

Zwei Wochen zuvor hatte ein fünfköpfiges Gremium der Anhörungsbehörde für Jugendstrafsachen im Staate New York entschieden, daß ich nach zehn Monaten und vierundzwanzig Tagen hinreichend für mein Verbrechen gebüßt hatte. Man hatte ein entsprechendes schriftliches Gesuch samt allen notwendigen Formularen an den Direktor geschickt. In dem Paket befand sich auch der Name des für mich vorgesehenen Bewährungshelfers, die vier Daten im August, an denen ich mich bei ihm melden sollte, sowie ein psychologisches Gutachten, erstellt von einem Menschen, den ich nie getroffen hatte.

Der dicke, mit Klebestreifen versiegelte Umschlag lag drei Tage auf dem Schreibtisch des Direktors, bevor er ihn öffnete und die Papiere unterschrieb.

»Plant der Koch irgendwas Besonderes für deinen letzten Tag?« fragte Tommy, als wir in der Vormittagspause zusammen über den Hof gingen.

»Wenn ihm *wirklich* was daran liegen würde, würde er den Tag freinehmen«, sagte ich. »Das Essen hier hat alle meine Verdauungsorgane abgetötet.«

»Zwei Tassen von King Bennys Kaffee bringen dich schon wieder auf Vordermann«, sagte Tommy. »In Null Komma nix.«

»Mir kann es gar nicht schnell genug gehen«, sagte ich.

»Vergiß uns hier drinnen nicht«, sagte Tommy, seine Stimme ein sanftes Flehen.

Ich blieb stehen und sah ihn an. Er hatte noch immer seinen Babyspeck, doch ansonsten hatte er sich in vielerlei Hinsicht verändert. Seine Augen waren von Wut verschleiert, aus seinem selbstbewußten wiegenden Gang war ein nervöses Zucken geworden.

Sein Hals und seine Arme waren wie eine Straßenkarte aus Rissen und Schwellungen, und seine linke Kniescheibe war zweimal zertrümmert worden, einmal oberhalb und einmal unterhalb des Gelenks.

Es war der Körper eines Jungen, der die Gefängnisstrafe eines erwachsenen Mannes abgesessen hatte.

»Ich werde euch *nie* vergessen«, sagte ich und beobachtete, wie der Ärger für einen kurzen Moment aus seinen Augen verschwand. »Egal, ob hier drinnen *oder* draußen.«

»Danke, Shakes«, sagte er und ging weiter. »Vielleicht hilft es zu wissen, daß wenigstens einer da draußen sich einen Dreck um uns schert.«

»Mehr als einen, Butter«, sagte ich. »Du würdest dich wundern.«

»Es wird verdammt hart werden«, sagte Tommy. »Die letzten paar Monate.«

»Bald ist es vorbei«, sagte ich, während wir an einem Trio grunzender Gewichtheber vorbeikamen. »Bis die Yankees bei den Playoffs ausgeschieden sind, seid ihr zu Hause.«

»Hat Nokes schon irgendwas über deine Entlassung gesagt?« fragte Tommy.

»Er kann nicht mehr viel machen«, sagte ich. »Die Zeit ist jetzt auf meiner Seite.«

»Bis du durch dieses Tor gehst«, sagte Tommy, »ist gar nichts auf deiner Seite.«

12

In meinen letzten Stunden als Insasse des Wilkinson-Heims für Jungen saß ich still und allein in meiner Zelle. Ich sah mich in dem kleinen Raum um, sah die kargen Wände, das Waschbecken und die Toilette, glänzend poliert, das Fenster, durch das man nur eine Andeutung des Nachthimmels erkennen konnte. Ich hatte das weiße Laken gefaltet, unter die Matratze geklemmt, mich dagegen gelehnt und die Beine ausgestreckt, so daß meine Füße über das

Ende der Pritsche baumelten. In der drückenden Hitze trug ich nur eine weiße Unterhose und ein grünes T-Shirt.

Am Nachmittag hatten mir die Wärter alle Gefägnissachen mit Ausnahme meiner Zahnbürste weggenommen. Am Morgen würde man mir die Kleidung aushändigen, die ich bei meiner Ankunft in Wilkinson getragen hatte. Ein versiegelter weißer Umschlag mit vier Kopien meines Entlassungsscheins lag an meinem Oberschenkel gelehnt. Eine Kopie mußte ich dem Aufseher am Ende des Zellenblocks C aushändigen, die zweite dem Wärter am Haupttor. Eine dritte war für den Busfahrer, der mich zurück nach Manhattan bringen sollte.

Die vierte Kopie war für mich, eine letzte Erinnerung an meine Zeit hinter den Gittern von Wilkinson.

Ich griff nach dem Umschlag, öffnete ihn und betastete die vier Kopien des Entlassungsscheins. Ich starrte sie an, während in meinem Kopf die Bilder aller Schmerzen und Strafen, Demütigungen und Erniedrigungen aufleuchteten, die ich erlitten hatte, um diese Formulare in die Hand zu bekommen.

Um meine Freiheit zurückzuerlangen und mich auf den Weg zu bringen.

Ich hatte Wilkinson als Junge betreten. Jetzt war ich mir nicht mehr so sicher, wer oder was ich war. Die Monate hatten mich verändert, soviel war gewiß. Ich wußte nur nicht, wie sich diese Veränderungen auswirken würden. Oberflächlich betrachtet war ich weder körperlich so zerstört wie John noch so gebrochen wie Tommy. Ich war auch nicht die brennende Zündschnur, zu der Michael geworden war.

Meine Wut war kontrollierter und mit einer tiefen Furcht vermischt. In meinen Monaten dort konnte ich nie den Mut aufbringen, die Wachen auf Distanz zu halten, doch ich hatte mir trotz allem einen Grad an Würde bewahrt, der er es mir erlauben würde, Wilkinson aufrecht zu verlassen.

Ich weiß nicht, zu was für einer Art Mensch ich herangewachsen wäre, wenn ich keine Strafe im Wilkinson-Heim für Jungen abgesessen hätte. Ich weiß nicht, wie die Monate und die Erlebnisse dort die Person geformt haben, die ich geworden bin, in wie weit sie meine Motive und Handlungen gefärbt haben. Ich weiß nicht, ob sie mich mutiger oder feiger gemacht haben, ob die Krankheiten, unter denen ich als Erwachsener zu leiden hatte, eine Folge jener ruinösen Monate sind. Ich werde nie wissen, ob mein Mißtrauen gegenüber den meisten Menschen und mein Unbehagen in Gruppensituationen das Nebenprodukt jener Tage oder einfach Ausdruck meiner Schüchternheit sind.

Was ich *weiß* ist, daß die Träume und Alpträume, die ich all die Jahre hatte, in den Nächten geboren wurden, die ich in dieser Zeit in Wilkinson verbracht habe. Daß meine Narben, die körperlichen und die seelischen, Gaben eines Systems sind, das Kinder wie Freiwild behandelt. Die Bilder, die in einsamen Stunden in meinem Kopf aufscheinen, muß ich alleine ertragen, nur die stumme Gemeinschaft der Opfer, die wie ich einmal in einer Welt gelebt haben, die taub war für unsere Schreie, kann sie mit mir teilen.

Ich sehnte den Anbruch des Tages so sehr herbei, daß ich nicht schlafen konnte. Es war noch immer dunkel, in diesen frühen Morgenstunden fiel nur aus dem Flur durch den Türschlitz ein wenig Licht in meine Zelle.

Ich fragte mich, wie es sein würde, wieder in einem Bett zu schlafen, daß nicht von Gitterstäben umgeben war, durch einen Raum zu gehen, der nicht durch verschiedene Augenpaare bewacht wurde. Ich freute mich darauf, ein Essen meiner Wahl zu essen, ohne zu fürchten, daß sich jemand daran zu schaffen gemacht hätte.

Ich dachte daran, was ich als erstes tun würde, wenn ich zurück war in den vertrauten Straßen von Hell's Kitchen. Ich würde eine Zeitung kaufen und die Ergebnisübersicht studieren, um zu sehen, wie sich meine Lieblingsspieler in meiner Abwesenheit geschlagen hatten. Ich würde zum Beacon in der West 74th Street schlendern und mir den Film ansehen, der gerade lief, nur um wieder in den plüschigen Sitzen zu sitzen und die vom Duft nach knusprigen Popcorn erfüllte Luft einzuatmen. Ich würde zu Mimi's gehen und zwei Stücke heiße Pizza mit einer Extraportion Käse bestellen, am Tresen stehen und den vorbeifließenden Verkehr beobachten. Ich würde zu der Bibliothek neben unserem Wohnhaus gehen, mich an einen leeren Tisch setzen und um mich herum alle Bücher aufbauen, die ich liebte, würde über die Seiten streichen, den abgerissenen Einband betasten und die feine alte Schrift lesen.

Das war mein Leben, dorthin wollte ich zurückkehren.

Den Schlüssel, der sich im Schloß drehte, hörte ich genausowenig wie den Riegel, der beiseite geschoben wurde. Ich sah nur, daß die Tür aufging und mehrere Schatten über die Schwelle huschten.

»Du solltest längst schlafen«, sagte Nokes lallend. Er war der erste, der die Zelle betrat. Er hatte sein Uniformhemd ausgezogen, und einen Flachmann Bourbon in der rechten Hand. »Du mußt dich doch für die große Heimfahrt erholen.«

»Ich hab dir doch gesagt, daß er noch wach sein würde«, sagte Addison, der die Zelle nach Nokes betrat, genauso betrunken, Gesicht, Hals und Arme schweißnaß. »Diese Scheißer sind wie Ratten. Die schlafen nie.«

»Was wollen Sie?« fragte ich so ruhig ich konnte.

»Ich wollte nur auf Wiedersehen sagen«, sagte Nokes. »Wir alle wollten das. Und dich wissen lassen, wie sehr wir dich hier vermissen werden.«

»Wir sind Freunde, stimmt's?« sagte Styler, der die Zelle nüchtern und in Uniform betrat, zusammen mit John und Tommy. »Wir alle.«

John sah mich mit toten Augen an, als wüßte er schon, was passieren würde, und versuchte, sich innerlich dagegen abzuschotten. Tommy weinte, dicke Tränen kullerten über seine Wangen, und er schien mehr um mich als um sich selbst zu fürchten.

»Muß schwer sein, seine Freunde zu verlassen«, sagte Ferguson, der mit Michael hereinkam und die Zellentür hinter sich verriegelte. »Wir waren so lange zusammen.«

»Von seinen Freunden kann man sich nicht ohne Party verabschieden«, sagte Nokes. »Das wäre einfach nicht richtig.«

Michael blieb wie immer stumm, sein Gesicht, seine Augen, sein ganzer Körper hatte sich zu einer einzigen Maske des Hasses zusammengezogen. Vielleicht hatten John und Tommy ihr Herz verloren, doch Michael lief Gefahr, seine Menschlichkeit zu verlieren. Alles, was man ihm antat, alles, was gesagt wurde, fachte seinen

Haß nur weiter an. Inzwischen hatte er genug in sich angesammelt, um ein ganzes Leben davon zu zehren.

»Es ist vorbei, Nokes«, sagte ich und stand in dem vollen Raum von meiner Pritsche auf. Es war drückend heiß, und es roch abstoßend. »Bitte, lassen Sie es gut sein.«

»Vorbei ist es morgen früh«, sagte Nokes. »Es ist erst vorbei, wenn die Party vorbei ist.«

»Ich will keine Party«, sagte ich.

»Das ist aber schade«, sagte Styler. »Ich hab dir extra ein Geschenk besorgt.«

Ferguson und Addison packten meine Arme, während Styler in seine Tasche griff und eine mehrere Meter lange Nylonschnur hervorzog. Er wickelte die Schnur um meine Arme und verknotete sie fest hinter meinem Rücken. Styler stopfte mir ein Bündel Servietten in den Mund und hielt meinen Kopf fest, während Addison mir den Mund mit dickem gelben Klebeband verklebte. Nokes trat hinzu, in einer Hand hielt er einen breiten schwarzen Gürtel.

»Fesselt auch seine Füße«, sagte er und gab Styler den Gürtel. »Ich will, daß er sich nicht mehr rühren kann.«

Meine drei Freunde standen vor mir, still wie die Luft, nur ihre Augen verrieten Entsetzen. Johns Lippen zitterten, während Tommy den Kopf zur Decke gewandt hielt und heimlich ein Gebet murmelte. Michael war eine unbewegliche Statue, seine Wut ruhte.

»Die Bude ist richtig voll«, sagte Nokes, beugte sich vor und flüsterte mir mit nach Bourbon stinkendem Atem ins Ohr: »Erst kümmern wir uns um deine Freunde. Und dann kommst du dran.«

Ich beobachtete, wie Styler zunächst John und Tommy mit Handschellen aneinander fesselte. Addison tat dasselbe mit Michael und Tommy, so daß alle drei aneinander gekettet waren.

»Bringt sie näher«, sagte Nokes, setzte sich auf die Pritsche und legte einen Arm um meine Schulter. »Wir wollen alles gut sehen.«

Styler stieß die drei mit einer Hand vorwärts und zündete sich mit der anderen eine Zigarette an. Ferguson wischte sich mit dem Hemdsärmel den Schweiß aus dem Gesicht. Addison stand mit dem Rücken an die Tür gelehnt und kicherte.

»Der absolute Logenplatz«, sagte Nokes zu mir. »Von hier aus verpaßt du bestimmt nichts.«

Wir konnten nirgendwohin gehen, nirgendwohin fliehen. Unsere Schreie würden ungehört verhallen, Rufe nach dem Direktor unbeachtet bleiben. Niemand würde zuhören. Niemanden würde es kümmern. Angst regierte die Nacht, und Angst beherrschte diesen Ort.

Meine Freunde lagen bäuchlings auf dem Boden, ihre Hosen heruntergerissen und beiseite geworfen. Die drei Wärter hockten auf Knien hinter ihnen, lachend und schwitzend rieben sie ihre Hände über Haut, blickten mit wäßrigen Augen auf Nokes und warteten auf sein Nicken.

»Alle sind bereit«, sagte Nokes zu mir und drückte mich enger an sich. »Zeit für den Anstoß.«

Nokes drückte meinen Kopf an seine Schulter und wischte sich mit der Hand über den Mund, Schweiß tropfte von uns beiden wie ein leichter, stetiger Regen.

Styler klatschte mit der flachen Hand auf Johns Hintern, spielerische Klapse, die von den Wänden des engen Raums widerhallten.

Addison kniete über Tommy, spielte an sich selbst herum und starrte mich an. »Ich werd deinen Freund ficken«, sagte er mit zittriger Stimme. »Jede Nacht. Jede Nacht, die du nicht hier bist, fick ich deinen Freund.«

Ferguson lag auf Michael, die Augen erwartungsvoll aufgerissen.

»Los, Nokes«, sagte er. »Schluß mit dem Rumgehampel. Geben wir ihnen, was sie wollen.«

Nokes drückte uns beide an die Wand, packte mit einer Hand mein Gesicht und zwang mich, die Szene anzusehen.

»Auf geht's«, sagte er, seine Augen, sein Atem, sein Körper auf mir. »Es ist Partytime.«

Sie stürzten sich auf meine Freunde wie wilde Tiere, die man aus einem Käfig befreit hatte. Ihr Rufen, Schreien und Kreischen war für sie ein wichtiger Teil ihres bestialischen Spiels. Ich saß da, Schweiß rann über meinen Körper auf das Laken unter mir, und sah zu, wie drei Jungen in Stücke gerissen wurden, lebendiges

Spielzeug, verloren in einem Garten, angefüllt mit teuflischen Absichten.

»Daran wirst du denken, wenn du weg bist«, sagte Nokes und rieb mit seinen Armen über meine Haut. »Oder etwa nicht, du kleiner Wichser? Oder nicht?«

Er beugte sich über mich und drückte mich, das Gesicht nach unten, auf die Matratze. Seine Hände zerrten an den wenigen Kleidungsstücken, die ich trug. Ohne die Fesseln von meinen Armen zu nehmen, zog er mich nackt aus, löste den Gürtel um meine Beine, faltete ihn und begann damit meinen Hintern und meinen Rücken zu schlagen.

»Und ob du dich an diese kleine Party erinnern wirst«, sagte er, währenddessen er fortfuhr mich mit den dicken Kanten des Gürtels zu prügeln. »Du wirst dich immer verdammt gut daran erinnern. Dafür sorge ich schon. Keine Angst, du Wichser. Dafür sorge ich schon.«

Nokes warf den Gürtel auf den Boden und ließ seine Hose fallen, sein Atem ging in schweren Stößen, Schweiß triefte von seinem Körper. Er brachte seinen Mund an mein Ohr und knabberte an meinen Ohrläppchen.

»Das ist dafür, daß du mich nicht vergißt«, sagte er noch einmal und verlagerte sein Gewicht auf meinen Körper. »Das darf doch nicht passieren, Süßer. Du mußt doch an mich denken. Wie an diese Nacht. Für immer.«

Ich hörte John schreien, ein erbarmungswürdiges Flehen, das tief aus seiner Seele zu dringen schien. Ich sah, wie Tommys Kopf wie ein Gummiball auf den Zementboden schlug, zwei Blutströme rannen von seiner Stirn in sein Gesicht, sein Blick war leer, Schaum stand in seinen Mundwinkeln. Ich sah, wie Michaels linker Arm hinter seinem Rücken verbogen wurde, bis die Knochen im Gelenk knackten, so daß er vor Schmerz ohnmächtig wurde.

Ich spürte, wie Nokes an mir zerrte, wie er mit geballten Fäusten auf mich einschlug, mich in Nacken und Schulter biß, bis ich blutete. Bei jedem schmerzhaften Stoß schlug seine Stirn gegen meinen Hinterkopf, so daß meine Nase und meine Wangen über die scharfe Kante der Pritsche schrammten. Er hatte das spitze

Ende seines Gürtels um ein Knie gewickelt, und stieß damit in meinen Oberschenkel, daß das Blut spritzte.

In dieser Nacht blieb ein Teil von uns allen in jener Zelle. Eine Nacht, die der Lauf der Zeit lange hinter sich gelassen hat. Eine Nacht, die ich nie aus meinem Gedächtnis werde löschen können.

Die Nacht des 24. Juli 1968.

Der Sommer der Liebe.

Meine letzte Nacht im Wilkinson-Heim für Jungen.

Drittes Buch

»Mit einer Handbewegung wischte Lazzaro alles weg, was Billy Pilgrim vielleicht hätte sagen wollen. ›Denk einfach nicht dran, Jungchen‹, meinte er. ›Genieße das Leben, solange du kannst. Nichts wird für vielleicht fünf, zehn, fünfzehn oder zwanzig Jahre passieren. Aber laß mich dir einen guten Rat geben: Wann immer die Türglocke läutet, laß jemand anders die Haustür öffnen.«

Kurt Vonnegut, *Schlachthof Fünf*

Herbst 1979

1

Hell's Kitchen hatte sich verändert. Die Straßen wurden nicht mehr täglich gefegt, und viele Gebäude waren mit Graffiti beschmiert. Eine Ansammlung von Hochhäusern mit Sozialwohnungen hatte die heruntergekommenen Mietskasernen ersetzt, und die Schaufenster der Läden mußten jetzt nachts mit Gittern verbarrikadiert werden. Viele irische und italienische Bewohner hatten das Viertel verlassen und waren in sicherere Gegenden in Queens und Long Island gezogen. Auch die Osteuropäer hatten sich komplett zurückgezogen und waren nach Brooklyn und New Jersey abgewandert. Statt dessen war eine große Anzahl Latinos sowie eine Mischung aus Schwarzen aus dem Norden Manhattans und Neueinwanderern von den Inseln zugezogen. Zusätzlich zu diesen Gruppen hatte die Gegend junge wohlhabende Mittelschichtpaare angezogen, die eine Reihe alter Wohnblocks kauften und renovierten. Die Jungen und Reichen machten sich sogar daran, den Namen des Viertels zu ändern. Sie nannten es jetzt Clinton.

Die alte Ordnung war in Aufruhr, Waffen- und Drogenhandel traten an die Stelle von Glücksspiel und Hehlerei als die schnellste kriminelle Methode, zu Geld zu kommen. Der Kokainkonsum explodierte, Dealer überschwemmten das Viertel und verkauften ihre Ware offen an Straßenecken und aus geparkten Wagen. Die Anwohner schliefen nachts meistens zum Geheul von Polizeisirenen ein. Es gab etliche Gangs, doch die tödlichste war die irische, die knapp vierzig eingeschworene Mitglieder zählte.

Sie nannten sich die West Side Boys und kontrollierten den Drogenhandel in Hell's Kitchen. Sie waren die gefährlichste Bande, die das Viertel seit den Pug Uglies erobert hatte, und für Geld taten sie praktisch alles, sowohl im Viertel als auch außerhalb. Sie arbeiteten als bezahlte Killer für die italienische Mafia, entführten LKWs, verkauften die gestohlene Ware und kassierten Schutzgelder bei Ladeninhabern. Sie tauschten mit Uptown-Dealern Kokain und Heroin gegen Bares, um wenig später wiederzukommen, die Dealer zu erschießen und ihr Geld zurückzuholen. Abgefüllt mit Drogen und Alkohol kannten die West Side Boys kein Verbrechen, das sie sich nicht zutrauten.

Sie prägten sogar eine eigene Mode – schwarze Lederjacken, schwarze Hemden und Jeans. Im Winter trugen sie lange Wollhandschuhe mit abgeschnittenen Fingern. Außerdem hinterließen sie bei jedem ihrer zurückgelassenen Opfer ihre Signatur: je eine Kugel durch Kopf, Herz, Hände und Beine. Wenn sie wollten, daß jemand nicht gefunden wurde, hackten sie die Leiche in Stücke und verteilten sie über alle fünf Bezirke von New York City.

Nicht nur die Straßen von Hell's Kitchen waren Veränderungen unterworfen. Ähnliches hörte man aus Städten und Vierteln im ganzen Land und auf der ganzen Welt. In Atlanta lief ein Serienmörder frei herum, der es auf kleine schwarze Kinder abgesehen hatte. Bei einem Who-Konzert in Cincinatti wurden elf Menschen zu Tode gequetscht. Sony brachte den Walkman auf den Markt. In einem Londoner Krankenhaus wurde das erste Retortenbaby geboren. Der Friedensvertrag von Camp David wurde unterschrieben und Lord Mountbatten von IRA-Terroristen ermordet. Chrylser wurde durch ein Gesetz des Kongresses vor der Pleite gerettet, und John Wayne starb an Krebs.

Trotz all dieser Veränderungen blieben ein paar vertraute Gesichter. King Benny kontrollierte noch immer einen Teil von Hell's Kitchen und operierte nach wie vor aus demselben dunklen Hinterzimmer, in dem ich ihn das erste Mal getroffen hatte. Er hielt sich demonstrativ aus dem Drogen- und Waffengeschäft heraus und gab sich statt dessen mit Profiten aus weniger gewalttätigen, wenngleich ebenso illegalen Unternehmungen zufrieden. Er war älter, ein wenig weiser und noch immer so gefährlich wie eh und je. Sogar die West Side Boys gestanden ihm sein Territorium zu.

Auch Fat Mancho hatte die Zeit nicht milder gestimmt. Er stand noch immer vor seiner Bodega und knurrte und fauchte jeden an, der vorbeikam. Doch die Jahre hatten ihm auch eine weitere Ehefrau, eine neue Sozialversicherungsnummer, eine weitere Wohnung und eine zusätzliche monatliche Schwerbeschädigten-Unterstützung beschert.

Noch immer prägten Bars und Restaurants das Viertel, obwohl viele neu eröffnet hatten und eingerichtet waren, um edlere Kundschaft aus dem Norden Manhattans anzuziehen. Doch die besten Lokale waren alt und heruntergekommen, darunter das Shamrock Pub in der West 48th Street, das beste Speiselokal in Hell's Kitchen, wo es das leckerste selbstgebackene Brot der ganzen Stadt gab. Es war ein Laden, der sich der Vergangenheit verpflichtet fühlte, in dem Stammkunden anschreiben lassen, eine Wette plazieren und auf einer Pritsche im Hinterzimmer sogar übernachten konnten. Außerdem war es ein Ort, an dem Geheimnisse noch gewahrt wurden.

Für einen Mittwochabend war das Shamrock Pub ungewöhnlich voll. Zwei Männer in altmodischen Anzügen und gelockerten Krawatten saßen in der Mitte der hölzernen Bar, die sich über die gesamte Länge des Restaurants erstreckte. Beide hielten ein beschlagenes Glas Rob Roy in der Hand und diskutierten über die Wirtschaftspolitik von Präsident Jimmy Carter. Ein grobgesichtiger alter Ire saß in einem dicken Wollmantel am Ende des Tresens über seinem dritten Bier und ignorierte ihr Gespräch demonstrativ.

Gegenüber der Bar an den Fenstern waren fünf Nischen mit Lederbänken, beleuchtet von Laternen, die von der Decke baumelten. Entlang der Rückwand standen vier runde Tische mit weißen Tischdecken. An der Wand hingen gerahmte Fotos von siegreichen Rennpferden neben irischen Landschaftsidyllen und einem Farbporträt des ursprünglichen Restaurantbesitzers, eines mürrisch aussehenden Dubliners namens Dusty McTweed.

Das Shamrock Pub war eine Institution im Viertel, die jeder kannte, der auf der West Side wohnte und arbeitete. Die Kundschaft bestand aus Anwohnern, Verlagstypen mit einer Vorliebe für Ale, müden, durstigen Bullen, Touristen und seit einigen Jahren auch den impulsiven Mitgliedern der West Side Boys.

An einem der Tische saß ein händchenhaltendes, junges Pärchen mit dem Rücken zur Bar vor einer halbvollen Flasche Weißwein. In der ersten Nische saß ein älteres Paar, eher Freunde als Geliebte, die mit ihren gut durchgebratenen Lammkoteletts und dem zweiten Korb voll frischem irischen Brot beschäftigt waren.

Zwei Kellnerinnen Anfang Zwanzig mit kurzen schwarzen Röcken und weißen Blusen, lehnten an einer Seitenwand, rauchten und unterhielten sich flüsternd. Sie waren Schauspielerinnen und wohnten zusammen in einer kleinen Wohnung im zweiten Stock eines Hauses in Chelsea, deren Miete sie sich von ihren Trinkgeldern leisten konnten. Die eine war geschieden, die andere hatte ein Verhältnis mit einem Fernfahrer, der ein Alkoholproblem hatte.

Ansonsten befand sich nur noch ein weiterer Gast in dem Restaurant.

In der letzten Nische saß ein untersetzter Mann Ende Dreißig. Er rauchte eine Zigarette und trank ein Glas Bier, während das Essen vor ihm abkühlte. Er hatte das Tagesgericht bestellt – Hackbraten mit brauner Soße, Kartoffelbrei und gedünstetem Spinat. Dazu einen Teller Pasta, der mit Tomatensoße aus der Dose serviert wurde. Auf die Soße hatte er zwei Stückchen Butter gegeben, die er unter die weichgekochten Nudeln rührte, bis sie geschmolzen waren.

Der Mann hatte langes, dichtes, blondes Haar, das seine Ohren bedeckte und auf den Kragen seines abgewetzten blauen Arbeitshemdes stieß. Er hatte ein kantiges, faltenloses Gesicht und blaue, distanzierte Augen. Sein Uniformhemd wurde teilweise durch eine blaue Reißverschlußjacke mit Randall-Security-Aufnähern auf beiden Schultern verdeckt. In seinem Halfter steckte ein .357-Magnum-Revolver. Am kleinen Finger der rechten Hand trug er einen Ring.

Er drückte seine Zigarette in einem Aschenbecher aus, der zwischen dem gläsernen Salzstreuer und einer Zuckerdose aus Messing stand, nahm seine Gabel, schnitt in den Hackbraten und starrte auf den Fernseher über der Bar. Bei abgedrehtem Ton spielten die New York Knicks und Atlanta Hawks das zweite Viertel eines ziemlich müden Spiels.

Ein frischer Herbstwind rüttelte an den Fenstern, und der Himmel sah nach Regen aus.

Es war Viertel nach acht.

Um fünf vor halb neun kamen zwei junge Männer durch die Tür aus Glas und Holz. Sie trugen beide schwarze Lederjacken, schwarze T-Shirts und schwarze Jeans. Einer war dünn wie eine Bohnenstange mit dunklem, lockigem Haar, das sein breites, attraktives Gesicht umrahmte. Er trug schwarze Handschuhe mit abgeschnittenen Fingern und einen runden Filzhut mit hochgeklappter Krempe. In einer Gesäßtasche seiner Jeans steckte ein Flachmann Bourbon, in der anderen drei Gramm Kokain in einem Zigarettenetui. Er rauchte eine Vantage und kam als erster durch die Tür.

Der zweite junge Mann war korpulenter, seine schwarze Jeans spannte um die Hüfte, und die offene schwarze Lederjacke ließ einen kräftigen Hals und breite Schultern erkennen. Er hatte hellbraunes Haar und trug eine Hafenarbeitermütze und halbhohe glänzende Stiefel. Beim Gehen zog er sein rechtes Bein nach, ein Andenken an eine Verletzung, die er als Kind erlitten hatte.

Der Barkeeper nickte ihnen zu. Er kannte ihre Gesichter so gut wie die meisten Anwohner des Viertels ihre Namen. Die beiden waren Gründungsmitglieder der West Side Boys, außerdem die gefährlichsten. Der dünnere Mann hatte seit seinem vierzehnten Lebensjahr in regelmäßigen Abständen im Gefängnis gesessen. Er raubte und mordete willkürlich oder auf Befehl und war zur Zeit Hauptverdächtiger in vier ungelösten Mordfällen. Er war ein jähzorniger Alkoholiker und Kokainkonsument, der den Finger schnell am Abzug hatte. Einmal hatte er einen Mechaniker erschossen, der sich in der Schlange vor einer Kinokasse vorgedrängelt hatte.

Der zweite Mann war genauso gefährlich und hatte mit siebzehn seinen ersten Mord begangen. Dafür hatte er fünfzig Dollar bekommen. Er trank, nahm Drogen und hatte eine Frau irgendwo in Queens, die er nie sah.

Sie gingen an dem alten Mann und dem Paar in der ersten Nische vorbei und nickten den Kellnerinnen zu, die eifrig zurücklächelten. Sie nahmen drei Hocker von den Geschäftsmännern entfernt an der Bar Platz und klopften auf den Tresen. Der Barkeeper, Jerry, ein freundlicher Mann mittleren Alters mit einer Frau, zwei Kindern und der ersten Festanstellung seit sechs Jahren, goß beiden einen großzügigen Schuß Wild Turkey und ein Bier zum Herunterspülen ein und ließ die Flasche neben ihnen auf dem Tresen stehen.

Der dünnere Mann kippte den Whiskey hinunter und zündete sich eine neue Zigarette an. Er nickte dem Barkeeper zu und fragte, worüber die beiden Männer in den Anzügen diskutierten. Sein Gesichtsausdruck veränderte sich nicht, als er von der Carter-Debatte erfuhr. Den Blick auf das junge Paar an dem Tisch im hinteren Teil des Restaurants gerichtet, beugte er sich über die Bar und goß sich und seinem Freund einen Doppelten ein. Er sagte dem Barkeeper, er solle den Männern in den Anzügen einen Drink auf seine Rechnung bringen. Außerdem erklärte er Jerry, daß Republikaner in Hell's Kitchen unerwünscht wären, so daß entweder eine politische Konversion oder ein Themenwechsel angebracht seien.

Der stämmige Mann sah auf seine Uhr und stieß seinen Freund in die Rippen. Sie hatten eine Verabredung mit einem Dealer namens Raoul Reynoso, der sich im Holiday Inn drei Blocks entfernt ein Zimmer genommen hatte, um mit ihnen bis spätestens 21 Uhr einen Drogendeal abzuwickeln, und waren spät dran. Reynoso wollte zwei Kilo Kokain kaufen und war bereit, dafür 25000 Dollar zu zahlen. Doch die beiden Männer hatten andere Pläne. Sie wollten ihm das Geld abnehmen, ihm vier Kugeln ins Herz schießen, seinen Kopf abschneiden und in einem Eiskübel neben dem Fernseher deponieren.

Der dünne Mann griff über den Tresen nach einer Speisekarte, sah seinen Freund an und zuckte die Achseln. Er haßte es, auf nüchternen Magen *irgend jemanden* zu töten. Er gab seinem Freund die Speisekarte und bat ihn, für beide zu bestellen. Er mußte auf die Toilette. Der untersetzte Mann nahm die Karte und lächelte. Er kannte den dünnen Mann schon sein Leben lang, sie waren gemeinsam aufgewachsen, hatten dieselben Schulen besucht, in denselben Gefängnissen gesessen, mit denselben Frauen geschlafen und Kugeln in dieselben Körper gepumpt. Und in all den Jahren hatte der dünne Mann vor einer Mahlzeit unfehlbar *jedesmal* zur Toilette gemußt.

Der dünne Mann erhob sich von seinem Hocker und trank sein Bier aus. Dann drehte er sich um, ging den schmalen Gang zwischen den Nischen und den Barhockern hinunter und blickte auf die Straße. Am Ende der Bar gegenüber der letzten Nische wanderten seine Augen vom Verkehr draußen zu dem Mann mit dem Hackbraten. Ihre Blicke trafen sich und verweilten einen Moment, in einem Augenpaar leuchtete Wiedererkennen auf, in dem anderen nur Verärgerung.

»Kann ich Ihnen irgendwie helfen, Chef?« fragte der Mann in der Nische, den Mund voller Kartoffelbrei.

»Im Moment nicht«, sagte der dünne Mann. Bevor er nach hinten durchging, lächelte er dem Mann in der Nische zu und sagte, er solle den Rest seiner Mahlzeit genießen.

Er stolperte in die Herrentoilette, ließ kaltes Wasser ins Waschbecken laufen und betrachtete sich im Spiegel. Er sah viel älter aus als siebenundzwanzig, Drogen und Alkohol hatten Spuren in seinem irischen Gesicht hinterlassen, das trotzdem noch immer attraktiv genug war, auch einer zurückhaltenden Frau ein Lächeln zu entlocken. Er zog seine Handschuhe aus und betrachtete seine Hände. Sie waren ruhig und zitterten nicht, die weißen Narben auf beiden Handrücken hoben sich deutlich von der rauhen Haut ab. Er streifte die Handschuhe wieder über und trat an das Pissoir.

»Reynoso, du hast echt Schwein, du Wichser«, dachte er für sich. »Dieses Pissen hat dir das Leben gerettet.«

Er verließ die Herrentoilette und kam wieder an dem Mann in der hinteren Nische vorbei. Er setzte sich neben seinen Freund an die Bar, zündete sich eine Zigarette an und goß sein Glas voll.

»Ich habe Kalbsbrustsandwich bestellt«, sagte sein Freund. »Mit Pommes frites. Und zwei Körben frisches Brot. Ich weiß doch, daß du den Mist magst. Ist das okay?«

Die Augen des dünnen Mannes waren auf den kleinen Spiegel über der Bar gerichtet, fixiert auf den Mann in der Uniform, der seinen Hackbraten aß.

»Los«, sagte sein Freund und tippte ihm auf die Schulter. »Wir nehmen den Tisch hinter uns. Da können wir uns ausbreiten, wie wir wollen.«

Der dünne Mann drehte sich um und sah seinen Freund an. Er forderte ihn auf, einen Blick auf den letzten Tisch zu werfen und sich das Gesicht des Mannes, der dort saß, genau anzusehen.

Sein Freund drehte sich auf seinem Hocker um und starrte den Mann mit der Reißverschlußjacke an. Für den kurzen Moment, den es dauerte, bis er den Mann in seiner Erinnerung untergebracht hatte, blieb seine Miene leer, doch seine Augen verrieten das Durcheinander seiner Gefühle.

»Bist du sicher, daß er es ist?« fragte er mit rauher Stimme und zuckender Oberlippe. »Bist du wirklich sicher, daß er es ist?«

»Du kennst mich doch«, sagte der dünne Mann. »Ich vergesse nie einen Freund.«

Sie blieben lange genug an der Bar hocken, um die unter ihren Jacken versteckten Pistolen zu entsichern. Dann standen sie gemeinsam auf und gingen, der dünne Mann voran, in den hinteren Teil des Lokals.

»Hallo«, sagte der dünne Mann und zog sich einen Stuhl heran. »Es ist lange her.«

»Wer zum Teufel seid ihr?« wollte der Mann in der Nische wissen. Er wirkte nicht besonders ängstlich, sondern lediglich verärgert über die Störung. »Und wer hat euch gebeten, euch zu setzen, verdammt noch mal?«

»Ich dachte, du würdest dich freuen, uns zu sehen«, sagte der stämmige Mann. »War wohl ein Irrtum.«

»Ich hab immer geglaubt, aus dir würde mal was Besseres werden«, sagte der dünne Mann mit einem Blick auf die Aufnäher an der Jacke. »Die ganze Ausbildung und all die Zeit, die du investiert hast, nur um das Geld anderer Leute zu bewachen. Was für eine Verschwendung.«

»Ich frag euch zum letzten Mal«, sagte der Mann aufbrausend. »Was wollt ihr, verdammt noch mal?«

Der dünne Mann zog seine Handschuhe aus und stopfte sie in die Hosentasche. Er legte seine Hände flach auf den Tisch, so daß die Spitzen seiner gespreizten Finger das leere Bierglas des Wachmanns berührten.

»Siehst du die Narben?« fragte er. »Schau sie dir an. Laß dir Zeit. Es wird dir schon einfallen.«

Der Wärter starrte auf die Hände des dünnen Mannes, auf seiner Oberlippe hatten sich Schweißperlen gebildet, sein Körper war angespannt, er spürte die Gefahr.

Dann wußte er es.

Die Erkenntnis breitete sich über sein Gesicht wie ein kaltes Tuch. Er lehnte sich zurück und stützte seinen Kopf auf das Rückenpolster der Bank. Er versuchte etwas zu sagen, brachte jedoch kein Wort heraus. Sein Mund wurde trocken, und er faßte die Tischkante mit beiden Händen.

»Ich kann verstehen, wie du uns vergessen konntest«, sagte der dünne Mann leise. »Wir waren bloß ein Spielzeug für dich und deine Freunde.«

»Für uns ist es nicht ganz so leicht zu vergessen«, sagte der Untersetzte. »Wir haben dir so viele Erinnerungen zu verdanken.«

»Das ist lange her«, sagte der Wachmann gepreßt. »Wir waren noch Kinder.«

»Jetzt sind wir keine Kinder mehr«, sagte der dünne Mann.

»Was wollt ihr hören?« fragte der Wachmann mit neuer Wut in der Stimme. »Daß es mir leid tut? Ist es das, was ihr wollt? Eine Entschuldigung?«

»Nein«, sagte der dünne Mann, nahm seine Hände vom Tisch und legte sie in den Schoß. »Ich weiß, daß es dir nicht leid tut, und deine Entschuldigung würde einen Scheißdreck ändern.«

»*Was* dann?« fragte der Wachmann und beugte sich über seinen leeren Teller. »Was wollt ihr?«

»Was ich schon *immer* wollte, Nokes«, sagte der dünne Mann. »Dich sterben sehen.«

Der dünne Mann, John Reilly, und sein stämmiger Freund, Tommy »Butter« Marcano, waren aufgesprungen und hielten in jeder Hand eine Waffe. Das ganze Lokal erstarrte. Die junge Frau an dem Tisch im hinteren Teil löste ihre Hand von ihrem Freund und bedeckte ihren Mund.

Der Barkeeper schaltete das Knicks-Spiel ab.

Die beiden Kellnerinnen schlüpften in die Küche.

Der siebenunddreißigjährige Sean Nokes war ein Wachmann, der der Spielleidenschaft verfallen war. Er war mit seiner Miete zwei Monate im Rückstand und seine Frau drohte, ihn zu verlassen und die gemeinsame Tochter mit zu ihrer Mutter zu nehmen. Seit den Jahren in Wilkinson war es ihm nicht gutgegangen, er war von einer Arbeitsstelle zur anderen gezogen, von einer Kleinstadt in die andere. Er hatte gehofft, daß sich die Dinge mit seinem gutbezahlten Job in Manhattan ändern würden. Nach Hell's Kitchen war er gekommen, um eine Schuld zu begleichen, danach war er auf dem Weg nach Hause, wo er auf eine weitere Versöhnung mit seiner Frau hoffte, zum Abendessen in dem Pub eingekehrt. Eine Wilkinson-Wiedersehensfeier hatte er bestimmt nicht geplant.

»Schade, daß du den Hackbraten bestellt hast«, sagte Tommy. »Die Kalbsbrust ist wirklich gut hier. Nur daß du sie nie mehr probieren wirst.«

»Ihr wart miese kleine Wichser«, sagte Nokes. »Ihr beide. Ihr *alle*. Ich hab versucht, euch hart zu machen. Aber das war reine Zeitverschwendung.«

»Dann hab ich dich ja völlig falsch eingeschätzt«, sagte Tommy. »Ich dachte die ganze Zeit, es macht dir Spaß, kleine Jungen zu ficken und zu verprügeln.«

»Ihr werdet beide in der Hölle schmoren«, sagte Nokes. »Habt ihr gehört! Ihr beiden Wichser! Ihr werdet in der Hölle schmoren!«

»Nach dir!« sagte John.

Die erste Kugel trat aus Nokes' Hinterkopf wieder aus, die zweite traf ihn mitten ins Auge, die dritte streifte seine Schläfe. Nokes sank auf die Bank zurück, die Hände ausgebreitet, den Mund zu einer festen Grimasse verzerrt. Tommy stand auf und ging auf Nokes' Seite des Tisches. Er feuerte je eine Kugel in beide Beine und Hände des Mannes. John blieb, wo er war, und pumpte drei Kugeln in Nokes' Brust, wobei er jedesmal wartete, bis der Körper aufgehört hatte zu zucken, bevor er erneut den Abzug drückte.

Der Barkeeper schloß die Augen, bis die Schüsse aufhörten.

Das junge Paar ging zu Boden und kauerte sich schutzsuchend unter den Tisch.

Die beiden Geschäftsmänner drehten sich die ganze Zeit nicht um. Einer hatte die Brezeln in seiner Hand zu Krümeln zerbröselt und sich in die Hose gemacht.

Der alte Mann in der Ecke hatte seinen Kopf auf den Tresen gelegt und die ganze Schießerei verschlafen.

John und Tommy steckten die Waffen zurück in ihre Halfter, warfen einen letzten Blick auf Sean Nokes und drehten sich dann um, um das Lokal zu verlassen.

»Hey, Jerry«, rief Tommy zum Tresen. »Sei ein Kumpel, ja?«

»Was immer ihr wollt«, sagte der Barkeeper, der die Augen wieder geöffnet hatte und sich bemühte, nicht zu der frischen Leiche in der hinteren Nische zu blicken.

»Mach die Kalbsbrustsandwiches doch lieber zum Mitnehmen«, sagte Tommy.

2

Es war elf Jahre her, seit meine Freunde und ich aus dem Wilkinson-Heim für Jungen entlassen worden waren.

In all den Jahren hatten wir nie miteinander über unsere Zeit dort gesprochen. Wir blieben gute Freunde, doch unsere Beziehung hatte sich verändert, als wir anfingen verschiedene Wege zu gehen. Trotzdem waren wir noch immer Freunde. Zur Zeit von

Nokes' Ermordung war die Freundschaft nicht mehr so intim wie früher, aber noch immer genauso intensiv.

Michael Sullivan, mittlerweile achtundzwanzig, war kurz nach seiner Entlassung aus Hell's Kitchen weggezogen. Er sollte nie wieder mit dem Gesetz in Konflikt geraten. Pater Bobby hatte einige Freunde angesprochen, die ihm verpflichtet waren, um Michael an einer soliden katholischen High-School in Queens unterzubringen, wo er bei der Schwester seiner Mutter und ihrem Mann, einem Buchhalter, wohnte. Bis zu seinem zweiten Jahr an der Uni ging er weiter mit der inzwischen 27jährigen Carol Martinez aus, bis die Entfernung und ihre auseinanderdriftenden Persönlichkeiten schließlich dafür sorgten, daß ihre Leidenschaft abkühlte. Doch er traf sich weiter so oft wie möglich mit seiner alten Hell's-Kitchen-Clique, er wollte die Freundschaft nicht aufgeben, denn er brauchte das Wiedersehen mit uns ebensosehr wie wir die Treffen mit ihm.

Michael schloß die High-School mit Auszeichnung ab und besuchte eine örtliche Universität. Nach einem heißen und nutzlosen Sommer als Kellner in einem Ferienort in den Catskill Mountains beschloß er dann, sich an der juristischen Fakultät von Manhattan einzuschreiben.

Als Nokes erschossen wurde, beendete Michael gerade sein erstes halbes Jahr als stellvertretender Staatsanwalt in New York City.

Wir versuchten, einmal die Woche zusammen essen zu gehen. Wenn wir zusammen waren, häufig begleitet von Carol, führte Michael noch immer das Wort. Er war immer unser Anführer gewesen und nach wie vor der stärkste von uns. Nur daß seine Stärke jetzt nicht mehr körperlich und gewalttätig war, wie die von John und Tommy, sondern leise und nach innen gewandt. Die Monate in Wilkinson hatten Michael in vielerlei Hinsicht verändert, doch sie hatten ihm seinen Elan nicht nehmen können. Wenn überhaupt, gaben die erlittenen Qualen seinem Leben ein Ziel, auf das er hinarbeiten konnte.

Er trainierte jeden Morgen zwei Stunden in einem Fitneßstudio, eine anstrengende Kombination aus Aerobic und Hanteltraining.

Er rauchte nicht und trank nur zum Abendessen. Seine Kommilitonen und Kollegen hielten ihn für einen Einzelgänger, zurückhaltend mit einem bissigen Humor, aber einer freundlichen Art. Er war zu einem großen gutaussehenden Mann herangewachsen, die Sommersprossen aus Kindertagen waren aus seinem glatten Gesicht verschwunden. Er hatte eine tiefe, gefühlvolle Stimme und eine knapp dreißig Zentimeter lange Narbe quer über den Schultern.

Michael behielt seine Welt für sich.

Er hatte ein Apartment in Queens, das nur wenige Menschen betreten durften. Er ging häufig mit Frauen aus, aber es war nie etwas Ernstes. Seine Vorlieben waren auf ein Minimum beschränkt – die Yankees, ausländische Filme, Louis-L'Amour-Western und die stillen Säle von Museen. Michael Sullivan war ein stiller Fremder in einer lauten Stadt, ein Mann mit Geheimnissen, die er mit niemandem zu teilen wünschte.

Er kam nur gelegentlich durch die Straßen von Hell's Kitchen, und dann auch nur, um Pater Bobby zu besuchen, der inzwischen zum Direktor unserer ehemaligen Schule aufgestiegen war. Er liebte seine Arbeit und vergrub sich in seine Studien über die Winkelzüge des Rechts.

»Es gibt tausend verschiedene Verbrechen, die ein Mensch begehen kann«, sagte er kurz vor der Schießerei zu mir. »Und es gibt mehr als tausend Wege, ihn aus jedem herauszupauken.«

John und Tommy waren beide in Hell's Kitchen geblieben, hatten die Mittelschule abgeschlossen und hatten dann eine technische Junior High-School in der Nähe besucht, ohne die für einen Abschluß erforderlichen zwei Jahre durchzuhalten. In dieser Zeit erledigten sie weiter kleinere Aufträge für King Benny, nahmen für einen Buchmacher aus Inwood hin und wieder Wetten an und setzten Spieler unter Druck, die mit ihren Schulden bei Kredithaien in Verzug waren. Außerdem fingen sie an, Waffen zu tragen.

Von dem Mißbrauch in Wilkinson erholten sie sich nie wieder. Michael und ich hatten in unserer Zeit dort erkennen müssen, daß wir nicht annähernd so hart und abgebrüht waren, wie wir gedacht hatten. Doch John und Tommy kamen mit einer völlig veränderten Persönlichkeit zurück. Sie wollten sich nie wieder von jemandem berühren lassen, nie wieder jemanden so nahe an sich herankommen lassen, daß er ihnen Schaden zufügen konnte. Und sie erreichten ihr Ziel auf die effektvollste Art, die sie kannten – durch Angst. Es war eine Lektion, die sie im Wilkinson-Heim für Jungen gelernt hatten.

Mitte der siebziger Jahre hatten sie die West Side Boys gegründet, und die fünf Gründungsmitglieder hatten sich als bezahlte Schläger verdingt. Als die Gang wuchs, gingen sie zu tödlicheren und lukrativeren Aktionen über, unter anderem dem Transport von Falschgeld und dem Verkauf von größeren Mengen Kokain. Außerdem übernahmen sie bezahlte Morde. Ihre Spezialität – das Zerstückeln der Leichen ihrer Opfer und das Verteilen der Einzelteile in der ganzen Umgebung – machte sogar ihren engsten Verbündeten angst.

Wenn sie mordeten, beseitigten sie alles außer den Händen der Opfer.

Die bewahrten sie in den Tiefkühlfächern ausgewählter Kühlschränke in Hell's Kitchen auf, um die von der Gang benutzten Waffen mit Fingerabdrücken zu versehen. Es war eine Taktik, die es der Polizei praktisch unmöglich machte, einem Mitglied der Bande einen Mord nachzuweisen. Wenn die Abdrücke überprüft wurden, führten sie die Ermittler regelmäßig zu Männern, die schon tot waren.

Irgendwann waren sowohl John als auch Tommy kokainabhängig geworden und hatten angefangen zu trinken. Sie blieben die besten Freunde und lebten, zwei Stockwerke voneinander entfernt, in demselben Haus auf der West 47th Street. King Benny behandelten sie weiter mit Respekt, und er ließ ihnen eingedenk der sich wandelnden Zeiten den Raum, den ihre Unternehmungen brauchten, um zu überleben und zu gedeihen.

Sie alberten noch immer mit Fat Mancho herum, spielten Schlagball vor seinem Laden und halfen seiner Buchmacherorganisation, Woche für Woche Tausende von Dollars einzukassieren. Ihre machtvolle Unterstützung sorgte dafür, daß niemand es wagte, von einer telefonisch übermittelten Wette zurückzutreten.

Ich traf sie, so oft ich konnte, und wenn wir zusammen waren, fiel es mir leicht zu vergessen, was sie geworden waren und nur daran zu denken, wer sie waren. Wir gingen zu Baseballspielen, unternahmen lange Sonntagsspaziergänge an den Piers und halfen Pater Bobby, bei der Messe die Kollekte einzusammeln. Ich fragte sie selten nach ihren Geschäften, während sie mich mit meinem Beruf ständig aufzogen.

Wie Michael war ich kurz nach meiner Entlassung aus Wilkinson aus Hell's Kitchen weggezogen: Pater Bobby hatte auch für mich ein paar Drähte gezogen: Ich wurde auf einer erstklassigen katholischen High-School für Jungen in der Bronx angenommen. Mit knapp zwanzig belegte ich Abendseminare an der St. John's University, jobbte tagsüber in einer Bank in der Wall Street und rang mit neuen Dämonen – der Entdeckung, daß mein Vater ein verurteilter Mörder war, der für den Mord an seiner ersten Frau fast sieben Jahre im Gefängnis gesessen hatte. Ich lebte teilweise in der Wohnung meiner Eltern in der Bronx und teilweise zur Untermiete in einem Zweizimmer-Souterrainapartment in Babylon, Long Island.

An einem Sommernachmittag 1973 saß ich, ein halbes Schinkensandwich neben mir, auf einer Bank vor einem lärmigen und bevölkerten Brunnen und studierte die Frühausgabe der *New York Post*. Dort unter der heißen New Yorker Sonne las ich eine Kolumne von Pete Hamill über den ehemaligen Vizepräsidenten Spiro T. Agnew. Als ich beim letzten Absatz angekommen war, wußte ich, daß ich bei einer Zeitung arbeiten wollte.

Es sollte noch drei Jahre dauern, bis ich einen Job als Laufjunge bei der *New York Daily News* ergatterte, wo ich in der Schicht von Mitternacht bis acht Uhr morgens arbeitete, Bleistifte anspitzte, Kaffee verteilte und betrunkene Redakteure nach nächtlichen Streifzügen nach Hause chauffierte. Zum Zeitpunkt von Nokes' Tod hatte ich mich zur Schreibkraft hochgearbeitet und durfte das Kinoprogramm für die Ausgabe des kommenden Tages erfassen.

Es war eine leichte Arbeit, die mir reichlich Freizeit ließ, die ich zum größten Teil in Hell's Kitchen verbrachte. Ich mochte die

Atmosphäre des Viertels noch immer, egal wie sehr es sich verändert hatte. Ich fühlte mich dort noch immer sicher.

Zweimal die Woche trank ich mit King Benny Kaffee, suchte erneut Zuflucht in der Stille seines Clubs, wo ich mich mehr als irgendwo sonst zu Hause fühlte. Bennys Espresso war so bitter wie eh und je, seine Stimmung düster, und er mogelte noch immer bei jedem Kartenspiel, das wir spielten. Die Jahre hatten ihn älter gemacht, sein schwarzes Haar war von weißen Strähnen durchzogen, doch niemand im Viertel wagte es, seine Macht in Frage zu stellen.

Jedesmal wenn ich an Fat Manchos Laden vorbeikam, kaufte ich eine Limo. Allein mit dem Straßenverkauf machte er genug Umsatz, um ein Einkaufszentrum zu füllen, und in seinen schrillen Hemden mit farbenprächtigen Vogel- und Palmenmustern, die seine ältere Schwester ihm aus Puerto Rico schickte, war er stets leicht zu erkennen. Wir kannten uns jetzt seit mehr als zwanzig Jahren, und ich blieb einer der wenigen Menschen, denen er restlos vertraute.

An Wochenenden fuhr ich manchmal nach Hell's Kitchen, um ein zweistündiges Basketballspiel, einer gegen einen, gegen Pater Bobby durchzustehen, der mehr als zwanzig Jahre älter und noch immer zwei Schritte schneller war als ich. Wir wurden alle älter, aber Pater Bobby sah ewig jung aus, sein Körper schlank, sein Gesicht entspannt. Was für Probleme er auch immer haben mochte, er behandelte sie unter dem stillen Mantel des Gebets.

Hin und wieder ging ich mit Carol essen, die noch immer in dem Viertel wohnte und als Sozialarbeiterin in der South Bronx arbeitete. Sie war von einem Teenager zu einer jungen Frau von auffälliger Anmut und Schönheit herangewachsen. Sie hatte langes, dunkles Haar und ein glattes, nur wenig geschminktes Gesicht. Sie hatte lange Beine und Schlafzimmeraugen, die aufleuchteten, wenn sie lachte. Und die Jahre hatten nichts daran geändert, daß sie sich um uns sorgte.

Carol war leidenschaftlich bei ihrer Arbeit und diskret in ihrem Privatleben. Sie wohnte allein in einem Apartment im zweiten Stock eines Hauses, nicht weit von unserer alten Schule. Sie ging nur selten aus, und nie mit jemandem, der nicht aus dem Viertel stammte. Obwohl ich sie nie danach fragte, wußte ich, daß sie noch immer starke Gefühle für Michael hegte. Ich wußte auch, daß sie nach dem Ende dieser Beziehung mit John in seinen nüchternen Phasen zusammen gewesen war. Sie hatte John immer besonders gerne gemocht und konnte in ihm stets den Jungen sehen, der er einmal gewesen war. Wenn wir gemeinsam unterwegs waren, ging Carol immer zwischen Michael und John, ihre Arme untergehakt, unbefangen im Gleichschritt mit einem Anwalt und einem Mörder.

Das waren meine Freunde.

Wir akzeptierten einander als das, was wir waren, wenig Fragen wurden gestellt, keine Forderungen erhoben. Wir hatten zuviel durchgemacht, um zu versuchen, einander Veränderungen aufzuzwingen. Und wir hatten genug durchgemacht, um zu wissen, daß der Weg, den wir wählen, nicht immer der ideale ist. Es ist einfach der, der einem im Augenblick als der richtige erscheint.

Wilkinson hatte uns alle berührt.

Es hatte Tommy und John zu abgehärteten Verbrechern gemacht, die entschlossen waren, nie wieder jemandem Macht über sich einzuräumen. Es hatte mich und Michael erkennen lassen, daß ein ehrliches Leben vielleicht nicht besonders aufregend war, dafür aber mit Freiheit belohnt wurde.

Es hatte Pater Bobby endlose Stunden des Gebets gekostet auf der Suche nach Antworten auf Fragen, die zu stellen er nicht gewagt hatte.

Es hatte Fat Mancho zu einem härteren Mann gemacht, daß er zusehen mußte, wie aus jungen Burschen eiskalte Mörder geworden waren, ihrer Gefühle und all dessen beraubt, was unverdorben an ihnen gewesen war.

Wilkinson hatte sogar King Benny berührt, hatte den Schutzinstinkt durchbohrt, den er entwickelte, wenn es um die vier lachenden Jungen ging, die seinen Privatclub in ihren verwandelt hatten. Und es hatte die Dämonen seiner eigenen grausamen Kindheit geweckt, die er an weit schlimmeren Orten als Wilkinson verbracht hatte, in der Gewalt von Männern, die furchterregender waren als die, die uns gefoltert hatten. Es machte den Haß, den er mit sich herumtrug, um so schwerer.

Keiner von uns konnte die anderen loslassen. Wir trieben gemeinsam dahin, immer mit der Frage, wann der Augenblick kommen würde, am dem wir gezwungen sein würden, uns unserer Vergangenheit zu stellen. Vielleicht würde er auch nie kommen. Vielleicht konnten wir alles begraben und vergessen. Doch dann überraschten John, Tommy und das Schicksal Sean Nokes bei einem Hackbraten. Und zum ersten Mal seit Jahren spürten wir alle, daß wir lebendig waren. Jetzt war der Augenblick da und wartete darauf, daß wir ihn ergriffen. Michael war der erste, der das erkannte. Der erste, der es verstand. Doch wir anderen brauchten auch nicht viel länger. Es war das, wofür wir gelebt hatten, worauf wir Jahre gewartet hatten. Rache. Süße, bleibende Rache. Und nun war es an der Zeit, daß wir sie alle auskosteten.

3

Michael saß mir an einem Ecktisch im Old Homestead gegenüber, einem Steakhouse vis-à-vis dem Fleischmarkt in Downtown Manhattan, und gab wortlos Sour Cream auf seine gebackene Kartoffel. Es war spät an einem Mittwoch, zwei Wochen nachdem Nokes im Shamrock Pub getötet worden war.

Sobald ich davon gelesen hatte, wußte ich, wer den Abzug gedrückt hatte. Ich hatte Angst um Tommy und John, und ich war stolz auf sie. Sie hatten getan, wozu ich nie den Mut aufgebracht hätte. Sie hatten sich dem Schrecken unserer Vergangenheit gestellt und ihn getilgt. Obwohl Nokes' Tod unsere Qualen in keinster Weise linderte, war ich trotzdem froh, daß er tot war. Ich war sogar noch glücklicher, als ich erfuhr, daß Nokes nicht nur gewußt hatte, warum er sterben mußte, sondern auch durch wen.

John und Tommy blieben nicht lange flüchtig.

Bereits zweiundsiebzig Stunden nach der Tat waren sie festgenommen, erkennungsdienstlich behandelt und unter dem Vorwurf des Totschlags in Untersuchungshaft genommen worden.

Die Polizei hatte vier Augenzeugen, die bereit waren auszusagen – das ältere Paar in der ersten Nische und die beiden Geschäftsmänner an der Bar. Alle vier waren Außenseiter, Fremde in Hell's Kitchen. Die anderen Gäste des Restaurants hielten sich genau wie die Angestellten an den Code des Viertels: Sie sahen nichts und sagten nichts.

John und Tommy wurden ohne Kaution inhaftiert.

Die beiden engagierten einen West-Side-Anwalt namens Danny O'Connor, der mehr für sein prahlerisches Gerede als für seine Fähigkeit bekannt war, einen Prozeß zu gewinnen. Sie plädierten auf nicht schuldig und gaben nichts zu, nicht einmal gegenüber ihrem Anwalt. Es schien keine Verbindung zwischen dem Verstorbenen und den Angeklagten zu geben, und sowohl die Presse als auch die Polizei schrieben es als einen weiteren Drogenmord ab.

»Hast du sie schon besucht?« fragte Michael und schnitt sein Steak. Es war das erste Mal, daß wir seit Beginn des Essens auf die Schießerei zu sprechen kamen.

»Am Tag nach ihrer Verhaftung«, sagte ich und stach mit der Gabel in mein gegrilltes Lachsfilet. »Ein paar Minuten.«

»Was haben sie gesagt?« fragte Michael.

»Den üblichen Small talk«, sagte ich. »Nichts von Bedeutung. Sie wissen, daß sie im Besucherraum nichts sagen dürfen.«

»Was ist mit Nokes?« sagte Michael. »Haben sie über ihn gesprochen?«

»John hat ihn erwähnt«, erwiderte ich. »Wenn auch nicht namentlich.«

»Was hat er gesagt?«

»Er sagte nur: ›Einen haben wir, Shakes.‹ Dann klopfte er mit dem Finger gegen die Scheibe und grinste mich mit seinem selbstzufriedenen Grinsen an.«

»Was für einen Eindruck haben sie gemacht?« fragte Michael.

»Ziemlich entspannt«, antwortete ich. »Vor allem für zwei Typen, denen fünfundzwanzig Jahre bis lebenslänglich droht.«

»Ich hab gehört, sie haben Danny O'Connor als Verteidiger engagiert«, sagte Michael. »Ist das wahr?«

»Das ist nur vorübergehend«, sagte ich. »King Benny wird einen seiner Anwälte einschalten, sobald der Prozeß anfängt.«

»Nein«, sagte Michael. »O'Connor ist genau der richtige Mann für uns. Er ist perfekt.«

»*Perfekt?*« sagte ich. »Der Typ ist ein Versager und ein Säufer. Er hat wahrscheinlich keinen Prozeß mehr gewonnen, seit LaGuardia Bürgermeister war. Vielleicht nicht mal dann.«

»Ich weiß«, sagte Michael. »Deswegen ist er ja perfekt.«

»Wovon redest du überhaupt?«

»Berichtest du für die Zeitung über den Fall?« fragte Michael, ohne meine Frage zu beachten, und griff nach seinem Bierglas.

»Ich bin eine Schreibkraft für den täglichen Terminkalender, Mikey«, erwiderte ich. »Ich kann von Glück reden, daß sie mich ins Gebäude lassen.«

»Weiß irgend jemand bei deiner Arbeit, daß du mit John und Butter befreundet bist?«

»Nein«, sagte ich. »Woher auch?«

»Du hast deinen Fisch nicht aufgegessen«, sagte Michael. »Normalerweise ißt du doch alles *außer* dem Teller.«

»Ich bin immer noch an meinen alten Rhythmus gewöhnt«, sagte ich. »Abendessen um fünf Uhr morgens und Frühstück um elf Uhr nachts.«

»Du hättest Eier nehmen sollen.«

»Eine Tasse Kaffee trinke ich jedenfalls.«

»Bestell einen zum Mitnehmen«, sagte Michael und machte dem Kellner ein Zeichen für die Rechnung. »Wir müssen einen Spaziergang machen.«

»Draußen gießt es in Strömen«, wandte ich ein.

»Wir finden schon ein trockenes Plätzchen. Unten bei den Piers.«

»Bei den Piers gibt es Ratten«, bemerkte ich.

»Es gibt überall Ratten.«

Der Regen fiel in sanften Tropfen, in der Ferne hallten laute Donnerschläge wider. Wir standen auf einer leeren Werft bei den Toren von Pier 62, hinter uns rauschte der Verkehr auf dem West Side Highway. Michael hatte einen Regenmantel über seinen Anzug gezogen und seine Hände in den Taschen vergraben. Sein Aktenkoffer klemmte zwischen seinen Füßen.

»Ich werde morgen früh zu meinem Chef gehen«, sprudelte Michael förmlich los. »Ich werde ihn bitten, mir den Fall gegen John und Tommy zu übertragen.«

»Was?« Ich blickte ihm in die Augen und suchte nach Anzeichen dafür, daß das Ganze nichts als der Auftakt zu einem schlechten Scherz war. »Was willst du tun?«

»Ich werde vor Gericht die Anklage gegen John und Tommy vertreten«, sagte er entschlossen und sah mich fest an.

»Bist du total übergeschnappt, oder was?« schrie ich ihn an und packte seinen Arm. »Das sind deine Freunde! Deine *Freunde*, du gefühlloses Arschloch!«

Ein Lächeln erschien um Michaels Mundwinkel. »Bevor du zuschlägst, Shakes, hör mich zu Ende an.«

»Ich sollte dich erschießen, nur weil du solchen Mist redest«, sagte ich, lockerte meinen Griff und atmete tief durch. »Und wenn sonst noch jemand davon erfährt, muß ich eine Gefriertruhe öffnen, um dir die Hand zu schütteln.«

»Du entscheidest, wer sonst noch davon erfährt«, sagte Michael. »Du allein. Du wirst schon wissen, wem du es erzählen kannst oder mußt.«

»Wenn du diesen Fall übernimmst, wird es *jeder* erfahren!« brüllte ich erneut. »Und *alle* werden stinksauer sein.«

»Darum wirst du dich kümmern«, sagte Michael. »Das gehört zu deiner Aufgabe.«

»Wenn du schlau bist, meldest du dich morgen krank«, erwiderte ich. »Es könnte dir das Leben retten.«

»Ich übernehme den Fall nicht, um ihn zu gewinnen«, sagte Michael. »Ich übernehme ihn, um zu verlieren.«

Ich sagte nichts. Ich *konnte* nichts sagen.

»Ich habe einen Plan«, sagte Michael. »Aber ohne dich kann ich ihn nicht durchziehen. Ich kann mich nur um die juristische Seite des Falls kümmern. Den Rest mußt du für mich erledigen.«

Ich trat zwei Schritte vor und faßte das Gesicht meines Freundes mit beiden Händen.

»Ist das dein Ernst?« fragte ich. »Ist das wirklich dein Ernst, du verrückter Mistkerl?«

»Es ist Zeit für unsere Rache, Shakes«, sagte Michael, Regentropfen strömten über sein Gesicht und vermischten sich mit Tränen. »Jetzt können wir es ihnen heimzahlen. John und Tommy haben es angefangen. Wir beide können es zu Ende bringen.«

»Laß uns ein Stück gehen«, sagte ich. »Wenn wir noch länger hier rumstehen, werden wir noch wegen Anstiftung zur Prostitution verhaftet.«

»Wohin?«

»Ins Viertel«, sagte ich. »Wo wir sicher sind.«

Wir kauerten uns in den Eingang unseres alten Hauses, während der Regen über die 10th Avenue peitschte. Ein Stück die Straße hinunter stritten zwei alte Penner um einen Flachmann Himbeergeist.

Michaels Plan war ebenso kühn wie einfach. Am nächsten Morgen um neun Uhr wollte er in das Büro des Bezirksstaatsanwalts von Manhattan gehen und darum bitten, daß man ihm den Mordfall von John Reilly und Thomas Marcano übertrug. Er würde erklären, daß er aus demselben Viertel wie die beiden Täter stammte und die Mentalität der Leute dort besser verstand als irgendein anderer Mitarbeiter seines Büros. Er wollte dem Bezirksstaatsanwalt erklären, daß er wußte, wie man Zeugen davor bewahrte, ihre Aussage aus Angst zurückzuziehen, wie man die Anklage zusammenhalten und den Fall gewinnen konnte. Ansonsten würde Michael keinerlei Verbindung zu John oder Tommy zugeben und darauf vertrauen, daß ich alles Gerede im Viertel über unsere Freundschaft zum Schweigen bringen konnte.

Wegen der Verbindung nach Wilkinson mußten wir uns keine Sorgen machen. Unsere Akten waren wie die aller jugendlichen

Straftäter nach sieben Jahren vernichtet worden. Außerdem wollte Michael dafür sorgen, daß jemand die Unterlagen von Sacred Heart so veränderte, daß unsere einjährige Abwesenheit getilgt wurde. Für den Bezirksstaatsanwalt war es ein Vorschlag, bei dem er nichts falsch machen konnte. Es gab vier Augenzeugen und zwei Angeklagte mit einer Reputation als Mörder. Der perfekte Fall, um ihn einem ehrgeizigen jungen Anwalt wie Michael Sullivan zu übertragen.

Michael atmete tief durch und wischte sich den Regen aus dem Gesicht. Es steckte mehr dahinter, sehr viel mehr. Ich kannte Michael gut genug, um zu wissen, daß er sich mit Nokes und der Befreiung von John und Tommy nicht zufrieden geben würde. Er mußte es auch auf die anderen Wärter und auf Wilkinson abgesehen haben. Nervös beobachtete ich ihn und wartete, daß er fortfuhr, voller Angst, daß wir alle erwischt und erneut an einen solchen Ort gebracht werden würden.

Er ging in die Hocke und legte seinen Aktenkoffer auf seine Knie. Der Koffer enthielt vier dicke, gelbe, mit doppeltem Gummiband umwickelte Aktenmappen, die er mir gab. Ich warf einen Blick darauf und las auf dem Einband die Namen der Aufseher, die uns in den Monaten im Wilkinson-Heim für Jungen so gequält hatten. Der erste Ordner gehörte zu Tommys Hauptpeiniger, Adam Styler, mittlerweile vierunddreißig, der seine Träume, Anwalt zu werden, aufgegeben hatte und jetzt als Detective arbeitete.

Styler war beim Rauschgiftdezernat eines Reviers in Queens. Es überraschte mich nicht zu erfahren, daß er schmutzige Nebengeschäfte tätigte und Dealern sowohl Drogen als auch Bargeld abnahm. Er war schwer kokainabhängig, eine Sucht, die er mit den 3000 Dollar finanzierte, die er monatlich als Bestechungsgeld kassierte. Der Rest des Ordners enthielt persönliche Informationen – seinen Tagesablauf, Frauen, mit denen er ausging, seine Lieblingsspeisen und die Kneipen, die er frequentierte. Außerdem gab es eine Liste mit engen Freunden und Intimfeinden. Das Leben eines Mannes in einem gelben Aktenordner.

Die zweite Mappe gehörte meinem Folterer Henry Addison. Angewidert las ich, daß Addison jetzt für den Bürgermeister von

New York arbeitete, als Direktor einer kommunalen Außenstelle in Brooklyn. Er war gut in seinem Job, ehrlich und fleißig. Doch seine sexuellen Vorlieben hatten sich seit unserer Zeit in Wilkinson nicht geändert. Addison stand noch immer auf Sex mit kleinen Jungen. Je jünger sie waren, desto mehr war er bereit zu zahlen. Addison gehörte zu einer Gruppe gut betuchter Pädophiler, die dreimal im Monat viel Geld für nächtelange Partys mit gekauften Jungen bezahlten. Die Partys wurden normalerweise auf Videoband aufgenommen, wobei die Strichjungen und die Kameras von einem Zuhälter von der East Side gestellt wurden, der auf der Straße unter dem Namen Radio bekannt war.

Der dritte Ordner gehörte Ralph Ferguson, 33, dem Mann, der dazu beigetragen hatte, aus John Reilly einen Mörder zu machen. Entgegen meiner Erwartungen war er kein Cop geworden, sondern arbeitete als Angestellter eines Wohlfahrtsverbandes in Long Island. Ferguson war verheiratet und hatte ein Kind. In der Woche unterrichtete seine Frau eine Vorschulklasse, sonntags waren beide in der katholischen Sonntagsschule tätig. Er klang genauso sauber, wie er langweilig war. Und genauso wollte Michael ihn haben. Ralph Ferguson sollte als Leumundszeuge aufgerufen werden, um über seinen besten Freund Sean Nokes auszusagen. Wenn er erst einmal im Zeugenstand war, konnte Michael endlich die Tür zum Wilkinson-Heim für Jungen aufstoßen.

Ich zog mich weiter in den Hauseingang zurück, achtete darauf, daß die Ordner nicht naß wurden, und versuchte, alles im mich aufzunehmen, was Michael mir sagte. Er hatte fast zwölf Jahre auf diesen Moment gewartet, hatte ihn geplant, weil er irgendwie *gewußt* hatte, daß es geschehen würde, und weil er für diesen Fall vorbereitet sein wollte.

Er bestand darauf, daß John und Tommy nichts von unserem Plan erfuhren, weil es vor Gericht besser laufen würde, wenn sie ahnungslos waren. Es sollte keinerlei Manipulationen geben. Der angestrebte Freispruch sollte ein Urteil sein, das niemand in Frage zu stellen wagte. Danny O'Connor sollte der Verteidiger der beiden bleiben. Wir mußten ihn nüchtern und einsatzbereit halten, da er ebenso tief in die Sache verwickelt sein würde wie wir, und er mußte zuviel Angst haben, irgend jemandem zu erzählen, was wir vorhatten.

Michael würde mir die benötigten Informationen durch ein ausgeklügeltes System von Boten und toten Briefkästen übermitteln, und ich würde ihm meine Informationen auf ähnlichem Wege zukommen lassen. Er zog drei Schlüssel aus der Manteltasche und gab sie mir. Sie gehörten zu Schließfächern im Port Authority Terminal, im YMCA in der 23rd Street und in einem Jack-LaLanne-Fitneßclub an der West 45th Street. Sobald ich die Pakete in Händen hielt, sollte ich sie an O'Connor weiterleiten und mich dabei vergewissern, daß wir nicht gesehen wurden.

Für das Gelingen des Plans war absolute Verschwiegenheit und die ausschließliche Beteiligung von Menschen erforderlich, denen wir uneingeschränkt vertrauten. Als erstes sollte ich zu King Benny gehen. Er sollte seinen Einfluß für uns spielen lassen und der starke Arm sein, der uns Türen öffnete, von deren Existenz wir bisher nicht einmal wußten. Er würde Danny O'Connor genug Angst einjagen, um seine Lippen sanft zu verschließen. Außerdem sollte er die West Side Boys zurückpfeifen, die es garantiert auf Michael abgesehen haben würden, sobald sie erfuhren, daß er den Fall gegen John und Tommy übernommen hatte.

Außerdem brauchte ich Fat Mancho, um ein paar Steine umzudrehen, und Carol Martinez, um Zugang zu einigen weiteren Akten zu bekommen.

Nach diesem Abend würde Michael für keinen von uns mehr erreichbar sein. Wir würden ihn nur im Gericht zu sehen bekommen.

In einer Hinsicht war es ein narrensicherer Plan. Wenn er gelingen würde, konnten wir unsere Vergangenheit rächen und dabei das Wilkinson-Heim für Jungen zur Strecke bringen. Wenn nicht, wenn wir erwischt wurden, würden die Leute wissen wollen, warum wir getan hatten, was wir taten. So oder so würde die Wahrheit ans Licht kommen.

Auf Michaels Art wäre jedoch auch noch dafür gesorgt, daß John und Tommy den Gerichtssaal zusammen mit uns verlassen und unseren Triumph teilen würden.

»Ist das alles?« fragte ich und blickte auf die Ordner in meinem Arm. »Ist das alles, was du brauchst?«

»Nur noch eine Sache«, sagte Michael.

»Was?«

Er seufzte, weil er sich das Beste bis zum Schluß aufgehoben hatte. »Wir haben vier Zeugen, die behaupten, die Schießerei gesehen zu haben, und bereit sind auszusagen. Vier sind zuviel.«

»Ich werde daran arbeiten«, sagte ich. »Aber wenn du mehr als zwei verlierst, könnten einige Leute nervös werden.«

»Zwei sind okay«, sagte Michael. »Wenn du uns einen für unsere Seite besorgen kannst.«

»Einen was?«

»Einen Zeugen. Ein Zeuge, der behauptet, John und Tommy am Abend des Mordes woanders gesehen zu haben. *Irgendwo.* Einen Zeugen, dem sie nichts anhaben können. Der überzeugend genug ist, alle anderen Aussagen auszustechen, egal was irgend jemand behauptet.«

»Gibt es dafür nicht einen Namen?« fragte ich.

»Ein Richter würde es wohl Meineid nennen«, sagte Michael.

»Und wie nennen wir es?«

»Einen Gefallen«, sagte Michael.

4

King Benny stand hinter der Bar seines Clubs, trank heißen Kaffee aus einem großen weißen Becher und las den dreiseitigen Brief, den ich ihm geschrieben und in einem versiegelten Umschlag auf dem Tresen hinterlegt hatte. Als er fertig war, legte er den Brief auf den Tresen und ging an den Rand der Bar. Den Becher in beiden Händen blickte er auf die Straßen von Hell's Kitchen.

»Tony«, sagte er zu einem der vier Männer, die um einen Kartentisch saßen und Wettabschnitte sortierten.

»Bring mir Danny O'Connor«, sagte King Benny, ohne den Blick vom Fenster zu nehmen.

»Danny O'Connor, den Anwalt?« fragte Tony.

»Kennst du sonst noch einen Danny O'Connor?« fragte King Benny.

»Nein, King«, erwiderte Tony.

»Dann bring mir den, den du kennst«, sagte King Benny.

Er wandte sich vom Fenster ab und ging an der Bar entlang bis zu dem leeren Waschbecken neben den Zapfhähnen. Er stellte seinen Kaffeebecher ab und nahm ein Streichholzbriefchen vom Tresen. Er warf einen letzten Blick auf meinen Brief, bevor er ihn in das Becken fallen ließ. Er zündete ein Streichholz an, hielt es an den Brief und sah schweigend zu, wie er verbrannte.

Und dann lachte King Benny zum ersten Mal seit Jahren laut.

5

»Hast du mal einen Moment Zeit für mich, Fat Man?« sagte ich. Ich stand in Fat Manchos Laden und beobachtete, wie er sich über einen offenen Karton mit Wise-Kartoffelchips beugte.

»Ich bin ein beschäftigter Mann, du Arsch«, sagte er und zog grinsend seine weite Hose über die Hüfte. »Ich hab ein Geschäft. Nicht wie ihr Zeitungslümmel, die nicht wissen, wohin mit ihrer beschissenen Zeit.«

»Es dauert nicht lange«, sagte ich und nahm ein Paket Wrigley's Juicy Fruit aus einem der Regale. »Ich warte draußen auf dich.«

»Bezahlst du das auch, du Wichser?« fragte Fat Mancho.

»Das hab ich noch nie getan«, sagte ich, schob mir zwei Streifen in den Mund und ging nach draußen in die Kühle des Tages. »Warum soll ich jetzt damit anfangen?«

Fat Mancho folgte mit zwei Holzkisten zum Sitzen und einem kalten, beschlagenen Yoo-Hoo für sich. Ich setzte mich neben ihn, lehnte mich an sein Schaufenster und streckte die Beine aus. Ich zeigte auf den Feuerhydranten vor uns.

»Benutzen die Kids den im Sommer immer noch?« fragte ich.

»Es wird ja schließlich immer noch heiß, oder nicht?« gab Fat Mancho zurück. »Diese Pumpe ist der einzige Strand, den sie kennen. Genau wie ihr kleinen Arschlöcher. Ihr seid doch alle gleich.«

»Ich brauche deine Hilfe, Fat Man«, sagte ich und sah ihn an. »Einen großen Gefallen. Es wäre leichter für dich, nein zu sagen. Und auch sehr viel schlauer. Und es ist kein Problem, wenn du es tust.«

Fat Mancho kippte sein Bier in zwei langen Zügen herunter und wischte sich mit dem aufgekrempelten Ärmel seines grünen, mit orangefarbenen Flamingos gemusterten Hemdes den Mund ab.

»Ich wette, das *hättest* du gern. Daß ich nein sage«, sagte Fat Mancho und stellte die Flasche auf den Boden. »Damit du deinen Kumpels erzählen kanst, daß Fat Man gekniffen hat und nicht zu seinen Freunden steht.«

»Du nennst mich deinen Freund?« fragte ich lächelnd. »Ich bin gerührt, Fat Man.«

»Ich nenn dich einen Scheiß«, sagte Fat Mancho. »Ich sage dir nur, ich bin hier. Alleine kriegt ihr Arschlöcher doch sowieso nichts auf die Reihe. Dafür habt ihr weder das Hirn noch die Knete. Zwei von euch sitzen schon im Knast. Und ich hab keine Lust, daß es vier werden.«

»Ich nehme an, King Benny war schon hier«, sagte ich.

»Das ist vielleicht ein Dream-Team, das wir da zusammenstellen«, sagte Fat Mancho. »Ein saufender Verteidiger auf der einen und ein Grünschnabel von einem Staatsanwalt auf der anderen Seite. Ein Zeitungsjunge, der auf Dick Tracy macht. Vier Augenpaare, die geschworen haben, das sie das Ganze gesehen haben. Und als Angeklagte zwei Kerle, an denen mehr Leute gestorben sind als an Krebs. Dagegen war Custers beschissener letzter Stand der reinste Spaziergang.«

»Keiner vermutet es«, sagte ich. »Das ist unser größter Trumpf.«

»Das hier ist kein beschissener Roman, Kleiner«, sagte Fat Mancho. »Das darfst du nicht vergessen. Und wenn es schiefgeht, bedeutet das nicht ein Jährchen in einem Kinderknast. Das ist das *wirkliche* Leben. Wenn sie euch dabei erwischen, sieht es verdammt ernst aus.«

»Uns bleibt keine andere Wahl«, sagte ich. »Uns nicht.«

»Sie waren gute Jungs«, sagte Fat Mancho. »Dieser kleine Scheißer Johnny hätte dir sein letztes Hemd gegeben, wenn er gedacht hätte, daß du es brauchst. Und dieser andere Lümmel, Butter, kaute immer auf irgendwas rum, den Mund mit Schokolade verschmiert.«

Er sah mich direkt an. »Aber jetzt sind sie keine guten Jungs mehr. Jetzt sind sie Killer, hart wie Stein.«

»Ich weiß«, sagte ich. »Ich weiß, was sie waren, und ich weiß, was sie sind. Darum geht es nicht.«

»Es lohnt sich nicht, sein Leben wegzuwerfen, nur um jemand etwas heimzuzahlen«, sagte Fat Mancho. »Du und der Anwalt, ihr habt eine Chance. Ihr könnt es auf dem richtigen Weg schaffen. Wollt ihr das alles wegwerfen? Nur um euch an drei beschissenen Wärtern zu rächen?«

»Ich muß jeden Tag daran denken, was sie getan haben«, sagte ich und wandte den Blick von Fat Mancho auf die Straße. »Es ist ein Teil von mir wie eine zweite Haut. Wenn ich in den Spiegel blicke, sehe ich es in meinen Augen. Manchmal sehe ich es in den Gesichtern anderer Menschen. Es ist ein mieses Gefühl. Es ist ein Gefühl, das dich glauben läßt, ein Stück von dir sei schon tot. Und es gibt keine Möglichkeit, es zurückzubekommen.«

»Und ihr meint, ihr würdet euch besser fühlen, wenn ihr damit durchkommt?« fragte Fat Mancho. »Ihr würdet den ganzen Scheiß, der passiert ist, vergessen?«

»Nein«, sagte ich und sah ihn wieder an. »Es wird uns nur eine Erinnerung geben, die ein bißchen süßer ist. Etwas Schönes, woran wir denken können.«

»Ich les jetzt die Scheißzeitung, bei der du arbeitest«, sagte Fat Mancho, stand auf und nahm seine Kiste. »Ich les sie jeden Tag. Bis jetzt hab ich deinen beschissenen Namen noch nirgendwo entdeckt.«

»Nur Geduld«, sagte ich. »Eines Tages wirst du ihn lesen. Kauf sie nur weiter.«

»Ich kauf überhaupt nichts«, sagte Fat Mancho und ging zurück in seinen Laden. »Ich stecke mein Geld nie in die Taschen von Fremden.«

»Bist du noch immer mit zwei Frauen verheiratet?« fragte ich ihn, während ich aufstand und meine Hose ausklopfte.

»Zwei Ehefrauen und eine Freundin«, sagte Fat Mancho. »Sie können gar nicht genug von mir kriegen.«

»Muß gut sein«, sagte ich.

»Ihnen gefällt's«, sagte Fat Mancho. »Darauf kommt es ja an.«

»Danke, Fat Man«, sagte ich und lehnte mich an den Türrahmen. »Ich schulde dir was. Ich schulde dir sehr viel.«

»Darauf kannst du deinen Arsch verwetten, du Wichser«, sagte Fat Mancho. »Und bevor du deinen beschissenen Kaugummi nicht bezahlt hast, gehst du nirgendwo hin.«

6

Ich saß mit einem Sechserpack Bier auf den Treppenstufen vor ihrer Wohnungstür, als Carol Martinez aufblickte und mich entdeckte.

»Raub mich aus oder heirate mich, Shakes«, sagte sie und kramte in ihrer offenen Handtasche nach dem Schlüssel. »Für alles andere bin ich zu müde.«

»Würdest du dich auch mit ein paar Bier zufriedengeben?« fragte ich und klopfte an die Papiertüte.

»Wenn das dein letztes Angebot ist«, sagte sie.

»Ich leg noch eine Umarmung und einen Kuß oben drauf«, sagte ich.

»Abgemacht«, erwiderte sie.

Ich stand auf, legte meine Arme um ihre Hüften und zog sie an mich. Selbst unter ihrer dicken Jacke und einem Pullover konnte ich ihre weiche Kurven spüren. Sie war so hübsch wie eh und je.

»Du brauchst irgendwas, stimmt's, Shakes?« fragte Carol und strich mir mit warmen Händen über Hinterkopf und Nacken.

»Ein Glas wäre nicht schlecht«, sagte ich. »Ich hasse es, aus der Dose zu trinken.«

Ihre Wohnung war sauber und ordentlich, voll mit Büchern und gerahmten Postern von alten Filmen. In der Küche stand ein kleiner Tisch, am Kühlschrank klebte ein lebensgroßer Humphrey Bogart mit Trenchcoat und Zigarette.

»Du gießt das Bier ein«, sagte Carol und zog ihre Jacke aus. »Ich lege Musik auf.«

»Hast du irgendwas von Frankie Valli?« fragte ich.

»Du bist so altmodisch, Shakes«, sagte Carol lachend. »Valli war doch schon vor der Pille out.«

»Zumindest lebt er noch«, sagte ich. »Was man von deinem Kumpel Bogart nicht gerade behaupten kann.«

»Bogie wird immer cool sein«, gab sie zurück. »Was man von den Four Seasons nicht gerade behaupten kann.«

»Na, jedenfalls würde ich ihre Platten noch nicht wegschmeißen«, sagte ich, gab ihr ein Glas Bier und sah zu, wie sie eine Bob-Seger-Platte auflegte.

»Ich *hab* gar keine, die ich wegschmeißen könnte«, sagte sie und setzte sich neben mich auf die kleine ausziehbare Couch in der Mitte des Wohnzimmers.

Wir saßen ruhig nebeneinander, nippten an unserem Bier und hörten zu, wie Seger sich durch ›Tryin' to Live My Life Without You‹ krächzte. Ich hatte meinen Kopf an ein dickes, handgestopftes Kissen gelehnt.

»Du siehst müde aus«, sagte Carol und legte eine Hand auf mein Knie. »In deinem Job lassen sie dir wohl nicht viel Zeit zum Schlafen?«

»Wieviel weißt du?« fragte ich und sah sie an.

»Nur was man im Viertel so hört«, sagte Carol. »Und was ich in Zeitungen wie deiner lese.«

»Und was hört man im Viertel so?«

»Daß sie John und Tommy ins Gefängnis stecken wollen«, sagte sie, mit trauriger Stimme und traurigem Blick. »Und daß ihr bester Freund derjenige ist, der es tut.«

»Glaubst du das?«

»Es fällt mir schwer, es nicht zu glauben, Shakes«, sagte Carol. »Ich meine, wenn wir uns nicht alle geirrt haben, hat er den beschissenen Fall doch übernommen.«

»Ja, er hat den Fall übernommen«, sagte ich.

»Was gibt es dann noch zu sagen?« fragte sie, trank ihr Glas leer und kämpfte gegen die Tränen.

Ohne den Blick von ihr zu wenden, richtete ich mich auf und rutschte näher zu ihr, bis sich unsere Hände berührten.

»Du kennst Michael sehr gut«, sagte ich. »Vielleicht sogar besser als ich.«

»Ich dachte, ich würde ihn kennen«, sagte Carol. »Das habe ich wirklich geglaubt. Jetzt bin ich nicht mehr so sicher.«

»Du *kennst* ihn, Carol«, sagte ich. »Du weißt, daß er dich liebt. Und du weißt, daß er *nie* etwas tun würde, was mir, Johnny oder Butter weh tun würde. Niemals.«

»Warum hat er den Fall dann angenommen?« fragte Carol. »Himmel noch mal, er ist sogar von sich aus gekommen und hat darum gebeten. Was für ein Freund ist denn das?«

»Der beste, den man sich wünschen kann«, sagte ich. »Einer, der, was immer er hat, weggeben würde, nur um seinen Freunden zu helfen. Einer, der verrückt genug ist zu glauben, er kann mit dem, was er vorhat, durchkommen.«

»Was versuchst du mir zu sagen, Shakes?« fragte Carol.

»Du hast lange in diesem Viertel gelebt, Carol. Lange genug, um zu wissen, daß alles Betrug oder Beschiß ist. Warum sollte es diesmal anders sein?«

»Ich hol uns noch ein Bier«, sagte Carol und ging in die Küche. Bob Seger sang jetzt ›Against the Wind‹. »Willst du ein Sandwich dazu?«

»Hast du frischen Mozzarella mit Basilikum?« fragte ich.

»Wie wär's mit altem Schinken auf trockenem Brot?«

»Mit Senf?«

»Mayo«, sagte Carol.

»Einverstanden«, sagte ich.

Wir aßen unsere Sandwiches, tranken unser Bier und hörten der Musik zu, beide entspannt in der Gesellschaft des anderen und verloren in den Tälern unserer eigenen Gedanken. Nach langer Zeit fragte ich sie, warum sie nicht mehr mit Michael zusammen war.

»Es ist einfach so passiert«, sagte Carol. »Er wohnte in Queens, arbeitete und ging auf die Uni. Ich war hier und hab dasselbe gemacht. Manchmal haben wir uns wochenlang nicht gesehen. Nach einer Weile war es einfacher, es zu beenden.«

»Liebst du ihn noch?«

»Ich denke nicht darüber nach, Shakes«, sagte Carol. »Wenn ich es täte, müßte ich ja sagen. Aber Michael mußte von Hell's Kitchen und den Menschen, die hier leben, wegkommen. Und ich war einer dieser Menschen.«

»Und jetzt bist du mit John zusammen«, sagte ich.

»So sehr, wie irgend jemand mit ihm zusammen sein kann«, sagte Carol. »Der Mann, den ich kenne, ist nicht der Junge, an den du dich erinnerst. Aber John hat etwas Besonderes. Man muß nur sehr genau hinsehen, um es zu erkennen.«

»Besuchst du ihn?«

»Einmal die Woche«, sagte Carol. »Für etwa eine Stunde.«

»Gut«, sagte ich. »Besuch ihn weiter. Erzähl ihm bloß nicht, daß du mich triffst. Am besten erzählst du ihm gar nichts. Je hoffnungsloser es für ihn aussieht, desto besser klappt es vielleicht.«

»Warum soll ich es ihm nicht erzählen?« fragte Carol. »Das könnte alles viel leichter machen.«

»Wenn er das Gefühl hat, in die Enge getrieben zu sein, wird er sich vor Gericht abgebrühter geben«, sagte ich. »Ich möchte, daß er die Jury mit seinem kleinen Babyface direkt ansieht, und ich möchte nicht, daß er glücklich aussieht.«

»Warum hast *du* mich eigentlich nie eingeladen, mit dir auszugehen?« sagte Carol und fuhr sich mit ihrer schmalen Hand durch ihr dichtes Haar.

»Du warst Mikeys Freundin«, sagte ich. »Er war einfach schneller.«

»Und nach Mikey?« sagte sie mit glänzenden, offenem Gesicht.

»Ich hab nicht geglaubt, daß du ja sagen würdest«, erwiderte ich.

»Nun, du hast dich geirrt, Shakes«, sagte Carol.

»Wirst du jetzt ja sagen?« fragte ich und hielt ihre Hand. »Egal, was ich dich frage?«

Carol beugte sich vor, umarmte mich und legte ihren Kopf an meinen Hals.

»Ja«, flüsterte sie. »Was soll ich für dich tun?«

»Das Gesetz brechen«, sagte ich.

7

Michaels Plan hing entscheidend davon ab, daß Hell's Kitchen Informationen liefern und den Mund halten konnte, beides Talente, über die das Viertel im Überfluß verfügte.

Der Plan hing davon ab, daß Michael am Leben blieb, was bedeutete, daß Johns und Tommys Killertruppe informiert werden mußte, daß er nicht zum Abschuß freigegeben war. Wenige Tage, nachdem Michael den Fall übernommen hatte, bekamen die West Side Boys Besuch von King Benny. Der King forderte, daß die verbalen Angriffe auf Michael fortgesetzt wurden, daß es jedoch keinen Anschlag auf sein Leben geben dürfte. Ein Mord an Michael Sullivan, sollte es einen geben, konnte nur von King Benny selbst in Auftrag gegeben werden.

Während das Viertel, angeführt von King Benny, Fat Mancho und Carol an einem Ende arbeitete, erhielt ich Informationen von Michael, die ich weiterleitete, und hielt ihn umgekehrt über alles auf dem laufenden, was er wissen mußte.

Unsere Kommunikation funktionierte ganz einfach.

Wenn Michael etwas losschickte, hinterließ er an meinem Arbeitsplatz eine Nachricht, daß ich meine nicht existente Freundin Gloria anrufen sollte. Sobald ich das Signal erhalten hatte, schickte ich einen von King Bennys Männern los, bis zum Mittag des folgenden Tages an einem von drei verabredeten Punkten einen Umschlag abzuholen.

Wenn ich Michael etwas mitteilen mußte, ließ ich jemand aus dem Viertel eine Frühausgabe der *New York Times* abholen, das Wort *Edmund* in die obere rechte Ecke des Lokalteils schreiben und die Zeitung vor seiner Wohnungstür hinterlegen. Michael holte meine Nachricht dann später am selben Tag in einem Postfach in der Upper Westside ab.

Die ersten Wochen verbrachten wir damit, zusätzlich zu Michaels Akten Informationen zusammenzutragen, die entweder vor Gericht oder auf der Straße gegen die drei verbliebenen Wärter benutzt werden konnten. Außerdem arbeiteten wir an den Zeugen, durchleuchteten ihren Hintergrund und suchten nach Schwachpunkten. Gleichzeitig stellten wir eine umfassende Akte über das Wilkinson-Heim für Jungen zusammen, indem wir ehemalige Aufseher, Angestellte und Insassen aufspürten, die bereit waren auszusagen, den Verbleib des Direktors und seiner Stellvertreter sowie die Namen und die offiziellen Todesursachen der Jugendlichen ermittelten, die während ihres Aufenthaltes dort gestorben waren.

Michael spielte uns eine Liste mit Fragen zu, die O'Connor vor Gericht stellen sollte, außerdem eine Liste mit Fragen, die er selbst zu stellen gedachte, einschließlich der Antworten, die er darauf erwartete. Auch jede weitere Information über die Wärter oder Wilkinson, auf die er stieß, leitete er an uns weiter.

Alle schriftlichen Botschaften wurden nach ihrer Übermittlung vernichtet. Telefonate waren nur unter Verwendung codierter Namen über Anschlüsse Dritter erlaubt. Persönliche Kontakte zwischen den Hauptbeteiligten gab es nicht.

Wir durften uns nicht den geringsten Fehler erlauben.

Hell's Kitchen, ein Viertel, das seinen Verbündeten genauso rasch zur Hilfe kam, wie es seine Feinde beerdigte, blühte unter Michaels Plan auf. Die verbalen Angriffe auf Michael gingen weiter, Rufe von »Verräter« und »Kanalratte« hallten von den Straßen wider, doch sie wurden nur für die Ohren von Fremden ausgesprochen. Denn die eigentliche Nachricht hatte sich mit einer Geschwindigkeit einer Pistolenkugel im ganzen Viertel verbreitet – King Bennys »Schläfer« machten ihr Spiel. »Schläfer« wurde auf der Straße jeder genannt, der Zeit in einer Strafvollzugseinrichtung für Jugendliche abgesessen hatte. Außerdem war es ein Ausdruck, mit dem der Mob einen Killer bezeichnete, der über Nacht blieb, nachdem er einen Auftrag erledigt hatte. In Hell's Kitchen gab es viele »Schläfer«, doch meine Freunde und ich waren die einzigen vier, die King Benny als Mitglieder seiner Truppe ansah.

»Wenn du einen Rolls-Royce willst, mußt du nach England gehen oder wo immer sie das Scheißding bauen«, sagte Fat Mancho. »Wenn du Champagner willst, gehst du zu einem Franzosen. Wenn du Geld willst, such dir einen Juden. Aber wenn du Dreck willst, Abschaum, der unter dem Pflaster begraben liegt, ein Geheimnis, das niemand wissen will, wenn du das willst, und zwar schnell, gibt es nur einen Ort – Hell's Kitchen. Es ist eine Art Fundbüro für Scheiße. Die verlieren sie, und wir finden sie.«

8

Mit der tiefstehenden Herbstsonne im Rücken saß King Benny auf einer Bank im De-Witt-Clinton-Park und verfütterte Kürbiskerne an eine Schar Tauben. Es war eine Woche nach Thanksgiving, drei Wochen, nachdem wir unsere Arbeit begonnen hatten. Der kalte New Yorker Winter lag schon in der Luft.

King Benny trug dieselbe schwarze Kleidung, die er normalerweise in seinem Club trug, ohne die frostige Luft oder sonst etwas zu beachten. Neben seinem rechten Bein stand eine Tasse Kaffee und eine kleine Flasche Sambuca Romana.

»Ich wußte gar nicht, daß Sie Tauben mögen«, sagte ich und setzte mich neben ihn.

»Ich mag alles, was nicht redet«, sagte King Benny.

»Ich habe heute von Mikey gehört«, sagte ich. »Prozeßbeginn ist der erste Montag im neuen Jahr. Die Zeitungen werden morgen eine kurze Notiz darüber bringen.«

»Ihr habt nur noch zwei Zeugen, die aussagen werden«, sagte King Benny. »Die beiden anderen haben es sich anders überlegt. Das wird morgen nicht in der Zeitung stehen.«

»Welche beiden?«

»Die beiden Typen an der Bar«, sagte King Benny. »Sie meinten, sie hätten zuviel getrunken, um sicher zu wissen, wen sie haben hereinkommen sehen.«

»Damit bleibt nur noch das Paar in der Nische.«

»Fürs erste«, sagte King Benny.

»Alles andere läuft wie geplant?« fragte ich und blies warme Luft in meine Hände.

»Mit Ausnahme deines Zeugen«, sagte King Benny. »Da stehen wir immer noch mit leeren Händen da.«

»Ich hab schon jemand im Auge«, sagte ich. »Ich rede mit ihm, wenn der richtige Zeitpunkt gekommen ist.«

»Ist er gut?«

»Er wird es sein«, sagte ich. »Wenn er mitmacht.«

»Dann sorg dafür«, sagte King Benny und warf den Tauben noch eine Handvoll Kürbiskerne zu, »daß er mitmacht.«

»Ohne Sie würde das alles sowieso nicht funktionieren«, sagte ich.

»Ihr würdet schon einen Weg finden«, sagte King Benny. »Mit mir oder ohne mich.«

»Vielleicht«, sagte ich. »Aber ich bin trotzdem froh, daß Sie dabei sind.«

»Ich weiß nicht, ob ich euch damals dort oben hätte helfen können«, sagte King Benny. »Aber ich hätte es versuchen sollen.« Es war die einzige Anspielung, daß er wußte, was in Wilkinson vorgefallen war.

»Wenn etwas passieren soll, passiert es auch«, sagte ich. »Das haben Sie mir immer gesagt.«

»Gutes und Schlechtes«, sagte King Benny. »Und wenn man reingeht, weiß man nie, was man antreffen wird. Man muß immer auf beides vorbereitet sein.«

»Und meistens«, sagte ich, »kann man auf das Schlechte wetten.«

»Du solltest jetzt los«, sagte King Benny. »Du willst doch nicht zu spät zu deiner Verabredung kommen.«

»Welche Verabredung?«

»Mit Danny O'Connor«, sagte King Benny. »Er wartet in der Red Appelgates Bar auf dich. Er ist jetzt wahrscheinlich bei seinem zweiten Scotch. Sieh zu, daß du ankommst, bevor er den dritten trinkt.«

»Ist er bereit mitzumachen?« fragte ich.

»Das wird er schon«, sagte King Benny. »Er ist noch zu jung, als daß sich seine Freunde auf einer Beerdigung treffen sollten.«

Winter 1980

Die Gerichtsdiener führten John Reilly und Thomas Marcano in den Gerichtssaal, beide Angeklagte gingen mit gesenktem Kopf und herabhängenden Armen. Sie trugen blaue Blazer, blaue Polo-Hemden, graue Hosen und braune Schuhe. Sie nickten ihrem Anwalt Danny O'Connor zu und setzten sich auf die beiden Holzstühle neben ihm.

Ihnen gegenüber, direkt vor der Richterbank, saß mit leerer Miene die Gerichtsstenographin, eine Blondine mit lockigem Haar und schwarzem Minirock.

Die Stühle der Jury waren von den zwölf ausgewählten Geschworenen besetzt.

Michael saß am Tisch des Anklägers, seinen aufgeklappten Aktenkoffer, zwei gelbe Aktenordner und drei gespitzte Bleistifte vor sich, und blickte auf die Beine der Stenographin. Er trug einen dunklen Wollanzug, die Krawatte auf seinem weißen Hemd war eng geknotet.

Ich saß in der Mitte der dritten Reihe, links von mir zwei junge Männer, von denen ich wußte, daß sie zu den West Side Boys gehörten, rechts von mir Carol Martinez, die Augen geradeaus gerichtet, ihre Hand in meiner.

Richter Eliot Weisman nahm hinter seinem Tisch Platz. Er war ein großer Mann mittleren Alters mit eckigem Gesicht und kahlrasiertem Schädel. Er wirkte gepflegt und sportlich mit einem kräftigen Körper. Er war dafür bekannt, seine Verhandlungen streng zu führen und kaum Raum für theatralische Einlagen und taktische Verzögerungen zu lassen. Die Verteidiger behaupteten, daß die Waagschale seiner Gerechtigkeit sich fast immer zugunsten des Anklägers neigte. Stellvertreter des Bezirksstaatsanwalts hielten ihn für fair, aber keineswegs umgänglich.

Michael wußte, daß Richter Weisman John und Tommy zunächst mit Verachtung begegnen würde und daß die bekannten Tatsachen des Falles ihn darin bestätigen würden. Michael wußte auch, daß die Beweislast gegen die beiden Angeklagten vor dem Hintergrund ihrer gewalttätigen Biographie so schwer wog, daß Weisman geneigt sein würde, einen Prozeß zu vermeiden. Er erwartete, daß der Richter auf beide Seiten Druck ausüben würde, sich ohne Verhandlung über Anklagepunkte und Strafmaß zu einigen.

Dreimal hatte er die Vertreter beider Parteien im inoffiziellen Gespräch bereits danach gefragt, dreimal hatten sie es zurückgewiesen. John und Tommy beharrten auf ihrer Unschuld, worauf der Richter sich weiterhin weigerte, eine Kaution festzusetzen. Michael beharrte seinerseits darauf, daß das Volk, vertreten durch seine Behörde, darauf bestehen müsse, daß diese Männer mit der vollen Strenge des Gesetzes verfolgt würden. Als der Fall schließlich in die Phase eintrat, in der die Geschworenen ausgewählt wurden, hatte Richter Weisman keinen glücklichen Eindruck gemacht.

Kein einziges Mal im Verlauf jener ersten Wochen in dem unbequemen Gerichtssaal ließ Michael auch nur im geringsten erkennen, was er vorhatte. Er befragte und wählte seine Jury so sorgsam aus, wie es jeder junge stellvertretende Bezirksstaatsanwalt getan hätte, stellte die relevanten Fragen und bemühte sich so ehrlich wie möglich, jeden Geschworenen auszusieben, von dem er das Gefühl hatte, daß er kein gerechtes Urteil fällen wollte oder konnte. Die Vertreter beider Parteien einigten sich auf eine Jury bestehend aus acht Männern und vier Frauen. Eine Frau war ebenso wie zwei der Männer lateinamerikanischer Abstammung. Zwei weitere Männer waren schwarz. Drei Geschworene, zwei Männer und eine Frau, waren irischer Herkunft.

Wenn Michael die beiden Angeklagten erwähnte, tat er das stets mit vollem Namen, um ihre Identität zu etablieren und sie nicht wie zwei anonyme Gesichter zu behandeln. Er bestand darauf, daß potentielle Geschworene sich die beiden Angeklagten ansahen, während er ihre Vergehen und ihre Vergangenheit auflistete, und ersuchte jeden, der sich durch den Ruf der Angeklagten eingeschüchtert fühlte, sich nicht zum Jurorenamt gezwungen zu fühlen. John und Tommy sahen Michael die ganze Zeit demonstrativ an, während er ihren Blick sorgsam mied, um nicht zu riskieren, daß irgendein Zuschauer auch nur eine Andeutung der zwischen ihnen bestehenden Beziehung in seinem Gesicht las.

Michael hatte vollkommen klare Vorstellungen davon, was er mit diesem Fall erreichen wollte.

Er wollte einen Schuldspruch.

Einen Schuldspruch für das Wilkinson-Heim für Jungen, einen Schuldspruch für Sean Nokes, Adam Styler, Henry Addison und Ralph Ferguson.

Michael ließ Danny O'Connors sachliches Eröffnungsplädoyer ungerührt über sich ergehen und hörte zu, wie der Anwalt John und Tommy als zwei unschuldige Schachfiguren bezeichnete, die überstürzt verhaftet und aufgrund fadenscheinigster Beweise ebenso schnell angeklagt worden seien. O'Connor kündigte an, den Beweis anzutreten, daß John Reilly und Thomas Marcano Sean Nokes in der fraglichen Nacht zweifelsfrei nicht getötet hätten. Daß sie sich vielmehr nicht einmal in der Nähe des Shamrock Pubs aufgehalten hätten.

Niemand war besonders beeindruckt von O'Connors Vorstellung, am allerwenigsten Richter Weisman, der sich während der gesamten Dauer der fünfzehnminütigen Erklärung keine Mühe gab, seine nervöse Ungeduld zu verbergen. Die wenigen in den vorderen Reihen des Zuschauerraumes verteilten Reporter, die über den Fall berichteten, hörten schon nach O'Connors einleitenden Bemerkungen auf, sich Notizen zu machen. Altgediente Zuschauer, die kühnere Plädoyers gewohnt waren, schüttelten gelangweilt die Köpfe.

»Er ist nicht gerade Perry Mason«, flüsterte Carol.

»Er hat ihre Namen richtig behalten«, sagte ich. »Das ist für ihn schon ein toller Anfang. Außerdem wird er, wenn er den Fall gewinnt, berühmter als Perry Mason.«

Michael stand auf, knöpfte sein Jackett zu und ging von seinem Tisch zur Geschworenenbank. Er hatte die Hände in den Taschen und ein freundliches Lächeln aufgesetzt.

»Guten Morgen«, sagte er zu den Geschworenen. »Mein Name ist Michael Sullivan, und ich bin stellvertretender Bezirksstaatsanwalt für Manhattan. Oberflächlich betrachtet, sieht mein Job wie vermutlich die meisten Jobs ganz leicht aus. Ich muß Ihnen und nur Ihnen beweisen, daß die beiden Angeklagten einen Mann namens Sean Nokes kaltblütig und ohne erkennbares Motiv ermordet haben. Um das zu beweisen, werde ich Ihnen Beweismittel und Zeugenaussagen präsentieren. Ich werde die Anwesenheit der beiden Angeklagten am Tatort beweisen. Ich werde Zeugen aufrufen, die bestätigen werden, daß sie in jener tödlichen Nacht dort waren. Ich werde Ihnen genügend Tatsachen präsentieren, damit Sie anschließend in das Geschworenenzimmer gehen und eine klare Entscheidung treffen können, jenseits allen begründeten Zweifels. Und ich bin sicher, Sie alle wissen, was das bedeutet, weil Sie wahrscheinlich genausoviel fernsehen wie ich.«

Drei der weiblichen Geschworenen lächelten, und einer der Männer, ein Postangestellter von der Upper West Side, lachte laut. »Allerdings«, sagte er und zeigte mit dem Finger auf Michael.

»Darf ich Sie daran erinnern, daß dies ein *Gerichts*saal ist«, sagte Richter Weisman ernst. »Und kein *Wohn*zimmer. Eingedenk dieser Tatsache möchte ich die Geschworenen bitten, sich weiterer Kommentare zu enthalten.«

»Mein Fehler, Euer Ehren«, sagte Michael zum Richter gewandt. »Ich habe den Eindruck erweckt, daß eine Antwort erwartet würde. Es wird nicht wieder vorkommen.«

»Da bin ich sicher, Herr Staatsanwalt«, sagte der Richter in entspannterem Ton. »Fahren Sie fort.«

»Schau dir ihre Gesichter an«, sagte ich zu Carol und wies auf die Geschworenenbank. »Ihre Augen. Sie verlieben sich in ihn.«

»Das ist auch nicht schwer«, sagte Carol.

»Die Vergangenheit dieser beiden jungen Männer ist irrelevant und nicht Gegenstand dieser Verhandlung«, sagte Michael und wandte sich wieder den Geschworenen zu. Er stützte die Hände auf die hölzerne Absperrung und sah jeden von ihnen an. »Gleichgültig ob gewalttätig oder friedfertig, kriminell oder ehrlich, Heilige oder Sünder. *Entscheidend* ist nur, was am Abend des Mordes geschah. Wenn ich Ihnen beweisen kann, daß dies die beiden Männer waren, die das Lokal betreten, zwei Drinks zu sich genommen und dann Sean Nokes erschossen haben, erwarte ich nichts Geringeres als einen Schuldspruch. Wenn ich das nicht kann, wenn ich die Angeklagten nicht am Tatort plazieren kann, die Waffen in ihren Händen, die Leiche vor sich, und wenn es mir nicht gelingt, Sie zweifelsfrei davon zu überzeugen, daß diese beiden abgedrückt haben, dann ist die Last der Schuld von ihren Schultern genommen und auf meine gelegt. Wenn das geschieht, habe ich in meinem Job versagt. Doch ich werde mein Bestes geben, Sie nicht zu enttäuschen und bei der Suche nach der Wahrheit nicht zu scheitern. Ich werde mein Bestes geben, damit Gerechtigkeit geschieht. Und ich weiß, daß Sie das auch tun werden.«

9

Ich war zwanzig Minuten zu spät. Ich hatte Carol gesagt, sie solle mich um sechs vor der Kirche treffen, doch ich hatte, betend auf einer der hinteren Bänke kniend, die Zeit vergessen. Als ich die Kirche verließ, sah ich sie auf den Stufen sitzen, den Kragen ihrer Lederjacke hochgeschlagen gegen die Böen, die vom Fluß herüberwehten.

»Tut mir leid, daß ich zu spät bin«, sagte ich. »Ich hab noch ein paar Kerzen angezündet.«

»Jetzt hast du also auch noch St. Jude in die Sache reingezogen«, sagte Carol. »Sonst noch wen?«

»Nur noch einen«, sagte ich.

»Treffen wir uns hier mit ihm?« fragte Carol.

»Nein. Er wartet in seiner Wohnung auf uns.«

»Und das ist wo?«

»Dort«, sagte ich und zeigte auf ein rotes Backsteingebäude neben der Kirche. »Im Pfarrhaus.«

»O mein Gott!« sagte Carol mit aufgerissenen Augen.

»Nicht ganz«, sagte ich. »Aber so nah dran wie ich es kurzfristig ermöglichen konnte.«

Pater Bobby saß in seinem kleinen, mit Büchern vollgestopften Zimmer im ersten Stock auf einem Sessel mit dem Rücken zu dem einen Spalt weit geöffneten Fenster. Er zündete sich eine Zigarette an, atmete tief ein und blies den Rauch durch die Nase wieder aus. In der rechten Hand hielt er eine Flasche Pepsi. Ihm gegenüber saß Carol, die Beine verschränkt, die Ellenbogen auf den Knien, das Kinn in die Hand gestützt.

Ich saß, die Hände in den Taschen, auf der Fensterbank in der Ecke des Zimmers und blickte auf den Schulhof hinab, die Spitzengardinen streiften meine Schultern.

»Wie war's heute vor Gericht?« fragte Pater Bobby müde.

»Wie die erste von acht Runden eines Kampfes«, sagte ich. »Es war nur ein gegenseitiges Abtasten.«

»Wie sahen die Jungs aus?«

»So als ob sie sich gewünscht hätten, woanders zu sein«, sagte Carol. »Ich glaube, so haben wir uns alle gefühlt.«

»Ich bin jetzt seit fast zwanzig Jahren in dieser Gemeinde«, sagte Pater Bobby und streifte Zigarettenasche in die leere Colaflasche ab. »Ich habe miterlebt, wie viele Jungen zu Männern herangewachsen sind. Und ich habe mitangesehen, wie viel zu viele von ihnen gestorben sind oder den Großteil ihres Lebens im Gefängnis verbracht haben. Ich habe um alle geweint. Aber das hier ist mein schlimmster Fall. Er hat mich alle Gebete gekostet, die ich kenne.«

Pater Bobby wußte, daß es nicht die Straße gewesen war, die John Reilly und Thomas Marcano so kalt gemacht hatte. Und es waren auch nicht die Verlockungen einer Drogenbande gewesen, die sie vom rechten Weg abgebracht hatten. An ihrem Fall trug die bittere Realität von Hell's Kitchen keine Schuld. Es gab nur einen Ort, der Schuld war.

»Sie haben getan, was Sie konnten, Pater«, sagte ich. »Sie haben mir geholfen. Und Michael. Ohne Sie stünden wir heute alle vor Gericht.«

»Es sind immer die verirrten Schafe, die man sich am sehnlichsten zurückwünscht«, sagte Pater Bobby.

»Es ist noch nicht zu spät, Pater«, sagte ich, stand von der Fensterbank auf und ging auf ihn zu. »Wir haben noch eine letzte Chance, ein paar verirrte Schafe heimzuholen.«

»Ist diese eine Chance legal?« fragte Pater Bobby.

»Das sind allerletzte Chancen nie«, sagte ich.

»Steckt King Benny dahinter?«

»Er macht mit«, sagte ich. »Aber er ist nicht derjenige, der das Sagen hat.«

»Wer denn?«

»Michael«, erwiderte ich.

Pater Bobby atmete tief ein und beugte sich vor.

»In der mittleren Schreibtischschublade ist eine Flasche Dewar's«, sagte er. »Ich glaube, das werden wir brauchen.«

Ich erzählte Pater Bobby alles. Wenn er in die Sache verwickelt werden sollte, verdiente er es auch, alles zu erfahren. Selbst wenn er uns nicht helfen würde, vertraute ich darauf, daß die Wahrheit in diesen vier Wänden bleiben würde.

»Ich hätte es riechen müssen«, sagte Pater Bobby. »Von dem Moment an, als Michael sich um den Fall bemüht hat, hätte ich mir denken müssen, daß etwas im Busch war.«

»Es ist ein guter Plan«, sagte ich. »Mikey hat alles im Blick. Alle Positionen sind besetzt.«

»Nicht alle, Shakes«, unterbrach mich Pater Bobby. »Irgendwas fehlt euch noch, sonst wärst du nicht hier.«

»Versuche nie, einen Gauner aufs Kreuz zu legen«, sagte ich lächelnd.

»Genau. Also raus damit. Was genau fehlt euch noch?«

»Ein Zeuge«, sagte ich. »Jemand, der in den Zeugenstand tritt und sagt, daß er am Abend des Mordes mit John und Tommy zusammen war.«

»Und ihr habt euch gedacht, ein Priester wäre geradezu perfekt!« sagte Pater Bobby.

»Nicht irgendein Priester«, sagte ich.

»Du bittest mich zu lügen«, sagte Pater Bobby. »Du bittest mich, bei Gott zu schwören und dann zu lügen.«

»Ich bitte Sie, zwei Ihrer Jungs zu helfen«, sagte ich. »Damit sie nicht den Rest ihres Lebens im Gefängnis verbringen.«

»Haben Sie Nokes umgebracht?« fragte Pater Bobby. »Sind Sie in dieses Lokal gekommen und haben ihn getötet, wie man sagt?«

»Ja«, antwortete ich. »Sie haben ihn getötet. Genau wie man sagt.«

Pater Bobby stand auf und begann, die Hände an den Hosenbeinen abstreifend, in dem kleinen Raum auf und ab zu gehen. Er trug noch immer die schwarze Straßenkleidung eines Priesters, ein kurzärmeliges Hemd unter der Jacke, in seiner Jackentasche klimperte ein Schlüsselbund.

»Das ist vielleicht ein Gefallen, um den ihr mich da bittet«, sagte er, blieb in der Mitte des Zimmers stehen und sah mich und Carol an.

»Das wissen wir, Pater«, sagte Carol.

»Nein«, erwiderte Pater Bobby. »Ich glaube nicht, daß ihr das wißt.«

»Sie haben immer gesagt, wenn ich jemals irgendwas brauchen sollte, soll ich zu Ihnen kommen«, wandte ich ein.

»Ich hatte mehr an Eintrittskarten für die Yankees oder etwas in der Richtung gedacht«, erwiderte Pater Bobby.

»Ich brauche aber keine Eintrittskarten für die Yankees, Pater«, sagte ich. »Ich brauche einen Zeugen.«

Pater Bobby machte den obersten Knopf seines Hemdes auf, knöpfte den Stehkragen ab und hielt ihn in beiden Händen.

»Das ist *mein* Leben«, sagte er und hielt den Kragen hoch. »Es ist alles, was ich habe. Ich habe alles dafür gegeben. *Alles*. Jetzt kommt ihr beide hier mit einem Plan reinmarschiert und fordert mich auf, das alles wegzuwerfen. Es wegzuwerfen, damit zwei Mörder ungeschoren davonkommen. Damit sie weiter morden können. Und ihr nennt das einen Gefallen?«

»Zwei Leben sollten mehr wert sein als ein Priesterkragen«, sagte ich.

»Und was ist mit dem Leben, das sie genommen haben, Shakes?«, fragte Pater Bobby. »Was war das wert?«

»Für mich nicht«, sagte ich.

»Warum nicht, Shakes?« fragte Pater Bobby. »Sag es mir.«

Ich setzte mich auf den Stuhl neben dem Schreibtisch, Pater Bobby und Carol saßen auf der anderen Seite des Raumes. Ich starrte auf die Regale, vollgestellt mit Büchern, die ich als Kind gelesen hatte, und vielen anderen, die ich noch hatte lesen wollen. Ich hielt ein leeres Glas in der Hand und bemühte mich, die Bilder und Gesichter heraufzubeschwören, die ich für so lange Zeit sicher begraben hatte.

Bilder und Gesichter, von denen ich nie glauben wollte, daß sie wirklich waren.

Ich saß auf jenem Stuhl und schüttete Pater Bobby mein Herz aus. Es war das erste und einzige Mal, daß ich – bis dahin – irgend jemandem erzählte, wieviel das Leben von Sean Nokes wert war.

Ich redete länger als eine Stunde, meine Worte drängend und voller Wut, ich erzählte Pater Bobby und Carol Dinge, von denen ich nie gedacht hätte, daß ich sie eines Tages einem Menschen anvertrauen würde. Für Pater Bobby war es ein Schock, ein Stich direkt ins Herz. Carol war eng genug mit Michael und John zusammengewesen, um einen Verdacht zu hegen, doch die Einzelheiten verschlugen auch ihr den Atem und ließen sie kerzengerade in ihrem Stuhl sitzen.

Ich erzählte ihnen vom Wilkinson-Heim für Jungen.

Ich erzählte ihnen von der Folter, den Schlägen, den Demütigungen.

Ich erzählte ihnen von den Vergewaltigungen.

Ich erzählte ihnen von vier verängstigten Jungen, die sich in den Schlaf geweint und zu Pater Bobbys Gott um Hilfe gebetet hatten, die nie eingetroffen war. Ich erzählte ihnen von den endlosen Nächten, die wir in die Dunkelheit gestarrt hatten, vom Geraschel der Ratten in den Ecken, dem Rasseln von Schlüsseln in Zellentüren, von hoch erhobenen Schlagstöcken, dem Griff eines Wärters und dem Schrei eines Jungen.

Ich erzählte ihnen alles.

Und als ich fertig war, sagte Carol leise, fast flüsternd: »Nun sagen Sie mir, Pater Bobby. Was würde ein guter Priester tun?«

Pater Bobby starrte vor sich hin, wie er es seit einer Stunde getan hatte, doch seine Augen registrierten jede Bewegung im Raum. Er atmete tief durch und blickte zur Decke, die Arme auf die weiche Lehne des Stuhles gelegt.

»Es wird spät«, sagte er schließlich. »Ihr solltet gehen. Ihr seht beide müde aus.«

Er stand auf und legte seine Hand auf meinen Arm.

»Ich muß eine Entscheidung treffen«, sagte er. »Ich kann nur beten, daß es die richtige ist.«

»Es wird die richtige sein, Pater«, sagte ich. »Wie auch immer Sie sich entscheiden.«

»Die Jungs hatten recht, was dich angeht«, sagte er zu Carol und nahm sie in seine Arme.

»Womit?« fragte Carol und hob den Kopf.

»Sie haben immer gesagt, du hättest Mumm«, sagte Pater Bobby. »Und sie hatten recht.«

»Ich faß das mal als Kompliment auf«, erwiderte Carol. »Vor allem von einem Priester.«

10

Michael lächelte die Zeugin an, eine attraktive, dunkelhaarige Frau aus New Jersey. Sie trug einen gebügelten Faltenrock und hatte ihre Bluse bis zum obersten Knopf zugeknöpft. Sie kreuzte die Beine unter ihrem Stuhl und hielt ihre Hände im Schoß gefaltet.

»Mrs. Salinas, wie oft haben Sie schon im Shamrock Pub gegessen?« fragte er.

»Nur an diesem einen Abend«, antwortete sie mit fester Stimme, genau wie eine Frau, die nichts zu verbergen hat.

»Welchen Abend meinen Sie?« fragte Michael.

»Den Abend des Mordes«, sagte sie.

»Wann sind Sie dort angekommen?«

»Kurz vor halb acht«, sagte Mrs. Salinas. »Ich habe mich mit einem Freund zum Essen getroffen.«

»Wie heißt Ihr Freund?«

»David«, sagte sie. »David Carson.«

»Wer war als erster da?«

»Ich«, sagte sie. »Aber nur ein paar Minuten früher als David.«

»Haben Sie vor dem Lokal auf Mr. Carson gewartet?«

»Nein«, sagte sie. »Bei der Garderobe. Aber es hat, wie gesagt, nicht lange gedauert.«

»Okay«, sagte Michael. »Sie und Mr. Carson haben das Lokal betreten, sich an einen Tisch gesetzt, etwas zu trinken bestellt und angefangen, miteinander zu plaudern. Richtig?«

»So ungefähr«, sagte Mrs. Salinas. »Wir hatten uns ein paar Wochen nicht gesehen. David war auf einer Geschäftsreise.«

»Wer hat das Shamrock Pub vorgeschlagen?«

»Ich.«

»Warum?«

»Ich habe in einer Zeitschrift davon gelesen«, sagte sie. »Es hieß, das Lokal hätte ein besonderes Ambiente.«

»Und hatte es das?«

»Bis zur Schießerei, ja«, sagte Mrs. Salinas.

Ich warf einen Blick zum Tisch der Verteidigung und sah John und Tommy grinsen. Ihr Anwalt kritzelte mit gesenktem Kopf eifrig in einem Notizblock.

»Wozu macht er sich Notizen?« flüsterte Carol. »Er kennt doch die Fragen, die er stellen soll.«

»Vielleicht hat er sie vergessen«, sagte ich. »Auf einem Barhocker liegengelassen.«

»Sie ist gut«, sagte Carol mit Blick auf Mrs. Salinas.

»Das soll sie auch sein«, erwiderte ich.

»Ist Mr. Carson vorher schon einmal in dem Lokal gewesen?« fragte Michael gerade. »Mit Ihnen oder ohne Sie.«

»Nein«, sagte sie. »Wir waren beide zum ersten Mal dort.«

»Wo haben Sie gesessen, Mrs. Salinas?«

»In einer Nische«, sagte sie. »Direkt bei der Tür.«

»Haben Sie diesen Platz mit Absicht gewählt?«

»Ja«, erwiderte sie. »Bis auf eine Nische waren alle frei, so daß wir uns überall hätten hinsetzen können. Aber David hat gern frische Luft, und ich hab auch nichts dagegen.«

»Wissen Sie noch, was Sie bestellt haben?«

»Ich habe Lammkoteletts bestellt«, sagte sie. »Das wurde in dem Artikel als eine der Spezialitäten erwähnt. David hatte das übliche.«

»Können Sie denjenigen unter uns, die mit Mr. Carsons Eßgewohnheiten nicht so vertraut sind, sagen, was das übliche ist?« fragte Michael und warf Mrs. Salinas ein breites Lächeln zu.

»Steak«, sagte sie. »David bestellt *immer* Steak, eine gebackene Kartoffel und einen frischen Salat.«

»Haben Sie auch etwas getrunken?«

»Wir haben eine Flasche Rotwein bestellt«, sagte Mrs. Salinas. »Einen Chianti, glaube ich.«

»Sonst nichts?«

»Nein«, sagte sie. »Sonst nichts.«

»Haben Sie bemerkt, wie viele Menschen sich in dem Lokal aufgehalten haben?«

»Es waren nur ein paar vereinzelte Gäste«, sagte sie. »Es war ruhig. Ein gutes Lokal, um sich zum Reden zu treffen.«

»Haben Sie das Opfer, Sean Nokes, bemerkt?«

»Nein«, antwortete sie. »Das habe ich nicht.«

»Sie haben ihn nicht mal beim Hereinkommen gesehen?« fragte Michael.

»Nein«, sagte sie. »Unser Tisch war direkt neben der Garderobe, und ich hab mich nicht groß umgesehen.«

»Ihre Aufmerksamkeit war ganz auf Mr. Carson konzentriert«, sagte Michael.

»Ja, so war es«, sagte Mrs. Salinas. »Ich hatte ihn, wie gesagt, eine Zeitlang nicht gesehen.«

»In welche Richtung haben Sie geblickt?« fragte Michael. »Auf welcher Seite der Nische haben Sie gesessen?«

»Mit Blick in den hinteren Teil des Lokals«, erwiderte sie.

»Das heißt, mit Blick auf die anderen Nischen?«

»Ja.«

»Mit Blick auf Mr. Nokes Tisch.«

»Ich glaube schon«, sagte Mrs. Salinas. »Ja.«

»Aber Sie konnten Mr. Nokes nicht sehen?«

»Ich hab nicht auf ihn geachtet«, sagte sie. »Ich wußte nur, daß jemand in der letzten Nische saß. Ich hab einfach nicht drauf geachtet.«

»Haben Sie die beiden Männer bemerkt, die das Lokal betreten haben, kurz nachdem Sie Platz genommen hatten?«

»Ich hörte sie hereinkommen«, sagte sie. »Man konnte sie gar nicht überhören.«

»Wieso?«

»Sie waren laut«, sagte sie. »Sie veranstalteten einen regelrechten Aufruhr. Ich bin sicher, jeder hat sie bemerkt.«

»Haben Sie ihre Gesichter erkennen können?«

»Nein«, sagte sie. »Nicht beim Hereinkommen.«

»Warum nicht?«

»Ich hab mit David geredet«, sagte sie. »Als ich schließlich aufblickte, waren sie schon vorbei.«

»Haben Sie ihre Gesichter gesehen, als sie zur Bar gingen?«

»Von der Seite«, antwortete sie, »ihr Profil.«

»Beide?«

»Ja«, sagte Mrs. Salinas mit ungebrochener Selbstgewißheit.

»Haben Sie gesehen, wie die beiden zu Mr. Nokes' Tisch gegangen sind?« fragte Michael.

»Das habe ich gesehen«, sagte sie. »Ja.«

»Konnten Sie hören, was gesprochen wurde?«

»Nein«, sagte sie.

»Haben Sie gesehen, wie die beiden ihre Waffen zogen?«

»Nein«, sagte sie.

»Haben Sie die Schüsse gehört?«

»Ja«, erwiderte Mrs. Salinas. »Die Schüsse hab ich gehört.«

»Was haben die beiden nach den Schüssen getan?« fragte Michael.

»Sie haben das Lokal verlassen«, sagte sie. »Als ob nichts geschehen wäre.«

»Konnten Sie da ihre Gesichter erkennen?«

»Ja«, sagte sie. »Ich hab hochgeguckt, als sie an mir vorbeigingen.«

»Sind Sie sich dessen völlig sicher, Mrs. Salinas?«

»Ja«, sagte sie. »Absolut sicher.«

»Sind die beiden Männer, die Sie im Shamrock Pub gesehen haben, heute in diesem Gerichtssaal?«

»Ja«, sagte Mrs. Salinas.

»Können Sie sie mir bitte zeigen?«

»Sie sitzen gleich da vorne«, sagte Mrs. Salinas und zeigte mit dem Finger auf John und Tommy.

»Euer Ehren, ich bitte im Protokoll zu verzeichnen, daß Mrs. Salinas die Angeklagten John Reilly und Thomas Marcano als die fraglichen Männer identifiziert hat.«

»Vermerkt«, sagt Richter Weisman.

»Ich habe keine weiteren Fragen«, sagte Michael.

»Herr Anwalt?« sagte Richter Weisman mit einer hochgezogenen Augenbraue in Danny O'Connors Richtung. »Sie sind bereit fortzufahren?«

»Ja, Euer Ehren«, sagte Danny O'Connor. »Die Verteidigung ist bereit.«

»Das will ich hoffen«, flüsterte Carol.

Danny O'Connor trug einen schwarzgrauen Anzug, der dringend in die Reinigung mußte, und ein weißes Hemd, das am Kragen spannte. Seine Schuhe waren abgetreten, und seine blaue Krawatte war so kurz wie die von Oliver Hardy.

»Den Columbo-Look hat er echt drauf«, murmelte ich. »Fehlt nur noch die Zigarre.«

»Die hat er wahrscheinlich in der Tasche«, sagte Carol. »Noch brennend.«

»Guten Morgen«, sagte Danny O'Connor zu Mrs. Salinas.

»Guten Morgen«, erwiderte sie.

»Ich habe nur ein paar Fragen«, sagte er. »Ich werde Sie nicht mehr viel länger aufhalten.«

»Danke«, sagte sie.

»Sie sagten, Sie hätten zum Essen nur Wein getrunken«, sagte O'Connor und wandte den Blick von Mrs. Salinas zur Jury, um Augenkontakt herzustellen.

»Ja«, sagte sie. »Das ist richtig.«

»Sind Sie da ganz sicher?« fragte O'Connor. »Sind Sie sicher, daß das alles war, was Sie bestellt haben, eine Flasche Wein?«

»Ja«, sagte sie. »Eine Flasche Rotwein.«

»Hatten Sie vorher schon etwas getrunken?«

»Was meinen Sie mit vorher?« fragte Mrs. Salinas.

»Zum Mittagessen vielleicht«, sagte O'Connor. »Haben Sie zum Mittagessen etwas getrunken?«

»Ja«, sagte sie. »Aber das war Stunden vorher.«

»Was denn, Mrs. Salinas?«

»Ich bin zum Einkaufen gegangen und habe in einem Lokal an der Madison Avenue zu Mittag gegessen.«

»Ich wollte nicht wissen, wo Sie waren«, sagte O'Connor. »Ich wollte wissen, was Sie zum Mittagessen getrunken haben.«

»Einen Martini«, sagte sie.

»Und was noch?«

»Ein bißchen Wein«, sagte sie.

»Wieviel Wein?«

»Ein Glas«, sagte sie. »Vielleicht zwei.«

»Eher zwei?« fragte O'Connor.

»Ja«, sagte Mrs. Salinas, und ihre Wangen wurden einen Hauch röter. »Wahrscheinlich zwei.«

»Um wieviel Uhr haben Sie zu Mittag gegessen, Mrs. Salinas?«

»Einspruch, Euer Ehren«, sagte Michael, ohne aufzustehen. »Was Mrs. Salinas am Tag des Mordes getan hat, hat nichts damit zu tun, was Sie am Abend gegessen hat.«

»Wieviel sie getrunken hat, hat sehr wohl etwas damit zu tun, Euer Ehren«, sagte O'Connor.

»Abgelehnt«, sagte Richter Weisman.

»Um wieviel Uhr haben Sie zu Mittag gegessen, Mrs. Salinas?« wiederholte O'Connor.

»Gegen halb zwei«, sagte sie.

»Und was haben Sie gegessen?«

»Einen Salat«, erwiderte sie.

»Ein Martini, zwei Glas Wein, ein Salat«, sagte O'Connor. »Ist das richtig?«

»Ja«, sagte Mrs. Salinas und warf Michael einen hilfesuchenden Blick zu. »Ja, das ist richtig.«

Michael reagierte nicht.

»Und dann haben Sie zum Abendessen Wein getrunken«, sagte O'Connor. »Etwa sechs Stunden später. Ist das richtig?«

»Ja«, sagte sie. »Das ist richtig.«

»Wieviel Wein hatten Sie getrunken, als meine Mandanten angeblich das Shamrock Pub betraten?«

»Zwei Glas«, sagte sie mit einer Spur von Ärger unter ihrem selbstbewußten Ton.

»Trinken Sie jeden Tag so viel, Mrs. Salinas?«

»Nein«, sagte sie. »Das tue ich nicht.«

»Sie würden also auch sagen, daß vier Gläser Wein und ein Martini in sechs Stunden viel für Sie ist?« fragte O'Connor.

»Ja«, sagte Mrs. Salinas.

»Sind Sie verheiratet, Mrs. Salinas?« fragte O'Connor.

»Ja«, sagte sie.

»Glücklich?«

»So glücklich, wie man es nach fünfzehn Ehejahren erwarten kann.«

»Ich bin zweimal geschieden, Mrs. Salinas«, sagte O'Connor und lächelte den Geschworenen zu. »Für mich klingen fünfzehn Jahre wie lebenslänglich. Wie glücklich ist das?«

»Ich liebe meinen Mann noch immer«, antwortete Mrs. Salinas.

»Einspruch«, sagte Michael. »Diese Art der Befragung ist unzulässig.«

»Ich werde sie zulassen«, sagte Richter Weisman mit Blick auf O'Connor. »Aber kommen Sie zum Punkt.«

»Ja, Euer Ehren«, sagte O'Connor. »Vielen Dank.«

Der Verteidiger ging, eine Hand in der Tasche seiner zerknitterten Hose, das dünne Haar glatt nach hinten gekämmt, an der Geschworenenbank entlang.

»Wie würden Sie Ihre Beziehung zu Mr. Carson beschreiben?« fragte O'Connor.

»Das habe ich schon gesagt.«

»Sagen Sie es mir noch einmal«, sagte O'Connor. »Bitte.«

»Wir sind Freunde«, sagte sie. »Sehr alte und sehr gute Freunde.«

»Ist Mr. Carson auch ein Freund Ihres Mannes?« fragte O'Connor.

Mrs. Salinas hielt inne, bevor sie antwortete.

»Nein«, sagte sie. »Das ist er nicht.«

»Mrs. Salinas, worüber haben Sie beim Essen geredet?«

»Das übliche«, sagte sie. »Was es Neues gibt und so.«

»Was beispielsweise?«

»Seine Familie«, sagte sie. »Meine. Dinge dieser Art.«

»Und hatten Sie und Mr. Carson nach dem Essen noch weitere Pläne?« fragte O'Connor.

»Wie meinen Sie das?« fragte Mrs. Salinas.

»Ich meine, sollte der Abend schon mit dem Essen enden?« fragte O'Connor.

»Nein«, sagte sie mit gesenktem Blick. »Das sollte er nicht.«

»Klingt romantisch«, sagte O'Connor.

»Einspruch«, sagte Michael. »Der zweimal geschiedene Verteidiger scheint über eine außergewöhnlich lebhafte Phantasie zu verfügen.«

»Stattgegeben«, sagte Richter Weisman. »Kommen Sie zur Sache, Mr. O'Connor.«

»Hatten Sie jemals zuvor Schüsse gehört, Mrs. Salinas?« fragte O'Connor, einen neuen Ansatz wählend, und trat näher an den Zeugenstand.

»Nein, das hatte ich nicht«, sagte sie.

»Wie würden Sie das Geräusch beschreiben?«

»Laut«, sagte sie. »Wie Knallfrösche.«

»Hat das Geräusch Sie erschreckt?«

»Ja, sehr«, sagte sie.

»Haben Sie die Augen zugemacht?«

»Am Anfang«, sagte sie. »Bis die Schüsse aufhörten.«

»Haben Sie geglaubt, daß die Männer, die geschossen haben, alle Gäste im Lokal töten wollten?«

»Ich wußte nicht, was ich denken sollte«, sagte sie. »Ich wußte nur, daß ein Mann erschossen worden war.«

»Haben Sie geglaubt, daß *Sie* auch erschossen werden könnten?« fragte O'Connor. »Erschossen von zwei kaltblütigen Killern?«

»Ja«, sagte Mrs. Salinas und nickte entschieden mit dem Kopf. »Ja, das habe ich.«

»Trotz dieser Angst«, sagte O'Connor, »trotz der Gefahr für Ihr Leben haben Sie aufgeblickt und die Gesichter der Männer gesehen, die das Lokal verlassen haben. Ist das richtig?«

»Ja«, sagte sie. »Das ist richtig.«

»*Wirklich?*« fragte O'Connor mit lauter werdender Stimme. »Haben Sie wirklich Ihre Gesichter gesehen?«

»Ja.«

»Haben Sie sie wirklich *angesehen*, Mrs. Salinas?« fragte O'Connor, der jetzt nur noch Zentimeter von ihr entfernt stand.

»Ich habe nur einen Blick auf sie geworfen, als sie vorbeikamen«, sagte sie. »Aber ich *habe* sie gesehen.«

»Sie haben einen *Blick geworfen*?« fragte O'Connor, einen Ton schriller. »Sie haben nicht *hingesehen*?«

»Ich habe sie *gesehen*«, sagte Mrs. Salinas.

»Sie haben einen *Blick* auf sie geworfen, Mrs. Salinas. Sie haben mit den Augen einer verängstigten Frau, die vielleicht auch noch zuviel getrunken hatte, einen *Blick geworfen*.«

»Einspruch, Euer Ehren«, sagte Michael, noch immer sitzend, und spreizte seine Hände.

»Nicht nötig, Euer Ehren«, sagte O'Connor, der seinen ersten Auftritt im Rampenlicht unverhohlen genoß. »Ich habe keine weiteren Fragen.«

»Danke, Mrs. Salinas«, sagte Richter Weisman zu der sichtlich mitgenommenen Frau. »Sie dürfen den Zeugenstand jetzt verlassen.«

»Sieht so aus, als hätte Columbo seine Hausaufgaben gemacht«, sagte Carol.

»Jedenfalls für heute«, sagte ich mit Blick auf John und Tommy, die O'Connor anerkennend zuzwinkerten.

»Hast du Zeit zum Mittagessen?« fragte Carol.

»Ich nehme mir die Zeit«, sagte ich.

»Wohin willst du gehen?«

»Wie wär's mit dem Shamrock Pub«, sagte ich. »Ich habe gehört, es hätte ein besonderes Ambiente.«

11

Der Detective auf dem Fahrersitz hatte die Hände bei laufendem Motor aufs Steuer gelegt, neben sich eine zugeschraubte Thermoskanne Kaffee. Ich saß hinter dem Beifahrersitz auf der Rückbank, einen schweren Umschlag auf dem Schoß. Links neben mir saß ein weiterer Detective, der aus dem Fenster blickte und beobachtete, wie der Wind Müllfetzen die Little West 12th Street hinunterwehte. Die Lüftung war eingeschaltet, und alle vier Fenster der neuen Limousine waren einen Spalt geöffnet, so daß die kühle Januarluft in den Wagen drang.

Es war Viertel nach sechs an einem Sonntagmorgen, und die Straßen der Stadt waren vollkommen leer.

»Und, werden Sie es mir zeigen?« fragte der Detective links neben mir und zeigte auf den Umschlag. »Oder wollen Sie die Spannung noch ein bißchen aufbauen?«

Sein Name war Nick Davenport. Er war 28 Jahre alt und Sergeant bei der Abteilung für Innere Angelegenheiten, kurz I. A. D., der Polizei von New York, das Dezernat, das für die Verfolgung von korrupten Polizisten zuständig war.

»Sie müssen erst einigen Punkten zustimmen«, sagte ich. »Dann kommen wir ins Geschäft.«

»Frankie, was soll der Scheiß?«

»Hör den Jungen zu Ende an, Nick«, sagte der Detective auf dem Fahrersitz. »Es lohnt sich für dich, glaub mir.«

Der Detective auf dem Fahrersitz, Frank Magcicco, arbeitete bei einem Morddezernat, das in einem Revier in Brooklyn untergebracht war. Er war in Hell's Kitchen aufgewachsen und hielt noch immer freundlichen Kontakt mit vielen Menschen, die dort lebten. Er war ein erstklassiger Detective mit einem guten Namen und einem soliden Ruf. Er war 33 Jahre alt, besaß ein Zweifamilienhaus in Queens, hatte zwei Kinder im Vorschulalter und war mit einer Frau verheiratet, die halbtags als Anwaltsgehilfin arbeitete.

Außerdem war er King Bennys Neffe.

»Okay«, sagte Nick Davenport. »Was soll es kosten?«

Er hatte ein jungenhaftes Gesicht mit blauen Augen, das sich hinter einem Dreitagebart und der Stimme eines älteren Mannes verbarg. Er war seit sieben Jahren bei der Polizei, zwei davon als Streifenpolizist in Harlem, zwei als ziviler Ermittler in Brooklyn, bevor er zur I. A. D. gekommen war. Die Tatsache, daß die meisten Polizisten jeden haßten, der mit der Abteilung für Innere Angelegenheiten zu tun hatte, ließ ihn kalt, denn er war ehrgeizig genug, bis zu seinem vierzigsten Geburtstag Captain werden zu wollen. Und er wußte, daß er am schnellsten nach oben kam, wenn er in möglichst kurzer Zeit möglichst vielen korrupten Cops das Handwerk legte.

»Ich will nicht, daß ihm irgendein Handel angeboten wird«, sagte ich.

»Wie das?« fragte Davenport und verlagerte sein Gewicht.

»Sie bieten ihm *gar nichts* an«, sagte ich. »Sie benutzen ihn nicht als Informanten gegen andere Cops. Sie setzen ihn fest und bringen ihn zur Strecke.«

»Das hängt nicht allein von mir ab«, sagte Nick. »Wenn der Fall erst einmal ins Rollen kommt, sind viele andere Leute beteiligt. Ich kann sie nicht alle ausschließen.«

»Ich habe gehört, Sie können das«, sagte ich und fuhr an Frank gewandt fort: »Aber vielleicht hab ich ja was Falsches gehört. Vielleicht sollte ich damit zu jemand anderem gehen.«

»Wo hast du bloß dieses Arschloch aufgetrieben?« fragte Nick Frank und zog glucksend eine Zigarette aus seiner Hemdtasche.

»An deiner Stelle würde ich tun, was der Kleine sagt«, sagte Frank, starrte aus dem Fenster und nippte an seinem Kaffee. »Wenn du das durchziehst, frühstückst du in einem Monat mit dem Polizeipräsidenten.«

»Okay, Eliot Ness«, sagte Nick zu mir. »Einverstanden. Man wird ihm keinen Handel anbieten. Egal, wieviel er redet, egal, wen er beschuldigt. Sonst noch was?«

»Noch zwei Dinge«, sagte ich.

»Lassen Sie hören«, sagte Nick.

»Er muß zu einer Haftstrafe verurteilt werden«, sagte ich. »Und ich will nicht, daß man ihn in einen dieser Country Clubs für Cops schickt. Er muß seine Zeit in einem richtigen Knast absitzen.«

»Sie scheinen ja echt scharf auf den Typ zu sein«, sagte Nick. »Was für ein Hühnchen haben Sie denn mit ihm zu rupfen?«

»Nur noch eins«, sagte ich. »Wollen Sie es hören oder nicht?«

»Ich kann es kaum erwarten«, sagte Nick.

»Es ist ganz einfach«, sagte ich. »Niemand erfährt, woher Sie die Informationen haben. Wie Sie sie bekommen haben. Wie Sie sie gefunden haben. Und ich meine *niemand*.«

»Wie *haben* Sie sie denn bekommen?«

»Sie sind mir in den Schoß gefallen«, sagte ich. »Genau wie Ihnen.«

»Ist es das?« fragte Davenport und warf seine Zigarette aus dem Fenster. »Ist das alles, was Sie verlangen?«

»Das ist alles«, sagte ich.

Davenport starrte mich einen Moment lang an und blickte dann wieder nach draußen. Mit einer Hand rieb er sich über seine Bartstoppeln, während sein rechter Fuß nervös auf und ab wippte.

»Meinst du, es ist okay, Frank?« fragte er den Detective auf dem Fahrersitz.

»Ich bin schließlich hier, oder nicht?« sagte Frank und beobachtete ihn im Rückspiegel.

»Okay, Mr. Ness«, sagte Davenport und streckte seine Hand aus. »Wir sind im Geschäft.«

Ich gab ihm den dicken Umschlag. Er enthielt die Akte über den ehemaligen Wilkinson-Wärter Adam Styler, die Michael mir gegeben hatte, sowie zusätzliche Informationen, die King Benny und Fat Mancho in den vergangenen drei Monaten ausgegraben hatten.

»Heiliger Himmel«, sagte Davenport, während er das Material überflog. »Bis auf ein Geständnis haben Sie hier praktisch alles.«

»Ich dachte, das überlaß ich Ihnen«, sagte ich. »Am liebsten wär es mir, wenn Sie es aus ihm herausprügeln.«

»Daten, Uhrzeiten, Telefonnummern«, sagte Davenport mit großen Augen und einem breiten Lächeln. »Guck dir das an, Frankie, sogar Überwachungsfotos sind dabei. Dieses Miststück kassiert fünf Riesen im Monat. Zockt die Dealer ab. Und das schon seit ungefähr drei Jahren.«

»Eher vier«, sagte ich.

»Das fünfte wird er jedenfalls nicht mehr erleben«, sagte Davenport. »Das sag ich Ihnen gleich.«

»Haben Sie genug für eine Verurteilung?« fragte ich.

»Das hängt nicht von mir ab, Kleiner«, sagte Davenport. »Das muß eine Jury entscheiden.«

»Dann zeigen Sie der Jury das hier«, sagte ich.

Ich zog einen Plastikbeutel aus der Jackentasche. Er enthielt einen kurzläufigen .44 Revolver und drei leere Patronenhülsen.

»Was haben Sie denn da, Ness?« fragte Davenport und nahm den Beutel.

»Vor drei Wochen wurde in einem Hinterhof in Jackson Heights die Leiche eines Dealers namens Indian Red Loper gefunden«, sagte ich. »Er hatte drei Kugeln im Kopf und nichts in der Tasche.«

»Soweit kann ich Ihnen folgen«, sagte Davenport.

»Das ist die Waffe, mit der er getötet wurde«, sagte ich. »Und die Patronenhülsen.«

»Und was ist hinter der dritten Tür?« fragte Davenport.

»Die Fingerabdrücke auf der Waffe stammen von Adam Styler«, sagte ich.

»Würden Sie mir einen Gefallen tun, Ness?« sagte Davenport und steckte die Pistole ein.

»Was?«

»Wenn Sie je sauer auf mich sein sollten, rufen Sie mich an«, sagte er. »Und geben Sie mir eine Chance, mich zu entschuldigen.«

»In den Unterlagen finden Sie Namen und Telefonnummer einer Frau«, sagte ich. »Statten Sie ihr einen Besuch ab. Ihr Englisch ist nicht besonders gut. Aber es reicht, um Ihnen zu erzählen, daß sie gesehen hat, wie Adam Styler die Waffe an Lopez' Kopf gehalten und abgedrückt hat.«

Davenport zündete sich eine Zigarette an und zerknickte das abgebrannte Streichholz in seiner Hand. Er legte die Unterlagen aus Stylers Akte zusammen und schob sie wieder in den Umschlag.

»Von hier an mache ich weiter, Ness«, sagte er und streckte die Hand aus. »Sie haben Ihren Part erledigt.«

»Wenn Sie noch irgendwas brauchen, weiß Frank, wie er mich erreichen kann«, sagte ich und schüttelte seine Hand.

»Sollen wir dich irgendwo absetzen?« fragte Frank und drehte sich zu mir um.

»Nein, das ist schon okay«, sagte ich. »Ich steige hier aus.«

»Bestell einen schönen Gruß von mir«, sagte Frank.

»Mach ich«, sagte ich und öffnete die Wagentür. »Und danke, Frank. Vielen Dank für deine Hilfe.«

»Paß auf dich auf, Kleiner«, sagte Frank und zwinkerte mir zu, als ich aus dem Wagen stieg. »Auf deinem Kurs kann das Wasser ganz schön rauh werden.«

»Ich werd tun, was ich kann«, sagte ich und schloß die Tür hinter mir.

»Hey, Ness«, sagte Davenport, der auf meinen Platz gerutscht war und das Fenster heruntergekurbelt hatte.

»Was?« sagte ich und blieb am Straßenrand stehen.

»Haben Sie je daran gedacht, Cop zu werden?« fragte er lächelnd.

»Die Seite der Guten verlassen?« sagte ich lachend. »Nie im Leben.«

12

Bis zum Ende der ersten Prozeßwoche hatte Michael alles getan, was man von einem stellvertretenden Bezirksstaatsanwalt erwarten konnte, der im Mordfallprozeß »Das Volk gegen Reilly und Marcano« einen Schuldspruch anstrebte. Er hatte eine detaillierte Zeichnung des Shamrock Pubs präsentiert, damit sich die Geschworenen zusätzlich zu den Beschreibungen ein Bild von dem Lokal machen konnten. Er hatte ein maßstabgetreues Modell mit kleinen Wachsfiguren anfertigen lassen, die die Angestellten und Gäste darstellten. Damit demonstrierte er der Jury, wie zwei Wachsfiguren das Pub betreten, an der Bar Platz nehmen, etwas trinken, zur hinteren Nische gehen, eine andere Wachsfigur erschießen und das Lokal problemlos wieder verlassen können.

Nur daß die beiden Wachsfiguren gesichtslos blieben.

Er ließ Fotos vom Tatort, auf denen Nokes' durchlöcherte Leiche zwischen Tellern mit angekrustetem Essen und einer Tasse kaltem Kaffee lag, vergrößern und im Gerichtssaal zeigen. Er ließ kriminaltechnische Experten über Art und Kaliber der Tatwaffe dozieren und ermutigte den Gerichtsmediziner, Sean Nokes' blutigen Tod ausführlich darzustellen.

Nur daß er keine Waffe, keine Mordwaffe hatte, die er den Geschworenen zeigen konnte.

Die Polizisten, die als erste im Shamrock Pub eingetroffen waren, gaben zu Protokoll, was sie am Abend der Schießerei am Tatort vorgefunden und was die anwesenden Zeugen ausgesagt hatten. Anschließend rief Michael die Detectives auf, die den Fall bearbeiteten, zwei altgediente, die diese Aussagen in Zusammenhang mit weiteren Informationen brachten, die sie über John Reilly und Thomas Marcano zusammengetragen hatten.

Nur daß er den Geschworenen nie ein Motiv für den Mord nannte.

Michael hielt sich an seinen Plan, einen Plan, der es erforderte, die Handlung einfach und überschaubar zu halten.

Er hatte bei den Geschworenen Zweifel hinterlassen. Er hatte ihnen Dutzende von Tatsachen präsentiert, aber keine Waffe, kein Motiv und, noch wichtiger, keine Fingerabdrücke, die beweisen könnten, daß John und Tommy am fraglichen Abend am Tatort gewesen waren. Die Tatsache, daß sie Handschuhe getragen hatten, hatte bestimmt geholfen. Den Rest hatte Jerry, der Barkeeper, diskret erledigt. Michael hatte zwei Augenzeugen in den Zeugenstand gerufen, doch beide waren unsichere Kantonisten, und einer, David Carson, hatte mit dem Rücken zum Geschehen gesessen und außer Lederjacken und verschwommenen Gesichtern, die das Shamrock Pub betreten und wieder verlassen hatten, nichts gesehen.

Danny O'Connor absolvierte seinen Part mit Bravour, stellte die Fragen, die er stellen sollte, hin und wieder ergänzt durch eigene Nachfragen. Sein schlampiger Aufzug und seine leicht linkische Art kamen bei der Jury aus der Arbeiterklasse, die Michael so sorgfältig ausgewählt hatte, gut an. Er vermittelte den Eindruck eines erfahrenen Profis, eines vom Leben zerknitterten Mannes, der seinen Teil an Siegen und Niederlagen erlebt hatte. Er sprach zu ihnen, ohne zu dozieren, ließ sich jedoch immer Zeit für einen Hauch von irischem Drama, wenn der Augenblick es erforderte.

Michael hatte recht gehabt. Danny O'Connor war perfekt.

Am Freitag um 14.40 Uhr, eine halbe Stunde vor Ende der Sitzung, bereitete Michael Sullivan sich darauf vor, im Fall Nummer 778462 den letzten Zeugen der Anklage aufzurufen. Richter Weisman bat ihn, den Zeugen bis zum Montagmorgen zurückzustellen, genau wie Michael es erwartet hate. Er stimmte zu, wünschte dem Richter und den Geschworenen ein schönes Wochenende und nahm hinter seinem Tisch Platz. Der erste Teil seiner Aufgabe war fast erledigt.

Er sah etwa fünf Jahre älter aus als an jenem regnerischen Abend vor vier Monaten, als wir uns getroffen hatten. Die Anspannung, der fehlende Schlaf, unter dem wir alle litten, die Unsicherheit über den Ausgang, all das wog schwer. Wenn der Plan funktionieren würde, würde es unser aller Erfolg sein. Wenn er scheiterte, würde das allein auf Michael zurückfallen.

Wir wußten noch immer nicht, ob wir auf Pater Bobby als Zeugen zählen konnten, und würden es auch nicht wissen, bis er den Gerichtssaal betrat. Wir hatten entschieden, daß es das Beste war, wenn er sich direkt mit O'Connor in Verbindung setzte, damit er nicht mit mir oder Carol zusammen gesehen wurde. Wenn Pater Bobby den Zeugenstand betrat, sollte das zum spätestmöglichen Zeitpunkt geschehen, damit seine Aussage den Geschworenen auf dem Weg ins Beratungszimmer noch eindrücklich in Erinnerung war.

Pater Bobby Carillo, der Priester mit dem besten Sprungwurf auf der ganzen West Side, blieb die Schlüsselfigur in einem Plan, bei dem alle Beteiligten mit einem Mord davon kommen sollten.

13

King Benny stand, die Hände hinter dem Rücken verschränkt, vor seinem Club und starrte vor sich hin. Drei seiner Männer standen in der Nähe und stampften gegen die Kälte mit den Füßen auf. Die Tür zum Club war offen, von drinnen hörte man Doris Days leise ›Que Sera, Sera‹, trällern.

Das war King Bennys Lieblingslied.

»Haben Sie noch immer ein Faible für Doris Day?« fragte ich und stellte mich neben ihn.

»Sie ist eine gute Frau«, sagte King Benny.

»Mögen Sie ihre Filme?« fragte ich.

»Ich geh nie ins Kino«, sagte King Benny. »Komm, laß uns einen Spaziergang machen.«

Wir überquerten die 11th Avenue und gingen die 52nd Street hinunter. Ich hatte den Kragen hochgeschlagen und hielt den Kopf gesenkt, es wehte eine steife Brise, die Luft war schneidend wie Eis. King Benny trug wie üblich ein schwarzes Hemd, eine schwarze Hose und ein Jackett. Sein Haar war mit Pomade nach hinten gekämmt, und er zog ein Bein nach, doch sein Gang war trotzdem schwungvoll, und er schien die Kälte nicht zu bemerken.

»Dieser Addison«, sagte King Benny. »Der für den Bürgermeister arbeitet.«

»Den kenn ich«, sagte ich.

King Benny hatte sich Henry Addison mit fast fanatischem Eifer vorgenommen. Es ging über das rein Geschäftliche hinaus. King Benny hatte Henry Addison zu seiner persönlichen Angelegenheit gemacht. Er wußte, daß er zu einer Gruppe junger, betuchter Männer gehörte, die eine Menge Geld für Partys mit kleinen Jungen ausgaben. King Benny brauchte nicht lange, um herauszufinden, wer die Jungen zur Verfügung stellte und wieviel ihre Körper kosteten. Der Zuhälter von der East Side, der unter dem Namen Radio bekannt war, gab alles preis – Namen, Daten, Videobänder und Fotos. Genug Material, um Henry Addison um seinen bequemen Job bei der Stadt zu bringen, den ihm ein Freund aus dem Büro des Bürgermeisters besorgt hatte.

King Benny brauchte sogar noch weniger Zeit, um herauszufinden, daß Henry Addison nicht viel Geld besaß, so daß er Schulden bei Leuten gemacht hatte, die für ihr Geld saftige Zinsen verlangten.

»In zwei Wochen wird er seinen Job kündigen«, sagte King Benny.

»Warum?«

»Er will nicht, daß irgend jemand erfährt, was für ein Mensch er ist«, sagte King Benny. »Er will nicht, daß jemand Bilder von ihm sieht, die niemand sehen sollte.«

»Weiß er es schon?«

»Er wird es früh genug erfahren«, sagte King Benny.

»Ist das alles?« fragte ich.

»Die Jungen, die er für diese Partys kauft, sind teuer«, sagte King Benny, zog ein Taschentuch aus seiner Gesäßtasche und putzte sich die Nase. »Addison bekommt zwar ein ganz gutes Gehalt. Aber nicht das richtig große Geld.«

»Wieviel schuldet er?«

»Acht Riesen«, sagte King Benny. »Mit fetten Zinsen.«

»Wem?«

»Drei kleinen Fischen aus Downtown Manhattan«, sagte King Benny. »Sie haben ihn das Geld in wöchentlichen Raten abzahlen lassen. Bis heute morgen.«

»Was ist heute morgen passiert?«

»Sie wurden ausbezahlt«, sagte King Benny. »Komplett.«

»Wer hat sie ausbezahlt?«

»Henry Addisons Schuldscheine gehören jetzt mir«, sagte King Benny.

»Aber Sie hassen Schulden«, sagte ich.

»Ich hasse Henry Addison.«

An der Ecke 52nd Street und 12th Avenue blieben wir stehen. Ich sah King Benny an und entdeckte in seinen dunklen Augen jene gefährliche Leere, die er normalerweise so sorgfältig verbarg. Eine Leere, die seine Feinde aus gutem Grund fürchteten.

Seine schwarze Limousine stand mit laufendem Motor auf der anderen Straßenseite, einer seiner Männer saß am Steuer, die Fenster waren geschlossen.

»Machen wir eine Spazierfahrt?« fragte ich.

»Ich mache eine Spazierfahrt«, sagte er. »Du gehst nach Hause. Und schläfst, falls irgend jemand je fragen sollte.«

»Wo fahren Sie hin?«

»Mein Geld abholen«, sagte King Benny.

»Nehmen Sie mich mit«, sagte ich. »Ich möchte dabei sein.«

»Geh nach Hause«, sagte King Benny. »Wir sind jetzt auf der schmutzigen Seite des Spielfeldes, da wo ich spiele. Und ich spiele lieber allein.«

King Benny sah, daß sein Fahrer die hintere Tür der Limousine geöffnet hatte, und nickte ihm zu.

»Du bist ein guter Junge«, sagte er zu mir. »Das warst du schon immer. Laß jetzt nicht zu, daß diese Geschichte dich umkrempelt.«

Das Wohnzimmer war dunkel, erhellt nur von einer Stehlampe und dem Licht, das durch zwei karge Fenster fiel. Sämtliche Möbel waren neu, zwei Ledersofas auf einer Seite, eine weiße Ausziehcouch an der gegenüberliegenden Wand. In der Mitte des Raumes standen vier schwarze Lederstühle um einen langen massiven Holztisch. An einer Wand hing ein gerahmtes Poster von Dr. J, an der Tür zu der kleinen Küche lehnte ein Earl »the Pearl« Monroe aus Pappe. Der Raum roch nach frischer Farbe und Weihrauch.

Ein großer spindeldürrer Mann saß auf einem der Lederstühle, beide Füße auf dem Boden, die Hände auf der Tischplatte gefaltet. Er trug einen schwarzen Rollkragenpullover und eine schwarze Lederhose. An seinem linken Handgelenk prangte eine Rolex, am kleinen Finger der rechten Hand ein Diamantring. Er trug schwarze Gucci-Schuhe ohne Socken.

Seine Mutter hatte ihn nach ihrem Lieblingsschauspieler Edward Goldenberg Robinson genannt. Um die Hollywood-Idee weiterzuspinnen, hatte Eddie Robinson den Spitznamen Little Caesar angenommen und eine beachtliche Karriere im lukrativen

Drogengeschäft gemacht. Er galt als die Nummer eins in Brooklyn, nur die Reste der berüchtigten Nick-Barnes-Bande machten ihm noch die Kontrolle über die gesamte Stadt streitig. Er verdiente fast 50000 Dollar am Tag mit Kokain, nahm mit Heroin noch einmal etwa 25000 ein und kassierte zehn Prozent bei jedem Marihuanadeal, der auf den Straßen seines Reviers getätigt wurde.

Eddie Robinson war 36 Jahre alt und hatte schon sechs Kinder mit drei verschiedenen Frauen. Sein ältester Sohn war zwölf Jahre alt und besuchte eine Privatschule im Norden des Staates New York, wo er bei seiner Mutter lebte. Little Caesar hatte seinen Sohn Rizzo genannt, nach seinem jüngsten Bruder, der im Wilkinson-Heim für Jungen gestorben war.

»Sind Sie allein?« fragte Eddie Robinson King Benny, der ihm am anderen Ende des langen Tisches gegenübersaß.

»Ich hab unten noch einen Mann«, sagte King Benny. »Im Wagen. Das hätte Ihr Mann Ihnen sagen sollen, bevor Sie mich reingelassen haben.«

Eddie Robinson lächelte und wandte sich dem muskelbepackten Mann im Jogginganzug zu, der in einer Ecke am Fenster stand.

»Bip kann nicht sprechen«, sagte Eddie Robinson.

»Kluger Schachzug«, sagte King Benny.

»Ich suche keine Partner«, sagte Eddie, dessen Gesicht durch den dicken Schnurrbart noch schmaler schien. »Wenn das der Grund für dieses Treffen ist.«

»Ich will keinen Partner«, sagte King Benny.

»Was dann?« fragte Eddie Robinson.

»Ich möchte, daß Sie mir Geld geben«, sagte King Benny.

»Wieviel Geld?«

»Achttausend Dollar«, sagte King Benny.

Eddie Robinson lächelte. »Angenommen, ich spiel Ihr Spiel mit«, sagte er. »Angenommen, ich gebe Ihnen die acht Riesen. Wann wollen Sie das Geld zurückzahlen?«

»Ich zahle es nicht zurück«, sagte King Benny, griff in seine Jackentasche und zog ein gefaltetes Stück Papier hervor. »Ein anderer zahlt.«

»Ist dieser andere jemand, den ich kenne?« fragte Eddie

Robinson, nahm den Zettel entgegen und steckte ihn in die Tasche.

»Ihr kleiner Bruder kannte ihn«, sagte King Benny.

»Rizzo?« fragte Eddie Robinson, und seine Stimme klang auf einmal leer. »Woher kannte er Rizzo?«

»Der Mann war Aufseher in einem Erziehungsheim«, sagte King Benny. »Er war zur selben Zeit dort wie Rizzo. Vor und nach seinem Tod.«

»Bip«, sagte Eddie Robinson, ohne den Blick von King Benny zu wenden. »Mach einen Umschlag mit achttausend Dollar fertig.«

King Benny und Eddie Robinson starrten sich schweigend an, bis Bip mit einem weißen Umschlag aus der Küche zurückkam. Bip gab Eddie Robinson den Umschlag.

»Sie sind schon lange im Geschäft, alter Mann«, sagte er, als er King Benny den Umschlag gab.

»Das sind alte Männer immer«, sagte King Benny.

»Sie haben mit den Spaghettis gearbeitet, als die noch knallharte Profis waren.«

»Ich hab getan, was ich konnte«, sagte King Benny.

»Vielleicht kommen wir beide doch noch irgendwann ins Geschäft«, sagte Eddie Robinson. »Machen einen netten Deal.«

»Das haben wir gerade«, sagte King Benny, steckte den Umschlag in sein Jackett und wandte sich zum Gehen.

»Ich werde unseren Freund demnächst aufsuchen«, sagte Eddie Robinson zu King Benny, der schon auf dem Weg zur Tür war. »Und das Geld einkassieren, das er mir schuldet.«

»Er schuldet Ihnen mehr als Geld«, sagte King Benny, der, das Gesicht im Schatten, auf der Schwelle stehengeblieben war. »Etwas, das viel mehr wert ist.«

Eddie Robinson stand auf und spreizte die Hände vor seinem Körper. »Es gibt nichts, was mehr wert ist als die grünen Scheinchen.«

»Das schon«, sagte King Benny.

»Was, alter Mann?« sagte Eddie Robinson. »Was schuldet mir dieser Typ, was mir mehr bedeutet als Dollars?«

»Er schuldet Ihnen Rizzo«, sagte King Benny. »Er ist der Mann, der Ihren Bruder getötet hat.«

King Benny trat aus dem Schatten, öffnete die Wohnungstür und war verschwunden.

14

»Sie haben noch einen Zeugen für uns, Herr Staatsanwalt?« fragte Richter Weisman Michael.

»Ja, Euer Ehren«, erwiderte Michael.

»Dann sollten wir anfangen«, sagte Richter Weisman.

»Euer Ehren«, sagte Michael. »Die Anklage möchte Ralph Ferguson in den Zeugenstand rufen.«

Ich atmete tief ein und wandte mich nach rechts, wo Ferguson den Gerichtssaal durch den Mittelgang betrat. Zwölf Jahre waren vergangen, doch ich erkannte das Geräusch seiner Schritte und die feminine Art, seine Schultern zu bewegen, noch immer. Er hatte ein wenig zugenommen, ein paar Haare verloren und machte in seinem weiten blauen Blazer einen unbehaglichen Eindruck.

Als ich Ralph Ferguson zum letzten Mal gesehen hatte, hatte ich, von Sean Nokes festgehalten, gefesselt und geknebelt in meiner Zelle gesessen und zugesehen, wie er einen meiner Freunde geschlagen und vergewaltigt hatte. Es war eine Nacht des Grauens, die Ferguson wahrscheinlich schon kurz darauf vergessen hatte. Für mich hatte diese Nacht nie geendet.

Michael hielt den Kopf gesenkt, als Ferguson vorbeikam, zum Zeugenstand ging und vom Gerichtsdiener vereidigt wurde. Michael und Ferguson hatten sich nicht getroffen. Er hatte Fergusons erste Vernehmung von einem Staatsanwalt aus seiner Abteilung durchführen lassen, weil er sich nicht in die Karten gucken lassen wollte, bevor er und O'Connor den ehemaligen Aufseher vor Gericht befragten.

Ralph Ferguson und Sean Nokes waren auch nach ihrer Zeit in Wilkinson Freunde geblieben. Sie verbrachten gemeinsame Jagdurlaube in den Wäldern im Norden des Staates und Angelwochenenden in einer kleinen Hütte an einem See. Sie tranken Bier und Whiskey, redeten von alten Zeiten und schmiedeten Zukunftspläne. Sie träumten davon, eines Tages zusammen in New Hampshire ein Geschäft für Angelzubehör zu eröffnen.

Der unglücklich verheiratete Sean Nokes war häufig zu Gast in dem kleinen Reihenhaus gewesen, das der glücklich verheiratete Ferguson mit seiner Frau Sally in dem Städtchen Freeport auf Long Island besaß, und hatte in dem kleinen Gästezimmer übernachtet. Ferguson war Trauzeuge bei Nokes' erster Hochzeit gewesen, eine Ehe, die nicht einmal ein Jahr gehalten hatte. Nokes war Pate von Fergusons einzigem Kind, seiner vierjährigen Tochter Shelley Marie.

Oberflächlich betrachtet war Ralph Ferguson ein vorbildlicher Bürger. Er trainierte eine Kindermannschaft im Fußball, war ein beflissener Angestellter, der nie einen Tag fehlte und mithalf, Firmenfeiern zu organisieren. Er sammelte sogar sonntags in seiner Kirche die Kollekte ein.

Ein perfekter Leumundszeuge.

Ferguson rutschte unruhig auf seinem Platz hin und her. Zu nervös, um seine Aufmerksamkeit auf Michael zu konzentrieren, ließ er seinen Blick über die Gesichter der Zuschauer und Geschworenen wandern.

John und Tommy starrten ihn verächtlich an.

»So abgebrüht sieht er da vorn gar nicht aus, oder?« flüsterte ich Carol zu.

»Das tut keiner«, sagte sie.

»Er sieht aus wie ein x-beliebiger Durchschnittsbürger«, sagte ich. »Kein Mensch würde ahnen, was er getan hat.«

»Sei ganz ruhig, Liebling«, sagte Carol und strich mir sanft über den Arm. »Heute werden wir es erfahren. Heute werden es alle erfahren. Der heilige St. Ferguson landet gleich auf dem Arsch.«

»Guten Morgen, Mr. Ferguson«, sagte Michael, knöpfte seine Jacke zu und baute sich neben dem Zeugenstand auf. »Ich möchte Ihnen für Ihr Kommen danken. Ich weiß, daß es eine lange Fahrt für Sie war.«

»Ich bedaure, daß ich hier sein muß«, sagte Ferguson. »Ich bedaure, daß es aus einem solchen Anlaß dazu gekommen ist.«

»Das verstehe ich sehr gut«, sagte Michael voller Mitgefühl. »Sie und das Opfer, Sean Nokes, waren gute Freunde. Ist das richtig?«

»Ja, wir waren *sehr* gute Freunde«, erwiderte Ferguson.

»Wie lange kannten Sie sich?«

»Ungefähr vierzehn Jahre«, sagte Ferguson.

»Wie oft haben Sie sich getroffen?«

»So oft wie möglich«, sagte Ferguson. »Ich würde sagen, ungefähr zehn-, vielleicht zwölfmal im Jahr. An Wochenenden, Feiertagen, im Urlaub und so.«

»Würden Sie sagen, daß Sie sein bester Freund waren?«

»Auf jeden Fall sein engster«, sagte Ferguson. »Wir konnten miteinander reden, verstehen Sie? Über Dinge, die man nur mit guten Freunden bereden kann.«

»Was für Dinge?« fragte Michael und ging mit gesenktem Kopf am Tisch der Verteidigung vorbei.

»Ganz normale Dinge«, erwiderte Ferguson schulterzuckend. »Frauen, während der Footballsaison auch Sport, unsere jeweiligen Jobs. Nichts Tiefschürfendes. Geplauder. Einfach nur Gespräche unter Freunden.«

»Was für ein Mensch war Sean Nokes?« fragte Michael.

»Er war ein guter Mensch«, sagte Ferguson. »Zu gut, um von ein paar Straßengangstern erschossen zu weden.«

»Einspruch, Euer Ehren«, sagte O'Connor und erhob sich. »Diese Aussage ist eine persönliche Meinung, keine Tatsache.«

»Ich habe ihn nach seiner persönlichen Meinung *gefragt*«, sagte Michael.

»Abgelehnt«, sagte Richter Weisman. »Bitte fahren Sie fort.

»Wenn Sie sagen, Sean Nokes war ein guter Mensch, wie meinen Sie das?« fragte Michael und trat wieder näher an den Zeugenstand. »Hat er Geld für wohltätige Zwecke gespendet, streunende Haustiere oder Obdachlose bei sich aufgenommen? Erzählen Sie uns, bitte, Mr. Ferguson, inwiefern war Sean Nokes ein guter Mensch?«

»Nichts von alledem«, sagte Ferguson, und ein Lächeln huschte über sein nervöses Gesicht. »Sean hat sich einfach um einen gesorgt. Wenn man sein Freund war, hätte er alles für einen getan. Und das meine ich so. Es gab nichts, was er nicht für einen getan hätte.«

»Hatte er Ihres Wissens irgendwelche Feinde?«

»Sie meinen, außer den beiden, die ihn umgebracht haben?« fragte Ferguson.

»Ja«, sagte Michael lächelnd. »Irgendwelche Feinde außer den beiden, die ihn umgebracht haben.«

»Nein«, antwortete Ralph Ferguson. »Sean Nokes hatte keine Feinde.«

»Vielen Dank, Mr. Ferguson«, sagte Michael und wandte sich vom Zeugenstand ab. »Ich habe keine weiteren Fragen, Euer Ehren.«

»Mr. O'Connor«, sagte Richter Weisman. »Ihr Zeuge.«

»Können Sie uns sagen, wie Sie Sean Nokes kennengelernt haben, Mr. Ferguson?« fragte O'Connor, auf seinem Stuhl sitzend, die Ellenbogen auf den Verteidigertisch gestützt.

»Wir waren Kollegen bei einem Job im Norden des Staates New York«, sagte Ferguson.

»Was für ein Job?«

»Wir waren Aufseher im Wilkinson-Heim für Jungen«, sagte Ferguson.

»Was ist das?« fragte O'Connor. »Ein Gefängnis.«

»Nein«, sagte Ferguson. »Ein Erziehungsheim für Jungen.«

»Für Jungen, die das Gesetz gebrochen haben«, sagte O'Connor. »Ist das zutreffend?«

»Ja, das ist zutreffend«, erwiderte Ferguson.

»Und was war Ihre Aufgabe dort?«

»Das übliche«, sagte Ferguson. »Für Disziplin sorgen, darauf achten, daß die Jungen pünktlich zum Unterricht kamen, einen wachsamen Blick auf möglichen Ärger haben, die Jungen abends zur Nachtruhe einschließen. Nichts Aufregendes.«

»Waren Sie und Mr. Nokes als Wärter befugt, Gewalt anzuwenden, um, wie Sie es nennen, für Disziplin zu sorgen?« fragte O'Connor, schob seinen Stuhl zurück, stand auf und blieb neben seinem Tisch stehen.

»Was meinen Sie mit Gewalt?« fragte Ferguson und warf einen Blick auf Michael.

»Ich meine, durften Sie die Jungen schlagen?«

»Nein, natürlich nicht«, erwiderte Ferguson.

»Sind Jungen von Wärtern geschlagen worden?« fragte O'Connor und kam mit verschränkten Armen um seinen Tisch herum. »Zu irgendeinem Zeitpunkt?«

»Ich bin überzeugt, daß so etwas vorgekommen sein könnte«, sagte Ferguson, der zu schwitzen begonnen hatte. »Wilkinson war eine große Einrichtung. Aber es war bestimmt nicht an der Tagesordnung.«

»Dann will ich die Frage ein wenig präzisieren«, sagte O'Connor. »Haben Sie oder Mr. Nokes je irgendwelche Jungen geschlagen, die sich in Wilkinson in Ihrer Obhut befanden?«

Sowohl Richter Weisman als auch Ferguson starrten Michael an und warteten auf den naheliegenden Einspruch gegen diese Frage.

Michael saß an seinem Tisch und sah Ferguson an, ohne sich zu rühren.

John und Tommy drehten sich um und warfen Michael einen kurzen Blick voller Neugier und Verwirrung zu.

»Möchten Sie, daß ich die Frage wiederhole, Mr. Ferguson?« fragte O'Connor und ging auf den Zeugenstand zu.

»Nein«, sagte Ferguson.

»Dann antworten Sie bitte«, sagte O'Connor. »Und vergessen Sie nicht, daß Sie unter Eid stehen.«

»Ja«, sagte Ferguson. »Wir haben einige Jungen, disziplinarische Problemfälle, auch geschlagen.«

»Und wie wurden diese disziplinarischen Problemfälle geschlagen?« fragte O'Connor.

»Wie meinen Sie das?« fragte Ferguson.

»Mit der Faust, der flachen Hand oder einem Tritt«, sagte O'Connor. »Vielleicht auch mit einem Schlagstock. Was war die beste Methode, einen disziplinarischen Problemfall zur Ordnung zu rufen, Mr. Ferguson?«

»Das hing von der jeweiligen Situation ab«, sagte Ferguson.

»Und wer traf die Entscheidung?«

»Der anwesende Aufseher«, sagte Ferguson.

»Also haben Sie und Sean Nokes entschieden, wie man mit den jeweiligen disziplinarischen Problemfällen umgegangen ist«, sagte O'Connor. »Ist das richtig?«

»Ja«, sagte Ferguson. »Das ist richtig.«

»Da hatten Sie aber viel Macht über die Jungen«, sagte O'Connor. »Oder nicht?«

»Das gehörte eben zum Job«, sagte Ferguson.

»Gehörte Folter auch zum Job?« fragte O'Connor.

»Nein, natürlich nicht«, sagte Ferguson.

»Doch trotzdem wurden Jungen gefoltert, oder nicht?« sagte O'Connor mit leicht geröteten Wangen. »*Oder nicht*, Mr. Ferguson?«

In Erwartung von Fergusons Antwort beugten sich sämtliche Zuschauer vor. Richter Weisman goß sich ein Glas Wasser ein, rollte seinen Stuhl zurück und starrte Michael ärgerlich an.

»Hin und wieder«, sagte Ferguson, der einer Ohnmacht nahe schien.

»Wer hat sie gefoltert?« fragte O'Connor.

»Die Wärter«, sagte Ferguson.

»*Welche* Wärter?« fragte O'Connor.

»Ich kann mich nicht an alle erinnern«, sagte Ferguson.

»Dann erinnern Sie sich an einen«, sagte O'Connor.

Ferguson wischte sich über die Lippen. Er blickte zu Michael, der, die Hände vor dem Körper gefaltet, auf seinem Stuhl saß. Dann sah er John und Tommy an, die seinen Blick leidenschaftslos erwiderten. Schließlich legte er den Kopf zurück und atmete tief ein.

»Sean Nokes«, sagte er.

O'Connor wartete, bis sich das allgemeine Gemurmel gelegt hatte. Er beobachtete, wie Richter Weisman seinen Hammer hob und ihn dann wieder weglegte, von der Aussage offensichtlich ebenso erschüttert wie alle anderen.

Ich blickte zu Carol hinüber und sah, daß Tränen über ihre Wangen strömten. Ich legte meinen Arm um sie und drückte sie fester an mich.

»Ich möchte Sie fragen, Mr. Ferguson«, sagte O'Connor, der jetzt, eine Hand in der Tasche, direkt neben dem Zeugen stand, »ob es im Wilkinson-Heim für Jungen auch sexuellen Mißbrauch gab?«

»Herr Anwalt«, unterbrach Richter Weisman ihn. »Ich will doch sehr hoffen, daß Ihre Fragen auf einen Aspekt abzielen, der etwas mit diesem Fall zu tun hat.«

»Gewiß, Euer Ehren«, sagte O'Connor, ohne den Blick von Ferguson zu wenden.

»Um Ihretwillen«, fügte Richter Weisman hinzu.

»Beantworten Sie die Frage, Mr. Ferguson«, sagte O'Connor. »Gab es im Wilkinson-Heim für Jungen sexuellen Mißbrauch?«

»Ja«, sagte Ferguson. »Ich habe davon gehört.«

»Ich frage Sie nicht, ob Sie davon *gehört* haben«, sagte O'Connor. »Ich frage Sie, ob Sie etwas *gesehen* haben.«

»Ja, das habe ich«, sagte Ferguson leise.

»Haben Sie und Sean Nokes die Jungen je selbst zu sexuellen Handlungen genötigt?« fragte O'Connor, so laut er konnte, und trat zwei Schritte zurück. »Haben Sie und Sean Nokes im Wilkinson-Heim Jungen, die Ihnen anvertraut waren, *vergewaltigt*? Und ich erinnere Sie noch einmal daran, daß Sie unter Eid stehen.«

Einen Augenblick lang schien es dem ganzen Gerichtssaal den Atem verschlagen zu haben. Niemand rührte sich, hustete oder raschelte mit Papier. Alle Augen waren auf den Zeugenstand gerichtet. Die zwölf Geschworenen hatten sich gespannt vorgebeugt. John und Tommy saßen wie gebannt auf ihren Plätzen. Carol ergriff meine Hand, während Michael das Gemälde der blinden Justitia mit dem Schwert an der Wand hinter dem Tisch des Richters betrachtete.

»Ich bitte die Anwälte zur Richterbank«, sagte Richter Weisman, das Schweigen brechend. »*Sofort.*«

Michael und O'Connor traten, möglichst weit vom Zeugenstand entfernt, an die Absperrung.

»Was, zum *Teufel*, geht hier vor?« wollte Richter Weisman, hinter dessen ruhiger Art jetzt unverhohlener Zorn aufblitzte, von Michael wissen.

»Nun, Euer Ehren«, sagte Michael mit einem Seitenblick auf Ferguson. »Es sieht so aus, als hätte ich den falschen Leumundszeugen aufgerufen.«

»Und was wollen Sie deswegen unternehmen?« fragte Richter Weisman.

»Nichts, Euer Ehren«, sagte Michael. »Ich kann gar nichts tun.«

»Oder vielleicht haben Sie auch schon genug getan, Herr Staatsanwalt«, sagte Richter Weisman.

Die Anwälte kehrten wieder an ihre Plätze zurück.

»Bitte beantworten Sie die Frage, Mr. Ferguson«, befahl Richter Weisman.

»Ja«, sagte Ferguson, mit tränenerstickter Stimme.

»Ja, *was*?« fragte O'Connor.

»Ja, es sind Jungen vergewaltigt worden«, sagte Ferguson.

»Von *Ihnen* und *Sean Nokes*?« fragte O'Connor, die Frage noch lauter wiederholend.

»Ja«, sagte Ferguson.

»Bei mehr als einer Gelegenheit?« fragte O'Connor.

»Ja«, sagte Ferguson.

»Und mehr als ein Junge?«

»Ja«, sagte Ferguson.

»Und glauben Sie noch immer, daß Sean Nokes ein guter Mensch war, Mr. Ferguson?« fragte O'Connor.

»Er war mein *Freund*«, sagte Ferguson.

»Ein Freund, der die Jungen, die er beaufsichtigen sollte, vergewaltigt und mißhandelt hat«, sagte O'Connor. »Jungen, die erwachsen und *Feinde* dieses *guten* Menschen geworden sein könnten.«

»Sind Sie fertig?« fragte Ferguson mit roten Augen und zitternden Händen.

»Noch nicht ganz«, sagte O'Connor.

»Ich möchte, daß es vorbei ist«, sagte Ferguson, rieb sich die Augen und blickte zum Richter. »Bitte, Euer Ehren, ich möchte, daß es vorbei ist.«

»Mr. O'Connor?« fragte der Richter.

»Es dauert nicht mehr lange, Euer Ehren«, sagte O'Connor.

»Fahren Sie fort«, sagte Richter Weisman.

»Sean Nokes war oft bei Ihnen zu Hause zu Besuch, stimmt das?« fragte O'Connor.

»Ja«, sagte Ferguson.

»Und Sie haben ein Kind, nicht wahr?«

»Ja«, sagte Ferguson. »Eine Tochter.«

»In all der Zeit, in all den Tagen und Stunden, die Ihr *guter* Freund Sean Nokes in Ihrem Haus verbracht hat, haben Sie oder Ihre Frau ihm je erlaubt, mit Ihrer Tochter alleine zu sein?« fragte O'Connor. »*Irgendwann?* Aus *irgendeinem* Grund?«

Ferguson starrte O'Connor sichtlich verängstigt an und beugte sich hilfesuchend zur Richterbank.

»Nein«, sagte er schließlich. »Nein, das haben wir nie getan.«

»Und warum nicht, Mr. Ferguson?« fragte O'Connor. »Wenn er doch ein so *guter* Mensch war.«

»Einspruch, Euer Ehren«, sagte Michael zum ersten Mal und sah Ferguson an. »Die Frage ist rein rhetorisch.«

»Der Staatsanwalt hat recht, Euer Ehren«, sagte O'Connor. »Ich ziehe die Frage zurück.«

»Der Zeuge ist entlassen«, sagte Richter Weisman.

»Vielen Dank, Euer Ehren«, sagte Ferguson und trat aus dem Zeugenstand.

»An Ihrer Stelle, Mr. Ferguson, würde ich mich nicht allzuweit von zu Hause entfernen«, sagte Richter Weisman. »Sie sollten sich zu weiteren Vernehmungen bereit halten. Haben Sie mich verstanden?«

»Ja, Euer Ehren«, sagte Ferguson matt, während seine Blicke von John zu Tommy und weiter zu Michael schossen, bis er die Augen in erschrecktem Wiedererkennen niederschlug. »Ich habe verstanden.«

Michael wartete, bis Ferguson den Gerichtssaal verlassen hatte, bevor er sich erhob.

»Damit ist die Beweisaufnahme der Anklage abgeschlossen, Euer Ehren«, sagte er. »Wir haben keine weiteren Zeugen.«

»Gott sei Dank«, sagte Richter Weisman.

15

Fat Mancho hatte den Blick auf die Backsteinmauer vor sich gerichtet und ließ den Ball einmal aufspringen. Er trug ein langärmliges Wollhemd, eine Baseballmütze der Baltimore Orioles, vergammelte Jeans und PF-Flyers mit dicker Sohle.

Ich stand knapp zwei Meter neben ihm und trug eine Lederjacke, zwei Paar schwarze Wollhandschuhe und eine Mütze mit Ohrenschützern. Meine Jeans fühlten sich in dem böigen, kalten Wind steif an, und meine dünnen weißen Socken und Turnschuhe reichten an diesem Sonntagnachmittag nicht aus, die winterliche Kälte abzuwehren.

Carol stand mit dem Rücken an einen Maschendrahtzaun gelehnt, der den offenen Platz vom Bürgersteig trennte. Sie war bei ihrer dritten Tasse Kaffee und hatte sich zwei dicke Schals um den Hals gewickelt.

»Die meisten Leute spielen im Sommer *Handball*«, sagte ich zu Fat Mancho und rieb mir die Hände. »Ohne Tränen in den Augen ist es leichter, den Ball zu erkennen.«

»Was die meisten Leute machen, ist mir scheißegal«, sagte Fat Mancho.

»Was hattest du denn nach dem Spiel geplant?« fragte ich. »Schwimmen gehen?«

»Du scheißt dir doch bloß in die Hosen, weil du verlierst«, sagte Fat Mancho. »Und du bist eins von diesen kleinen Arschlöchern, die es nicht ertragen können zu verlieren.«

»Erfrieren, Fat Man«, sagte ich. »Ich bin eins von den kleinen Arschlöchern, die es nicht ertragen können zu erfrieren.«

Fat Mancho schlug den Ball gegen die Wand, ein harter Schlag, flach und mit viel Effet. Ich machte drei Schritte zurück und retounierte. Fat Mancho lauerte schon; die nackten Hände auf die Knie gestützt, die Augen auf dem Ball, sah er aus wie ein übergewichtiger Baseballspieler an der dritten Base, der vergessen hatte, sein Altherrentrikot überzuziehen.

Mit der rechten Hand peitschte er den Ball gegen die Wand, so daß er höher zurückkam als der Aufschlag. Ich machte ein paar Schritte zurück, rutschte auf einer überfrorenen Pfütze aus und mußte zusehen, wie der Ball über mich hinwegflog.

»Damit hab ich sechs Punkte, du Versager nur zwei«, sagte Fat Mancho.

»Du *spielst* dieses Spiel doch nie«, sagte ich keuchend. »Wie kommt es, daß du so gut bist?«

»Du hast mich noch nie spielen *sehen*, du Idiot«, sagte Fat Mancho. »In deinem Alter war ich eine echte Kanone. Hab gegen die Besten gespielt und die Besten geschlagen.«

Ich drehte mich um und sah Carol auf uns zukommen, einen heißen Kaffee in einer, ein kaltes Bier in der anderen Hand.

»Gute Nachrichten«, sagte ich. »Halbzeit.«

Wir setzten uns auf drei Sonntagsausgaben der *Daily News* und lehnten uns an die Mauer. Carol und ich teilten uns den Kaffee, Fat Mancho schlürfte sein Rheingold.

»Wie schlägt sich der Ire?« erkundigte sich Fat Mancho nach Michael.

»Ich weiß auch nur, was ich im Gerichtssaal gesehen habe«, sagte ich. »Was das angeht, scheint alles glatt zu laufen. Er hat seinen Teil erledigt.«

»Er war echt gut«, sagte Fat Mancho. »Ich hab schon Staatsanwälte gesehen, die beschissener ausgesehen haben, obwohl sie ihren Fall *nicht* absichtlich geschmissen haben. Wer *vorher* keine Ahnung hatte, ahnt *jetzt* auch nichts. Der Junge ist kälter als ein Profikiller.«

»John und Tommy fangen an, was zu ahnen«, sagte ich. »Sie wissen nur nicht, was.«

»Bis die mit ihrem Spatzenhirn was kapiert haben, sitzt ein Latino im Weißen Haus«, sagte Fat Mancho.

»O'Connor kommt echt gut rüber«, sagte Carol. »Vor Gericht sieht er aus wie F. Lee Baileys Zwillingsbruder.«

»Er *war* mal ein guter Mann«, sagte Fat Mancho. »Dann hat er ein paar Fälle verloren und die Flasche entdeckt. Seitdem macht er nur noch Kleinscheiß.«

»Für diesen Fall ist er wieder nüchtern geworden«, sagte ich. »Er hat eine Chance zu gewinnen. Selbst ohne einen Zeugen.«

»Er ist ein Säufer, aber kein Idiot«, sagte Fat Mancho und stellte die Bierdose neben sich auf die Erde. »Wenn er diesen Prozeß gewinnt, wird jeder Killer diesseits und jenseits des Flusses seine Visitenkarte in der Tasche haben.«

»Ist das wahr?« fragte Carol und zog sich einen ihrer Schals ins Gesicht, bis nur noch ihre blauen Augen unbedeckt waren.

»Können wir den Fall auch ohne einen Zeugen gewinnen?«

»Ihr habt schon gewonnen«, sagte Fat Mancho. »Ihr habt Rache genommen. Jetzt wollt ihr bloß noch euren Arsch retten.«

»Sie müssen den Gerichtssaal als freie Männer verlassen, Fat Man«, sagte ich. »Nur wenn John und Tommy freigesprochen werden, haben wir gewonnen.«

»Dann müßt ihr sie aus dem Loch rausholen, wo die Schüsse gefallen sind«, sagte Fat Mancho. »Sonstwohin. Das kann nur dein Zeuge. Und bis jetzt macht er einen auf unsichtbar. Bisher hat keiner das Arschloch gesehen.«

»Was ist, wenn er nicht auftaucht?« fragte Carol. »Was ist, wenn wir ohne ihn auskommen müssen?«

»Was ihr *habt*, ist die Gerechtigkeit der Straße«, sagte Fat Mancho. »Das ist die einzig wahre. Wenn ihr vor Gericht am Ende mit leeren Händen dasteht, ist das bloß Beschiß.«

»Sie nehmen einem beide das Leben, Fat Man«, sagte ich. »Die Straße macht es nur schneller.«

»Nur die Straße zählt«, sagte Fat Mancho. »Ein Gericht ist was für einen Uptown-Schnösel mit Anzügen, Geld und Anwälten mit drei Namen. Wenn du Knete hast, kannst du die Gerechtigkeit vor Gericht *kaufen*. Auf der Straße hat Gerechtigkeit keinen Preis. Da wo der Richter sitzt, ist Justitia blind. Hier draußen kann das Flittchen sehen.«

»Wir brauchen beides«, sagte ich.

»Dann *müßt* ihr einen Zeugen haben«, sagte Fat Mancho, stand auf und zog den rosafarbenen Gummiball aus der Tasche. »Und ich *muß* dich zu Ende abzocken. Los, du Versager. Du liegst vier Punkte zurück.«

»Können wir nicht später zu Ende spielen«, sagte ich, meine Glieder vor Kälte so taub, daß ich mich kaum rühren konnte.
»Wann später?« fragte Fat Mancho und blickte auf mich herab.
»Mitte Juli«, sagte ich.

16

In den ersten drei Tagen seines Gegenangriffs baute Danny O'Connor eine glaubwürdige Verteidigung für die Jury auf. Er rief einige wenige Freunde und Verwandte von John und Tommy in den Zeugenstand, Männer und Frauen mittleren Alters mit netten Augen und vertrauenswürdigen Gesichtern. Alle sagten aus, daß die beiden Jungen, auch wenn sie hin und wieder etwas wild seien, bestimmt keine Mörder waren.

Keiner hatte John Reilly oder Thomas Marcano je mit einer Waffe gesehen.

Die beiden Kellnerinnen, die am Abend des Mordes gearbeitet hatten, sagten aus, daß sie die beiden Angeklagten als regelmäßige und angenehme Gäste kannten. Keiner konnte sich daran erinnern, John Reilly oder Tommy Marcano am Abend des Mordes gesehen zu haben. Die Frauen gaben an, sich in der Küche aufgehalten zu haben, als die Schüsse fielen, die sie bis zum Eintreffen der Polizei auch nicht verlassen hätten.

»Hielten sich die beiden Schützen noch im Lokal auf, als die Polizei eintraf?« fragte O'Connor eine der Kellnerinnen.

»Nein«, sagte sie. »Ich vermute, die waren schon weg.«

»Wieso vermuten Sie das?«

»Weil Mörder nicht auf Cops warten«, sagte sie. »In dem Viertel wartet *niemand* auf die Cops.«

»Sie stammen doch auch aus dem Viertel«, sagte O'Connor. »Und Sie haben gewartet.«

»Ich wurde dafür bezahlt«, sagte sie.

Jerry, der Barkeeper, sagte aus, daß er den beiden Angeklagten am Nachmittag vor der Ermordung von Sean Nokes zwei Whiskey und zwei Bier serviert habe. Sie hätten still für sich gesessen und waren nach weniger als einer Stunde wieder gegangen. Sie hätten für die Rechnung plus Trinkgeld einen Zwanzigdollarschein auf den Tresen gelegt. Als die Schüsse fielen, habe er in einem Hinterzimmer zu Abend gegessen und deswegen auch nicht gesehen, wer Sean Nokes mit Blei vollgepumpt hatte. Sobald die Schüsse verhallt waren, hatte Jerry die Polizei informiert.

Während der ganzen Zeit hielt Michael sein Kreuzverhör einfach, ging nie über das hinaus, was die Zeugen aussagen wollten, und stellte ihre Angaben nie ernsthaft in Frage. Er war stets höflich, herzlich und entspannt und nahm den aufgerufenen Zeugen ihre vorgebliche Unschuld immer bereitwillig ab.

O'Connor hatte vor, die Zweifel, die er bei den Geschworenen mit seiner Befragung der Hauptzeugin der Anklage, Helen Salinas, gesät hatte, noch zu vertiefen.

Zu diesem Zweck rief er als Experten Dr. George Paltrone in den Zeugenstand, einen Allgemeinmediziner aus der Bronx, der gleichzeitig Leiter einer Entgiftungsklinik war. Nach Dr. Paltrones Ansicht durfte man Mrs. Salinas' Aussage, wenn sie, wie zu Protokoll gegeben, in der angegebenen Zeit soviel Alkohol getrunken hatte, nicht für unbedingt glaubwürdig und verläßlich halten.

»Wollen Sie damit sagen, daß Mrs. Salinas betrunken war?« fragte O'Connor Dr. Paltrone.

»Nicht direkt betrunken«, erwiderte der Arzt. »Aber sie hatte mehr als genug getrunken, um ihr Urteilsvermögen zu beeinträchtigen.«

»Müßten die Schüsse sie nicht ernüchtert haben?«

»Nicht unbedingt«, sagte Dr. Paltrone. »Die Angst, die sie empfand, könnte eine rationale Beurteilung der Situation sogar noch weiter erschwert haben.«

»Mit anderen Worten, Herr Doktor, Alkohol und Angst führen nicht immer zur Wahrheit.«

»So ist es«, sagte Dr. Paltrone. »In der Mehrzahl der Fälle tun sie das eher nicht.«

Ich saß die drei Tage, in denen O'Connor seine Zeugen präsentierte, auf meinem üblichen Platz in der dritten Reihe ab, obwohl ich mich kaum auf die Verhandlung konzentrieren konnte. Meine Gedanken waren bei Pater Bobby und der Entscheidung, die er getroffen hatte. Ich wußte, daß wir ohne ihn bestenfalls darauf hoffen konnten, daß die Geschworenen kein einmütiges Urteil fanden, was nur bedeutete, daß es zu einem neuen Prozeß mit einer fast sicheren Verurteilung kommen würde.

Seit dem Abend, als ich ihn gebeten hatte auszusagen, hatte ich Pater Bobby nicht mehr gesehen. Ich hielt es für zu riskant, O'Connor direkt anzusprechen, um zu erfahren, was er wußte, und Michael war für mich nicht greifbar. Das ganze Viertel schien zu ahnen, daß wir noch einen Zeugen in petto hatten.

Aber niemand, nicht einmal King Benny, wußte, wer dieser Zeuge war und wann er in Erscheinung treten würde.

»Wenn er morgen nicht kommt, kannst du es vergessen«, sagte ich zu Carol, als sich der dritte Tag schleppend seinem Ende näherte. »Dann ist es vorbei.«

»Wir könnten versuchen, einen anderen aufzutreiben«, sagte Carol. »Noch haben wir Zeit.«

»Wen denn?« fragte ich. »Der Papst ist in Rom, und Rabbis kenne ich nicht.«

»Wir könnten noch einmal mit ihm reden«, sagte Carol. »Oder vielleicht jemand anders mit ihm reden lassen.«

»Er hat keine Angst vor King Benny«, sagte ich, während ich mit Carol den Gerichtsflur hinunterging. »Und Fat Mancho kriegst du nicht mal in die *Nähe* von einem Priester.«

»Dann können wir ihn nur noch zwingen«, sagte Carol schulterzuckend mit einem angedeuteten Lächeln. »Ihn mit einer Waffe bedrohen oder so.«

»Wir wollen doch, daß der Zeuge vor Gericht nur eine Hand hebt«, sagte ich. »Nicht beide.«

Vor den Aufzügen blieben wir stehen und warteten. In dem Geschiebe von Gerichtsbeamten, Reportern, Anwälten, Angeklagten und ihren Verwandten wurde Carol dichter an mich gedrängt. Der Abwärtspfeil leuchtete mit einem Klingeln auf, die Türen des Fahrstuhls glitten auf. Wir zwängten uns mit der Meute hinein und wurden ganz nach hinten gedrängt. Nur mühsam gelang es uns, uns umzudrehen. Ich starrte auf den vernarbten Nacken eines stämmigen Südamerikaners in einer Kunstlederjacke mit unechtem Fellkragen. Er atmete geräuschvoll durch seinen offenen Mund, sein fauliger Atem machte die stickige Luft noch ungenießbarer.

Auf dem Weg nach unten hielt der Fahrstuhl an jedem der neun Stockwerke. Als ich nach links blickte, entdeckte ich Danny O'Connor. Er stand, einen Tudar-Hut auf dem Kopf, mit dem Rücken zu den Bedienungsknöpfen und sah mich an. Er kaute auf einem dicken Kaugummi herum und hatte eine unangezündete Zigarette im Mund.

Wenn er irgend etwas wußte, ließ er sich nichts anmerken.

Schließlich öffneten sich die Türen zum Erdgeschoß, und die Leute drängten aus der Kabine. Ich packte Carols Arm und schob mich an O'Connor heran, der den Strom der Menschen geduldig an sich vorbeiziehen ließ, bevor er gleichzeitig mit Carol und mir den Aufzug verließ, so daß ich ihn mit dem Ellenbogen streifte.

»Verzeihung«, sagte ich.

»Keine Ursache«, sagte er und sah mich und Carol an. »Diese Aufzüge sind wie die Schnellbahn. Nur nicht ganz so sicher.«

»Zum Glück ist es kalt«, sagte ich. »Ich mag mir gar nicht vorstellen, wie es da drinnen während einer Hitzewelle zugeht.«

»War nett, Sie getroffen zu haben«, sagte O'Connor lächelnd und ging auf die Drehtüren beim Haupteingang zu.

»Warum so eilig?« fragte ich und sah ihm nach.

»Ich muß los«, sagte er im Gehen. »Ich bin spät dran.«

»Spät wofür?«

»Für die Messe«, sagte O'Connor.

17

»Rufen Sie Ihren nächsten Zeugen auf«, sagte Richter Weisman zu Danny O'Connor.

»Euer Ehren, die Verteidigung ruft Pater Robert Carillo in den Zeugenstand.«

Pater Bobby betrat den Gerichtssaal mit dem Selbstvertrauen eines Boxers, der zum Hauptkampf des Abends antritt. Sein dichtes Haar war nach hinten gebürstet, sein Blick war klar, sein von Sorge und Mitgefühl gezeichnetes Gesicht glänzte im Schein der Deckenlampen.

»Heben Sie Ihre rechte Hand«, sagte der Gerichtsdiener. »Und legen Sie Ihre linke Hand auf die Bibel. Schwören Sie, daß alles, was Sie sagen werden, die Wahrheit ist, die ganze Wahrheit und nichts als die Wahrheit?«

»Ich schwöre«, sagte Pater Bobby.

»Nehmen Sie Platz«, sagte der Gerichtsdiener.

»Pater Carillo, welcher Gemeinde gehören Sie an?« fragte Danny O'Connor.

»Der Gemeinde des Heiligen Herzen Jesu in der West 50th Street.«

»Und wie lange sind Sie schon dort?«

»Im Frühjahr sind es zwanzig Jahre.«

»Und welche Position bekleiden Sie?«

»Ich bin Priester«, sagte Pater Carillo schmunzelnd.

O'Connor, die Zuschauer und die Geschworenen stimmten in das allgemeine Gelächter ein; sogar Richter Weisman gestattete sich ein Lächeln, nur John und Tommy saßen mit steinerner Miene da, das Gesicht in die Hände gestützt, während Michael an seinem blauen Bic-Kuli kaute. »Tut mir leid, Pater«, sagte O'Connor. »Ich meinte, was tun Sie dort?«

»Ich bin Direktor der Schule«, sagte Pater Bobby. »Ich unterrichte die siebte Klasse und bin Trainer der meisten Sportmannschaften. Außerdem bin ich amtierender Monsignore, lese täglich die Messe, nehme die Beichte ab, und versuche alles zu reparieren, was repariert werden muß.«

»Da sind Sie aber beschäftigt«, sagte O'Connor.

»Es ist eine arme Gemeinde«, sagte Pater Bobby. »Mit geringen Mitteln und wenig Personal.«

»Kennen Sie die meisten Menschen in Ihrer Gemeinde?«

»Nein«, erwiderte Pater Bobby. »Ich kenne *alle* Menschen in meiner Gemeinde.«

»Kennen Sie die beiden Angeklagten John Reilly und Thomas Marcano?«

»Ja«, sagte Pater Bobby.

»Wie lange kennen Sie sie schon?«

»Seit ihrer Kindheit«, sagte Pater Bobby. »Sie waren meine Schüler.«

»Wie würden Sie Ihre heutige Beziehung zu den beiden beschreiben?«

»Wir versuchen, den Kontakt zu halten«, sagte Pater Bobby. »Das versuche ich mit all meinen Jungen.«

»Und wie tun Sie das?«

»In der Hauptsache über den Sport«, sagte Pater Bobby. »Entweder wir organisieren ein Spiel, oder wir gehen zusammen zu einem. Da hat man ein gemeinsames Thema. Das macht es leichter zusammenzukommen.«

»Pater, erinnern Sie sich, was Sie am Abend des sechsten Novembers vergangenen Jahres gemacht haben?«

»Ja«, sagte Pater Bobby.

»Und was war das?«

»Ich war bei einem Basketballspiel«, sagte Pater Bobby. »Im Madison Square Garden. Die Knicks gegen die Hawks.«

»Wann fangen die Knicks-Spiele an?«

»Für gewöhnlich gegen halb acht«, sagte Pater Bobby.

»Und wann sind sie zu Ende?«

»Zwischen halb zehn und zehn«, sagte Pater Bobby. »Vorausgesetzt, es gibt keine Nachspielzeit.«

»War das an jenem Abend der Fall?«

»Nein«, erwiderte Pater Bobby.

»Und wer hat das Match gewonnen, Pater?«

»Leider die Hawks«, sagte Pater Bobby. »An diesem Abend waren sie einfach eine Nummer zu groß für unsere Jungs.«

»Waren Sie alleine bei dem Spiel?«

»Nein«, sagte Pater Bobby. »Ich war mit zwei Freunden da.«

»Und wer waren diese beiden Freunde, Pater?«

»John Reilly und Thomas Marcano«, sagte Pater Bobby.

»Die beiden Angeklagten?«

»Ja«, sagte Pater Bobby und wies auf John und Tommy. »Die beiden Angeklagten.«

Die Zuschauer hinter der Barriere stießen einen gemeinsamen Schrei aus. Carol senkte den Kopf und legte ihre Hände auf den Mund, ihre Schultern bebten. Michael atmete tief ein und starrte an die Decke.

John und Tommy drehten sich um und musterten, sichtlich entspannter, die Zuschauerreihen. Als sie sich wieder nach vorn wandten, blieben ihre Blicke an mir hängen. Ich lächelte, als sie das Buch in meinen Händen entdeckten.

John hatte Tränen in den Augen.

Ich hatte eine Ausgabe von *Der Graf von Monte Christo* dabei.

»Um wieviel Uhr haben Sie sich mit Mr. Reilly und Mr. Marcano getroffen?« fragte O'Connor, nachdem Richter Weisman den Saal unter Einsatz seines Hammers zur Ordnung gerufen hatte.

»Sie haben mich auf dem Spielplatz vor der Schule abgeholt«, sagte Pater Bobby. »Das muß so ungefähr gegen halb sieben gewesen sein.«

»Wie sind Sie zum Madison Square Garden gekommen, Pater?«

»Zu Fuß«, sagte Pater Bobby. »Es sind keine zwanzig Blocks.«

»Und Mr. Reilly und Mr. Marcano sind den ganzen Weg mit Ihnen gegangen?«

»Ja«, sagte Pater Bobby. »Wir sind zusammen gegangen.«

»Und um 20 Uhr 25, dem Zeitpunkt, an dem das Opfer Sean Nokes nach Angaben der Polizei ermordet wurde, waren Sie da noch immer mit Mr. Reilly und Mr. Marcano bei dem Basketballspiel?«

»Ja«, sagte Pater Bobby. »Wenn sie während des Spiels einmal kurz weggegangen waren, dann entweder um auf die Toilette zu gehen oder etwas zu trinken zu holen.«

»Was haben Sie nach dem Spiel gemacht?«

»Wir sind zurück zur Kirche gelaufen.«

»War es ein kalter Abend?«

»Windig, soweit ich mich erinnere«, sagte Pater Bobby.

»Haben Sie irgendwo haltgemacht?«

»An einem Zeitungsstand an der 8th Avenue«, sagte Pater Bobby.»Ich habe eine Frühausgabe der *Daily News* gekauft.«

»Und um wieviel Uhr haben Sie sich von Mr. Reilly und Mr. Marcano verabschiedet?«

»Gegen halb elf, vielleicht ein paar Minuten später«, sagte Pater Bobby. »Sie haben mich bis zum Pfarrhaus begleitet, ganz in der Nähe von der Stelle, wo wir uns getroffen hatten.«

»Haben Ihnen die beiden Angeklagten erzählt, was sie anschließend vorhatten?«

»Nein«, sagte Pater Bobby. »Aber ich könnte mir vorstellen, daß sie nach einem langen Abend mit einem Priester die nächste offene Bar betreten haben.«

O'Connor wartete, bis die allgemeine Heiterkeit sich gelegt hatte.

»Wenn die beiden Angeklagten am Abend des Mordes mit Ihnen zusammen waren, Pater, können Sie schlecht gleichzeitig Sean Nokes erschossen haben, wie die Anklage es behauptet. Meinen Sie nicht auch?«

»Wenn er nicht von der Tribüne des Madison Square Gardens aus erschossen wurde«, sagte Pater Bobby.

»Nein, Pater«, sagte O'Connor lächelnd. »Von dort wurde er nicht erschossen.«

»Dann ist er auch nicht von diesen Jungen erschossen worden«, sagte Pater Bobby.

»Ich habe keine weiteren Fragen«, sagte O'Connor. »Vielen Dank, Pater.«

»Ihr Zeuge, Mr. Sullivan«, sagte Richter Weisman.

»Vielen Dank, Euer Ehren«, sagte Michael, stand auf und ging zu Pater Bobby.

»Haben Sie die Karten für das Spiel gekauft, Pater?« fragte er ihn. »Oder haben Sie sie geschenkt bekommen?«

»Nein, ich habe sie gekauft«, sagte Pater Bobby.

»Am Tag des Spiels?«

»Nein«, sagte Pater Bobby. »Ich habe sie etwa eine Woche vorher im Vorverkauf besorgt.«

»Wie haben Sie die Karten bezahlt?«

»Bar«, sagte Pater Bobby. »Ich zahle alles in bar.«

»Haben Sie eine Quittung bekommen?«

»Nein«, sagte Pater Bobby. »Das habe ich nicht.«

»Wußte außer den beiden Angeklagten irgend jemand, daß Sie zu dem Spiel gehen wollten?« fragte Michael.

»Ich glaube nicht«, sagte Pater Bobby.

»Wann haben Sie die beiden Angeklagten gefragt, ob sie mit Ihnen zu dem Spiel gehen wollten?«

»Am Sonntag zuvor«, sagte Pater Bobby.

»War sonst noch jemand dabei?«

»Nein«, sagte Pater Bobby.

»Es hat sie also niemand gesehen, wie sie die Karten gekauft haben«, sagte Michael. »Es gibt keinen Beleg für den Kauf. Und niemand wußte, daß Sie mit den beiden Angeklagten bei dem Spiel waren. Ist das richtig?«

»Das ist richtig«, sagte Pater Bobby.

»Woher sollen wir dann wissen, ob Sie tatsächlich dort waren?« fragte Michael. »Woher sollen wir *wirklich* wissen, daß Sie und die beiden Angeklagten am Abend des Mordes bei dem Spiel waren?«

»Ich sage es Ihnen als Zeuge *und* als Priester«, erklärte Pater Bobby. »Wir *waren* bei dem Spiel.«

»Und ein Priester würde nie lügen«, sagte Michael. »Das ist doch richtig?«

»Ein Priester mit Kartenabschnitten *braucht* nicht zu lügen«, sagte Pater Bobby, griff in seine Tasche und zog drei abgerissene Eintrittskarten hervor. »Und ich bewahre die alten Karten immer auf.«

»Warum denn das, Pater?« fragte Michael, der neben ihm stand. »Warum bewahren Sie sie auf?«

»Weil man nie wissen kann«, sagte Pater Bobby und sah Michael direkt an, »ob nicht irgend jemand mehr verlangt als mein Wort.«

»Hat vor dem heutigen Tag jemals irgend jemand Ihr Wort angezweifelt?«

»Nein«, erwiderte Pater Bobby. »Noch *nie*. Aber fast immer gibt es ein erstes Mal.«

»Ja, Pater«, sagte Michael Sullivan. »So ist es wohl.«

Michael wandte sich von Pater Bobby ab und blickte zu Richter Weisman.

»Ich hab im Moment keine weiteren Fragen«, sagte er. »Der Zeuge ist entlassen.«

Die Zuschauer klatschten Beifall, als Pater Robert Carillo, ein katholischer Priester aus Hell's Kitchen, den Zeugenstand verließ.

18

Die Hände in den Taschen trat ich auf die verrostete Anlegestelle und blickte auf den Hudson River. Der Himmel war bedeckt, drohender Schneefall schien die Winterluft schwer zu machen. Carol hatte mir den Rücken zugewandt und starrte vorbei an den eisernen Pfeilern des West Side Highway auf die Straßen von Hell's Kitchen. Es war früher Abend, sechs Stunden nach Pater Bobbys Zeugenaussage. Ich war noch immer wie benommen von der Erinnerung, ihn in den Zeugenstand treten und für uns lügen zu sehen. Er hatte nicht nur für John und Tommy ausgesagt, er hatte gegen Wilkinson und das Böse ausgesagt, das dort schon zu lange wohnte. Trotzdem tat es mir leid, daß er, nur um uns bei unserer kleinen Rache zu helfen, zu einer Lüge gezwungen worden war, die ihn, wie ich wußte, einen hohen Preis gekostet haben mußte.

Es tat mir leid für uns alle, die wir diesen Prozeß hatten durchleben müssen. Ich fragte mich, wie Carol diese Tage verarbeiten würde. Sie war klug und attraktiv und hätte ihre Zeit mit Männern verbringen sollen, die mehr taten, als bloß die Geister ihrer Vergangenheit zu bekämpfen. Ich betete, daß der Prozeß Michael von seinen Dämonen befreien würde, damit er sein Leben weiterleben konnte. Was John und Tommy anging, hoffte ich nur das Beste für sie, doch ich befürchtete das Schlimmste.

Offenbar konnten wir, egal wie sehr wir uns auch bemühten, egal, wie viele von ihnen wir zur Strecke brachten, das Wilkinson-Heim für Jungen einfach nicht abschütteln. Meine Freunde und ich *mußten* damit leben. Und jetzt mußten auch Carol und Pater Bobby damit leben.

Als hätte sie mein Unbehagen gespürt, drehte Carol sich zu mir um und umarmte mich.

»Dieser Ort ist ein Teil von mir und auch ein Teil von Pater Bobby«, sagte sie. »Vielleicht auf unterschiedliche Weise. Aber es gehört zu unserem Leben. Und er wird Teil unseres Lebens bleiben. Egal was wir heute tun.«

»Aber das allein kann das Geschehene nicht wieder aufwiegen«, sagte ich. »Bis alles aufgewogen ist, ist es noch ein sehr weiter Weg.«

»Aber du mußt zugeben, daß der Anfang irrsinnig gut gelaufen ist«, sagte Carol.

»Ich war echt stolz auf ihn da oben«, sagte ich und wischte mir die Tränen, die ich nicht mehr zurückhalten konnte, aus den Augen.

»Wir waren alle stolz auf ihn«, sagte Carol. »Und Pater Bobby hat es nicht getan, weil wir ihn darum gebeten haben. Er hat es getan, weil es das *einzige* war, was er tun *konnte*. Er hatte auch keine andere Wahl, Shakes.«

»Er hat ausgesehen wie Cagney«, sagte ich. »Hat allen direkt ins Auge gesehen und ist keinen Schritt zurückgewichen.«

»Eher wie Bogart, meinst du«, sagte Carol lächelnd und legte ihren Arm um meine Hüfte.

»Ich werde nie verstehen, wie jemand, der hier aufgewachsen ist, Bogart besser finden kann als Cagney«, sagte ich.

»Wahrscheinlich hältst du die Three Stooges auch für besser als die Marx Brothers.«

»Aber locker, Stachelköpfchen.«

»Und wahrscheinlich magst du auch John-Wayne-Western«, sagte sie.

»Da liegst du falsch«, sagte ich. »Ich *liebe* sie.«

»Du bist ein hoffnungsloser Fall«, sagte Carol und lachte laut. Es war das erste Mal seit sehr langer Zeit, daß ich sie lachen hörte.

»Wir sind alle hoffnungslose Fälle«, sagte ich, als ich untergehakt neben ihr am Dock entlang Richtung Pier 82 schlenderte. »Deswegen sind wir noch immer zusammen.«

»Aber ich schwöre, daß es endgültig aus ist, wenn du mir sagst, daß du Soupy Sales komischer findest als Woody Allen«, sagte Carol. »Das ist mein Ernst.«

»Kann Woody Allen White Fang, den gemeinsten Hund der Welt, machen?« fragte ich sie.

»Wahrscheinlich nicht«, sagte sie.

»Genau«, sagte ich. »*Keiner* macht das, was Soupy macht, weil es *keiner* kann.«

»Nein, Shakes«, sagte Carol. »Es liegt daran, daß es keiner *will*.«

Unser Lachen verhallte zwischen den verlassenen stählernen Landungsbrücken und über dem rauhen Wasser des Hudson.

19

Punkt neun Uhr an einem regnerischen Donnerstagvormittag im Januar 1980 erhob sich Michael Sullivan und wandte sich zum letzten Mal in seiner Laufbahn an eine Jury.

Für diesen Morgen hatte er mit Bedacht seinen dunkelgrauen Anzug ausgewählt, dazu eine blaue Krawatte und schwarze Schuhe. An seiner rechten Wange prangten zwei kleine getrocknete Blutflecken, die er sich bei der sorgfältigen Rasur mit einem alten Rasierer zugezogen hatte. Am linken Handgelenk trug er eine Superman-Armbanduhr, an der rechten Hand einen eiförmigen Examensring vom College. Im Mund hatte er ein Life-Saver-Bonbon mit Kirschgeschmack.

»Ist die Staatsanwaltschaft bereit?« fragte Richter Weisman.

»Ja, Euer Ehren«, sagte Michael. »Ich bin bereit.«

»Dann bitte ich Sie zu beginnen«, sagte Richter Weisman.

Michael schob seinen Stuhl zurück und ging zur Geschworenenbank. Zwölf Augenpaare folgten jeder seiner Bewegungen. Michael steckte seine Hand in die Hosentasche, begegnete dem Blick des ältesten Geschworenen und lächelte.

»Sie müssen zugeben, daß die letzten paar Wochen sehr interessant waren«, begann er und strich mit der freien Hand über die Barriere vor der Geschworenenbank. »Allemal interessanter als ein zivilrechtlicher Fall.«

Mit gesenktem Kopf wartete er, bis das vereinzelte Gelächter verklungen war.

»Doch jetzt haben Sie eine Entscheidung zu treffen. Eine sehr schwierige Entscheidung. Eine Entscheidung, die das weitere Schicksal zweier junger Männer bestimmen wird.

Sie haben die Argumente beider Seiten gehört. Meine Seite sagt Ihnen, daß John Reilly und Thomas Marcano das Opfer, Sean Nokes, erschossen haben. Die Gegenseite sagt Ihnen, daß sie es nicht getan haben. Daß sie *in Wahrheit* nicht einmal an Ort und Stelle waren, um die Tat zu begehen.

Wem ist also zu glauben? *Das* müssen Sie nun entscheiden.«

Michael ging langsam an der Bank entlang und achtete darauf, jeden einzelnen Geschworenen anzusehen, hinter ihre Gesichter, hinter ihre Augen zu schauen.

»Und wie sollen Sie Ihre Entscheidung treffen? Sie beginnen damit, noch einmal alles durchzugehen, was Sie anhand des Ihnen präsentierten Beweismaterials wissen. Sie *wissen*, daß Sean Nokes am 6. November 1979 um 20 Uhr 25 ermordet wurde. Sie wissen, daß er in der hintersten Nische des Shamrock Pub erschossen wurde. Und Sie wissen, daß er von zwei Männern in schwarzen Jacken niedergeschossen wurde. Aber wer waren diese beiden Männer? Das ist der Punkt, wo die Dinge ein wenig verschwommen werden.«

Michael ging mit erhobenem Kopf, den Rücken zur Jury gewandt, jetzt beide Hände in den Taschen, an der Gerichtsstenographin vorbei. Die Zuschauer im überfüllten Zuschauerraum waren bis auf wenige Ausnahmen alle von Hell's Kitchen.

»Sie haben Aussagen gehört, die die beiden Angeklagten als nicht ganz perfekte Mörder dargestellt haben. *Macht sie das zu Mördern?* Sie haben Aussagen gehört, die Sean Nokes als einen Mann mit einer häßlichen Vergangenheit beschrieben haben. *Ist der Mord an ihm deswegen kein Verbrechen?* Sie haben eine Augenzeugin gehört, die gesehen haben will, wie die beiden Angeklagten das Shamrock Pub verlassen haben. Dann haben Sie einen Priester gehört, der *mit* den beiden Angeklagten bei einem Spiel der Knicks gewesen sein, Hot dogs gegessen und Bier getrunken haben will zur selben Zeit, als Sean Nokes tot an seinem Tisch saß. Wem sollen Sie glauben? Wer lügt? Wer sagt die Wahrheit?«

Die Hände in den Taschen, den Blick wieder auf die Geschworenen gerichtet, schlenderte Michael am Tisch der Verteidigung vorbei, nur Zentimeter von John und Tommy entfernt.

»Diese Entscheidung wird Ihnen nicht leichtfallen«, sagte Michael, »und das soll sie auch nicht. Entscheidungen, bei denen es um das Leben von Menschen geht, *sollen* schwierig sein. Sie sollen Zeit brauchen, und sie sollen gründliches Prüfen und Nachdenken erfordern. Ihre Aufgabe ist es nun, die Fakten zu betrachten und darüber hinauszugehen. Sie müssen die Aussagen hören und dann interpretieren. Sie müssen die Zeugen einschätzen, ihre Aussagen gewichten und über die bloßen Worte hinaus auch *ihre Motive* hinterfragen. Sie müssen von dem Opfer und den beiden Angeklagten abstrahieren und die Linien erkennen, die sie miteinander verbinden.«

Michael blieb an seinem Tisch stehen, nippte an seiner Tasse mit kaltem Kaffee, stellte sie wieder ab, knöpfte seine Jacke auf und trat erneut vor die Geschworenenbank.

»In diesem Fall möchte ich Sie um etwas bitten, worum Geschworene nur selten gebeten werden«, sagte Michael. »Ich möchte Sie bitten, die Tatsachen zu betrachten und sich *dann* die Gründe für diese Tatsachen anzusehen. Ich fordere Sie auf, finden Sie die Wahrheit in dem, was Sie gehört und gesehen haben, und in dem, was Sie *glauben*. Vielleicht ist es Ihre einzige Möglichkeit, ein Urteil zu fällen, mit dem Sie leben können. Ein Urteil, das bei Ihnen keinerlei Zweifel zurückläßt. Ein Urteil, von dem Sie *wissen*, daß es das richtige ist.«

Michael breitete die Hände auf der Absperrung der Geschworenenbank aus, beugte sich vor und sah die Frauen und Männer vor sich eindringlich an.

»Sie müssen Ihre Entscheidung treffen, basierend auf der Schuld zweier Männer und der Unschuld eines anderen, und Sie müssen daran *glauben*. Sie müssen *jenseits* eines begründeten Zweifels daran glauben; Sie müssen zu einem Punkt kommen, an dem es *keinen* Zweifel gibt. Nehmen Sie alles, was Sie als wahr erkannt haben, und dann nehmen Sie sich so viel Zeit, wie Sie brauchen, um diese Wahrheit und jeden Zweifel hinter sich zu lassen und zu einem Urteil zu kommen, mit dem wir alle leben können. Vielleicht ist es ein Urteil, das von vielen in Frage gestellt wird, aber es muß ein Urteil sein, von dem *Sie* wissen, daß es das *richtige* ist. Denn jetzt sind Sie die einzigen Richter. In Ihren Händen liegen das Beweismaterial und die Zeugenaussagen. In Ihren Händen liegen die Fakten. In Ihren Händen liegt das Schicksal zweier Männer und das Andenken an einen dritten. In Ihren Händen liegt die Wahrheit.

Ich lege mein Vertrauen in diese Hände. Ich *glaube* an diese Hände. Und ich glaube, daß diese Hände ein Urteil finden werden, das voller Wahrheit sein wird. Und voller Gerechtigkeit. Eine ehrliche Wahrheit und eine ehrenvolle Gerechtigkeit.«

Danach bedankte sich Michael Sullivan zum letzten Mal bei einer Jury, ging zu seinem Platz zurück und packte seine Notizblöcke in seine schwarze Aktentasche.

»Möchten Sie dem noch etwas hinzufügen, Herr Staatsanwalt?« fragte Richter Weisman.

»Nein, Euer Ehren«, erwiderte Michael Sullivan. »Mehr gibt es nicht. Ich habe alles gesagt.«

20

»Ich hätte gern einen Hot dog mit Senf, Sauerkraut und Zwiebeln«, erklärte Michael dem rundlichen Verkäufer an dem Stand vor dem Gerichtsgebäude. »Und dazu eine Cola.«

»Kein Ketchup?« fragte ich.

»Ich bin auf Diät«, sagte er, ohne sich umzudrehen.

Es war ein verschneiter, windiger Montagnachmittag, und die Jury tagte seit dem vorherigen Donnerstagabend. Die gerichtseigene Gerüchteküche brodelte und sagte mehrheitlich einen Schuldspruch voraus.

»Hast du schon einen Platz zum Essen?« fragte ich Michael und zeigte auf seinen Hot dog.

»Hinter dir«, sagte Michael und wies mit dem Brötchen in der Hand auf eine Parkbank in meinem Rücken.

»Ist es okay, wenn ich mich dazusetze?«

»Was wollen sie machen?« fragte Michael. »Uns verhaften?«

»Sie haben sich da drinnen gut geschlagen, Herr Staatsanwalt«, sagte ich, setzte mich auf die Bank und biß in meine Brezel.

»Wie ich mich geschlagen habe, ist unerheblich, bis die Jury zurückkommt und mir sagt, daß ich gewonnen habe«, erwiderte Michael.

»Wärst du auch mit einer Niederlage zufrieden?« fragte ich und lächelte ihm zu.

»Ich kann damit leben«, sagte Michael, stopfte sich den Rest seines Hot dogs in den Mund und machte seine Coladose auf.

»Was geschieht jetzt mit dir?« fragte ich. »Wenn alles vorbei ist?«

»Ich gehe weg«, sagte Michael. »Ich warte ein paar Wochen, und dann kündige ich. So wie ich diesen Fall gehandhabt habe, werden sie sich nicht gerade darum reißen, mich aufzuhalten.«

»Du kannst die Seite wechseln«, sagte ich. »Als Verteidiger arbeiten. Wahrscheinlich bringt das mehr Geld, und es wird dir garantiert nie an Mandanten fehlen. Böse wird es immer mehr geben als Gute. Allein von den Aufträgen von Johns und Tommys Bande kannst du dir ein Haus mit Swimmingpool kaufen.«

»Nein, danke«, sagte Michael. »Vom Gesetz hab ich für den Rest meines Lebens genug gesehen. Es wird Zeit, was anderes zu machen.«

»Was zum Beispiel?«

»Ich sag's dir, wenn ich es weiß«, erwiderte Michael.

»Für die Yankees bist du zu alt«, sagte ich. »Und um mit dem Golfspielen anzufangen, bist du noch zu jung.«

»Mein Gott, du durchlöcherst mir ja meine ganzen schönen Pläne«, sagte Michael lächelnd. »Ich kriege richtig Panik.«

»Du machst das schon«, sagte ich und trank meine Limo leer. »Das hast du noch immer.«

»Es wird Zeit, zur Ruhe zu kommen, Shakes«, sagte Michael und starrte zu Boden. »Soviel weiß ich sicher. Die Dinge ruhen lassen. Ein Fleckchen finden, wo ich die Augen schließen kann, ohne die Orte zu sehen, wo ich gewesen bin. Vielleicht hab ich ja Glück und kann sogar vergessen, daß ich überhaupt dort war.«

»Da wo wir waren, haben wir ein Stück von uns selbst verloren«, sagte ich. »Und durch das, was wir tun mußten, um wieder rauszukommen. Ein großes Stück, von dem wir nicht einmal wußten, daß wir es hatten. Entweder wir finden es wieder, oder wir lernen, ohne es zu leben. Aber all das braucht Zeit. Viel Zeit.«

»Ich kann warten«, sagte Michael.

»Das hast du scheinbar schon immer gekonnt«, sagte ich. »Wir anderen hatten diese Geduld nicht.«

»Ich muß da wieder rein«, sagte Michael, stand auf und wandte sich in Richtung Gerichtsgebäude. »Die Jury kann jederzeit zurückkommen.«

»Verschwinden Sie nicht einfach so, Herr Staatsanwalt«, sagte ich, und unsere Blicke trafen sich. »Vielleicht brauche ich eines Tages einen guten Anwalt.«

»Einen guten Anwalt kannst du dir gar nicht leisten«, sagte Michael. »Nicht bei deinem Gehalt.«

»Vielleicht brauche ich eines Tages einen guten Freund«, sagte ich.

»Wenn es soweit ist, werde ich dich finden«, sagte Michael. »Darauf kannst du dich verlassen.«

»Das habe ich immer getan«, sagte ich und sah ihm nach, wie er durch die Drehtüren des Gerichtsgebäudes verschwand und zu den Aufzügen strebte, um im neunten Stock das Urteil der Jury entgegenzunehmen.

21

Der Flur von Raum 47 war voll von den bekannten Gesichtern aus Hell's Kitchen. Die Leute lehnten an den schmutzigen Wänden, rauchten Zigaretten, tranken Kaffee oder saßen auf den langen Holzbänken und lasen die *Daily News* und die *Post*. Andere drängelten sich bei den Münztelefonen, um ihre Wetten durchzugeben und sich entweder bei einem wütenden Bewährungshelfer oder einem ungeduldigen Gläubiger zu melden.

Sie warteten auf das Urteil.

Ich schüttelte im Vorbeigehen ein paar Hände, nickte ein paar Gesichtern zu, bevor ich in einer Ecke in der Nähe der schwarzen Flügeltür einen leeren Platz fand.

Nach fünfzehn Minuten ging die Tür auf. Ein großer, kräftiger Gerichtsdiener mit Pistolenhalfter am Gürtel trat, die Klinke in der Hand, auf den Flur und sagte mit teilnahmsloser Stimme: »Sie kommen zurück. In etwa fünf Minuten. Wer das Urteil hören will, sollte jetzt reinkommen.«

Ich stand ein wenig abseits, als die Menge langsam in den Saal strömte. Dann wandte ich mich ab, ging zu einer Bank und setzte mich. Ich beugte mich vor, den Kopf in die Hände gestützt, die Augen geschlossen, und betete schwitzend und zitternd, daß wir die Sache wie geplant beenden konnten. Ich ging noch einmal alles durch, was wir getan hatten, und versuchte zu überlegen, was wir versäumt hatten. Der Plan hatte nur einen einzigen Haken. Sein Erfolg oder Scheitern hing von der Laune von zwölf Fremden ab.

»Gehst du nicht rein?« fragte Carol, die plötzlich vor mir stand.

»Ich möchte nicht allein reingehen«, sagte ich und ließ meine Hände sinken.

»Du bist nicht allein«, sagte sie.

»Ich möchte auch nicht verlieren«, sagte ich.

»Du wirst nicht verlieren.«

»Hört sich an, als wüßtest du alle Antworten«, sagte ich, stand auf und faßte ihren Arm.

»Wer weiß«, sagte Carol. »Vielleicht tue ich das ja.«

»Ist die Jury zu einem Urteil gekommen?« fragte Richter Weisman, der teilnahmslos hinter seinem Richtertisch Platz genommen hatte.

»Jawohl, Euer Ehren«, antwortete der Sprecher der Jury, ein untersetzter, glatzköpfiger Mann in einem karierten Hemd.

Der Gerichtsdiener nahm den gefalteten Zettel entgegen und brachte ihn zu Richter Weisman. Der Richter entfaltete den Zettel und warf einen Blick darauf, ohne daß seine Miene etwas verriet.

Ich blickte über die Mauer aus Köpfen und Schultern um mich herum zu John und Tommy, die, die Hände zu Fäusten geballt, an ihrem Tisch saßen. Daneben saß Danny O'Connor, der sich unter dem ausgefransten Kragen seines Hemdes den Nacken massierte. Ihnen gegenüber saß Michael, der auf den leeren Zeugenstand starrte. Er atmete in tiefen Zügen, und seine Finger ließen einen Filzstift über die Knöchel wandern.

Richter Weisman nickte dem Sprecher der Jury zu, der vor seinem Stuhl stand.

»Wie lautet Ihr Urteil über den Angeklagten John Reilly, der des Totschlags beschuldigt wird?« fragte Richter Weisman.

Der Sprecher biß sich auf die Lippen und sah sich nervös im Gerichtssaal um.

»Nicht schuldig«, sagte er.

»Wie lautet Ihr Urteil über den Angeklagten Thomas Marcano, der des Totschlags beschuldigt wird?«

»Nicht schuldig«, sagte der Sprecher der Jury.

Der Gerichtssaal brach in donnernden Applaus, Schreie, Jubelrufe und Pfiffe aus, so daß der Ordnungsruf des Richters und die Einstellungsverkündung des Verfahrens gegen die Angeklagten fast im Getöse untergingen.

Ich stand auf und umarmte Carol.

»Du hast es geschafft, Shakes«, flüsterte sie mir ins Ohr.

»*Wir* haben es geschafft«, sagte ich und umarmte sie fest. »Wir *alle* haben es geschafft.«

Ich warf einen Blick zu Michael, der seinen Aktenkoffer nahm, Danny O'Connor die Hand gab und in der Menge verschwand. Ich sah, wie John und Tommy grinsend und lachend so viele Hände schüttelten, wie sie konnten, während immer wieder »Nicht-schuldig«-Rufe ertönten. Ich sah, wie Richter Weisman seinen Platz hinter der Richterbank verließ.

Blitzlichter flackerten.

Zwei Frauen begannen hysterisch zu weinen.

Vier junge Männer in den hinteren Reihen sangen auf dem Weg nach draußen »Danny Boy«.

Eine alte Dame hinter mir blieb sitzen und glitt mit den Fingern über die Perlen ihres Rosenkranzes, während sich ihre Lippen im stillen Gebet bewegten.

Die Geschworenen verließen nacheinander die Geschworenenbank, einige mit gesenktem Kopf, andere winkten den Zuschauern zu.

Danny O'Connor ging schwitzend und lächelnd aus dem Gerichtssaal, während Sprechchöre seinen Namen skandierten.

John und Tommy blieben bei ihren Stühlen stehen und genossen, die Arme hochgerissen, den Triumph des Augenblicks.

Michael Sullivan war bereits im Fahrstuhl auf dem Weg in die Lobby, seine Mission erfüllt, seine Karriere beendet.

Ich faßte Carols Hand und führte sie aus dem Gerichtssaal, in unserem Rücken der laute, fröhliche Jubel der Menge, die uns den Flur hinunter folgte.

Es war der Klang der Gerechtigkeit.

Frühling 1980

Der große Tisch, der im Hinterzimmer des Restaurants aufgestellt war, nahm fast die gesamte Länge des Raumes ein. Krüge mit Bier, Flaschen mit Dewar's und Johnnie Walker Red Label sowie Kerzen in kleinen Windlichtern waren auf dem Tischtuch verteilt. An beiden Enden des Tisches standen zwei Blumengestecke inmitten zweier Strohkörbe mit halbmondförmigen Griffen.

Seit dem Freispruch war ein ganzer Monat vergangen. In diesen Wochen war unser Leben zu dem zurückgekehrt, was es vor der Ermordung von Sean Nokes gewesen war.

Carol hatte sich wieder Stapel von Sozialhilfe-Akten zugewandt und half bedürftigen Teenagern und alleinerziehenden Müttern gegen ein System anzukämpfen, das weder die Zeit noch die Mittel hatte, sich um sie zu kümmern.

John und Tommy kehrten als Anführer der West Side Boys auf die Straße zurück, tranken und brachen weiterhin das Gesetz. Niemand hatte erwartet, daß sie sich ändern würden. Es war zu spät.

King Benny kehrte in seinen Club zurück, Fat Mancho in seinen Laden.

Ich wurde zum Volontär befördert und arbeitete jetzt für die Unterhaltungsredaktion. Das bedeutete, daß ich wie früher als Kind umsonst ins Kino gehen durfte. Nur daß ich mich jetzt nicht mehr hineinmogeln mußte.

Von uns allen war Michael der einzige, der sein Leben nachhaltig veränderte. Wie versprochen, hatte er drei Wochen nach seiner Niederlage in einem sogenannten todsicheren Fall gekündigt.

Ich kam als erster und wählte einen Platz in der Mitte des Tisches, den Rücken zur Wand. Ein junger Kellner mit einem weißen

Hemd und einer schwarze Fliege kam, um mich nach meinen Wünschen zu fragen. Ich betrachtete die Batterie von Bierkrügen und Whiskeyflaschen und lächelte.

»Das ist eine irische Tafel«, sagte ich. »Und ich bin Italiener.«
»Was fehlt?« fragte der Kellner.
»Wein.«
»Rot oder weiß?«
»Beides«, sagte ich.

Auf dem Weg nach draußen stieß der Kellner mit John und Tommy zusammen. Ich stand auf, und lange Zeit sahen wir uns einfach nur an. Dann kamen sie beide um den Tisch und umarmten mich wortlos.

»Ich weiß nicht mal, *wie* ich dir verdammt noch mal danken soll«, sagte Johnny und drückte mich noch fester.

»Ich kann einfach nicht glauben, was du getan hast«, sagte Tommy. »Und ich kann nicht glauben, daß du damit durchgekommen bist.«

»Was soll das heißen?« sagte ich. »Jetzt sagt mir bloß nicht, ihr habt ihn *wirklich* umgebracht.«

Sie lachten beide, lösten sich aus der Umarmung und setzten sich links und rechts neben mich.

»Außerdem hatte ich nichts damit zu tun«, sagte ich und nahm ebenfalls wieder Platz. »Das war ganz allein Mikey. Es war sein Plan.«

»Ich muß gestehen«, sagte John und goß sich ein Glas Bier ein, »daß ich ihn ausradieren lassen wollte, als ich erfahren hab, daß er den Fall übernimmt.«

»Was hat dich davon abgehalten?«

»Er war ein Freund«, sagte John. »Und wenn man schon wegen Mord in den Knast geht, wer wäre geeigneter, einen dorthin zu schicken?«

»Als ich dann gesehen hab, wie er den Fall angeht, hab ich gedacht, er wär einfach ein beschissener Staatsanwalt«, sagte Tommy. »Der Mistkerl hat angefangen mir leid zu tun.«

»Hab niemals Mitleid mit einem Anwalt«, sagte Michael, der auf einmal mit einem breiten Lächeln vor uns stand.

»Hier rüber, Herr Anwalt«, sagte John, packte Michaels Arm und zerrte ihn um den Tisch.

Tommy kam von der anderen Seite hinzu und drängte mich gegen die beiden, bis wir nur noch ein kleiner Kreis aus verschlungenen Armen und plattgedrückten Gesichtern waren.

»Du bist der wahre Graf!« rief John. »Lebendig und munter mit einem Job in New York City!«

»Nur noch bis Ende der Woche«, sagte Michael. »Ab Montag kassiert der Graf Stütze.«

»Was hast du mit dem vergrabenen Schatz gemacht?« fragte Tommy. »Verspielt?«

»Was meinst du, womit wir King Benny bezahlt haben?« sagte Michael.

Carol stand, die Arme verschränkt, lachend und kopfschüttelnd in der Tür.

»Was ist denn das hier?« fragte sie. »Eine Schwulenbar?«

Wir fuhren herum, als wir ihre Stimme hörten. Sie war frisch frisiert und trug ein kurzes, enges, schwarzes Kleid, über ihre Schulter hing eine schwarze Handtasche.

»*Jetzt* nicht mehr«, sagte John. »Seit du da bist.«

»Sollen wir dich auch umarmen?« fragte Tommy.

»Wie wär's mit einem einfachen Hallo«, sagte Carol.

»Wie wär's mit einem Kuß zu dem Hallo?« fragte John.

»Abgemacht«, sagt Carol und kam auf unsere Seite des Tisches.

»Beeilung«, sagte ich. »Bevor der Kellner auftaucht, sonst müssen wir den auch noch küssen.«

»Ich hab ihn beim Reinkommen gesehen«, sagte Carol. »Er ist süß. Für den hätte ich eine Kußhand übrig.«

»Komisch«, sagte John. »Das hat Shakes auch gesagt.«

Wir saßen um den Tisch, aßen und tranken und redeten, bis die Nacht in den Morgen überging.

Wir redeten über alles, was uns einfiel, fünf Freunde, die so vieles miteinander geteilt hatten und jetzt fürchteten, die gemeinsame Zeit zu Ende gehen zu lassen. Wir redeten über alles außer den Prozeß. Und die Monate, die wir, wie wir uns geschworen hatten, nie wieder mit Worten zum Leben erwecken wollten.

Carol ließ ihrem Frust mit der städtischen Bürokratie und den alltäglich verlorenen Schlachten freien Lauf.

John und Tommy sprachen von ihrem Leben als Verbrecher. Sie wußten, daß es ein Leben auf der Überholspur war, das nur mit einer Kugel oder hinter Gittern enden konnte. Doch für sie war es die einzige Möglichkeit, ein Gefühl der Kontrolle zu haben und die Dämonen zu vertreiben, die in ihren seltenen nüchternen Momenten in ihrer Seele nagten.

Michael war versöhnt mit seiner Entscheidung und neugierig darauf, wohin sie ihn führen würde. Er hatte genug Geld gespart, um ein Jahr ohne Arbeit leben zu können, und einen Teil davon bereits in einen einfachen Flug nach London investiert, der am kommenden Wochenende starten sollte. Darüber hinaus hatte er keine Pläne gemacht.

Ich sagte halb im Scherz, daß meine beruflichen Aussichten sich auf zwei Alternativen beschränkten. Entweder würde ich Reporter werden oder Platzanweiser in einem der Kinos, deren Öffnungszeiten ich mittlerweile fast auswendig konnte.

Nach und nach tat der Alkohol seine Wirkung, wir wechselten zu weniger ernsten Themen über und lachten über gemeinsame Erlebnisse aus den Jahren, bevor Wilkinson uns das Lachen ausgetrieben hatte. Immer wieder kamen wir auf unsere zahlreichen Streiche zu sprechen und genossen die Erinnerung an die Freiheit und Unbeschwertheit einer Kindheit in Hell's Kitchen.

»Wißt ihr noch, wie ihr diese alberne Gesangsgruppe gegründet habt?« fragte Carol und goß Wasser in ein Glas.

»The Four Gladiators«, sagte Michael lächelnd. »Das beste Quartett, das je an einer Straßenecke in Hell's Kitchen aufgetreten ist.«

»Weißt du noch, wie Shakes die Gruppe nennen wollte?« fragte Johnny und zündete sich eine Zigarette an.

»The Count and His Christos«, sagte Tommy. »Mann, da wären die LPs weggegangen wie warme Semmeln.«

»*So schlecht* waren wir auch nicht«, sagte ich. »Ein paar Leute *wollten* uns singen hören.«

»Die von der Gehörlosenschule zählen nicht«, sagte John.

»Warum nicht?« sagte ich. »Sie haben geklatscht.«

»Ihr wart einfach grauenhaft«, sagte Carol lachend. »Kinder haben geweint, wenn sie euch haben singen hören.«

»Es waren ja auch traurige Liedchen«, sagte ich.

»Fat Mancho sollte unser Manager werden«, sagte Tommy. »Und King Benny sollte unser Mäzen sein. Du weißt schon, Anzüge, Tourneespesen und den ganzen Mist.«

»Und was ist aus *dem* Plan geworden?« fragte Carol.

»Sie haben uns nie singen gehört«, sagte ich.

»Fat Mancho meinte, er würde eher Fleisch essen als seinen Namen neben unseren zu setzen«, sagte John.

»Und was hat King Benny gesagt?« fragte Carol.

»Er hat gar nichts gesagt«, antwortete ich. »Er ist zurück in seinen Club gegangen und hat die Tür zugemacht.«

»Wir haben bei jedem geklaut, den wir mochten«, sagte Tommy und trank sein Bier aus.

»Und was hat sich daran geändert?« fragte Carol, während sie zusah, wie ich ihr ein neues Glas Wein eingoß.

»Wir hatten genug Nummern für eine LP«, sagte ich. »Wir haben bei Frankie Valli, Dion und Bobby Darin abgekupfert.«

»Erste Sahne«, sagte Carol.

»Na, bei uns wohl eher saure Sahne«, sagte Tommy.

»Laß uns einen Song von unserer LP bringen«, sagte Michael und beugte sich lächelnd über den Tisch. »Für Carol.«

»Müßt ihr heute niemanden erschießen?« fragte Carol und schlug die Hände vors Gesicht.

»Für ein Lied haben wir *immer* Zeit«, sagte John, stand auf und lehnte sich an die Wand.

»Du entscheidest, welches, Mikey«, sagte Tommy, der neben Johnny stand. »Nicht zu langsam. Wir wollen doch nicht, daß Carol einschläft.«

»Dann laß uns ›Walk like a Man‹ machen«, sagte Michael. »Bei der Nummer bringt Shakes eine gute Valli-Imitation.«

»Du machst die Rhythmusgruppe«, sagte ich zu Carol und gab ihr zwei Suppenlöffel. »Damit schlägst du auf mein Zeichen gegen ein paar Gläser.«

»Aber nicht zu laut«, sagte Carol und drehte sich zur Tür um. »Vielleicht ißt noch jemand.«

»Wir singen besser auf dem Klo«, sagte Tommy. »Da sind die Wände dicker.«

»Unten ist eins«, sagte Carol. »Ich warte hier.«

»Das ist wie eine Beatles-Reunion«, sagte ich.

Carol schnaubte bloß verächtlich.

Wir stellten uns in einer Ecke auf. Michael, Tommy und John standen hinter mir, legten eine Hand auf meine Schulter und schnippten mit den Fingern zu einem imaginären Beat. Carol saß auf ihrem Stuhl und sah uns vier lächelnd an.

Sie klatschte in die Hände, als wir mit unseren besten Frankie-Valli-and-the-Four-Seasons-Stimmen anfingen, ›Walk like a Man‹ zu singen.

Während wir weiter mit den Fingern schnippten, legten wir die andere Hand ans Ohr und trafen auf Anhieb die richtigen Töne des A-capella-Satzes.

Carol stieg auf ihren Stuhl und klopfte mit den Löffeln einen passenden Rhythmus auf ihre Oberschenkel.

Drei Kellner waren in der Tür stehengeblieben und stimmten mit ein.

Hinter ihnen ließen zwei Gäste einen anerkennenden Pfiff ertönen.

Der Barkeeper trommelte mit den Händen auf den Tresen und spendierte allen einen Drink.

Ein älteres Paar, das auf einen spätabendlichen Espresso hereingeschaut hatte, legte die Arme umeinander und begannen zu tanzen.

Es war unser ganz besonderer Abend, und wir wollten ihn so lange wie möglich festhalten. Es war etwas, das uns gehörte. Ein Abend, der sich der langen Liste unserer gemeinsamen Erinnerungen anfügen würde.

Es war unser Happy-End.

Und es sollte auch das letzte Mal sein, daß wir alle zusammen waren.

22

John Reillys aufgedunsene Leiche wurde am frühen Morgen des 16. März 1984 im Flur eines Mietshauses an der West 46th Street gefunden. In der rechten Hand hielt er noch den Hals einer Flasche mit dem tödlichen selbstgebrauten Gin, der ihn umgebracht hatte. In der Tasche seines schwarzen Ledermantels hatte er sechs Dollar, in seinem roten Sporthemd einen Zehndollarschein. Ein schwerer 44er Revolver mit kurzem Lauf steckte hinten in seinem Gürtel, ein Stilett in seinem rechten Hosenbein.

Zum Zeitpunkt seines Todes war John Reilly der Hauptverdächtige in fünf ungeklärten Mordfällen.

Vor zwei Wochen hatte er seinen zweiunddreißigsten Geburtstag gefeiert.

Thomas »Butter« Marcano starb am 26. Juil 1985. Seine Leiche wurde in einem unbewohnten Sommerhaus im Norden des Staates New York gefunden, sein Schädel war von fünf aus nächster Nähe abgegebenen Schüssen durchlöchert. Die Leiche wurde erst nach einer Woche entdeckt und befand sich aufgrund der sommerlichen Hitze und wegen der Aasfresser in einem Zustand fortgeschrittener Verwesung. Bis auf ein Dutzend leerer Bierdosen, zwei Flaschen Dewar's und drei geladene halbautomatische Waffen war die Hütte leer. In Butters Hemdtasche fand man ein Kruzifix und ein Bild von St. Jude.

Thomas Marcano war 33 Jahre alt.

Michael Sullivan lebt in einer kleinen Stadt in England, wo er als Teilzeitschreiner arbeitet. Bei seinen seltenen Besuchen in New York ist er nie wieder nach Hell's Kitchen zurückgekehrt. Er hat nie wieder als Anwalt praktiziert und nie geheiratet. Er lebt still und allein.

Er ist vierundvierzig Jahre alt.

Carol Martinez arbeitet noch immer für die Wohlfahrt und wohnt nach wie vor in Hells's Kitchen. Auch sie hat nie geheiratet, ist jedoch alleinerziehende Mutter eines mittlerweile zwölfjährigen Sohnes. Der Junge, John Thomas Martinez, ist eine Leseratte, und seine Mutter nennt ihn Shakes.

Die Nachbarn sagen, er hätte das Lächeln und die dunklen Augen seiner Mutter.

Ansonsten ähnelt er seinem Vater, John Reilly.

Carol Martinez ist dreiundvierzig Jahre alt.

Pater Robert Carillo ist Monsignore einer Gemeinde im Norden des Staates New York, wo er noch immer jeden Tag Basketball spielt. Er hält den Kontakt zu allen seinen Jungen und ist immer zur Stelle, wenn er gebraucht wird.

Jeden Tag betet er für die Seelen der Jungen, die er verloren hat.

Pater Bobby ist sechzig Jahre alt.

King Benny lebt in einem Altersheim in Westchester County, Meilen von seinem Königreich in Hell's Kitchen entfernt. Er trinkt noch immer starken Kaffee, wobei er seinen Vorrat vor den Schwestern verstecken muß, die ihn pflegen sollen. Er redet noch immer nicht gerne und leidet unter italienischem Alzheimer. »Ich vergesse alles«, sagt er. »Alles außer meinen Feinden.«

King Benny ist achtundsiebzig Jahre alt.

Fat Mancho hat im August 1992 einen leichten Schlaganfall erlitten. Seither ist seine rechte Hand gelähmt und sein rechtes Auge blind. Er hat den Laden einem Neffen überlassen, kassiert jedoch nach wie vor fünfzig Prozent des Gewinns. Er wohnt abwechselnd in einer seiner drei Wohnungen in Hell's Kitchen oder seinem neuen Haus in Queens.

Er wettet noch immer auf Schlagballspiele.

Fat Mancho ist zweiundsiebzig Jahre alt.

Sean Nokes wurde am 6. November 1979 in einer Nische im Shamrock Pub erschossen. Seine Mörder wurden bisher nicht gefaßt.

Sean Nokes war zum Zeitpunkt seines Todes siebenunddreißig Jahre alt.

Adam Styler wurde am 22. Februar 1982 aus dem Polizeidienst der Stadt New York entlassen und der Korruption und des Mordes angeklagt. Er plädierte auf schuldig und wurde gemäß einer entsprechenden Absprache zu einer zwölfjährigen Haftstrafe verurteilt. Acht Jahre verbüßte er in einem Hochsicherheitsgefängnis. Erst seit er nach dem vierten Anschlag auf sein Leben von der Hüfte abwärts gelähmt ist, wurde er in den Normalvollzug verlegt und im Frühjahr 1991 auf Bewährung entlassen. Er lebt heute in einem Behindertenheim in New Jersey.

Adam Styler ist fünfzig Jahre alt.

Henry Addison kündigte im Frühjahr 1980 seinen Posten als Direktor einer kommunalen Außenstelle der Stadt New York und fand Anstellung bei einer Investmentbank in Downtown Manhattan. Nach sechs Monaten beeindruckender Verdienste stand er zur Beförderung an. Am Neujahrstag 1982 wurde seine Leiche in einem Sumpfgebiet unweit einer Rollbahn des LaGuardia-Flughafens gefunden. Die Autopsie ergab, daß er zu Tode geprügelt und gefoltert wurde. Der oder die Mörder wurden nie gefunden.

Henry Addison war sechsunddreißig Jahre alt.

Ralph Fergusons Frau reichte kurz nach seiner Aussage im Prozeß gegen John und Tommy die Scheidung ein und bekam das Sorgerecht für das einzige Kind zugesprochen. Er kündigte seinen Job und verließ aus Angst vor einer Anklage wegen Mißbrauchs von Schutzbefohlenen den Staat New York. Er ließ sich schließlich unter anderem Namen in Kalifornien nieder, wo er ein Eisenwarengeschäft eröffnete. Eine zweite Ehe ging in die Brüche, als seine Frau von der wahren Identität und geheimen Vergangenheit ihres Mannes erfuhr. Das Geschäft mußte 1989 nach einem Brand schließen. Ferguson arbeitet heute als Schuhvertreter im Raum San Francisco. Er lebt alleine, ist hoch verschuldet und leidet unter Schlaflosigkeit.

Er war der Mann, den mir King Benny 1993 bringen ließ, um mich um Verzeihung zu bitten. Fast ein Jahr lebte ich in ständiger Angst vor ihm. Er wird nun den Rest seines Lebens in ähnlicher Angst davor verbringen, was ich ihm antun könnte.

Ralph Ferguson ist neunundvierzig Jahre alt.

Im Herbst 1982 untersuchte ein von der Behörde für Jugendstrafvollzug des Staates New York eingesetzter Ausschuß die Mißbrauchsvorwürfe gegen das Wilkinson-Heim für Jungen. Er wurde mit einer Liste von siebenundvierzig Zeugen konfrontiert, darunter Eltern von drei im Gewahrsam der Anstalt verstorbenen Jungen und ein Dutzend Aufseher, die diverse Übergriffe bezeugen konnten. In seinem Abschlußbericht verurteilte der Untersuchungsausschuß alle ehemaligen und amtierenden Direktoren des Wilkinson-Heims für Jungen und forderte eine umfassende Reform des gesamten Jugendstrafvollzugs. Ein neuer Direktor wurde ernannt, in jedem Zellenblock wurde eine Überwachungskamera installiert. Die Privilegien der Insassen wurden erweitert, und das Loch wurde abgeschafft. Sogar die Zellen wurden frisch gestrichen.

Edward Goldenberg »Little Caesar« Robinson sitzt in einem Hochsicherheitsgefängnis im Norden des Staates New York eine lebenslange Haftstrafe wegen Drogenhandels und eines Mordes aus dem Jahre 1990 ab. Die Strafe kann frühestens in einundzwanzig Jahren zur Bewährung ausgesetzt werden. In dem Mordfall Henry Addison wurde er nie befragt.

Edward Goldenberg »Little Caesar« Robinson ist jetzt einundfünfzig Jahre alt.

Gregory »Marlboro« Wilson ist mit vollem Pensionsanspruch in Rente gegangen und lebt auf einem Bauernhof in Pennsylvania. Er verbringt seine Tage mit Lesen, schreibt Briefe an seine Kinder und spielt Karten mit seinen Freunden. Jedes Jahr zu Weihnachten bekommt er von einem Schläfer, der ihn nicht vergessen hat, zwei Stangen Marlboro-Zigaretten geschickt.

Gregory »Marlboro« Wilson ist dreiundsechzig Jahre alt.

Ich bin jetzt vierzig Jahre alt, verheiratet und habe zwei Kinder. Ich liebe meine Frau und vergöttere meinen Sohn und meine Tochter. Meine Familie hat mir geholfen, vielen Schmerzen meiner Vergangenheit zu entkommen. Doch die zerstörenden Erinnerungen meiner Kindheit schlummern dicht unter der Oberfläche. Mein Körper ist älter als seine Jahre, und meine Gedanken sind mehr vom Schrecken als von den angenehmen Seiten des Lebens geprägt. Ich träume noch immer sehr intensiv, die Alpträume sind schmerzhaft, und die Ängste bleiben. Die Stunden der Nacht sind für mich stets mit einem Gefühl der Bedrohung erfüllt.

Manchmal glaube ich, glücklich sind nur die Schläfer, die schon tot sind.

Sie müssen nicht mehr mit der Erinnerung leben.

Sie sind von den Träumen frei.

Epilog

»Many's the road I have walked upon
Man's the hour between dusk and dawn
Many's the time
Many's the mile
I see it all now
Through the eyes of a child.«

Van Morrison – *Take It Where You Find It*

Sommer 1966

Reuben, ein puertoricanischer Junge mit dunklem, lockigem Haar und einer engen grauen Hose mit einer so scharfen Bügelfalte, daß man sich daran schneiden konnte, war der Favorit für die 50 Dollar, die dem Sieger des Wettbewerbs winkten. Er stand mit dem Rücken zu der Dreimanncombo in einer Ecke der Turnhalle, kaute Kaugummi, zog verstohlen an einer Viceroy und wartete darauf, daß der Discjockey auf der Bühne das Signal zum Start des von der Schule gesponsorten Chubby-Checker-King-Twister-Wettbewerbs gab.

»Er sieht gut aus«, sagte ich mit einem Blick auf Reuben. »Siegessicher.«

»Er sieht aus, als hätte er zu oft *West Side Story* geguckt«, sagte Johnny.

»Er wird denken, daß du's nicht bringen wirst, Shakes«, sagte Michael. »Weil er dich nicht kennt.«

»Ich denke auch, daß du's nicht bringst«, sagte Tommy und legte einen Arm um meine Schulter. »Und *ich* kenne dich.«

»Was die Schuhe angeht, hat er dich jedenfalls deklassiert«, sagte John. »Er trägt diese Kakerlakentreter, echt gute Twistschuhe. Sie sehen leicht aus, haben aber eine feste Sohle.«

»Und wer bist du, Thom McAn?« fragte ich. »Meine Schuhe sind okay.«

»Wer ist sonst noch im Rennen?« fragte Michael. »Außer ihm.«

»Drei Iren von der 46th Street«, sagte Tommy.

»Sind die gut?« fragte ich.

»Ich hab gehört, die wären ziemlich blöd«, sagte Tommy.

»Muß man jetzt aufs College gehen, um Twist zu tanzen?« fragte Michael.

»Die haben sich nur aus Quatsch angemeldet«, sagte Tommy.

»Um zusammen abzulachen. Diese Typen würden nicht mal im Frauenknast eine rumkriegen.«

»Dann noch dieser Trottel aus der Pizzeria«, sagte ich. »Ich hab gehört, der hätte sich auch angemeldet.«

»Den kenn ich«, sagte John. »Der mit den Pickeln und den schwarzen Flecken auf den Zähnen. Ich paß immer auf, daß *der* meine Pizza nicht anrührt.«

»Sonst noch wer?« fragte Michael.

»Der schwarze Junge, der beim Reden immer spuckt«, sagte Tommy. »Dessen Vater sie neulich angeschossen haben.«

»Vielleicht geben sie ihm den Preis bloß deswegen«, sagte ich. »Weil er anfängt ihnen leid zu tun.«

»Keine Sorge, Shakes«, sagte Michael. »Wenn wir sehen, daß die Preisrichter so drauf sind, lassen wir dich von irgend jemand niederstechen.«

»Aber nicht zu tief«, sagte ich. »Das Hemd brauch ich noch für die Schule.«

»Bloß tief genug, um zu gewinnen«, sagte Michael.

Die Deckenbeleuchtung der Turnhalle wurde ausgeschaltet, Scheinwerfer beleuchteten die runde Fläche in der Mitte der Halle. Um den Kreis standen gut achtzig Jungen und Mädchen, von denen viele Händchen hielten und in der Dunkelheit verstohlen Küsse austauschten.

»Die Wettbewerbsteilnehmer werden gebeten, in den Kreis zu treten«, verkündete der Discjockey auf der Bühne. Sein Jackett spannte an den Schultern, er trug Hosen mit Aufschlägen, und seine weißen Socken waren bis zu den Knöcheln heruntergerutscht.

»Los, zeig's ihnen, Shakes«, sagte Tommy und klopfte mir auf die Schulter.

»Jeder, der in unsere Nähe kommt, kriegt einen Schubs«, sagte John. »Damit er das Gleichgewicht verliert.«

»Wir warten hier auf dich, Shakes«, sagte Michael. »Ob du gewinnst oder verlierst.«

»Wir können dich doch nicht ohne einen Kuß auf die Tanzfläche schicken«, sagte Carol, die sich durch die Menge gedrängelt und neben uns gestellt hatte. Sie trug ein weißes Kleid mit schwarzen Socken und weißen Spitzenstrümpfen und hatte ihr langes, dunkles Haar zu einem Pferdeschwanz gebunden.

»Gib du ihm einen Kuß«, sagte Michael. »Wir haben ihn heute alle schon geküßt.«

Carol schlang die Arme um meinen Hals und gab mir einen festen Kuß auf die Lippen.

»Kuß oder nicht«, sagte Tommy. »Sie wird nicht am Preisgeld beteiligt.«

»Du bist wirklich ein herzensguter Mensch«, sagte John.

Jeder Teilnehmer wurde unter einen der sechs Scheinwerfer plaziert, der Kreis bot allen genug Platz zum Tanzen. Ich stand zwischen dem Jungen aus der Pizzeria und einem der Iren aus der 46th Street, der noch immer seine St.-Agnes-Schuluniform trug. Reuben stand mir mit angespannter Miene gegenüber, in seinem Mundwinkel hing ein Zahnstocher. Der große schwarze Junge, der von allen am besten gekleidet war, schien als einziger nervös zu sein.

»Come on, everybody!« rief der Discjockey in einer erbärmlichen Chubby-Checker-Imitation. »Clap your hands, we're gonna do the twist and it goes like this!«

Chubby Checkers fröhliche Stimme dröhnte aus den defekten Lautsprechern, angefeuert von unseren Freunden im Publikum, tanzten wir los. Zunächst hielten wir uns an einfache Schritte und Bewegungen, mit Ausnahme der drei Iren, die sich drehten und herumwirbelten, um die Zuschauer zu beeindrucken.

In diesem Wettbewerb hatte man schnell verloren. Wer fiel, einen Schritt ausließ oder mit dem Twisten aufhörte, war automatisch disqualifiziert. Außerdem ging der Disjockey als designierter Twistrichter zwischen den Tänzern herum und verwies jeden der Tanzfläche, der den Anforderungen des Tanzes seiner Ansicht nach nicht genügte.

In weniger als zwanzig Minuten würde es einen Gewinner geben.

Der irische Junge in der St.-Agnes-Uniform schied als erster aus, als er beim Twist auf einem Knie die Balance verlor. Wenig später folgte einer seiner Freunde, der versucht hatte, eine Kapriole mit einer Hand und einem Fuß zu machen.

»Das sind Iren«, sagte Tommy lachend und knuffte Michael. »Genau wie du.«

»Außerdem sind sie blöd«, sagte Michael. »Genau wie du.«

Beim dritten Durchgang kam ich langsam außer Atem, ich schwitzte am Rücken und im Gesicht, die Hitze der Scheinwerfer und die dauernde Bewegung ließen die Gesichter um mich herum verschwimmen. Reuben hielt sein Tempo und sah mich unentwegt an, hin und wieder ließ er ein Lächeln aufblitzen, um anzudeuten, daß er noch im Rennen war und genug Puste hatte.

Am Ende von »Twistin' U. S. A« faßte sich der Junge von der Pizzeria an die Seite, hörte auf zu tanzen und verließ den Kreis. Ein deutlich kleineres Mädchen reckte sich zu ihm hoch, schlang ihm die Arme um seine Hüften und küßte ihn auf die Wange.

»Hast du das gesehen?« fragte John mit angewidertem Blick. »Sie hat seine Pickel geküßt.«

»Dieses Pickelgesicht hat eine Freundin, und ich muß allein ins Kino gehen«, sagte Tommy kopfschüttelnd. »Ist das gerecht?«

»Ja«, sagte Michael.

Reuben bewegte sich jetzt schneller und ging twistend in die Hocke, bis seine Knie den Boden zu polieren schienen. Der Zahnstocher hing noch immer in seinem Mundwinkel, aus dem Lächeln war ein höhnisches Grinsen geworden, und seine Siegesgewißheit schien sich mit jedem Takt zu steigern.

Der schwarze Junge war jetzt nur noch ein schwitzendes Elend ohne jede Eleganz, seine Beine begannen sich zu verkrampfen, und die Scheinwerfer machten ihm mit jedem Schritt mehr zu schaffen. Er schonte sein rechtes Knie und verzog jedesmal das Gesicht, wenn er es beugte.

Mit hinter dem Rücken verschränkten Händen ging der Discjockey auf ihn zu und flüsterte ihm etwas ins Ohr. Der schwarze Junge sah ihn an und nickte. Dann hörte er auf zu tanzen und humpelte von der Tanzfläche.

»Der Ärmste«, sagte Carol. »Sein Knie muß echt weh tun.«

»Daß sein Vater eine Kugel abgekriegt hat, hat überhaupt nicht gezählt«, sagte Tommy.

»Um in diesem Wettbewerb was reißen zu können, muß dir schon jemand *sterben*«, sagte John.

Jetzt waren nur noch drei Tänzer übrig.

Ich schätzte, daß ich noch genug Kondition für gut fünf weitere Minuten hatte. Eine mehr, und sie konnten die fünfzig Dollar für meine Beerdigung nehmen. Reuben sah aus, als könnte er den ganzen Abend weitertwisten, mit oder ohne Musik.

»Einen kräftigen Applaus für die drei, die noch übrig sind«, rief der Discjockey. »Die Twistkönige von New York City.«

Der irische Junge hörte auf zu tanzen, um mit den Zuschauern zu applaudieren, und wurde prompt disqualifiziert.

»Jede Pflanze hat mehr Hirn als dieser Schwachkopf«, sagte Johnny.

»Der D. J.?« fragte Tommy. »Oder der Ire?«

»Beide«, sagte Michael.

»Also los, Jungs, dann laßt mal sehen, was ihr drauf habt«, sagte der Discjockey zu mir und Reuben. »Ihr seid die beiden letzten im Rennen.«

Ich war klatschnaß geschwitzt, mein Hemd klebte am Körper, Haarsträhnen in meinem Gesicht. Meine Jeans saß locker, was durch den Schweiß um meine Hüften noch verschlimmert wurde. Sogar meine Schuhe fingen an, auf dem Boden der Turnhalle zu rutschen.

Ich hatte noch ein paar Schritte in petto, die ich nach und nach einzusetzen begann. Twistend ging ich auf einem Bein in die Hocke, während ich das andere nach vorn gestreckt hielt. Mein Fanblock im Dunkeln reagierte mit Beifall und Pfiffen.

Dann ging ich so tief in die Hocke, wie ich konnte, bevor ich meine Hände noch immer twistend zwischen die Beine nahm, einen Spagat machte und wieder in die Twisthaltung hochschnellte.

»Das ist es«, rief Tommy. »Das mußt du zeigen. Auf diesen Fred-Astaire-Scheiß fahren die voll ab.«

»Jetzt muß der Puertoricaner reagieren«, sagte Michael. »Sonst hat er verloren.«

»Was passiert, wenn er den Zahnstocher verschluckt?« fragte John.

»Dann haben wir gewonnen«, sagte Michael.

Reuben reagierte auch, doch es war der falsche Schritt.

Unter dem Beifall und Gejohle seiner Fans ging er in die Hocke, stützte sich mit den Händen ab und setzte zu einem Flickflack an. Es war ein beeindruckender Sprung, doch als er wieder auf den Füßen landete, gerieten seine Sohlen auf dem glatten Boden ins Rutschen. Er glitt zu Boden und landete, den Zahnstocher noch immer im Mund, auf dem Hintern.

Ich hörte auf zu tanzen, ging zu Reuben, reichte ihm die Hand und zog ihn hoch.

»Super gemacht«, sagte ich.

»Nächsten Sommer krieg ich dich«, sagte er.

»Beinahe hättest du mich schon *diesen* Sommer gekriegt«, sagte ich und schüttelte seine Hand.

Die applaudierende, johlende und pfeifende Menge umringte uns. Sie wurde sogar noch lauter, als der Discjockey mir einen 50-Dollar-Schein in die Hand drückte und zum Zeichen meines Sieges meinen rechten Arm hob.

»Wir sind reich!« rief Tommy, der, dicht gefolgt von John, Michael und Carol, auf mich zugestürzt kam. »Wir sind reich!«

»Davon können wir einen Monat leben«, sagte John. »Pizza. Comichefte. Eis beim Italiener. Die Stadt gehört uns.«

»Du hast Schwein gehabt«, sagte Michael lächelnd zu mir. »Es ist immer besser, Schwein zu haben.«

»Denk bloß nicht, daß ich dich noch mal küsse«, sagte Carol.

»Ich bin zu müde, um noch irgend jemanden zu küssen«, sagte ich. »Ich bin sogar zu müde zum Laufen.«

»Du mußt nicht laufen«, sagte Tommy. »Du bist der Champ. Wir tragen dich.«

Er packte eins meiner Beine. Michael und John das andere, und gemeinsam hoben sie mich auf ihre Schultern, während die Menge in unserem Rücken noch immer begeistert johlte.

Sie trugen mich durch die Turnhalle und hievten mich vorsichtig durch die schwarze Ausgangstür auf die Straße.

»Wo gehen wir hin?« fragte ich, warf den Kopf zurück und ließ mir das Gesicht vom warmen Abendwind abkühlen.

»Egal«, sagte Michael. »Wir können machen, was wir wollen.«

»Wir haben die Zeit«, sagte John. »Und endlich auch das Geld.«

»Wir können überallhin gehen«, sagte Tommy. »Nichts kann uns aufhalten.«

Wir standen unter einer Laterne an der Ecke West 50th Street und 10th Avenue. John, Tommy und Michael trugen mich auf den Schultern, während Carol lächelnd langsam um eine Mülltonne herumtanzte.

Die Nacht und die Straßen gehörten uns, und die Zukunft lag glitzernd vor uns.

Und wir dachten, wir wären Freunde für immer und ewig.

Danksagung

Ohne die stille Unterstützung der Bewohner von Hell's Kitchen hätte ich dieses Buch nie schreiben können. Ich werde ihre Bitte, anonym zu bleiben, respektieren und ihren Beitrag nie vergessen.

Im Laufe der Jahre hatte ich das Glück, mit vielen Lektoren zusammenzuarbeiten, die mir in den verschiedenen Phasen meines beruflichen Werdegangs sehr geholfen haben. Keiner von ihnen hatte mehr Vertrauen in meine Fähigkeiten als Peter Gethers. In diesem festen Glauben hat er mit diesem Buch einen Sprung ins Ungewisse gewagt, den nur wenige Lektoren bereit sind. Anschließend hat er die Arbeit begleitet und mitgestaltet, wie kaum ein anderer es gekonnt hätte. Außerdem hatte er einen schier endlosen Vorrat an Witzen parat, die mir durch harte Zeiten geholfen haben. Einen besseren Partner kann ein Schriftsteller nicht haben.

Jeder Autor hätte auch gern einen tollen Agenten. Ich habe drei. Loretta Fidel war *immer* für mich da, hat *immer* zugehört und sich *immer* um alles gekümmert. Amy Schiffman und Adam Berkowitz haben ebensosehr an mich wie an das Buch geglaubt. Gemeinsam haben sie die Wölfe von meiner Tür ferngehalten und das allgemeine Interesse an meinem Buch wach gehalten.

Claire Ferraro hat für mein erstes Buch einen Platz in ihrem Herzen und auf ihrem Ballantine-Buchregal gefunden. Bei einem großartigen Mittagessen hat sie sich dann in mein zweites verliebt. Und gewartet und gewartet und gewartet, geduldig, in Freundschaft und aufmunternd. Auch Steve Colin und den Leuten bei Propaganda Films möchte ich für ihren leidenschaftlichen Glauben an *Sleepers* danken.

Dank sagen muß ich auch meinen Ärzten, die mir geholfen haben, während der Arbeit an meinem Buch eine Reihe von Krankheiten niederzukämpfen – Dr. Paul Chrzanowski, Dr. Nancy Nealon und vor allem meinem Hauptansprechpartner David am Rusk Institute.

Dann sind da noch die Polizisten – Steve Collura sei Dank für seine gütigen Worte, Joe Lisi für den Spaß und seine Besorgnis, vor allem jedoch Sonny Grosso für alles, was mir seine Freundschaft bedeutet, die jetzt schon Jahrzehnte währt.

Dank auch an meine Telefonkumpel – Hank Gallo, Carlo Cutolo, Mr. G., Marc Lichter, Leah Rozen und Keith Johnson – dafür, daß sie da waren und zugehört haben. Mit Liz Wagner habe ich gerne und viel gelacht, und Bill Diehl hat mir großzügig seine Weisheit und sein Mitgefühl geschenkt.

Meiner Frau, Susan Toepfer, verdanke ich alles. Ich habe sie stets respektiert, werde sie immer lieben, und sie wird immer meine Freundin bleiben.

Meinem Sohn Nick danke ich für sein Lächeln und die Chance, meine Arbeit hin und wieder eine Zeitlang zu vergessen. Meiner Tochter Kate danke ich dafür, daß sie mir gezeigt hat, daß unter einem so hübschen Gesicht auch ein warmes Herz schlagen kann.

Und natürlich gilt mein Dank auch der Mannschaft meiner Verdächtigen – dem fetten Mann, Bobby C., Bam-Bam, Carmine, Doc, Big D., Mike Seven und Sammy Weights. Ihr wart immer dort, wo ihr sein solltet. Etwas anderes hatte ich nicht erwartet.

GOLDMANN

THE NOBLE LADIES OF CRIME

*Sie wissen bestens Bescheid über die dunklen
Labyrinthe der menschlichen Seele. Über die gut
getarnten Obsessionen. Über Gier, Lust und Angst, die
immer wieder tödlich an die Oberfläche dringen.
Die feinen Damen lassen morden ...*

Elizabeth George,
Gott schütze dieses Haus   9918

Ruth Rendell,
Der Liebe böser Engel   42454

Anne Perry,
Gefährliche Trauer   41393

Batya Gur, Denn
am Sabbat sollst du ruhen   42597

Goldmann · Der Taschenbuch-Verlag

GOLDMANN

Das Gesamtverzeichnis aller lieferbaren Titel erhalten Sie im Buchhandel oder direkt beim Verlag.

Taschenbuch-Bestseller zu Taschenbuchpreisen
– Monat für Monat interessante und fesselnde Titel –

✴

Literatur deutschsprachiger und internationaler Autoren

✴

Unterhaltung, Thriller, Historische Romane
und Anthologien

✴

Aktuelle Sachbücher, Ratgeber, Handbücher
und Nachschlagewerke

✴

Esoterik, Persönliches Wachstum und
Ganzheitliches Heilen

✴

Krimis, Science-Fiction und Fantasy-Literatur

✴

Klassiker mit Anmerkungen, Autoreneditionen
und Werkausgaben

✴

Kalender, Kriminalhörspielkassetten und
Popbiographien

Die ganze Welt des Taschenbuchs

Goldmann Verlag · Neumarkter Str. 18 · 81673 München

Bitte senden Sie mir das neue kostenlose Gesamtverzeichnis

Name: _____

Straße: _____

PLZ/Ort: _____